CRÓNICAS MALDITAS

desde un México desolado

OLGA WORNAT

CRÓNICAS MALDITAS

desde un México desolado

Grijalbo • ACTUALIDAD

CRÓNICAS MALDITAS
desde un México desolado

© 2005, Olga Wornat

4a. reimpresión, 2005

Fotografía de portada: Raúl González

D.R. 2005, Random House Mondadori, S.A. de C.V.
Av. Homero núm. 544, Col. Chapultepec Morales,
Del. Miguel Hidalgo, C.P. 11570, México, D.F.

www. randomhousemondadori.com.mx

ISBN 968-5958-04-1

Impreso en México / *Printed in Mexico*

A mis muertos, allí donde estén.

A Victoria Donda, la hija que recuperé.

Índice

HISTORIAS PELIGROSAS

HISTORIAS DE CRÍMENES Y PECADOS

Prólogo
Los ojos de Olga

Ojos. Olga. Ojos. Olga…

Cuando leo los reportajes de Olga Wornat siento que estoy viendo a través de sus ojos. Pero no son unos ojos cualquiera. Son unos ojos que penetran y que descubren secretos. No hay rey (o reina) que resista la mirada de Olga; después de una entrevista con esta periodista-psicóloga-guerrera quedará inevitablemente desnudo.

Estoy seguro de que cuando Marta Sahagún, la esposa del presidente de México, Vicente Fox, habló con Olga no sabía con quién se estaba metiendo. Le faltó hacer su tarea a la primera dama de México… o a alguien se le olvidó hacerla por ella. Si Marta Sahagún hubiera leído lo que Olga ha escrito en sus libros anteriores o en sus extraordinarios reportajes para la revista *Gatopardo*, entre otras publicaciones, no le hubiera dado la entrevista o, con suerte, se hubiera preparado mejor para ella. Cuando Sahagún se declaró traicionada al aparecer "La Jefa", ya era demasiado tarde: Olga la había mostrado al mundo tal como era.

Olga me recuerda mucho a Oriana Fallaci, la periodista italiana que se hizo famosa entrevistando con dureza (y cinismo) a los hombres y mujeres más poderosos del planeta. Pero Olga, en lugar de derrotarlos con la esgrima de la entrevista, los deja caer solos en los lodos de sus contradicciones. Cuando Olga describe a un personaje ya no lo suelta hasta que queda reducido a sus huesitos.

Olga, como la Fallaci o el periodista mexicano Julio Scherer, tiene al mismo tiempo una fascinación y un repudio por los poderosos. Cuanto más abusivos, egocéntricos e intolerantes son, sin duda más atractivos. Pero una vez que los tiene en frente, no los soporta. Y se nota.

Sus narraciones sobre el entorno del ex dictador chileno, Augusto Pinochet, son desgarradoras; muestran al anciano y decrépito tirano encerrado en una cárcel de lamehuevos y mentiras. Pinta la mutación de Hugo Chávez —de presidente elegido democráticamente a aprendiz de dictador— con reveladores detalles. Escribe: "Minucioso, excéntrico, megalómano, demagogo y populista, el militar venezolano se imagina el rey de un territorio pobre y surrealista..." La entrevista con la ex amante de Chávez, Herma Marksman, pone al descubierto los dobleces del hombre que se aferró con las uñas al Palacio de Miraflores. Y a Carlos Menem —¡Ay, Menem!— lo presenta como un ser suave de movimientos pero sumamente peligroso.

Quien lee el episodio del secuestro de Olga en noviembre de 1999, no le queda la menor duda de quién estuvo detrás. Horas después de la aterradora experiencia —de la cual escribe aquí con inusual y doloroso candor— se publicó su libro sobre la vida pública (y privada) del ex presidente argentino Menem. En un momento dado, Olga —como el fotógrafo argentino José Luis Cabeza— se sintió muerta. Pero al final de cuentas, fue más inteligente, más valiente y más astuta que sus secuestradores. Ella y su relato sobrevivieron.

Entiendo que Olga me lleve al mundo, hoy momificado, de Juan Domingo Perón. Eso es lo normal. Pero me parece increíble que esta narradora argentina me haya descubierto a mí —un mexicano— la vida, la verdadera vida, de María Félix, "La Doña". Una "doña" del periodismo hablando sobre otra.

Como Olga, yo también fui a Paquistán. Pero ella pudo poner en palabras lo que a mí se me quedó atorado en el estómago y la garganta. Lo que yo sudé y encerré en una toalla ella tuvo la destreza y el oficio de ponerlo en un papel. Y eso define su papel de periodista. No se trata, únicamente, de visitar un lugar interesante o de entrevistar a un líder poderoso. No. De lo que se trata es de que toda esa experiencia que uno vive como reportero se pueda transmitir a quienes nos ven y nos leen.

Lo único que tenemos los periodistas es nuestra credibilidad. Si la gente nos deja de creer, de nada sirve lo que hacemos. Y, a veces, cuando nos enfrentamos con aquellos que tienen en sus manos la vida de millones de personas, es posible que nuestra integridad sea cuestionada o que nuestra ética sea puesta en duda. Al final, sólo nos queda nuestra palabra y si el lector, el radioescucha, el televidente nos cree, habremos ganado la batalla. Y Olga Wornat ha ganado sus batallas.

Nuestra arma son las preguntas. No tenemos más. La principal función social del periodista es evitar el abuso de los que tienen el poder. Y con una pregunta certera podemos, sin exagerar, tumbar a un gobernante, a un arzobispo, a un empresario, a un juez, a un militar... de cualquier parte del mundo.

En un mundo globalizado, Olga no ha dejado de viajar y de borrar las distinciones tradicionales del periodismo. Olga es, al mismo tiempo, una reportera local y una corresponsal internacional, periodista y escritora. Y, lo más importante, es que está bien plantada en el mundo. Nada parece serle ajeno.

Su libro sobre la primera dama de México debió haber sido escrito, hace mucho tiempo, por una periodista mexicana. Pero fue una argentina la que le abrió los ojos a muchos mexicanos. Ese mismo sentimiento se repite cuando a Olga se le mete entre ceja y ceja ir a investigar un tema fuera de Argentina. Rompe fronteras y estereotipos. Y varios se quedan diciendo: "yo hubiera querido escribir ese libro".

Uno puede no estar de acuerdo con sus puntos de vista, pero no puede dejar de reconocer y admirar que nos dice exactamente qué es lo que ve. Y eso nunca, nadie, lo podrá cuestionar. Ella pasa de los ojos a la pluma o, más bien, al teclado de su computadora.

Este libro es como un largo recorrido usando sus ojos. Yo me dejé llevar de la mano y, al final, lejos de arrepentirme, reafirmó mi fe en el periodismo como un instrumento de cambio.

Este libro son sus ojos, los ojos de Olga. Y, como verán en las próximas páginas, están bien abiertos.

JORGE RAMOS ÁVALOS

Prefacio

El argumento era verídico y todos los personajes eran reales. No era difícil recordarlo todo, pues no había inventado nada.

TRUMAN CAPOTE

La vida es muy peligrosa, no por las personas que hacen el mal, sino por las que se sientan a ver lo que pasa.

ALBERT EINSTEIN

"¡Me traicionó, Vicente, me traicionó! Me voy a vengar, juro que me voy a vengar de esa maldita" —gritaba Marta Sahagún de Fox, inflamada en llamas mientras sacudía un ejemplar de "La Jefa", que había llegado a Los Pinos en la víspera de su aparición. "¡Vicente, mira cómo nos pagó la maldita y nosotros que le abrimos las puertas de nuestra casa!"

Vuelo atrás en el tiempo, me detengo en esta frase —recurrente entre ciertos personajes del dorado firmamento del poder— y en el instante exacto en que ustedes me conocieron, cuando mi libro, es decir, la controvertida, polémica, debatida, cuestionada, impugnada, irritante, atrevida, alabada, escandalosa, chismosa, agresiva, audaz —y ya ni recuerdo cuántos adjetivos más le endosaron— biografía de Marta Sahagún de Fox, vio la luz bajo el cielo inquietante de México, mi otra patria.

15

Aquí estoy con un nuevo libro que hace tiempo recorre mis entrañas. Son crónicas de hombres y mujeres frente al poder y la fama. En la cima de sus impudicias o en el zócalo de sus miserias; en sus crueles guerras privadas o colectivas; en los desatinos o en la sabiduría; en el amor y en el olvido; en la estupidez y en la maldad. Impredecibles, voraces, impiadosos, generosos, perversos, valientes, cobardes, hipócritas y humanos. Profundamente humanos.

Y mi voz entrecruzada en los textos; sobresaltada a veces, apagada por la pena, el dolor o la impotencia; otras, cerquita o lejos, oyendo y observando todo, involucrada de los pies a la cabeza, mostrando y mostrándome.

Pero antes de ingresar a ese territorio, se me hace imprescindible volver atrás. Para decir modestamente lo que pienso y creo, reafirmar mis banderas y ayudar a la memoria a recordar una historia, que también se construye con la crónica de todos los días: la intimidad brutal de la guerra cotidiana por el sexenio que viene; la historia pública y privada de los candidatos presidenciales, Andrés Manuel y Roberto Madrazo; las sórdidas batallas de las tribus perredistas que pugnan por reinar en Los Pinos y no se diferencian en nada de sus padres priístas y sus cuates panistas; el contraste entre la cima fiestera y la vastísima cloaca social que malvive en la desesperación de la miseria; las anécdotas absurdas del Palacio; los tejes y manejes políticos de la primera dama y el exorbitante nivel de vida de sus privilegiados vástagos; la evocación de una mucama o un custodio; los silencios y gritos de una pelea familiar, las extrañas muertes que rodean al poder foxista y la adicción irracional al esoterismo; los desopilantes expedientes de la anulación matrimonial del presidente y de Marta Sahagún. Es decir, los detalles a veces insignificantes pero que descubren el perfil de la sociedad. Un estilo periodístico que se subestima y desprecia, pero que muchas veces, revela más que un análisis político distante y sofisticado.

Testigos directos me relataron entonces que el ambiente de la cabaña presidencial (es decir, "nuestra casa", según Marta) se cortaba con una navaja. Con una velocidad mental inusitada para estos menesteres, la *prima donna* mexicana se devoró el libro y subrayó obsesivamente frases o palabras. Su cónyuge, perdón, el presidente Fox, miraba la escena pasmado, sin dar con la palabra justa que aplacara la furia incontrolable de la "Señora Marta". Entre llantos y furibundas promesas de venganza, ella no cesaba de lanzar acusaciones descabelladas, buscando entre líneas la identidad de las gargantas profundas que me revelaron secretos y me entregaron la valiosa información que me permitió construir el retrato de la mujer que entrevisté, investigué y percibí.

Con objetividad y con honestidad profesional.

En aquel alucinante mayo de 2003 que hoy, a finales del sexenio, parece tan lejano, Marta era "el verdadero poder" en Los Pinos; la que mandaba detrás del trono; la fémina más temida; era "La Jefa". Y yo, la traidora, la villana maldita, la extranjera infame a la que una mañana le abrió las puertas de "su casa", el objetivo de sus peores venganzas.

Lo de villana o maldita no me desagrada. Menos aun si la definición proviene de arribistas sin vuelo intelectual, insolidarios y despilfarradores del dinero público, que confunden una entrevista periodística con la complicidad de una plática entre amigas.

Aferrada a un poder ajeno al que no accedió por decisión popular, en aquel tiempo Marta Sahagún estaba convencida de que a Los Pinos llegó para quedarse. Ambicionaba ser presidenta de México, heredar a su marido quebrantando leyes y reglas elementales de la ética y la moral. Vicente Fox la alentaba, los adulones del reino le rendían pleitesía, la poderosa élite económica atendía sus reclamos y caprichos, los brujos le daban buena vibra con extraños rituales, las encuestas le sonreían, sus vástagos hacían negocios millonarios y México le pertenecía.

¿Qué más podía pedir a la vida sino la perpetuidad en el poder?

Lejos, en mi casa de Buenos Aires y en medio de la conmoción, el teléfono sonaba sin parar. Intrigas, rumores, acusaciones y conspiraciones de todo tipo me tenían como protagonista. Los infelices disparadores de los dislates —ni por ética profesional— jamás se comunicaron conmigo para confirmar la veracidad o no de las estupideces que escribían o decían.

"*OK*, son las reglas de juego", dije. Me hizo gracia y me dio pena por ellos. Y agradecimiento por los muchos colegas que debatieron, acompañaron o discreparon con honestidad.

No era ésta la primera vez que me enfrentaba a una controversia con el poder. Los periodistas que metemos nuestra nariz más allá de las fronteras permitidas estamos expuestos a que la basura ajena nos caiga encima y traten de contaminarnos o eliminarnos. Me pasó tantas veces y salí indemne.

Mis historias, como leerán aquí, no son tibias, políticamente correctas y, menos aún, complacientes. Ésta no es mi concepción de un oficio que abracé con pasión hace muchos años y al que nunca más solté. A veces digo en broma que el periodismo es mi amante más fiel e incondicional. Nos amamos y odiamos intensamente, pero continuamos juntos. Y no soy sencillita y menos aún sumisa.

Soy inconformista, librepensadora y polémica. Y en sociedades como las nuestras, con democracias frágiles, resabios autoritarios, populismos, corrupción y enormes injusticias sociales, escribir y hablar sin mordaza irrita.

Pienso que los periodistas debemos generar discusión, agitar las aguas, romper fronteras, explorar y observar cada detalle de la realidad que nos rodea, con ojo crítico y espíritu libertario. Salir a la calle, investigar, inquietar y mostrar las luces y sombras de los hombres y mujeres que nos gobiernan. Sus vidas privadas son casi públicas, no son entes estraños. No son sagrados, intocables, o impolutos. Son servidores públicos con el triple de obligaciones que un ciudadano común.

La prensa francesa, sometida a una implacable legislación que protege la intimidad, todavía se autocritica por su complicidad en el silencio que rodeó la movilización de una parte del aparato del Estado alrededor de Mazarine Pingeot, la hija extramatrimonial del presidente François Mitterand, que este ocultó largos años.

Lamentablemente, los prejuicios —a veces fundados— respecto de las intromisiones en la intimidad han dejado en manos de una prensa de corte sensacionalista la función de recordar que la vida privada de los políticos tiene relación con su actuación pública.

En Estados Unidos correspondió a una revista de chismes, *The National Enquirer*, revelar al mundo que Dick Morris, consejero de Bill Clinton en su campaña para reelegirse en 1996 —y famoso en México y Argentina por sus asesorías presidenciales—, llevaba una doble vida. El todopoderoso estratega de la comunicación del presidente fue descubierto con una prostituta de doscientos dólares a la que le reveló cuestiones de Estado y sus fotografías pusieron al descubierto que su concepción de los valores familiares y de su responsabilidad pública nada tenía que ver con aquellos que proclamaba el gobierno al que pertenecía.

Valgan estas líneas para comprender la validez que los sórdidos entretelones del poder tienen para un periodista y los argumentos que lo impulsan a revelarlos. Y cómo y de qué forma, por hipocresía o complicidad, muchas veces se confunden los términos, de un lado o del otro. En este terreno mis convicciones son estrictas.

Mi relación con el poder es directa, respetuosa y sin máscaras.

No busco hacer amigos, no me atraen los boatos palaciegos, ni aspiro a que allí me quieran. Para el amor y la amistad, tengo a mi familia y a mis poquísimos amigos.

Nunca pude traicionar a Marta Sahagún porque no era su amiga, ni quise serlo, no hicimos un pacto, ni establecimos reglas previas a la entrevista. La contacté para informarle —principio elemental del periodismo— que estaba trabajando en un libro sobre su vida y que quería entrevistarla. Si ella aceptaba, bien, y si no aceptaba, lo hubiera realizado igual, ejerciendo el derecho que da la libertad y la democracia. Pero ella aceptó sin condiciones, ni trabas. Así de sencillo.

Nunca escribí un libro por mandato. Escribo para la gente y para mí, porque me apasiona, no para alimentar las ridículas veleidades de grandeza de nadie.

Entonces, ¿de qué traición habló "Señora Marta"?

El tiempo transcurrió y la realidad en México cambió desde aquella inolvidable y absurda primavera de 2003. El sexenio está acabado y perdido. Se vive un ambiente enrarecido y violento en el que bulle peligrosamente el descreimiento social respecto a la dirigencia política, los mesianismos tienen caldo de cultivo, las hipocresías y simulaciones reinan y en el que nadie puede predecir el futuro inmediato. Somos testigos de cómo el poder de algunos, que se creían eternos, se les escurre como agua entre los dedos. Al final, no aprenden del pasado, repiten la triste y patética historia de otros y tropiezan con la mismísima piedra. Y lo que es peor: defraudan imperdonablemente a millones que creyeron en ellos y merecen vivir en un país mejor.

No puedo dejar de agradecer con el corazón a Joseph Contreras, por acompañarme siempre; a Faustino Linares y Ariel Rosales, por su infinita paciencia y solidaridad; a Willie Schavelzon, por estar siempre; a Daniel González Marín, por su amistad incondicional; a Jorge Ramos, periodista inteligente y apasionado, al que admiro, por la increíble generosidad de sus palabras (Jorge, me diste pudor...); a Armando Guzmán, valiente y humilde subdirector de *La verdad del sureste*, de Tabasco, por su ayuda desinteresada; al maestro Julio Scherer y a Rafael Rodríguez Castañeda, de *Proceso*, por la nobleza de sus estímulos y consejos; a John Lee Anderson, por el apoyo y la lectura paciente desde una trinchera de Afganistán; a mis colegas en Venezuela, Chile, Argentina, Italia, Líbano y Paquistán; a mis estimados editores Isaac Lee y José "Mono" López, de la revista *Poder*, por soportarme y comprender; a mis hijos adorados y a mis padres; a Olga Contreras, por sus amorosas enseñanzas; a mis muchos amigos de aquí y de allá; los que me ayudaron y confiaron, los que me revelaron asqueados lo que veían y sabían; a los jóvenes periodistas mexicanos que me brindaron valiosísima información que no pueden publicar y que, sin embargo, no perdieron la mística, ni los sueños; a los mexicanos de a pie, que se animaron a hablar, hastiados de las reiteradas mentiras y el insultante impudor de la clase gobernante y de sus familias y que, por razones obvias, no voy a mencionar.

Ellos saben de mi gratitud, de la indignación y de cierto cansancio moral, sentimientos que motorizaron la escritura cruda, insolente y por momentos desbocada de algunos capítulos. Historias de individuos que creí sepultar cuando terminé de escribir el último párrafo de "La Jefa" y que, por destino o azar, se cruzaron de nuevo en mi camino. Entonces, conmocionada por los datos y las revelaciones, decidí descorrer el cortinado. Dejarlo por escrito. Para que se sepa y para que ningún viento borre sus huellas.

Aquí están y aquí estoy.

Olga Wornat
México, abril de 2005

MÉXICO LINDO Y QUERIDO

La resucitada I

—Manuel, estoy muy enojada contigo. Me atacaste y me difamaste, te uniste a mis enemigos...

—Marta, perdóname...

—No me pidas perdón. Si quieres el partido y nuestro apoyo, lo tendrás, pero con una condición: te retractas públicamente de todo lo que has dicho de mí y me garantizas un cargo y poder de decisión. Te ocupas de que el partido no me ataque a mí ni a Vicente, ni a mis hijos. No somos ni seremos amigos, pero me reivindicas... Sólo así serás el jefe. Por el dinero y el apoyo logístico, despreocúpate...

—De acuerdo, lo que tú digas, Marta...

El primer cónclave que sellaría el acuerdo con el ultraderechista "bárbaro del Norte" Manuel Espino Barrientos se realizó en la cabaña presidencial de Los Pinos y contó —además de Marta— con la presencia de Vicente Fox y el influyente psicólogo Ramón Muñoz. Ocurrió a mitad de febrero, previo al viaje que la dama —encaramada nuevamente en las luces del poder— realizó a Nueva York.

Durante esta primera plática de ablande, Marta demostró sus dotes de gladiadora y el "ordinario y astuto" Manuel Espino, un integrista de bajo nivel intelectual y antecedentes borrascosos, que —le confesó a la periodista Yasmín Alessandrini— se estresa en los cruceros cuando ve un niño vestido de payaso; otrora ácido crítico de la primera dama, conoció el sabor del polvo de la residencia presidencial.

La *lady* michoacana no le dio tregua y lo noqueó, mientras Vicente Fox observaba la escena sin hablar. Apenas lo vio llegar recordó la humillación que sintió en la Cumbre de Monterrey, cuando Espino declaró: "Los mexicanos no aceptarán la candidatura de la señora Marta Sahagún porque sería perpetuar en el poder los intereses de una familia". Pero el hombre, al que en sus pagos apodan "El Führer" y que adora cantar bajo el efecto de copiosas libaciones de tequila, no se amilanó frente al resentimiento de la dama.

Manuel Espino es un norteño raro, acostumbrado a los fregadazos de la política. Golpeó las puertas del palacio con la única ambición de convertirse en el jefe partidario de la mano de Vicente Fox, pero, sobre todo, de Marta. Conocía muy bien a la pareja porque había trabajado en la Presidencia, es súper cuate de Alfonso Durazo, el ex secretario que tiró a la cara de Fox la escandalosa carta de renuncia en la que acusó a Marta de abuso de poder, intrigas varias y ambiciones desmedidas; y es el mismísimo que dejó como su reemplazante a Nahum Acosta Lugo, el ex director de área de la coordinación de Giras Presidenciales, actualmente preso acusado de pasar información confidencial a los narcos: un pobre infeliz que pasa sus días llorando y amenazando con suicidarse y que se asemeja más a un "chivo expiatorio" de alguien —o de varios—, que a un infiltrado de los cárteles de la droga al que hasta hoy no pudieron probarle nada. Espino tiene además, como mano derecha, a Laura Carrera.

Renovada de espíritu y prolijamente refaccionada luego de un obligado *low profile*, Marta retornó al bamboleo seductor. En el acto de protesta de Rubén Mendoza Ayala, el candidato panista para la gubernatura del Estado de México, y frente a una plaza rebozante de fanáticos, la señora irrumpió con toda la pompa castrense, preocupada por cuidar su traje y joyas de los manotazos de sus transpirados admiradores.

Excitada hasta las lágrimas por los aplausos de la multitud, inundó de envidias y odios el alma de los caciques que la aguardaban en la tribuna. El candidato blanquiazul por el Estado de México, que carga con el respaldo de la *Powerfull Family* Hank Rohn, hizo gala de una obsecuencia almibarada y de dudoso gusto, pues se refirió a ella como "Mi jefa".

Cuando muchos la daban por muerta, Marta Sahagún resucitaba con todos sus ímpetus y sus ínfulas. Las encuestas la volvían a colocar a la par de Andrés Manuel y el aplausómetro de las algazaras panistas decían que ella ganaba de lejos.

"Ahora sí, que nadie me detiene", le dijo a una integrante de su círculo áulico, convencida de la frase que había leído en *El tao de los líderes* y en medio de sus desgracias: "Nunca busques una batalla. Si te viene, cede, retírate. Mucho mejor es retirarte que sobrepasarte. Tu fuerza consiste en tu inteligencia: permanece alerta a lo que está ocurriendo. Tu arma no es ninguna arma. Es la luz de tu conciencia. Avanza únicamente cuando no encuentres resistencias".

Católica practicante, Marta vive apasionada por la filosofía oriental. Los lamas tienen para ella la categoría de deidades que la protegen y aconsejan; sin embargo, los sabios hombrecillos no pueden controlar la "ansiosa y arrebatada" personalidad de la señora, que recurre con frecuencia a hechiceros vernáculos, que a cambio de una buena suma, auxilian su agitada espiritualidad con métodos poco ortodoxos.

Después de esa primera reunión con Espino, hubo otras para ajustar detalles nimios de estos menesteres: abundante dinero para convencer a los ávidos consejeros panistas de las bondades de los nuevos caciques y las prebendas y favores a canjear.

Con el visto bueno de la pareja reinante y la garantía de financiamiento que otorgaba la "Caja de la Corona", Ramón Muñoz, el inefable Diego Fernández de Cevallos —otrora enemigo de Marta—, Luis Felipe Bravo Mena y Ramón Martín Huerta —fervientes soldados de la Cofradía— comenzaron la opereta de asalto al PAN; la adjudicación de la estructura política fundada por el legendario sinaloense Manuel "Maquío" Clouthier —el mismísimo que conmovió hasta las lágrimas a la primera dama y la empujó a enrolarse en sus postulados—, a los turbios fundamentalistas mariscales del Yunque. Contracara de Marta Sahagún —en lo personal y político— y de los jerarcas panistas, Tatiana Clouthier, valiente hija del "Maquío": "Me voy. La elección de Espino, un hombre vengativo, chiquito, peligroso, es sólo la culminación de cosas peores que hemos dejado en el olvido. Algunos gobiernos han tolerado complicidades en actos de corrupción sin correr a sus propios autores, panistas. Esto llevó al partido a parecerse al PRI, tanto en el gobierno federal como en algunas gubernaturas. Mi padre no tenía nada que ver con estos señores y este partido. Esto es muy peligroso".

* * *

Fémina de armas tomar, Marta Sahagún de Fox no permanecería de brazos cruzados frente a la cruel inminencia del despoder. Jamás le creí cuando aquel día en Los Pinos, con aires de pueblerina ingenua, me dijo que terminado el sexenio se iría a su casa. Al final de cuentas, es una pantera de la política que ama el poder más que otra cosa. "A principios de este año, un relajado Vicente Fox hablaba con un prominente político sobre su esposa, la primera dama. 'Fíjate, le dijo el presidente, ella ha dicho varias veces que no tiene aspiraciones políticas y mírala cómo se mantiene alto en las encuestas.' El político registró el comentario, que resultaría un preámbulo del activismo desatado últimamente por la señora Marta Sahagún, quien, ¿alguien lo duda?, está de regreso en la política", escribió Raymundo Riva Palacio en *El Universal*.

Como en un juego de espejos, a veces Marta juraba que su destino estaba con Vicente en el rancho de San Cristóbal, disfrutando de sus nietas y de las labores hogareñas. Otras, transformada en diminuta émula de Eva Perón, arengaba desde ignotas y polvorientas tribunas a mujeres sometidas y desarrapados, con la consigna de que México estaba preparado para una presidenta mujer. Y esa fémina no era otra que la susodicha señora de Fox, obviamente. "Nada ni nadie me va a impedir que trabaje como lo hago y que luche por lo que creo. Nadie me va a detener."

Comenzaba apenas a asomar la nariz del forzoso exilio en el que la sumergió su desmesura y sus escándalos. Su más fiel acólita, la VIP regiomontana Liliana Melo de Sada, esposa de Federico Sada González —dueño del corporativo Vitro— y cofundadora de la fundación "Vamos México", le organizó un ágape de resarcimiento en "Casa Águilas", una mansión ubicada al pie de las montañas de Monterrey.

La intención de la Sada era que Sahagún aclarase en vivo y en directo a las ilustres damas de la ciudad y en un ambiente amigo sobre "las verdaderas motivaciones" que la impulsaron a crear una privadísima fundación filantrópica, que generaba tantos "ataques de envidia entre los machistas y misóginos de México y del extranjero".

Deslumbrada desde siempre por las fiestas y los *flashes*, Liliana Melo de Sada es la mejor amiga de Marta, una incondicional en el literal sentido de la palabra, que por salir en defensa de su íntima, quiebra alegremente las reglas del sentido común y del pudor social.

Habituada a vivir en un país donde la libertad de prensa brilló por su ausencia por largas décadas y convencida de que la amistad es un valor supremo, pretendió impedir la publicación de la investigación del *Financial Times* sobre "Vamos México", telefoneando a una amiga de la nobleza británica. Lo único que logró fue que el diario contara los bochornosos detalles de su intervención y el estado financiero de la fundación quedara aún más enlodado.

Rubia, *make up* recargado y con tendencia a subir de peso, Liliana es una *habitúe* de las revistas del corazón. Sobre todo de *Quién*, hasta que hace poco varias lectoras indignadas pidieron por carta a los editores que no la entrevistaran más porque estaban "hartos de verla". Madre de Liliana —"la soltera más codiciada de México" y un perfecto clon de su progenitora—, Federico y Mauricio, la dama aparece en las crónicas de sociales muy enjoyada y luciendo diseños de marcas poco favorables para su físico rellenito.

Una señora regia que conoce bien a la amiga presidencial, en un exceso de bondad dice que atrás de esa imagen superficial, lejos de las cámaras que "la enloquecen", "Liliana puede sostener una plática interesante". Otros, más implacables, describen al "matrimonio Sada" como "amantes del poder" y, sobre todo, de los habitantes circunstanciales de Los Pinos.

Esto explica la estrechísima relación que existe entre la *First Lady* y la señora de Sada, una dama multirrubros que, además de trabajar en "Vamos México", adora la decoración, dirige el Museo del Vidrio de Monterrey e inaugura cuanta tienda de marcas de lujo aterriza en la ciudad.

Eso sí, cuando no asisten a un evento, el dúo de inseparables manifiesta constante preocupación por la situación de sus congéneres y no deja pasar ocasión para tomar el micrófono y arengar sobre la problemática.

Durante la cumbre de presidentes que se realizó en Monterrey, en la reunión organizada por Marta para que las primeras damas asistentes intercambiaran sus experiencias en el poder, Liliana se aposentó en la cabecera de la mesa, junto a su amiga y Laura Bush. Entusiasmada, abrió la conferencia con un discurso enhebrado con incomprensibles consejos para el sexo débil y que las damas presentes tardaron un buen rato en digerir: "Hablamos de motivar a nuestro género, el femenino, de tener una participación política más activa y de no ser jueces de nuestra casa viendo (*sic*) la televisión, sino participar y tener conciencia real de lo que está pasando para poder tener una opción seria al respecto".

Dicen que a Laura Bush, una primera dama habituada a los sinsentidos políticos y familiares, más inteligente que su marido y, sobre todo, equilibrada y sensata, le costó comprender la presencia de Liliana Melo de Sada en el cónclave de esposas presidenciales.

Emparentados con aquel *Hollywood Babilonia* de Kenneth Anger, ávidos de *show* y boato y fuera de tono en un país que padece un impiadoso y desigual modo de vida, Liliana y Federico Sada son la metáfora de la fiesta de los poderosos que viven enganchados con el poder en turno. Amigos de Carlos y Raúl Salinas de Gortari, nunca escapan a un *paparazzi* y no tienen dudas cuando se trata de mostrar su lujosa morada en las revistas, como si exhibir el hábitat que los rodea les otorgara una personalidad de la que carecen.

Según *Casas & Gente*, el exclusivo *magazine* que describe las casas de los ricos y famosos de México, "Casa Águilas" tiene la fachada de un castillo de la campiña inglesa y, por dentro, una "mezcla interesante" de "lo mejor de Oriente y Occidente."

Las fotografías desnudan un exacerbado estilo y un clima que no puede ser más asfixiante. Comedor inglés, *boisserie* oscura y techo de caoba, sillones elefante de madera tallada de origen tailandés y tapicería diseñada por *lady* Henrietta Spencer Churchill. Una biblioteca rebosante de libros cuyos lujosos lomos hacen sospechar que están huecos hace juego con el salón de caza convertido en un safari inmóvil, repleto de animales salvajes disecados, trofeos de las excursiones del extravagante hombre de negocios, Federico Sada.

En la casa, que tiene un bellísimo exterior que nada tiene que ver con el interior en el que abundan las reminiscencias de la Inglaterra colonialista, se realizan frecuentes reuniones a las que asisten políticos y empresarios poderosos, se pactan acuerdos y nacen fructíferos negocios.

En uno de esos convites, Marta conoció a Carlos Salinas de Gortari, cuando el ex mandatario apenas aterrizaba en México. A partir de aquí, la dama que manda en Los Pinos y el señor que manda desde afuera iniciaron una especial relación político-amistosa.

Enfundada en un traje sastre de tonos negro y blanco con zapatos haciendo juego, Marta llegó a "Casa Águilas" a las 11:15 de una mañana de noviembre de 2004, como primer tramo del camino de resurrección. La aguardaban una veintena de féminas, entre las que sobresalían Nina Zambrano, simpatiquísima heredera de Cemex, y Alejandra Sada de Margáin, entonces emparentada con Sahagún, ya que su hijo menor, Fernando Bribiesca, estaba noviando con la hija de la mujer, a la que Marta llamó "mi consuegra".

"Quería que conocieran a Marta en persona y escucharan de viva voz su pensamiento y la vieran en su faceta de madre, de esposa, de amiga y de mujer trabajadora incansable como la he conocido yo", alabó la anfitriona.

—No sabía cómo estaba el clima por acá ni qué tipo de ropa traer, pero Vicente me dijo: "si vas a casa de Liliana ponte esto", y él me eligió el guardarropa completo para esta ocasión —dijo Marta, sonrojada como una adolescente. Los que conocen a Vicente Fox saben que este cuento es muy poco probable.

—¿Cuáles serían tres consejos que le darías a la mujer mexicana? —preguntó una.

—Yo quisiera transmitir: "Tú vales, tú puedes". En el momento en que la mujer sepa que vale y que puede, su problema está resuelto. Va a exigir que le respeten. La barrera se cae y hay que acabar con "calladita te ves más bonita". A mí hoy en día me lo piden, que no hable. Hay quienes rodean a mi marido, que le sugieren que Marta ya no hable. Las mujeres debemos transmitir: "Yo puedo, yo tengo talento" —respondió Marta, tratando de convencer a sus congéneres que toda conducta negativa puede ser transformada en positiva. Sólo es cuestión de repetírselo varias veces al día frente al espejo y santo remedio. "Cada mañana cuando me levanto me lleno de pensamientos positivos, me siento feliz y lo repito varias veces. Yo puedo, soy feliz", me dijo la última vez que nos vimos. Los caprichos y transgresiones que han caracterizado la conducta de la primera dama bien pueden ser tomados de ejemplo del pensamiento "positivo" y de la recuperación de la niña interior o ensalzamiento de la infancia a que tiende el movimiento de la *New Age* que predica Marta Sahagún. "No tengo rencores con nadie porque el enojo y el rencor afean", dice siempre.

La plática femenina en la casona de la incondicional fue desencadenando un aquelarre de interrogantes, que iban desde la "preocupación" por la influencia del narcotráfico en la política mexicana, hasta la ansiedad de saber qué "le hacía" Sahagún a su marido para "tenerlo tan enamorado", convencidas quizá de que tanto amor se debía a un hechizo o a alguna extraña pócima cuya fórmula desconocían, como tantos comentaban. Las respuestas de Marta dejaron claro al auditorio de la profundidad de sus conocimientos.

—En ningún sexenio se había combatido al narcotráfico como en éste. En ningún sexenio están los narcotraficantes que hoy están en la cárcel. El presidente está dispuesto a no darles tregua. Por cierto se están buscando medidas drásticas y contundentes (*sic*).

—Con el presidente tenemos una relación de la que no me canso de darle gracias a Dios porque es maravillosa. Jamás hemos tenido una discusión, ni la más mínima —juró con sus ojos muy abiertos frente a las impávidas señoras que comenzaban a sentir el cosquilleo de la envidia por la perfección amorosa de la pareja gobernante. "Les voy a decir en qué radica algo que nos tiene mutuamente enamorados: somos amigos, verdaderamente amigos", añadió impertérrita.

No se sabe si Marta Sahagún logró persuadir a las ávidas señoras de Monterrey de las bondades de la amistad como fórmula de un matrimonio plácido y sin trifulcas. Lo que sí quedó claro en la mayoría y a la luz de los acontecimientos posteriores es que entre la supuesta "disposición" de Vicente Fox y la acción concreta en la lucha contra el narcotráfico existe la distancia que diferencia entre una fantasía y la realidad.

* * *

En medio de un incendio político de impredecibles consecuencias, a 15 meses de las elecciones presidenciales y mientras su marido canturrea —sin que nadie le crea— que su dama no busca un cargo público, ella, indemne de los escándalos que la rozaron, regresa como una cándida niña al juego de los espejos, de la mano del Yunque. Un día puede soñar con disputar la jefatura de gobierno de la ciudad de México y otro puede ser senadora nacional del PAN. Eso sí, a partir del acuerdo con la secreta cofradía, participa en las reuniones del partido, es consultada y decide, haciendo honor a lo que nunca dejó de ser: "La Jefa".

—Le contesto con absoluta honestidad don Mario (Vázquez Raña). Yo tengo algo muy claro, inamovible, porque además es mi proyecto de vida y eso tiene que ver con compartir mi vida y estar siempre al lado de Vicente Fox; en dos años ya no será presidente, pero es el hombre que yo amo (*sic*). Ahí está mi proyecto de vida, a su lado, siempre a su lado (…) Por eso, don Mario, lo digo con toda honestidad y lo dice Ortega y Gasset y de ahí lo he aprendido: "Eres tú y tus circunstancias". No estoy cerrada a ninguna otra posibilidad de tipo político.

—Déjame decirte Pedro (Ferriz de Con), yo creo que cuando eres una mujer trabajadora, cuando te has puesto retos que has podido cumplir, cuando tienes estos deseos de vivir, de vivir con intensidad, es que la vida es una pasión, y hay que vivirla de manera apasionada. Así es la vida, es una pasión. Este, sí (responde a la pregunta acerca de si quería ser presidenta de México). ¿Por qué no? Hay que decirlo, sí…

Pragmática con medalla de oro en alpinismo social, desde que se enamoró del poder en la lejana Dirección de Comunicación Social de la gubernatura de Guanajuato, Marta Sahagún supo inmediatamente que ése era un amor para toda la vida.

No podía contar con Vicente, pues conocía sus debilidades y carencias. En la intimidad con sus amigas decía que su marido no tenía ambiciones y no se animaba como ella. No jugaba fuerte, no echaba para adelante y ni siquiera la defendía cuando ella lo necesitaba. Estaba consciente de que para alcanzar lo que soñaba, permanecer y blindarse de acero —como otras mujeres de la política que admiraba, tan afectas a las desmesuras y a las intrigas—, debía elucubrar estrategias de alto vuelo y tejer alianzas multifacéticas, muchas de ellas alejadas de las elementales normas de ética que aprendió en la lejana casona familiar de Zamora y con las severas monjas teresianas.

El putrefacto acuerdo con los jerarcas de la derecha más recalcitrante y sucia del partido era una prueba de lo que siempre repite: "Nadie me detiene". Por el poder, Marta María Sahagún es capaz de todo: reunirse en secreto con Carlos Salinas en el piso que su inseparable Liliana de Sada tiene en Nueva York, pedirle consejos sobre el gobierno de su marido, establecer acuerdos y cumplir —algunos— al pie de la letra; reunirse con "el innombrable" todas las veces que fueran necesarias y armar estrategias para quitar del juego a Andrés Manuel; utilizar la estructura del Estado para organizar un área de inteligencia personal que le permita estar al tanto de lo que dicen de ella amigos, parientes, ex esposa, hijastros y detractores; simular y decir que no, cuando en el fondo es sí; halagar empalagosamente a los influyentes del país y hacerles sentir a cada uno que son únicos para ella; en esto daba lo mismo Televisión Azteca que Televisa; sonreír siempre, mostrar dulzura y emprenderla a fustazos contra quienes se resisten a cumplir sus deseos o signifiquen un peligro para sus aspiraciones.

Como la "mala" de una telenovela o la favorita de la historia, mientras transcurrió el sexenio, Marta cumplió una función catártica. Durante el apogeo —y hasta que el inevitable castigo le llegue— vivió a *full* la ilusión del poder y se permitió todo tipo de excesos.

La fundación "Vamos México" fungió como reflejo multiplicado por mil de sus descalabros privados y públicos. El trampolín financiero por el que circularon —y se transfirieron— millones de dólares con incierto destino, pero que le permitieron una promoción personal nunca vista en una esposa de un presidente mexicano. El sitial que le permitió romper barreras y convertirse en santa patrona en Zamora. Toda la parentela se vio favorecida por la abrupta pasión filantrópica de Marta María. Sus hermanos, los hijos de sus hermanos, primas, cuñadas, todos. No solamente incorporó a la chamba del altruismo a algunos, sino que lustrosas bicicletas y hasta instrumental médico aterrizaban en su ciudad natal destinados al panteón de la gran familia Sahagún.

La investigación del *Financial Times* del mes de febrero de 2004 fue demoledora. "Sólo 4 millones 600 mil pesos de los ingresos de

72 millones de pesos del concierto de Elton John fueron donados en el 2001 a "los más necesitados", de acuerdo con los estados financieros auditados. En 2002, sólo 3 millones 200 mil pesos de contribuciones directas fueron distribuidos a otras obras de beneficencia. Los estados financieros parciales de 2002 que Sahagún entregó al *Financial Times* el pasado mes de mayo demuestran que de los 153 millones de pesos que la Fundación recaudó en sus primeros 15 meses, sólo 46 millones (el 30 por ciento) habían sido donados a instituciones de beneficencia."

Llorosa y temblando, apenas comenzó a circular la denuncia, convocó a una conferencia de prensa en Los Pinos —como en aquel absurdo mayo de 2003— y juró y perjuró que era víctima de la calumnia y la difamación.

Visceralmente demagoga, Marta conoce la influencia que este gesto de manipulación ejerce en la psicología popular. No le importaba el daño que sus ansias de protagonismo causaban a la figura presidencial y a la frágil democracia mexicana.

Desde hacía largos meses que en ámbitos políticos y empresariales se hablaba peligrosamente de adelantar la sucesión y de "vacío de poder". Los secretarios de Estado no conversaban con el mandatario sobre el trabajo en sus áreas, ni sobre nada. Los empresarios no lo visitaban, cansados de hablar con un hombre que "no escucha". Los medios norteamericanos y europeos publicaban duros análisis sobre su presidencia y a los analistas de Wall Street se les esfumaban las ganas de recomendar a sus clientes invertir en el México de Vicente Fox. "Presidencia sin brillo", tituló *The Washington Post*.

La influencia de Marta en Los Pinos carecía de horizontes, ni siquiera el que marcan los sentimientos familiares. Todo estaba bajo su control, nada se le escapaba. Como una golondrina, se la pasaba viajando, casi como en una campaña electoral y gracias a la fantástica "caja" político-filantrópica de su fundación. "¡Marta a la Presidencia! ¡Ya ganamos!", gritaba la gente a su paso y ella contestaba con evasivas y por dentro se sentía en la gloria, mientras su marido se parecía cada día más al "Primer *damo*". Cada vez más ausente y cada vez más perdido, mientras ella donaba equipos para el Hospital de México, computadoras a las escuelas, cuadernos y lápices para los indígenas.

—¿Qué le parece la popularidad de su esposa? —le preguntaban a Fox.

—Shssss, que ya la buscan más que a mí… —respondía pícaro y nada disgustado con la idea de perpetuar la familia.

En esos días, a principios de 2004, trascendió un estudio encargado por un grupo de empresarios de la comunidad judía. Advertían de la incapacidad del presidente para gobernar, para detener a quienes buscan su puesto. Señalaban sin eufemismos que Vicente Fox no hacía su trabajo, no resolvía, no ejercía el liderazgo necesario y que en ese camino se abría el escenario ideal para los que buscan "cambios radicales".

Convertida en un apetecible bocado para la televisión y los medios especializados en intimidades de los ricos y famosos, Marta no le decía que no a nada. "La señora Sahagún, quien ha aparecido en cuatro programas de Televisa en dos meses, dando consejos, cocinando pollos y contando presuntos chistes, ha decidido hacer de su incursión televisiva un ingrediente fundamental de su campaña política. En TV Azteca tuvo la ocurrencia de contar cómo duerme con su esposo. Vacía de contenido, pletórica de cursilería, dicha campaña no supone gran aportación a la vida democrática y es de temerse que tampoco incremente el *rating* de los programas a los que asiste", escribió en *Reforma* Roberto Zamarripa.

En las entrañas del poder, las intrigas y conspiraciones estaban en su punto más alto de ebullición. Los que rodeaban al presidente, sobre todo Alfonso Durazo y Ramón Muñoz, conspiraban día y noche contra Marta y su equipo. Ella, con el poder que dan "ocho horas de sábanas", como dijera José Luis González, no hacía más que conspirar en los oídos de su marido contra ellos. Sobre todo contra Alfonso Durazo, que era quien mantenía relaciones con los medios y eso la volvía loca. La familia tampoco transitaba por momentos de placidez.

Cansada, enojada y haciendo alarde de la personalidad que la caracteriza, Mercedes Quesada de Fox se reunió en privado con Marta en el rancho de San Cristóbal y arremetió: "¿Hasta cuándo piensas continuar con tus pretensiones? ¿No te das cuenta del daño que le haces a Vicente? ¡No puedes seguir con esta actitud! Te pido que renuncies; si de veras amas a tu marido como dices, tienes que hacerlo…"

Marta apenas atinó a bajar la cabeza y se sumergió en una lloradera. En las antípodas de la prudencia y el sentido común de doña Mercedes, intentó una pálida defensa de sus ambiciones presidenciales, utilizando sus abundantes efluvios oculares. Le resultó imposible. Estaba frente a una vasca dura y curtida, que en una tierra hostil educó sola a nueve hijos y a la que nadie recuerda haberla visto llorar, no en público. La madre de Vicente Fox, que ese día estaba acompañada por una de sus hijas, nunca aceptó el matrimonio de su hijo con Marta Sahagún. Los que la frecuentan aseguran que sus sentimientos hacia la primera dama no tienen que ver con la religión, "que no es por mocha", sino porque "nunca hubo química con esa mujer".

Al otro día, Vicente Fox llegó hecho una furia al rancho de su madre. Marta le había relatado el incidente sumergida en un mar de lágrimas. "¡Por qué tratan así a Marta! Es mi esposa y está muy dolida, muy triste. Me faltaron el respeto a mí, no quiero que en esto se entrometa nadie...", reprochó Fox.

A partir de este episodio, las relaciones entre la familia Fox (salvo los hermanos Javier y Cristóbal) y el matrimonio gobernante transitan por un periodo de "guerra fría", como me la definió un integrante de la familia. La última vez que doña Mercedes se encontró con la pareja en la residencia llegó con una pila de periódicos. "¿Y esto para qué?", preguntó Vicente Fox a su madre. "Para que te enteres de lo que dice la gente de tu gobierno", respondió la señora y se dio este curioso diálogo que demuestra el clima de las relaciones:

—Vicente, ¿tú lees los periódicos?

—No, ¿para qué? —respondió Fox, sin quitar la mirada del plato.

—¿Y tú, Marta?

—Estee... algunas veces...

—Pues hacen muy mal. Tienen que estar informados de lo que dicen de ti, Vicente, y de ti, Marta. Hay muchas verdades, a ver si modificas algunas cosas que están mal, Vicente...

Ese mediodía, con toda la familia en la mesa del comedor de la cabaña, el ambiente se cortaba con una navaja.

*　*　*

Vicente Fox no gobernaba —y no gobierna— y sus estados de ensimismamiento y negación de la realidad aumentaban peligrosamente, frente a la inquietud de sus íntimos. Se contradecía permanentemente, se autoelogiaba, repetía que la situación era maravillosa, que el índice de pobres había disminuido, no escuchaba a nadie —salvo a Marta, que le decía lo que él quería escuchar— y permanecía horas en silencio, mirando el vacío. Tampoco platicaba con sus hijas, como antaño. Ana Cristina estaba en España terminando sus estudios y a Paulina prácticamente no la veía. Rodrigo era un adolescente ensombrecido, al que Marta le cumple todos los gustos, aun los más extravagantes y caros.

Un poderoso empresario que colaboró intensamente en la campaña foxista y que sentía mucho afecto por el mandatario lo visitó una mañana en Los Pinos y le dijo lo que muchos pensaban de su gobierno: "Vicente, tienes que frenar las aspiraciones de Marta. La situación política de México no se sostiene si esto continúa. La gente está decepcionada y muchos piensan que tú no gobiernas. No es serio, no se puede. Tú eres el presidente, tienes que platicar con ella. O de lo contrario, y lo digo sinceramente y aunque te enojes conmigo: Marta se convertirá en tu Colosio, si no le pones límites".

El presidente no respondió y dio por finalizada la visita.

Otro influyente empresario del rubro turístico que lo visitó le dijo: "Presidente, esto está mal, la señora Marta no puede sucederlo en el cargo. Y todos comentan de los abusos de los hijos…"

—¿Hay alguna otra cuestión que quieren platicar? —preguntó el mandatario y se levantó, dando por finalizada la reunión.

Dos miembros del Estado Mayor Presidencial, a los que prefiero preservar por razones obvias, me relataron que por esos días la intimidad en Los Pinos daba "mala espina". "Venía de visita gente rara y a todas horas. De día y de noche, daban miedo. Venía gente que no figuraba en la agenda de ingreso."

"La señora Marta jamás ha expresado que quiere ser candidata o presidenta de este maravilloso país. Ella y yo tenemos grandes planes que es irnos al rancho de San Cristóbal a disfrutar de la familia, a trabajar juntos por los pobres de México y a impulsar la educación. Así es que no vamos a verla a ella corriendo para la Presidencia de México", dijo Fox en su discurso frente a la Sociedad Interamericana de Prensa.

—¿Esto lo conversó con su esposa? —preguntó el periodista Jorge Ramos.

—No, de ninguna manera. Ella es una persona libre que toma sus propias decisiones. Lo único que señalo es que ella no ha dicho que es candidata o precandidata: lo han dicho los medios y lo han dicho las encuestas —contestó el mandatario, molesto.

El misil llegó desde el lugar menos pensado.

Alfonso Durazo Montaño es un tipo extraño en la política. Llegó hasta Vicente Fox desde el PRI y, curiosamente, ingresó a Los Pinos de la mano de Marta, a la que habría llamado para que le consiguiera una entrevista con el presidente electo. Nunca se llevaron bien y nunca se tuvieron confianza. A veces, las intrigas y sospechas eran alborotadas, involucraban a mucamas, choferes y custodios. Nadie quedaba a salvo de las trifulcas.

En el mes de mayo de 2004, Durazo corregía un escrito en el que garabateó sus críticas al gobierno. Estaba harto y se quería ir, pero sobre todo estaba "cansado de Marta" y de la locura presidencialista de la dama, alentada por el presidente. Un fin de semana, en Hermosillo —donde vive—, Durazo llamó a uno de sus concuños, con el que mantiene una relación de mucha confidencialidad y le dio a leer el texto. "Es terrible, no puedes escribir esto, va a ser una bomba. Tienes que suavizar el tono...", aconsejó el pariente.

Alfonso Durazo, hombre de confianza del asesinado Luis Donaldo Colosio, está vinculado a los caciques más influyentes del arco político. En el PRI, al que renunció en el 2000, reconocen su talento y astucia para las estrategias de alto vuelo y le dicen "El Cerrajero", por la habilidad para acercarse a personajes poderosos y convertirse de la noche a la mañana en el depositario de todos los secretos. "El Cerrajero" es el que tiene la llave que abre y cierra las puertas. La carta de Durazo —como pronosticó su concuño— cayó como una bomba; México vivía de incendio en incendio. El zarpazo mayor cayó sobre Marta Sahagún, que en medio de una gira con su marido por Sudamérica fue obligada a renunciar a sus pretensiones. Vicente Fox le exigió que se bajara y ella tuvo que consentir. Apremiado por las presiones internas y externas, las críticas de la Iglesia, de los empresarios, del PRI, del PAN y del PRD, él, que la alentaba, ahora le pedía la renuncia.

Dicen que Marta lloró y dijo que no; finalmente, aceptó de mala gana, pero juró no olvidar.

El 12 de julio de 2004, Marta Sahagún leyó en el jardín de Los Pinos su renuncia a la candidatura presidencial, que curiosamente hasta hoy nadie se la cree del todo. El día anterior, *The New York Times* publicó un durísimo editorial acerca de sus pretensiones. "Las ambiciones de Sahagún están provocando un caos en el propio partido y el gabinete de Fox", decía el artículo. Entonces:

—Lo he dicho y lo reitero: México está preparado para ser gobernado por una mujer.

—No obstante, quiero afirmar que no seré candidata a la Presidencia de la República.

—El presidente y yo formamos un matrimonio solidario, que se apoya y que sabe respetar la individualidad de sus espacios profesionales.

—Quiero dejar claro que nunca he intervenido ni intervendré en decisiones institucionales que sólo competen al presidente de la República.

—A partir del primero de diciembre de 2006 iremos juntos a casa, a disfrutar de nuestra familia, sin que ello signifique renunciar jamás a mi compromiso por los más desprotegidos.

* * *

Felipe Campos se viste como obispo y jura que lo fue auxiliar de Puebla, pero es mentira: es un jerarca de la santería cubana. Adiposo y chaparro, cara redonda como la Luna y labios gruesos, vestido con una túnica blanca, Campos es un sibilino personaje que frecuenta a Marta Sahagún desde la campaña presidencial. Aficionada de siempre a las cábalas, brujas, tarotistas, adivinadores, Marta es también una ferviente católica. Una tarde, cuando estaban instalados en el Hotel Fiesta Americana, apareció "monseñor Felipe Campos" y Marta estaba feliz, esperándolo para que el hombre le tire las cartas. Alguien le avisa que llegaba otro monseñor, uno de verdad: Onésimo Cepeda. Testigos relatan que Campos se levantó apanicado y se perdió. Por más que revisaron el hotel de arriba abajo, lo buscaron por la calle, el rollizo "monseñor" se hizo humo, aterrado ante la posibilidad cierta de enfrentarse con Cepeda, al que no podía engañar con su disfraz de obispo.

Católica en sus formas y pagana en sus contenidos, en la sociedad mexicana el movimiento mensual financiero de adivinos, santeros, brujos y compañía se estima en una cifra que ronda los 700 millones de dólares. Una de las principales consultantes es la primera dama. Tampoco escapan a los arúspices vernáculos los demás dirigentes de la inmaculada clase política.

Cuando era gobernador de Tabasco, Roberto Madrazo Pintado tuvo como asesor con cargo al erario a un Pai Umbanda, brasileño al que hacía venir desde Miami para granjearse las buenas vibras. Nunca se supo si el santero logró su cometido. Andrés Manuel López Obrador tampoco escapó al sortilegio de la bola de cristal y la lectura de cartas, como buen tabasqueño. En uno de sus viajes a Cuba colocó su existencia en manos de un poderoso santero que le recomendó un miembro de la nomenclatura de la isla. Fidel Castro no tiene uno, sino varios; es más, dicen que en realidad el viejo dictador es un "sacerdote" iniciado en esas artes por la difunta Celia Sánchez, guerrillera legendaria, que peleó en Sierra Maestra. A Carlos Salinas lo visitaba Daniel Bitton, un rabino israelí, eminencia de la cábala que tenía videncias, hombre de consulta entre millonarios y jefes de Estado, que entre sus clientes figuraban Carlos Andrés Pérez y Carlos Menem. Dicen que Plutarco Elías Calles acudía al barrio de Petaca a pedir ayuda a la santera Licha Látigo. Ni hablar de los políticos de Veracruz, tierra en la que, según dicen, habitan "los grandes jefes brujos".

La introductora del falso purpurado en el entorno presidencial es Georgina Morris Montalvo, conocida como "Gina" —una astuta y tumultuosa mujer que acompaña a Marta desde Guanajuato, donde hizo de "celestina" entre Vicente Fox y la actual primera dama. Poco agraciada, con *look* de boxeadora, pelo teñido y escotes exagerados, funge como "directora general de Vinculación en la secretaría particular" (*sic*) de Los Pinos, cargo por el que recibe un sueldo de 63000 pesos. Es hijastra de Sari Bermúdez.

Temida y odiada, hábil conocedora de las miserias ajenas, Gina aplica sus influencias sobre Marta desde tiempos remotos, cuando la convenció de que la tarea de quitarse de encima a sus enemigos era cuestión de minutos. Nada más había que conseguir una "buena bruja", las fotografías de los susodichos, pincharlas con alfileres y quemarlas. "A mí me da resultados, me los chingo a todos", se jacta, con un vocabulario más adecuado para una vulgar gasolinera de carretera, que de una asesora presidencial. Y para que no queden dudas deque lo suyo viene del más allá, alardea que gracias a la intervención de sus oráculos el empresario regiomontano José Luis González, "El Bigotón", desapareció para siempre de la ruta de Marta.

—Si me joden, ¡me los voy a chingar! ¡A Marta y Vicente los tengo bien agarrados! — sentencia Morris cuando está de malhumor, exhibiendo frente a pobres y asustados empleados que la rodean que lo suyo, además de la nigromancia, es la habilidad con el látigo. Es una de las poquísimas que ingresa sin llave a los aposentos de "La Jefa" y este privilegio la hace sentirse plenamente realizada. Al igual que su patrona, a "Gina" la pierden las joyas. Ostenta un anillo de brillantes engarzado en oro amarillo y un encendedor Dupont, regalos que recibió a cambio de "favores y contactos" con el poder.

Soltera, *habitúe* de la noche, la farándula y los antros de moda, siempre lamenta su mala suerte con los hombres, seres a los que los chamanes que la protegen no pueden dominar. Uno de sus últimos *affaires* fue con Germán Murguía, quien, según sus enemigos, "la usó para conseguir permisos que le permitieran habilitar gaseras para su socio, Andrés Bello".

En una habitación de Los Pinos, al lado de su despacho, Morris esconde un altar con extraños santos, muñecos, calaveras, animales disecados e imágenes tenebrosas, habitáculo donde ingresa a realizar sus rituales, a veces acompañada por Omar Saavedra, otro "talento" del equipo de comunicación de Sahagún. Nadie entiende por qué Georgina Morris ejerce tanta influencia sobre la primera dama. Es la única que le levanta la voz o la enfrenta. Dicen que la señora Marta la escucha y le teme: Gina sabe demasiado. Conoce secretos de Estado, de la familia presidencial y hace de enlace para los rutilantes negocios de Manuel y Jorge Bribiesca. Sobre todo, mantiene una estrecha relación con José Guzmán Montalvo, el borrascoso titular de la Aduana de México, que atiende todos los pedidos de los hijastros de Vicente Fox.

"¡Hola primo!", saluda a Montalvo cuando lo llama para hacerle un pedido de parte de Marta, haciendo alusión a su segundo apellido, aunque no tienen parentesco. Afectada de incontinencia verbal, a la Morris le fascina contar todo lo que sabe de la intimidad del poder. Pretenciosa y émula devaluada de Lucrecia Borgia, se apoda a sí misma la "Córdoba Montoya" de Marta, haciendo alusión al legendario e inteligente asesor y operador político de Carlos Salinas de Gortari. En el Estado Mayor, más realistas, le dicen "La Transformer", porque "nunca se sabe cómo amanece y en qué estado llegará a Los Pinos".

Como canta el tango, la residencia presidencial es un "cambalache" en el que se mezcla la "Biblia con el calefón", los negocios turbios con la brujería y donde los seres pensantes brillan por su ausencia.

"Monseñor" Campos, quien durante la gestión de Laura Valdez cobró una mensualidad en Lotería Nacional, visitaba Los Pinos a todas horas y cualquier día de la semana. Llegaba con una bolsa donde trae sus elementos litúrgicos: hierbas, velas, cocos, muñecos de Marta y de Vicente e imágenes. Testigos dicen que el rollizo "Pai" realizó una misa en la cabaña ataviado como un obispo de la Iglesia Católica. Una vez fue una celebración del rito católico y la otra fue una misa negra. La historia oral de los habitantes permanentes de Los Pinos cuenta que Felipe Campos, al que algunos llaman "Monseñor o Padre", entre ellos Marta, celebró misa en la cabaña un día que Vicente Fox no estaba. "Marta, Gina y Rebeca Moreno participaron junto a otras mujeres."

Ana Cristina y Paulina se enteraron y aterradas le contaron a su madre y a su abuela: "En la cabaña del Papi, ¡Marta está haciendo brujerías!" Nada podían remediar. En el comedor habían preparado una mesa con mantel blanco y velas encendidas, y debajo tenían dos tarántulas con fotografías de Lillián de la Concha y Andrés Manuel López Obrador, a las que los presentes les prendían fuego.

Los habitantes de la residencia no me cuentan esto con tono de denuncia, sino con esa distancia del que describe una verdad que está ahí aunque parezca absurda y que no puede modificarse y sobre la que conviene no opinar demasiado, porque es peligroso. Nadie lo prueba, pero nadie lo desmiente. Los que frecuentan al matrimonio reinante, algunos funcionarios y otros, familiares o amigos, no lo desmienten.

Varios integrantes del equipo de Marta no contradicen nada, es más, desmenuzan detalles escabrosos de la intimidad que preferí omitir. Sin embargo, hay un episodio muy sospechoso sucedido el 3 de noviembre de 2003, que dejó en el ambiente una estela de malos presagios.

El teniente de marina Rodrigo Sánchez González tenía 28 años, era alto, rubio y delgado, estaba de novio, muy enamorado y a punto de casarse. Oriundo de Veracruz, desde niño había decidido seguir la carrera de su padre, también marino. Rodrigo era custodia personal de Marta Sahagún. El que la acompañaba a todas partes, el que permanecía en la cabaña por las noches, el que llevaba un celular a través del cual todos los funcionarios que querían comunicarse con la primera dama llamaban al "teniente Rodrigo". Esa mañana, Rodrigo se retiró de sus tareas, como siempre, pasados unos minutos de las seis de la mañana. Se despidió de su jefe, como todos los días. Fue encontrado con un tiro en la boca, dentro de su auto, una camioneta placa YDE3181, del estado de Veracruz.

Una fuente militar me confió que a Rodrigo lo encontraron en el lugar designado para los coches del personal que trabaja en Los Pinos, una hora y media después de que supuestamente se "suicidó". Es más, este hombre —teniente coronel— soltó una frase más que inquietante cuando le pregunté qué podría haber ocurrido con el joven: "Fue una entrega".

La información oficial asegura que el cuerpo fue encontrado en una camioneta estacionada en la "calle San Marcos, frente a la Unidad Habitacional Pedregal, perímetro de la delegación Magdalena Contreras" y que presentaba un impacto de bala que "le atravesó el cráneo". Busqué intensamente a la familia de Rodrigo para preguntarles qué creían que pasó y por qué, pero se habían mudado de domicilio y de estado. Hablé por teléfono con una tía, quien me dijo que "la familia tenía miedo de hablar" porque "era peligroso". Pregunté a asesores de Marta y de Vicente Fox y me manifestaron sus sospechas acerca del "suicidio". El caso nunca se investigó; al contrario, se cerró, de "eso no se habla" y a dos años es una sombra que circula en conversaciones donde se barruntan hipótesis temibles y descabelladas. Unos dicen que Rodrigo "descubrió algo que no debía" y otros, afectados por el clima enrarecido de brujos y fetiches, que "alguien le hizo algo malo".

Elucubraciones al margen, en esos días era evidente que las malas vibras no se quitaban con nada.

El sábado 15 de noviembre, en un accidente con su motocicleta, se mata José Luis González, mejor conocido como "El Bigotón", amigo de la juventud de Vicente Fox, protector y compadre de Lillian de la Concha y sus hijos y fundador del grupo "Amigos de Fox", la sospechosa estructura que se encargó de recaudar dinero para la campaña y terminó enredada en graves investigaciones judiciales. La familia del presidente, sobre todo la madre, los hijos y su ex esposa —al margen de las amistades y funcionarios que conocieron al difunto empresario—, entraron en *shock*. Ana Cristina y Paulina, que adoraban al bigotón, no cesaban de llorar, desconsoladas. Vicentillo y Rodrigo estaban paralizados.

"¡Papi, Papi, se mató José Luis, se mató con la moto!", gritó Paulina, con la voz quebrada. Vicente Fox estaba en la cabaña acompañado de Marta. No dijo una palabra, permaneció mudo. Y más tarde decidió ir al velatorio acompañado de su mujer, conociendo la pésima relación que existía entre Marta y el difunto. Un testigo dice que la presencia de Fox y su mujer en el sitio donde velaban al viejo amigo fue muy tensa. Después de unos breves minutos, el matrimonio se retiró sin saludar. "¿Qué le pasa a este hombre? Si no fuera el presidente lo hubiera echado de aquí, ¿por qué tenía que aparecer con esa mujer? Ni siquiera me preguntó cómo estoy o si necesito algo y eso que éramos tan amigos...", lamentó la viuda.

—Papi, vamos al entierro de José Luis... —invitó Paulina.

Su padre no la miró y dijo:

—No. Ya está muerto, ve con tus hermanos...

—Era tu amigo y nos quería mucho, no puedo creer que no sientas nada, que no estés triste.... —añadió la joven, llorando.

—Que vayan los deudos, ¿yo qué tengo que ver?, ¿por qué? Además, ya no era mi amigo... Ésas son tonterías que dice tu madre...

Y sin vueltas, dio por terminada la conversación.

Este episodio es paradigmático de la inexpugnable personalidad de Vicente Fox. Un estilo de manejo político gélido y apático, en el que los amigos carecen de valor y no cuentan ni vivos y mucho menos cuando han muerto. Durante los tres primeros años del sexenio, Fox perdió a casi todos sus incondicionales, los más pensantes y astutos: Jorge Castañeda, Lino Korrodi, Carlos Flores Alcocer, Felipe Zabala, Adolfo Aguilar Zínzer, José Luis Romero Hicks, Juan Hernández, José Luis González. Un secretario de Estado y otro que dejó de serlo lo definieron con pocas palabras: "Vicente no tiene lealtad con nadie, no quiere a nadie, sólo se quiere a sí mismo. No se puede hacer política traicionando a todos". Se explica entonces por qué nadie puso nunca la cara para defenderlo cuando estallaban los escándalos y le llovían las críticas. (Y en este argumento no entra el secretario Santiago Creel, cómplice político de Marta, ávido de heredar el sillón presidencial. Nadie hizo más por su candidatura que el propio Fox. En el juego de las traiciones, Creel se lleva la copa de oro.) Cuando comete errores y es el hazmerreír de los humoristas y los medios, lo dejan solo como un quijote devaluado, porque dicen que no escucha, no quiere que nadie le traiga "mala onda", que le digan que en México las cosas no son tan maravillosas como él y Marta creen.

* * *

¿Existe control en Los Pinos? ¿Puede ingresar un hombre y decir que es un obispo, cuando es un santero? ¿Qué dicen los registros?

Felipe Campos vive en un sucio y gastado apartamento ubicado a pocos minutos del Centro Histórico. Dice que es amigo de la primera dama desde la campaña electoral, tira las cartas, adivina el futuro y hace trabajos "buenos y malos", dependiendo de los dólares que uno esté dispuesto a pagar. Es un sacerdote de la santería cubana que jura que alguna vez fue sacerdote, pero que abandonó "cansado de que sus pares le hicieran maldades". Muestra fotografías, varias de ellas abrazado a Vicente y Marta en la cabaña presidencial. Otras oficiando su rito en Los Pinos. Advierto que uno de los retratos es reciente, por la fisonomía de la gobernante.

—¿El toloache? Yo fui quien le aconsejé a Marta que lo utilizara. Pobre señora, estaba desesperada y triste porque el presidente… no sabía qué hacer. Usted sabe, el hombre no le hacía caso, no le prestaba atención. Gracias a mí se casó con el presidente, porque él no quería. Ella empezó a dárselo en gotas durante las comidas y las bebidas. Y el hombre cambió. Ahora hace un tiempo que no me llama…

Ana Cristina y Paulina Fox viven preocupadas por el presente y futuro de su "progenitor". Cada vez que le preguntan a Marta qué es "eso" que pone en las comidas de su padre, ella responde "vitaminas". Y las susodichas vitaminas viajan a todas partes, jamás faltan del *necessaire* de la dama.

Un extenso artículo publicado el año pasado en *La Revista* de *El Universal* describe una parte del esoterismo que rodeó desde los inicios a Vicente Fox y a su dama. Rebeca Moreno Lara Barragán, una inquieta y ansiosa mujer de 33 años y abundante cabello rojo, es directora de logística y mano derecha de Marta. Fanática del ocultismo, se hace llamar "Kadoma Sing Ya", que en la santería significa: "Lo que siempre está vibrando". Es amiga del famoso publicista Santiago Pando, el que aseguró que muchos de los *spots* de la campaña presidencial de Fox fueron "inspirados en el esoterismo" y un chamán dijo que debía llevar a Vicente Fox a su casa a filmar, porque en la misma había "una legión de ángeles".

Rebeca acompaña a Gina en todos los rituales que se realizan en Los Pinos, pero se detestan, algunos las vieron pelearse a gritos, Rebeca tiene como brujo de cabecera al cubano Jorge Berroa y Gina Morris a Felipe Campos. Y aquí es donde los intereses del más allá chocan como planetas en el espacio. Pero como de espiritualidad se trata, liman sus asperezas con indiferencia y se encargan de conseguir el mejor "toloache" para los brebajes vitamínicos que toma el presidente, pagan a los brujos y médium que "La Jefa" necesita, encienden el incienso en la cabaña para que espante las malas vibras, prenden velas, para el bien o el mal, intrigan y conspiran contra todos los que presuponen "enemigos" o aquellos que los hechiceros aseguran que son peligrosos para *Totis*, como llaman a Marta en la intimidad.

Como Isabel Martínez de Perón, mejor conocida como Isabelita, aquella desopilante bailarina de cabaret que se casó con Perón en el exilio y tuvo de asesor privado a "El Brujo" López Rega —"Hermano Miguel" de una secta Umbanda— Marta tiene a la suya: Gina Morris Montalvo.

Como José López Rega, que de cabo de la policía fue ascendido a comisario general, gracias a sus poderes ocultos, se agradece que Morris Montalvo no dé un salto de la estrafalaria dirección a su cargo a una senaduría plurinominal.

La resucitada II

Yo levanté la cabeza. El mar estaba cubierto por una densa faja de nubes negras, y la tranquila corriente que llevaba a los últimos confines de la Tierra fluía sombríamente bajo el cielo cubierto... Parecía conducir directamente al corazón de las tinieblas.

JOSEPH CONRAD, *El corazón de las tinieblas*

Capaz de actuar con frialdad maquiavélica e intrigar con habilidad femenina, si hay algo que reconocerle a Marta Sahagún es la maestría para combinar el portaligas con el látigo. La sonrisa siempre —"Vicente me dice que no me ría tanto, que me van a salir arruguitas"— para conseguir poder y mano dura para conservarlo.

Ambiciosa con culpas —cada vez que Raquel Pankosky la imita en *La Parodia* y su personaje dice que "es ambiciosa"— la primera dama se queja llorosa: "¿Por qué me hacen ambiciosa? Yo no soy ambiciosa...", le dice a su equipo, como si el simple hecho de tener ambiciones significara un pecado mortal.

Evidentemente, desconoce el significado de la palabra. Una cosa es tener sueños y metas, y otra muy diferente abusar del poder y cometer excesos en pos de esa ambición. Una cosa es la discreción y otra el exhibicionismo. El apego de Marta Sahagún por la buena vida no es nuevo, aunque en Celaya su vida era mucho más modesta. Claro que entre aquella Marta y ésta no hay más que mirar las fotografías. "Gastemos que el pueblo paga" es uno de sus apotegmas preferidos y son muchos los que han disfrutado de su generosidad. Sobre todo, si de amigos, hijos, ex marido, hijastros y parientes se trata. Abocada a resolver sus intrigas políticas, poco es lo que ha hecho por aligerar la carga de sus congéneres en este sexenio, en un país donde la mitad de la población está por debajo de la línea de pobreza y más de una vez las sufridas mujeres de Ciudad Juárez, azotadas por la calamidad de los asesinatos, le solicitaron que ella como primera dama hiciera algo para impedir los crímenes. Nada pasó, es más, los asesinatos continuaron, mientras Marta Sahagún se codea con la alta sociedad y recibe premios.

El *New Herald* de Miami, fechado el 20 de febrero, la exhibe en la sección de sociales como una VIP de la *hight society international*, sonriente y enfundada en un vestido de *soiree* de seda azul con flores blancas labradas, pegada a Ricky Martin y a la reina Noor de Jordania, en una suntuosa fiesta en el hotel *The Breakers*, de Palm Beach, donde la premiaron por su labor en defensa de los niños abusados. Las páginas que la fundación tiene en Internet son el fiel reflejo de un recalcitrante y añejo culto a la personalidad, uno de los más anticuados mecanismos de demagogia de los populismos.

"Vamos México" quedará en la historia como una sospechosa estructura supuestamente filantrópica, cuyo trabajo con los pobres nunca se demostró con claridad, con la que se triangularon millones de pesos y que tuvo la bendición de los hados: captó recursos como ninguna otra organización de ayuda. A ella llegaron los abultados aportes mensuales de los empresarios más ricos de México y que, como si fuera poco, agotado el reinado, le permitirá contar con un capital que será suyo y de nadie más. Entre los empresarios y políticos, a "Vamos México" le dicen simplemente "la banca *off shore* de Marta", en referencia a los paraísos fiscales donde muchos esconden millones, sin que nadie los regule ni controle.

"No construí esta fundación para que la herede otra primera dama. Es mía, pero no es mi juguete, con ella seguiré ayudando a los pobres y necesitados", me dijo seria, por si me quedaban dudas. Maravillosa suerte que no tuvo la difunta "Reina de los descamisados".

Envalentonados con la política de la "transparencia", no se sabe si por cinismo o ingenuidad, el gobierno de Marta y Vicente publicó en Internet las desorbitadas cifras de sus gastos de vestuario a cargo de los mexicanos. Ahí aparecían las joyas de Cartier y Tiffany, los trajes de Escada y Chanel de 5 000 y 8 000 dólares y los abrigos de zorro de 8 000 dólares, y las 16 prendas que eligió en un solo día en la elegante casa española Loewe, o los 10 000 dólares que se esfumaron en una tarde en accesorios y bolsos, o los otros miles que dejó en la tienda del colombiano Macario Jiménez, así como los accesorios de Hermes. Y los trajes del presidente comprados en Hermenegildo Zegna, diseños que a ella le fascinan y mandan confeccionar a Barcelona por la especial *size* de Vicente Fox.

"¿Cuánto le ha costado y le sigue costando al país la señora Marta Sahagún? Entiendo que esta cifra no es cuantificable, pero es enorme. Cuanto he dicho está directamente relacionado con el desastroso, irregular, conflictivo y perjudicial desempeño público. Una y otra vez, frente a sus ambiciones de Lady MacBeth del Bajío, nuestro país, su dolor, su futuro, sus problemas y su grandeza le han valido un gorro", escribió Germán Dehesa en *Reforma*.

"Faltan tres años para que se termine el gobierno de Fox. Tres años en los que Marta se seguirá comprando muchas cosas. Tres años en los que le seguirán regalando muchas cosas. ¿Se imaginan el guardarropa que adquirirá la señora Fox si llega a ser la primera mujer presidenta de la República? Que Dios nos agarre confesados... porque Marta se viste y luego existe", escribió Guadalupe Loaeza en *Proceso*.

—Soy responsable por las carencias de este pueblo, procuro no comprarme nada que incida en esta factura y adquirir sólo lo que está entre mis posibilidades y nada más. Con mi dinero yo pago mi arreglo personal, quién corta mi pelo, quién me lo pinta y quién hace mi *manicure*. Esto no lo cobro al erario público —contestó Marta Sahagún a Anabel Fernández de *El Universal*. María Antonieta "Tony" Pérez es la que se ocupa de acicalar a la primera dama. Llegó a Los Pinos desde Celaya, donde atendía a las "señoras bien" del pueblo, en "Tony Estética", su *beauty saloon* ubicado en la Galería Tecnológica. Tony es la primera en ingresar cada mañana a la suite de Marta y la acompaña en sus viajes. Desde que asumió Vicente Fox, la estilista y su marido cobran una abundante mensualidad del erario y les ha ido tan bien que la mujer acaba de inaugurar un exclusivo salón para las "señoras bien", pero de Santa Fe, el distrito donde moran los VIPS de México.

Por supuesto que en la *web* no figuraban las escapadas a la mansión de Los Cabos, el rancho del Tamarindillo o a las tiendas de Fifth Avenue, en Nueva York. Ni los viajes a Miami, especialmente al shopping de Bal Harbour, donde las elegantes empleadas de Neimann Marcus y Sacks recuerdan agradecidas los generosos *tours* de la *Lady*.

Es que la modosa, opaca y rellenita michoacana de los inicios del sexenio, generó de pronto una doble transmutación: emergió en formato "Barbie" del subdesarrollo, con mirada adulta, y masculinizó su psiquis en su disputa brutal por el poder. Resucitada, luego de desistir a la meneada candidatura presidencial y en medio del cimbronazo causado por la explosiva misiva de renuncia del súper secretario presidencial, Marta se tragó las lágrimas y se alejó de los reflectores para regresar después con todo.

Para levantarse el ánimo jaqueado por la renuncia y las acusaciones, decidió darse un baño de rejuvenecimiento. Estaba harta de esas ojeras que le recordaban el inexorable paso del tiempo. Ni los hilos de oro, el *botox* cuatrimestral y las carísimas cremas japonesas que le recomendó Liliana de Sada eran suficientes. Quería volver a aquella expresión de su adolescencia y los ojos que todos le ponderaban. A Vicente le dijo que se sometería a un simple "retoque". El trasiego del cuchillo ha llegado a tal punto que México —según una encuesta de la revista *Caras*— figura en el primer lugar de Latinoamérica en mujeres rejuvenecidas, siliconeadas y lipoaspiradas. Ella no sería la excepción.

Cuando llegó a la cabaña con la cara hinchada y una venda que le cubría, parecía la metáfora de una momia. Ana Cristina le preguntó qué se había hecho en la cara y le contestó: "Me quité las ojeras, nada más". Permaneció encerrada varios días, con anteojos negros. Se había practicado un *lifting* completo, además de una lipo en cintura y piernas. Cuando le quitaron los puntos, el resultado la llenó de felicidad: "¡Estás divina, Toti!", le dijeron a coro Gina y Rebeca.

* * *

Entre las múltiples facetas que adornan a Marta María Sahagún, y quizá una de las más notables, es arrasar con cualquier tipo de convención social o moral. Para las fotos y las cámaras de televisión

—sus espejos predilectos— continúa declarando su amor incondicional y puro por Vicente Fox. Entorna sus ojos, toma la mano de su marido, el presidente, declara el maravilloso amor que los une "gracias a Dios" y sonríen como dos tórtolos. Así se les vio en la última visita oficial a España, junto a los reyes, mientras en el sur del continente europeo ardía México. En Los Pinos todos saben que nada es igual; el desgaste, la decepción de Marta porque Vicente exigió renunciar a sus pretensiones presidensiales y la cercanía del fin aceleran la agonía.

No duermen juntos, "todo en esta familia es un *show* para las fotos de las revistas", comenta Ana Cristina Fox.

En sus pláticas privadas, Marta se queja de Vicente, porque no la apoyó en ese instante crucial de su vida, cuando estaba a punto de dar el gran paso: transformarse en la primera mujer que disputara la candidatura presidencial de México. Que no la protegió de las difamaciones, que no acompañó sus sueños, como los consortes de las primeras amas de los reinos de taifas provinciales.

"Solita, solita hice todo para que Vicente llegue donde está. No merezco esto. Al fin de cuentas, tendré que creerles a los que me decían que tuviera cuidado, que no se iba a animar. No llegamos hasta aquí para echarlo todo por la borda y regresarnos al rancho", dijo cuando aún estaba en el ostracismo.

Vicente Fox, en cambio, sí quiere regresar a San Cristóbal.

Ansía salirse del pantano donde se encuentra. Se lo dijo a Adela Micha, frente al estupor de los televidentes que no podían creer que ese grandote que alguna vez los ilusionó dijera que estaba cansado de gobernar. No era una buena señal, aunque lo único que él hizo es decir la mera verdad.

La obsesión de Fox, la que le impidió gobernar, ser eficiente y fuerte como todos le exigían, no es el final ni la vejez o la soledad del despoder. "Está obsesionado con Andrés Manuel, es capaz de todo con tal de no entregarle el mando a 'El Peje'", dice alguien que lo visita.

La pesadilla de Vicente Fox se llama Andrés Manuel.

Todo lo demás le da lo mismo: si duerme o no con Marta, si ella es o no candidata, si se van al rancho juntos, si hay plata o bienes materiales, si sus amigos están muertos o no le dirigen la palabra, si su madre está distante y le pronostica calamidades, si el Vaticano le anula o no su casamiento con Lillian, si su ex mujer le tiene rencor, si se queda solo y nadie lo va a visitar en el rancho.

Después de todo, como le escribió a Lillian cuando ella lo abandonó, era un "solitario". Es más, prefiere la soledad y el silencio.

En cambio, desprecia a López Obrador. Cuando Alfonso Durazo y Ramón Muñoz le traían las encuestas y los números decían que "El Peje" le hacía sombra, no podía ocultar la irritación que le provocaba y entonces se aislaba. No soportaba que el jefe de gobierno desafiara su popularidad y lo criticara en público.

Entonces viajaba a cualquier parte. Lo único que disfrutaba eran los aplausos y las alabanzas en algún pueblo ignoto, lejos de los periodistas y mezclado con indígenas y pobres. Los abrazos y el contacto con la gente simple era lo único que le devolvía la fe en él mismo y le convencían de que esas estadísticas estaban manejadas por sus "enemigos", mientras lo que decían los diarios eran "puras mentiras, vasos medio vacíos". Y alentaba a Marta a la candidatura presidencial para enfurecer y desestabilizar al cacique del PRD en las encuestas. Empujaba a Marta contra todas las críticas, sabía que su esposa amaba los atributos del poder y ansiaba más poder.

Vicente Fox estaba dispuesto a todo con tal de ganarle la partida a "El Peje". Aliarse y traicionar, prometer o mentir. No le importaba si en diciembre de 2006 aquella promesa que había hecho, de "echar al PRI de Los Pinos para siempre", no se cumplía.

"Prefiero al PRI que a este loco", decía y se sentaba frente al televisor en la cabaña y contaba los minutos que Televisa le daba de espacio al jefe de gobierno.

"¡Estos pinches pendejos me están traicionando! ¿Por qué le dan espacio?", exclamaba, furioso contra el canal de Azcárraga, desconociendo las reglas de una democracia donde su gobierno no podía decidir lo que emite un canal de televisión o un periódico. Era el mismo que juraba que en México había libertad para publicar todo, tanta libertad que hasta se podía "calumniar y difamar".

Veía fantasmas y confabulaciones donde no las había. Estaba resentido con sus antiguos compañeros de ruta, los que se fueron y se quejaba porque ya no venían a visitarlo. Se había convencido de que todo lo que eran y tenían se lo debían a él. Llamaba traidores a

todos, pero sobre todo a Alfonso Durazo. Le contaban que el ex secretario estaba escribiendo un libro donde revelaría asuntos reservados y que trabajaba para Andrés Manuel; se volvía paranoico,
alentado por Marta. Rubén Aguilar, un ex jesuita que participó en la
guerrilla salvadoreña, y Emilio Goicochea, un panista que fue candidato de su partido a la gubernatura de Sinaloa, eran los reempla-
zantes de Durazo, pero tenían excelentes relaciones con aquél y,
por lo tanto, le comentaban lo que sucedía en Los Pinos.

Pepe Reyes, su abogado personal, fue un día a la casa de Durazo
para ver si era verdad y por qué había "traicionado" al presidente. El
movedizo letrado se había mutado en correveidile y Durazo se hizo
el distraído. Sabía que después de aquella explosiva carta, tenía varios reflectores encima. Pero se había llevado de Los Pinos varias cajas con documentación reservada, exactamente 19. Y si le pasaba algo o continuaban asediándolo, estaba dispuesto a dar batalla con
munición pesada. El ex secretario es un hueso duro de quebrar y
sus relaciones con Andrés Manuel no eran nuevas, al contrario: Fox
las conocía, porque muchas veces hizo de puente entre ambos.

Hoy, Vicente Fox se siente feliz.

Andrés Manuel, el depositario máximo de todos sus desprecios,
camina hacia el cadalso. Sus amigos de los inicios, los pensantes y
reflexivos, presagian que a Fox se lo devorará el tiempo, que tuvo
la oportunidad única de cambiar la historia y no quiso o que la
"chamba" le quedó grande. Y que la alianza con la peor casta del
PRI para quitar del escenario electoral a López Obrador, lejos de be-
neficiarlo, lo arrastrará al territorio de las responsabilidades políticas.
Más allá de los desaciertos y abusos del caudillo tabasqueño, Vicente Fox participó activamente en el perverso y peligroso entramado
de la expulsión. Careció de grandeza y en el descalabro que vive
México, sus acciones tienen alto impacto. Esa falta de astucia política, que a veces raya en la ingenuidad, puede hundirlo en el lodo
porque sus socios de hoy pueden ser sus verdugos de mañana.

* * *

"Conocí a Lillian en la empresa donde yo trabajé por muchos años,
denominada Coca Cola. Se me hizo una persona atractiva, sobre
todo desde el punto de vista sexual (era la época en que las mu-

chachas de ese entonces usaban pantalones cortos). La atracción sexual fue tan fuerte, que iniciamos un noviazgo que se caracterizó por dos elementos: uno, fue muy corto en tiempos —aproximadamente seis meses— y dos, fue una relación intensa y continuamente erótica. Este noviazgo, por otro lado, se caracterizó por carecer de una verdadera comunicación de fondo. Debo confesar que mi carácter frío en materia de amores y muy poco apasionado no ayudó a que la citada comunicación fuera fructífera. En materia de cariño y amor hacia la pareja he sido siempre una persona muy cerebral, analítico y sin arrebatos" —dice Vicente Fox en uno de los tramos del expediente de nulidad matrimonial que su abogado José Luis Reyes, mejor conocido como Pepe, entregó al Tribunal de la Rota Vaticana el 13 de febrero de 2001. Está dirigido a Juan Pablo II y tiene el sello de entrada a la estructura de la Iglesia católica, que decide casos especialísimos, como el de los presidentes o integrantes de las monarquías. Y agrega: "Solicito a su Santidad que estudie mi caso matrimonial y, si procede, declare la nulidad del matrimonio que celebré con la señora Lillian de la Concha Estrada, el 18 de marzo de 1972, en la parroquia..."

Después de párrafos con datos biográficos, el presidente señala:

"Tengo conocimiento de la naturaleza y seriedad de este proceso, toda vez que pedí consejo y asesoría a la más alta autoridad eclesiástica de esta Arquidiócesis, el señor cardenal y arzobispo primado de México, don Norberto Rivera Carrera.

"Con respecto al carácter de ella es una persona que explota fácilmente, se contradice, y cuando entra en crisis 'su cabeza se llena de humo', incapaz en esos momentos de reflexionar o de arrepentirse de las situaciones y los hechos vividos, fue y es agresiva y violenta, muy inestable desde el punto de vista emocional, gritaba con facilidad y se exhibía."

"En esta etapa yo contaba con 27 años de edad y ella con 19. Ella trabajaba como secretaria del director en la compañía refresquera arriba indicada. Debo decir que Lillian fue una joven noviera, ya que desde los 12 años de edad tuvo novios. Yo por mi lado también fui noviero, me gustaba salir con chicas, bohemio y disfrutaba de las fiestas, pero sin mayor compromiso de fondo con las mujeres, más bien mis sentimientos me llevaban a 'pasarla bien'."

Hasta aquí la extraña explicación del presidente en este expediente, que llegó a mis manos directamente desde el Vaticano. Todos los datos dicen que Vicente Fox nació el 2 de julio de 1942 y ella en noviembre de 1951. O sea, el presidente tenía entonces casi 30 años y ella tenía 20. ¿Cómo el Vaticano acepta un documento con errores tan básicos?

"Tenía cualidades que me animaron a entablar un noviazgo con Lillian, además del fuerte atractivo sexual que ella causaba en mí; era una joven inteligente, que supo manejar infinidad de detalles para con mi persona, por ejemplo: me dejaba recados, algún regalito, un pequeño poema, alguna flor, en fin, detallista, además provenía de una buena familia y en ese entonces sus progenitores eran grandes. Como dato curioso debo decir que Lillian y su hermana grande siempre andaban en problemas con sus papás, toda vez que ambas pensaban de manera liberal."

Voy a mi archivo y nuevamente corroboro contradicciones. Los padres de Lillian de la Concha, según ella misma me contó en 2002 cuando la entrevisté, tenían al momento de morir de cáncer: ella 60 años y él 66. No eran "gente grande" cuando su hija se casó.

"Yo por mi lado fui un hombre leal, frío, obligado, responsable, muy trabajador, con visión de verdad, de actuación transparente y en ejercicio de mi propia honestidad, desapegado en el amor, pero apasionado en la relación erótica que ella provocaba en mí."

"Sin una comunicación profunda y siendo radicalmente disímiles, en poco tiempo se tuvo una idea de matrimonio, sin ningún proyecto de vida a futuro y sin ninguna base de amor espiritual para solidificar un posible matrimonio."

"Me sentí en alguna medida 'pescado', 'embaucado', 'atrapado', la circunstancia era llegar al altar, más por el esfuerzo y en interés de Lillian, que por mí" (…) "yo tenía que dar el paso" (…) "parecía que me llegaba la edad de casarme, ya me había divertido bastante, había disfrutado de la diversión y la fiesta."

"La iniciativa de matrimonio, en un porcentaje muy grande, fue de Lillian, me dijo: 'vamos a casarnos' (…) Yo me cuestionaba si esto de la boda ya convenía y fui dejando que las cosas y los acontecimientos pasaran." "Era una época en donde no veía con claridad, sentimentalmente hablando."

"En conciencia, le voy a confesar un dato trascendental e indispensable, para que Usted como juez lo juzgue: fue el hecho que Lillian me notificó que estaba embarazada y, movida mi voluntad por mi raigambre católica, yo tomé esta noticia como un compromiso, de manera radical, ya que siendo soltero y llevando una vida sexual activa, el aviso de embarazo parecía lógico. Esta noticia me presionó, me ató, luego se supo que tal embarazo no existía, pero yo ya me encontraba en la dinámica de los preparativos de la boda. Hasta esos momentos no hubo constancia de embarazo, pero yo ya me sentía atrapado..."

"Siempre he creído en la Iglesia católica de manera real y profunda. Y el haber tenido relaciones sexuales prematrimoniales con Lillian constituyó para mí un peso moral, sobre todo la noticia de ese embarazo..."

"Frente al altar yo no pensaba en nada que me diera felicidad, no había algún pensamiento distinto que enfocara mi mente a la felicidad que yo anhelaba, sentía preocupación, y mi actitud era de tensión por tener que caminar el pasillo para llegar al altar, no recuerdo nada del sermón, y sí recuerdo la iglesia arreglada, las felicitaciones."

"No sé qué pensaba Lillian con respecto a su actitud; entregó el ramo a la virgen, se le veía contenta, a gusto, lo reflejaba a todos los demás."

Reviso la documentación que tengo conmigo, aquellas apasionadas y amorosas cartas que Fox le envió a su esposa, luego que se separaron.

"Hace exactamente 20 años, el 18 de marzo de 1972, a los acordes del himno de la alegría y ante innumerables testigos, pero sobre todo ante la presencia viva de Dios, juraste: 'Vicente, prometo amarte, respetarte y serte fiel hasta la muerte'", éstas fueron las palabras que escribió Fox. En esa misiva juraba que "hasta en el cielo seguirás siendo mi esposa".

¿Tan rápido cambió de parecer que pidió la nulidad matrimonial al papa? ¿Nadie revisó el documento y si tenía contradicciones? ¿Qué le dijo el cardenal Rivera Carrera sobre estos detalles confusos?

"Primer dato, el proceso de adaptación: por la combinación de varios factores —el primero de ellos— es que estando casados hubo embarazos mal logrados; emocionalmente nos causaba mucha tensión.

"Segundo dato: sus continuos problemas de inestabilidad emocional: nos causaron distanciamiento, enfriamiento, alejamiento. Todas esas crisis de contradicciones y explosiones violentas por parte de Lillian trajeron daños irreversibles a la pareja.

"Tercer dato, en materia sexual: las relaciones sexuales en el matrimonio eran más satisfactorias para mí que para ella, esto se evidenciaba y era fuente de reclamos. Yo me entregué cada día más al trabajo y a los negocios, lo cual provocaba en mi interior mucha tensión y mucha frialdad hacia ella...

"Por otro lado, yo me tensioné de manera importante y me dediqué en cuerpo y alma al trabajo en el rancho, lo que provocó un enfriamiento sexual y emocional, hasta llegar a las amenazas de suicidio por parte de ella.

"Como nota al margen, puedo indicar que los padres de Lillian antes de morir padecieron enfermedades largas, penosas y dolorosas, y al fallecer, yo sólo asistí al entierro e inmediatamente me regresé a mi trabajo, lo mismo hice cuando murió mi padre; con esto confirmo mi carácter arriba narrado.

"No tuvimos separaciones temporales; antes de 1988 hubo rumores de que un amigo de ambos estaba interesado en ella. En la campaña política aparecieron carteles en la ciudad de Guanajuato, signos y mensajes que me daban a entender que ella me era infiel.

"Mi experiencia humana y sentimental es que soy una persona estructurada para los demás. Que estoy hecho para luchar por la gente. Muchos años fui autosuficiente desde el aspecto emocional, no necesité apapacho y ternura, me atendí solo...

"Jamás reflexioné acerca del matrimonio católico; dudo mucho que Lillian lo haya hecho. Es hasta hoy y después de haber platicado con personas conocedoras, en particular el señor cardenal y arzobispo primado de México, don Norberto Rivera Carrera, que he comenzado a analizar mi situación y estoy dispuesto con el mejor ánimo a rehacer mi vida."

* * *

"Fue de lejos y duramos aproximadamente dos años. Este noviazgo no tiene etapas ya que fue superficial, a la distancia, más bien éramos muy amigos, faltaba el compromiso en ambos, no hubo plenitud, conocimiento de fondo, llegamos a la relación sexual que se dio y, para decirlo en un término coloquial, 'me amarró'. No lo amé, me atraía físicamente, me llegó a pesar de haber tenido relaciones sexuales, yo misma me presioné y terminé castigándome. En ambos no hubo una huella positiva, no hubo crecimiento, fue un amor de lejos, sin estímulos, me sentía insegura e insatisfecha, nunca lo tomé con seriedad, dejé que se diera, que sucediera, que pasara" —así se expresa Marta María Sahagún Jiménez, en uno de los tramos del expediente de nulidad matrimonial que entregó ella misma el 21 de agosto del año 2000 ante el vicario del Tribunal Eclesiástico Interdiocesano de México, doctor Gregorio Lobato Vargas, y que culminó en diciembre pasado con la resolución positiva del pedido de la hoy esposa de Vicente Fox. En sus veinte páginas refleja los contradictorios, incomprensibles y por momentos desopilantes entretelones de una veloz disolución teñida de fuertes influencias políticas e intereses poderosos, en los que se mezclan peligrosamente el poder celestial con el terrenal.

Cabe aquí hacerse una pregunta y una reflexión: ¿tienen los políticos derecho a una vida privada? ¿Los periodistas podemos develar datos de su intimidad? Sí, siempre y cuando su práctica cotidiana no entre en contradicción con sus declaraciones políticas. Cuando en el personaje en cuestión se diluyen los límites entre lo público y lo privado y sus actos personales influyen en su desempeño oficial, la obligación del periodismo es tratar de desentrañar quiénes son realmente esas personas a las que se les ha atribuido un valor emblemático. Los hombres y mujeres que nos gobiernan no son sagrados, ni intocables, ni impolutos. Son servidores públicos. Aquí estamos hablando de una presidenta que mostró, contó y exhibió en los medios su intimidad y de primera dama que hizo de su vida privada un *show*, que abrió las puertas y ventanas de su privacidad personal y oficial. Que mostró su guardarropa, sus joyas y la cama en la que dormía con el presidente. Una mujer que abusó de un poder ajeno que nunca le correspondió, para lograr fama, influencias, negocios poco claros, riqueza y perpetuidad. Y aquí se vale la revelación de los detalles de una historia con un final plagado de sospechas.

"Como anécdota, en Zamora, Michoacán, en una fiesta, una chica muy guapa de nombre Fátima comentó que su novio iba a llegar de México y yo le pregunté '¿Quién es tu novio?' y ella me contestó que Manuel Bribiesca, curiosamente en esos momentos también era el mío."

Continúa Marta Sahagún Jiménez con su relato.

"Un dato que considero fundamental es que Manuel y yo tuvimos relaciones sexuales antes de casarnos y, con la huella moral y religiosa en la cual yo había sido educada, el haberme entregado sexualmente para mí era un peso moral enorme, ya que era una niña bien y me sentía, por el hecho de las relaciones sexuales, obligada a casarme…"

"La idea del matrimonio nació sin ninguna reflexión, se le ocurrió a Manuel la idea de casarnos, como consecuencia de las relaciones sexuales prematrimoniales, el planteamiento fue de él y yo lo acepté, moralmente me pesaba ese contacto físico que habíamos tenido y de hecho, yo creía que eso debería terminar en un matrimonio; por lo tanto, lo seguía permitiendo, ya que había un atractivo físico, pero sin amor."

"Mi familia, al recibir la noticia de matrimonio, reaccionó de la siguiente manera: mi mamá, como yo dije, se opuso y estuvo a disgusto, mi papá me dijo expresamente: 'deberías esperarte, ni siquiera eres mayor de edad, eres muy chica, aunque no eres tonta, lo único que tienes a tu favor es que la familia Bribiesca es buena y tiene principios'. Mi madre me dijo expresamente: '¿Por qué te vas a casar, tienes algún problema?' 'Me quiero casar', le contesté. Yo ya había tenido 10 relaciones sexuales con Manuel, sin cuidarnos y sin embarazo. Ahora veo que todo fue producto de una irreflexión total, que esta relación fue puramente emocional."

"Llegué a plantearme renunciar al compromiso y me permití salir con otro varón. Faltando un mes para la boda, salí con otro hombre. Con respecto a la fidelidad y a la perpetuidad, estas dos realidades ni siquiera se pensaban, más bien yo asumía el ejemplo de mis padres, así tenía que ser, era una obligación y un dogma. Llegamos a este compromiso con una economía muy débil, mis padres fueron los que prepararon todo, yo ni siquiera tuve anillo de compromiso."

En el rumboso camino del ocaso, Marta María Sahagún Jiménez consiguió lo que quería. Por lo menos, una de sus metas personales más ambiciosas. La anulación eclesiástica de su largo matrimonio con el desfachatado boticario Manuel Bribiesca Godoy, con quien engendró tres hijos —Manuel, Jorge y Fernando— en una convivencia que alcanzó 27 años, vio la luz pública a comienzos de esta semana, aunque desde hace dos meses la misma se encontraba en el despacho del cardenal primado Norberto Rivera Carrera, quien solícito y en una fuerte demostración pública del cariño que siente por la primera dama, conmovido hasta las lágrimas por sus insistentes ruegos y su amor a Dios y a los desamparados de la patria, operó personalmente para que la misma llegara a buen puerto.

En la maniobra política no estuvo ajeno el controvertido monseñor Onésimo Cepeda, obispo de Ecatepec, amigo del cardenal Rivera, abogado, boxeador, degustador de buenos vinos, asiduo organizador de alegres saraos a los que asisten los impolutos abanderados de la élite política criolla, fanático del restaurante francés *Au Pieu de Couchon* y, sobre todo, amigo personalísimo del vástago mayor de "La Jefa", el hoy millonario empresario multirrubros, Manuel Bribiesca.

Cepeda, a quien además le encantan los juegos de azar y apostar de vez en cuando a la ruleta, siempre le prometió a Marta Sahagún que se ocuparía del caso que la angustiaba, pero a cambio de ello —y apenas alumbraba el sexenio— le pidió que Carlos Salomón Cámara —hombre de su máxima confianza, además de su compadre— la asesorara en su nuevo cargo oficial: estrechar lazos con personajes clave de la sociedad mexicana, que ella desconocía. Al poco tiempo, Salomón salió disparado del sitio al que aterrizó por consejo eclesiástico, en medio de un escándalo por malos manejos en Lotería Nacional y un salario que dejaba dudas para un asesor de esta categoría: 100 000 pesos. Pero este incidente no le impidió al oscuro personaje, que supo fungir como vocero del ex presidente Ernesto Zedillo, conservar y ahondar una amistad con Marta Sahagún y con sus hijos mayores. Cariño que, a la luz de los hechos, rindió jugosos frutos.

En los laberínticos pasillos de la Iglesia mexicana, la sorpresiva anulación del matrimonio entre Marta Sahagún Jiménez y Manuel Bribiesca Godoy cayó como una bomba. Afectos al arte de comunicarse con silencios y códigos cifrados, más que con palabras o frases rimbombantes, la mayoría de los integrantes del episcopado están furiosos. Y la mira de sus fusiles apunta al cardenal Norberto Rivera Carrera y a su amigo el inefable don Onésimo.

"Esto es absurdo e intolerable. No tiene validez desde ningún punto de vista. Es un mal ejemplo de la Iglesia en momentos de crisis como el que vivimos. ¿Cuántas mujeres mexicanas con el mismo problema tienen derecho a pedir la anulación? Esta señora, ¿qué es entonces? ¿Una madre soltera que vive en amasiato con el presidente?", me confesó un alto prelado, en un conocido restaurante de Polanco.

La Iglesia católica mexicana, como sus pares de Latinoamérica, está viviendo una crisis profunda. Escasean las vocaciones y la gente ya no acude como antes y la jerarquía, salvo excepciones, dista mucho de lo que los fieles esperan de ellos. El cardenal Rivera Carrera no es popular entre sus pares, por su actitud principesca en una etapa en la cual las ostentaciones y exhibicionismos golpean a los desesperanzados fieles, hartos de los fastos del poder político, que viven profundas carencias económicas y sociales. Por ejemplo, le fascina caminar entre la gente y extender la mano para que le besen el anillo.

Hombre raro el cardenal, porque sus orígenes son muy humildes. Un prelado que lo conoce me dijo: "Norberto es elitista, disfruta con el poder, con los políticos importantes, con los ricos. Por eso arregló la anulación matrimonial de la señora y opera para la del presidente. Se lo pidió especialmente Vázquez Raña y Onésimo también tuvo que ver. Como tiene baja autoestima, Onésimo siempre le halaga, le dice que tiene que ser esto o lo otro, y él se lo cree. Norberto Rivera Carrera era obispo de Tehuacán —donde algunos cuentan que se fue en medio de un fuerte conflicto con la gente— y llegó al arzobispado de México con la ayuda del nuncio Girolamo Prigione.

Cuando entrevisté a Alberto Sahagún de la Parra, padre de Marta, recuerdo sus palabras respecto a la decisión de su hija: "Cuando mi hija me contó que quería anular su matrimonio me opuse terminantemente. Le dije lo que pensaba: que los golpes no son excusa válida y que el hecho de que ella era muy joven tampoco. Que hiciera lo que quisiera, ella es grande. Pero le aclaré que si le daban la anulación, sería por acomodo, porque es la esposa del presidente, y que eso no les haría ningún bien al presidente y al país, que no era un buen ejemplo. Pero ella no me respondió y la cosa sigue. Marta es muy especial y muy tenaz".

Obviamente, Marta no escuchó a su progenitor. Los detalles del escrito que presentó ante la Iglesia mexicana para alcanzar la meta de borrar de un plumazo su pasado matrimonial tumultuoso hablan de una mujer dispuesta a todo para conseguir lo que desea, aunque genere escándalos y controversias.

"No hubo viaje de bodas, ya que estuvimos dos días en Guadalajara, uno en Guanajuato y de ahí nos fuimos a Chilpancingo, debido a razones económicas. Recuerdo que se consumó el matrimonio, pero no tengo clara memoria de esa noche, tampoco recuerdo la luna de miel como buena y debo decir que no hubo una buena relación sexual, ya que para Manuel todo se redujo al sexo; lo anterior lo recuerdo con mucho repudio. Debo mencionar también que Manuel bebía mucho y que no éramos pareja en la cama (*sic*), fue un viaje muy gris y no hubo algo que me hiciera vibrar de emoción. Manuel siempre había tenido un carácter rijoso y le gustaba el pleito; a mis 17 años eso es lo que recuerdo.

"No me gustó vivir en Chilpancingo, Guerrero, yo me quedaba sola y por ser una mujer guapa, constantemente me seguían; vivimos en una casa modesta y sin vecinos; yo me encontraba en el 'limbo', sola, me encerraba o me iba al lugar de trabajo de Manuel y luego nos teníamos que hospedar en hoteles baratos. Allí tuve que hacer uso de parte de mis ahorros, porque Manuel en un pleito destruyó un parquímetro, había una multa que pagar y yo tuve que solventar esta situación.

"Yo trataba de ir aceptando situaciones que no me parecían normales y que no me agradaban. Por ejemplo, a Manuel le gustaba los domingos estar en la cama queriendo tener relaciones sexuales y eso no me gustaba, era una conducta de sujeción y de tener sexo y más sexo y esto me repugnaba, su olor no me gustaba, su sabor tampoco me gustaba, ni su textura de piel, rechazaba también su presencia y sus actitudes, pero equivocadamente no lo hablé, lo callé, asumí una situación de facto; por su lado, Manuel insistía con esto fuerte, muy fuerte.

"Debo contar también en conciencia que desde el inicio de este matrimonio hubo una falta de entendimiento profundo, todo fue de dejar pasar una serie de situaciones incómodas; aunado a esto, se presentaba continuamente el problema de la bebida alcohólica por parte de Manuel y una falta total y absoluta de entendimiento en la intimidad.

"¿Por qué digo que hubo una falta de entendimiento profundo en la intimidad? Porque el sexo que tuvimos fue muy malo, poco cálido, muy frustrante y esto traía muchos pleitos. Yo en esta área fui fría con él, ya que la sexualidad era a la fuerza, no había apetito sexual, no se me antojaba como hombre; en cambio, Manuel era fogoso y erótico."

En Celaya, las furibundas trifulcas del matrimonio Sahagún-Bribiesca eran famosas. Como en un Payton Place (del bajío), aquel mítico pueblo que inmortalizara en *La caldera del diablo* la escritora estadounidense Grace Mitaliuis, el matrimonio se dedicó en partes iguales a exteriorizar —casi a manera de catarsis y sin distinción de matices— sus rencores, infidelidades y sórdidas intimidades. La estilista oficial, con abultado salario del erario público, Tony Pérez, me habló largamente de las marcas que los puñetazos del boticario dejaron en el cuerpo de Marta Sahagún. "¡Yo lo vi con mis ojos!", me dijo conmovida. A Tony, Marta no sólo le confió su melena y el cuidado de su vestuario, sino también el romance clandestino que vivía con Vicente Fox cuando éste era gobernador de Guanajuato y ella su vocera. No sólo Tony lo sabía de primera mano, también los funcionarios del gobierno, su asesora espiritual y esotérica Gina Morris, los periodistas de los diarios locales y todo aquel que estuviera a mano para prestarle una oreja que guardara sus cuitas y penas.

"Aproximadamente a un año de casados recibí de parte de Manuel su primera agresión física, me aventó y me di un golpe en una pared, fue abrupto; la razón: nuestras continuas discusiones.

"Esto fue creciendo, ya que para los siete años de casados no dejaba de golpearme, de jalarme el pelo, de cachetearme y agredirme físicamente.

"Con esto le cuento a Usted señor juez que hubo varios incidentes, a través de los años, de muchos golpes, yo seguía resistiendo y seguía callando, pero debo decir que la última vez que me golpeó levanté un acta ante la autoridad pública.

"Por si esto fuera poco, el procurador de justicia del estado de Guanajuato, licenciado Felipe Camarena, me vio un par de ocasiones llegar golpeada y amoratada al gabinete de trabajo del entonces gobernador del estado, Sr. Vicente Fox Quezada (*sic*).

"Por otro lado, Manuel, ante su impotencia, ejercía chantaje y quería hacerme aparecer ante mis hijos como una mala madre por mi trabajo. Manuel siempre me hizo sentir culpable de esta relación emocional que nació muerta y que no tuvo bases."

Esta anulación matrimonial es —además de llevar la carga de una fuerte y sospechosa influencia palaciega— un poco extraña. No tiene la firma del ex consorte de Sahagún y padre de sus tres hijos, Manuel Bribiesca Godoy, quien jura que se enteró de la resolución por la televisión. "Pasamos 27 años juntos, ¿de qué me hablan esta mujer y estos curas que la asesoran?", me dijo un exaltado Bribiesca, cuando conversamos del tema en el Sanborns de Celaya. "Nunca le voy a firmar ese expediente." Los testigos que presentó la primera dama son: Álvaro González Olivares, Felipe Arturo Camarena, Alberto Sahagún Jiménez, Beatriz Sahagún de Ávalos, Mildred González de Torres y Georgina Morris Montalvo.

¿Qué llevó a Marta Sahagún a pelear con uñas y dientes por la anulación de un matrimonio de 27 años y tres hijos? ¿Qué razón de la alta política la impulsó a exigir ayuda en este tema al cardenal Norberto Rivera Carrera y al obispo Onésimo Cepeda? ¿A cambio de qué? ¿Qué papel jugaron sus millonarios vástagos Manuel y Jorge, amigos de la vida y de los negocios del prelado de Ecatepec? ¿Acaso para contraer matrimonio con Vicente Fox en la residencia de Los Pinos antes de que acabe para siempre el sexenio? ¿Una boda espectacular que la lleve a la portada de los medios? ¿Una candidatura que le otorgue fueros? Y la pregunta que se hacen muchos: ¿qué diferencia a Marta Sahagún de miles de mujeres mexicanas que padecen —y padecieron— golpizas de sus maridos? ¿Todas tienen derecho a la anulación de sus matrimonios? ¿Son todas iguales? ¿Qué poder le dio el ser la esposa del presidente?

Más allá de que el trámite de anulación matrimonial entre Vicente Fox y Lillian de la Concha está varado en el Vaticano y sin solución a corto plazo (quizás nunca se anule) es interesante observar las coincidencias entre uno y otro y las contradicciones de ambos.

Este expediente fue publicado en la revista *Proceso* e inmediatamente el benemérito e inmaculado Arzobispado de México, cuyo titular es el cardenal Norberto Rivera Carrera, por medio de su vocero, envió una misiva a la revista argumentando lo inadmisible, pero sobre todo acusándome de "morbosa y maliciosa" por dar a conocer a los lectores dicho documento. Y lo más gracioso: que no conocía nada de los tribunales eclesiásticos porque, si fuera así, tendría que saber "que el señor cardenal no podría intervenir en causa alguna para favorecer a cualesquiera de las partes. Esta afirmación es insidiosa y absolutamente falsa".

Cardenal Norberto Rivera Carrera: siempre creí que mentir era un pecado.

Así como el sexenio se extingue, se terminan muchas cosas. La confianza, la incondicionalidad de la gente hacia la clase política, la esperanza, y el "amor" de la pareja, que se escurre como el agua entre los dedos, como el poder, ese elemento tan incendiario y letal, fugaz.

Los hijos de "La Jefa"

Hemos ingresado en la neovulgaridad: una
sociedad de derechas cuya primera priori-
dad es rebajar el nivel de comunicación.

Ugo Volli, semiólogo

—¿No me ves bien gozado, a ver si adivinas de dónde vengo?
¡Pues, de Las Vegas! Fuimos con mis hijos en el avión y nos quedamos ocho días en el Bellaggio, ahí donde agarraron a Ponce. Sin
viejas, con muchachas y mucha lana para gastar...

—Cuídate, Manuel, mira que si los filman o les sacan fotos...

—¡A nosotros no nos toca nadie, no somos pendejos! Y estamos
bien protegidos, no es la primera vez que vamos... —jactó el boticario Manuel Bribiesca Godoy frente a un amigo en diciembre de 2004,
mientras devoraba como un arrebatado unas enchiladas espolvorea-
das con "chile del bravo" y humedecidas con tequila reposado.

En el modesto restaurante "El Cisne" de Celaya, los comensales
que escucharon los pormenores del lúdico periplo realizado por el
trío de descarados miembros de la familia presidencial sonrieron
como si nada. Convertidos en resignados testigos de las impúdicas
andanzas y del ininterrumpido festival de alegrías materiales protagonizado por los vástagos de "La Jefa" —grupo al que hace tiempo
se sumó el ex marido—, la gente tiene la sensación de que no queda más remedio que reír y relatar estas historias, como si se tratara
de una mala película que les pasa a otros.

Impotentes frente a la corrupción y la impunidad, los dóciles
habitantes de Celaya han perdido la capacidad de reacción frente a

la voracidad descontrolada de Manuel Bribiesca Sahagún, el mayor de los hijos, mezcla pueblerina devaluada de "Tony Soprano", el protagonista de la serie norteamericana que relata las andanzas de un simpático clan de la mafia italiana. Similares en la adiposidad corporal, no así en lo intelectual, donde indudablemente Tony gana de lejos; al primogénito no se le conocen títulos universitarios ni especialidad alguna, eso sí, ávido de fiestas, recorre antros y casinos, como otros universitarios. Su hermano Jorge, de cuyo coeficiente intelectual se sabe poco y nada, no se queda atrás en la farra del sexenio. Aparece siempre acompañado de Guillermo "Memo" Sahagún, hermano menor de Marta y su *partner* empresarial, que en algunos proyectos de la construcción oficia como prestanombres. El dúo circula acompañado de otros prominentes amiguetes devenidos novísimos integrantes de la *hight society* de León: Mauricio Cano, Christian Stoever, Guillermo "Guillo" Medina (hermano de Carlos Medina Plascencia), Adolfo Garza y Giovanni Brachini. Cuando el escándalo de los videos estaba en su apogeo, Brachini se convirtió, por amor a la amistad, en el solícito bombero que corrió a "limpiar" las oficinas de los hermanos y quemó toda la documentación que comprometía a éstos con el empresario Carlos Ahumada. "¿Para qué iba a estudiar? Mírenme donde estoy ahora, no lo necesito, soy rico y poderoso", suele ufanarse Manuel, que no puede conjugar correctamente los verbos y a su no demasiado extenso vocabulario le adjunta permanentemente las palabras "pinche" y "chingar".

No obstante la ausencia de profesionalismo, este singular apologista de la ignorancia no se ha visto impedido de concretar rutilantes negocios. Para sus antiguos vecinos —además de funcionarios nacionales y estatales, y dirigentes políticos— el escandaloso crecimiento de su nivel de vida —y el paralelo engrosamiento de sus cuentas bancarias— ha sido tan extraordinario y vertiginoso, que no resistiría la más elemental investigación judicial.

"Los pobres ricos" es el mote que le dieron los celayenses a la familia.

En el fin del sexenio es un secreto a voces que los hijos de "La Jefa" son millonarios.

Por el motivo que fuese, el matrimonio reinante consintió por años la brutalidad de los abusos de los muchachos y es imposible creer que nunca se enteraron ni vieron nada extraño en sus conductas y sus pasares. Todas las fuentes consultadas, a las que voy a resguardar porque me lo pidieron y por derecho profesional, confirman lo que aquí escribo. Y cuando digo fuentes hablo de secretarios de Estado, asesores —federales y estatales—, empresarios y proveedores. Es tan público y tan burdo que nadie se explica todavía cómo un fiscal —o a quien corresponda— no haya iniciado una investigación sobre las actividades financieras de los herederos de *lady Macbeth del Bajío*, parafraseando a Germán Dehesa, que la llamó así en una de sus columnas. Y aunque la ley en México no prevé penalidad para los familiares de los gobernantes que se enriquecen mientras éstos cumplen su mandato, aquí lo mínimo es comprobar si existe tráfico de influencias.

En una sociedad caracterizada por el clientelismo, el corporativismo y el nepotismo, en la que secretarios de Estado y demás eminencias públicas, para no mencionar a ciertos sindicalistas o poderosos gobernadores, se sienten imposibilitados de dar a entender que son dirigentes austeros capaces de la solidaridad y el servicio a la comunidad, a cambio de monedas, y que sus increíbles fortunas acumuladas se deben a una herencia familiar, a sus actividades profesionales anteriores o a negocios legítimos en los que hicieron gala de una habilidad extraordinaria o, simplemente, a una notable capacidad de ahorro, el enriquecimiento de la familia presidencial no modifica nada.

¿Cuántos mexicanos respetables se sentirían cómodos si algún juez los obligara a explicar el origen de cada dólar acumulado? En un país donde es más sencillo dar dinero a cambio de destrabar un trámite cualquiera o simplemente lograr la anulación de una multa de tránsito, en el que si se tomaran en serio las declaraciones juradas, ¿qué prominentes personajes podrían llevar el impúdico tren de vida que llevan —mientras sus habitantes nacen y mueren con la convicción de que el Estado siempre los estafa y que los presidentes y sus familias son dueños de patrimonios multimillonarios? Creo que muy pocos, lamentablemente.

—¿Tienes pruebas de lo que me dices, eh? —interrogó molesto Vicente Fox cuando un conocido empresario le habló sobre los rumores que circulan en el mundo de los negocios sobre los hijos de su consorte. Y de cómo lo perjudicaban y podrían perjudicarlo aún más cuando dejara Los Pinos. "Parece que para muchos es más fácil creer en los rumores malintencionados. En mi gobierno y en mi familia nadie es deshonesto", añadió muy seguro. Lo mismo le sucedió a doña Mercedes Quesada en una oportunidad que planteó el tema a su hijo.

—Mis hijos no hacen nada malo, no hay nada deshonesto en sus negocios. Los mandé a investigar y no hay nada —aseguró Marta Sahagún a una colaboradora cuyo atrevimiento consistió en contarle con preocupación que se había enterado sobre problemas de Manuel con funcionarios de la Aduana, quienes se quejaban por constantes presiones para que le entregaran al vástago un valioso cargamento de autos importados que había sido incautado.

* * *

Prepotente y violento, adicto al dinero y a los colorinches y tornasolados trajes y camisas de Versace y Dolce Gabbana, Manuel Bribiesca Sahagún ostenta un *look* que lo asemeja notablemente al desaparecido "Señor de los Cielos", Amado Carrillo Fuentes: cadenas de oro en el cuello, esclava del mismo material con su nombre grabado en una muñeca, Rolex de oro en la otra, anillos varios, perfume que se huele a 200 metros, 15 guaruras del Estado Mayor Presidencial, camioneta de vidrios polarizados y los bolsillos atiborrados de fajos de billetes verdes que muchas veces se le caen en la acera frente a la mirada asombrada de involuntarios testigos, sobre todo cuando sale de los antros, al amanecer y súper pasado de copas. Sin eufemismos, todos dicen que parece "un narco" por su aspecto y la impunidad de sus movimientos.

Su último juguete es un avión Lear Jet, modelo 25-D, matrícula XB-JKK, con el que vuela dentro y fuera de México, brincando el tedioso trámite de migración migratorio que sufren los ciudadanos comunes. La adquisición de la nave, hoy bajo el registro de la empresa "Credicor Mexicano Arrendadora", ocurrió después que se hiciera público que los muchachos hacían uso de los aviones presidenciales en sus rumbosas travesías a Houston y Las Vegas.

El avión, que costó la módica suma de un millón de dólares, es guardado en un hangar del aeropuerto internacional del Bajío, en el municipio de León, Guanajuato, pero en el modesto aeropuerto de Celaya, a donde Manuel llega cada fin de semana; ya planean la construcción de un nuevo hangar, más acorde con el actual nivel económico de los hijos pródigos del Bajío. Antes de que Manuel se hiciera con el Lear Jet, el aparato era un taxi aéreo propiedad del empresario celayense Enrique Nieto, que luego se lo vendió a Carlos Nieto, quien lo metió a trabajar en la empresa Ejecutiva Nieto.

Manuel desciende del avión con una tropa de guardaespaldas, un corrinche de amigos y entenados, se exhibe por su ciudad natal donde realizó en tres años millonarias inversiones inmobiliarias y donde maneja —como si fuera poco— los hilos de la putrefacta política vernácula.

"Manuel tiene permiso de picaporte" revelan en Celaya y se refieren a la alcaldía a cargo de José Rivero Carranza, un panista "pendejo y pelele", con una vida privada irregular y escandalosa, que trascendió todos los límites del pudor y al que "cualquiera" puede manejar a su antojo. Esposas, amantes y amigos íntimos se instalan a diario en el despacho del jefe municipal, y sus gritos y demandas se escuchan desde la calle.

"Pepe" Rivero se hizo famoso cuando en plena campaña municipal asistió a un programa de cable conducido por un travesti apodado "Vodka". El actual jefe municipal, exaltado por la adrenalina y convencido de que ése era el mejor sitio para transmitir un mensaje antidiscriminatorio a la conservadora sociedad de Celaya, se aposentó en la taza del escenario del programa, que imita un baño, y "Vodka" le colocó una peluca de rulos con los colores del orgullo gay. Apenas hizo su ingreso a "El Purgatorio" —nombre del programa— el candidato panista le estampó un beso en la boca a la rubia y pulposa conductora. Durante 2002, en el cierre de campaña municipal del PRI, el cacique nacional tricolor fue a la ciudad para alentar a su pollo. Roberto Madrazo Pintado estaba decidido a demostrar que entre Miguel Ángel Chico Herrero, su candidato, y el estrafalario panista, las diferencias estaban no en las ideas, sino en el aparato genital. Convencido de que lo esencial de la contienda pasaba por quien era el "verdadero macho", hizo subir a la esposa de Chico Herrero y les pidió que se dieran un beso en la boca. Disconforme con el ósculo, arengó: "¡Uno de verdad! ¡Para que ustedes sepan que mi candidato es un hombre, es bien macho!" Los hados no le favorecieron y el frustrado "pollo" besuqueador aguarda una nueva oportunidad para demostrar sus destrezas viriles. José Rivero Carranza, mientras tanto, vive presa de sus debilidades. De temperamento enclenque, cualquiera lo domina. Así pasa con los hermanos Ignacio y Alfredo Ramírez Valenzuela, funcionarios de su administración y fervientes militantes de El Yunque, que lo tienen como un perro en carrera. Hace tiempo, un tercer hermano de esta dupla fue asesinado a quemarropa por el líder notario del Estado, Arturo Puente, hoy tras las rejas. Dicen que "Pepe", en su desesperación, consultó la mejor manera de quistárselos de encima y le dijeron que con sus influencias pusiera en libertad al asesino de uno de los Ramírez Valenzuela para que viniera por los sobrevivientes. "Roba, pero poquito, porque no sabe el problema es que se deja mangonear por otros", es la profunda reflexión que hace un funcionario del municipio.

A este delirante conventillo, que podría recordar, si esto fuera posible, una película hecha al alimón por Alejandro Jodorowsky y David Lynch, se agregó Manuel Bribiesca, que junto a su socio, hermano y padre, el lenguaraz boticario, entran y salen del palacio municipal como si fuera su casa. Los hermanos Bribiesca y los hermanos Ramírez Valenzuela se odian y pugnan —de modos poco ortodoxos— por ver quién ejerce mayor dominio sobre el pobre "Pepe" y quién saca mayor provecho de las arcas del erario. Desde la Tesorería sale mensualmente un abultado cheque a nombre del hijo de la primera dama, en pago por sus innumerables servicios comunitarios.

"En realidad, el que manda en Celaya es Manuel", dice la gente que, por encima del conformismo con los descalabros del rollizo aprendiz de "Padrino", lo detesta, pero sobre todo le teme.

No es para menos: Manuel desconoce la palabra *límites* y cualquier minucia lo torna violento y se descontrola. Quienes lo frecuentan aseguran que "carece de escrúpulos" y es "peligroso". Sus adversarios empresariales viven en carne propia estos arrebatos y presiones. Como si estuviera poseído por un demonio, grita, se enfurece y lanza amenazas de muerte. Lillian de la Concha y sus hijos no escaparon a ellas.

Julián Malo, poderoso constructor de Celaya, con 30 años de trayectoria en la zona, era una competencia demasiado fuerte para

Manuel. Constructora y Pavimentadora Apolo de Monclova y Promotora Inmobiliaria San Juan del Río son dos de las más importantes de sus empresas y sus obras son conocidas más allá del Estado.

"Para construir lo que tengo me demoré 30 años y Manuel Bribiesca es multimillonario en dos años, viene en su avión, con sus guaruras, amenaza a todo el mundo y la gente aguanta porque le tiene miedo. Mire cómo son las cosas: antes éstos no tenían un centavo...", se quejaba Malo frente a otros empresarios de Celaya. Hasta que una de sus hijas fue secuestrada a las 9 de la mañana en la puerta de su casa y hasta hoy, que ya pasó un año del episodio, nadie tiene una pista de la joven. Julián Malo está destrozado anímicamente y dejó de trabajar. La última noticia la recibió hace menos de dos meses: le enviaron un video en donde la joven aparece en silla de ruedas. Hoy, las esperanzas de encontrarla con vida son mínimas.

En Celaya pasan cosas raras. Las sospechas vuelan y la gente habla de personas con nombre y apellido. No hay que pensar demasiado para adivinar de quiénes se trata. Una revisión de las estadísticas inmobiliarias del Estado da como resultado que Julián Malo quintuplicaba en obras de contrucción al neomillonario Bribiesca, antes de que éste se decidiera a incursionar en el mercado. Hoy, las informaciones son en sentido contrario: Manuel compra tierras y construye en todos los rincones del territorio nacional, tanto que muchos creen que es el nuevo "dueño" del país.

México es un territorio desbordado por historias inverosímiles, fábulas y cuentos increíbles de poder y despoder. De locura y muerte. La saga de los Salinas de Gortari es una muestra. Más allá de la irracionalidad y las desmesuras, los años de gobierno del matrimonio Fox-Sahagún aparecen signados por tragedias inesperadas, muertes nunca aclaradas, asesinatos y suicidios dudosos. La voracidad, el violento contraste de sus extremos y la ausencia total de límites en esa personalidad que atrae y expulsa, genera en la sociedad más de lo mismo. ¿Qué responsabilidad le cabe a Marta Sahagún por las acciones de sus hijos y las graves consecuencias que de ellas derivan? El ambiente está enrarecido y una sola cosa es cierta: casi todo lo que Marta toca termina mal. Ni su marido es el mismo. Los amigos de Vicente Fox no se cansan de repetir que había uno antes y otro "muy diferente" después de Marta. Quién sabe.

* * *

La historia oficial cuenta que Manuel, Jorge y Fernando Bribiesca fueron el alimento espiritual que impidió a Marta María Sahagún abandonar un matrimonio violento que nació "muerto y sin ninguna reflexión", que terminó con una escandalosa trifulca de golpes, trompadas y acusaciones de infidelidad. Menos fantasiosa, la historia de los últimos años describe en la vida de los Sahagún Bribiesca un antes y un después del año 2001 y muestra a los vástagos como tres *good for nothing* —gráfica expresión que utilizan los anglosajones para designar a aquellos que son buenos para nada— consagrados a la diversión por la diversión misma, propensos a los escándalos y a hacer valer su condición de hijos presidenciales, sin mencionar la extraordinaria aptitud que en todo momento han demostrado para el despilfarro y los negocios poco claros.

> Se procrearon tres hijos: el primero fue Manuel, que nació en noviembre de 1971, fue deseado y bienvenido, pero a Manuel y a mí como pareja su llegada nos desunió más todavía, ya que hubo celos por parte de él. Mi segundo hijo, de nombre Jorge Alberto, nació en agosto de 1975, fue deseado y bienvenido, yo lo sobreprotegí demasiado y se convirtió en una persona sensible y emocionalmente endeble; como consecuencia, cayó, en adicciones y Manuel Bribiesca me hizo sentir culpable y responsable de la situación. Mi tercer hijo, de nombre Fernando, nació en agosto de 1985, fue deseado y bienvenido y también querido y apapachado por su padre, pero su llegada ni nos unió, ni nos desunió como pareja.

Esto dice Marta Sahagún en el meneado expediente de nulidad matrimonial cuando se refiere a sus hijos. A lo que hay que agregar que Manuel siempre le hizo asco a los libros y a duras penas terminó la preparatoria en el colegio Marista de Celaya. Físico y emocionalmente idéntico a su padre, vulgar y fiestero, tuvo y tiene problemas con el alcohol, lo que alimenta un temperamento arrebatado y propenso a la violencia. Huyó de la alborotada casa familiar para casarse y es padre de tres niñas. Tal como mamó en su hogar, su vida sentimental se nutre de escándalos, infidelidades públicas y violencia.

Jorge vivió problemas con las adicciones y permaneció una temporada internado en Oceánica, según testimonio de su madre.

No estudió y terminó instalándose en Zamora, Michoacán, donde vendía aguacates en un local que pertenecía a su abuelo, que lo heredó Marta, quien luego ella se lo cedió a su hijo. "Frutas y Verduras Jorge" era el comercio donde realizó sus primeros pininos y se dio cuenta de que lo suyo tenía futuro. Por ese tiempo, Manuel comenzó a trabajar con su padre en una empresa de su propiedad, "Conductores S.A de C.V", donde se producen artículos de PVC, que se encuentra en Rincón de Tamayo, en Celaya. Fernando, el más discreto, acabó la secundaria e ingresó en el prestigioso TEC de Monterrey, donde comenzó a frecuentar a la *beautiful people* regiomontana.

Hace tiempo, cuando interrogué a la familia sobre las actividades del primogénito, desde la primera dama, el progenitor y el abuelo respondieron con evasivas: "Hace negocios". Y cambiaban de tema rápidamente, sobre todo Marta Sahagún. El boticario, quien padece de incontinencia verbal, fue el más explícito cuando platicamos a comienzos de 2003:

—¿La verdad? No sé cuánto dinero tienen mis hijos; sólo veo la vida de lujos que llevan y a través de eso puedo hacer un cálculo. Me da miedo que anden en algo raro, el poder se les fue a la cabeza. Viven y gastan como millonarios y yo sé que antes no tenían lana, tenían la vida que yo les podía dar con mi trabajo, pero nada más. La madre tiene la culpa, ella los va a meter en algún lío.

> Manuel se dedica a los negocios, no sé muy bien a qué tipo de negocios. Creo que tiene una fábrica de PVC y... Ah, también a algo de la construcción. Es grande y ya no depende de mí económicamente, nunca me pidió nada y yo tampoco le pregunto qué hace, hablamos de otras cosas, me respondió Marta Sahagún, perturbada y nerviosa, cuando quise saber sobre las actividades de Manuel.

Digno padre de sus retoños y a la velocidad del rayo, el ex marido de la primera dama terminó tan o más enamorado de la "lana y la vida de lujos" que denunciaba como letales, y sus exhibicionismos y ostentaciones de hoy son la comidilla de todo Celaya. Eso sí, sus mutaciones no alcanzaron a la madre de sus hijos, a la que continúa llamando "Santa Marta"; al presidente, en cambio, ya no le dice "ese pinche güey", sino que utiliza un mote más benévolo: "Papá Vicente".

* * *

Antes de 2000, los hijos de Marta Sahagún de Fox no tenían empresas, ni vivían en mansiones ni eran dueños de antros, ni existían ranchos y camionetas de lujo, ni viajaban de compras a Houston, ni se alojaban en el Bellagio de Las Vegas, menos aún eran dueños de un avión privado ni se movían protegidos por una *trouppe* de guardaespaldas ni dilapidaban miles de dólares en los casinos. Sus pesares dieron un giro de 180 grados a partir del día que Marta dejó de ser vocera para convertirse en la Primera Dama del Cambio. Y vaya si cambiaron todos.

Alborotados con la noticia, Manuel y Jorge se aventaron a celebrar la boda de su madre en una gran fiesta privada en León, donde gastaron miles de dólares a cuenta de lo que se venía y en la que no faltó tequila y champagne francés en abundancia, chicas y la consabida ristra de buenos amigos. Tiempo después, los ruidosos saraos tendrían el marco dorado que les daría el poder de ser los retoños de la primera dama.

Los empleados de las residencias presidenciales de Cancún, San Miguel Allende y Acapulco describen los zafarranchos de los muchachos desde aquel día hasta hoy. Presa del alcohol y las faldas, Manuel relata a viva voz secretos de la intimidad, asuntos delicados del poder y se jacta de sus millonarios negocios frente a sus compinches.

Un testigo presente en la casa de Acapulco contó espantado que a tres días del asesinato de Enrique Salinas, escuchó a Manuel brindar por el crimen y burlarse a risotadas del difunto hermano del ex mandatario: "¡Mira ese pinche güey! ¡Tan poderoso y ahí estaba, pataleando bajo la bolsa!"

Enrique Salinas apareció asesinado el 6 de diciembre de 2004 en Huixquilucan, en el Estado de México, en una camioneta y asfixiado con una bolsa de plástico amarrada a su cuello. Hasta ahora no se sabe quién o quiénes lo asesinaron, a pesar de las rimbombantes declaraciones del procurador Navarrete Prida. Según la revista *Proceso*, existen datos que vinculan al hermano del ex presidente con varios negocios e inversiones y también con el proyecto Fénix de Petróleos Mexicanos para la construcción de un gran complejo petroquímico. Enrique Salinas conoció a Manuel Bribiesca Sahagún a través de las múltiples y diversificadas transacciones del vástago, y coincidieron varias veces. En un crucero que el difunto realizó con Gilda Deneken y dos matrimonios amigos por el Caribe, Enrique se quejó de la insaciabilidad del hijo mayor de "La Jefa": "Todos los negocios son para ellos. No tienen límites, no dejan nada para los demás. Y las cosas no son así, con el PRI no funcionaba así".

* * *

La ignorancia en la materia de civismo llevó a suponer a Manuel y a Jorge que lo de ellos, es decir, los privilegios que gozaron a partir de allí, eran hereditarios. "Mi madre puede ser presidenta de México o gobernadora de Guanajuato", dijeron muchas veces, dejando entrever que su estado natal era un feudo y la cultura del nepotismo algo natural.

A partir de 2001, los hermanos Bribiesca, capitaneados por el mayor, iban y venían entre Celaya, León y el DF. Las reuniones con algunos empresarios, que se suponían secretas, no lo eran tanto: se celebraban en el restaurante El Caserío, de Celaya. Largas pláticas y más extensas sobremesas en las que los vástagos planificaban sus negocios. De estas comidas surgieron la sociedad entre Manuel y un inexperto arquitecto en el área de la construcción, un borrascoso personaje de Celaya llamado Miguel Khouri Siman, de ascendencia sirio-libanesa.

De la mano de Khouri, Manuel toma distancia de la empresa de su padre, donde estaba harto de tanto trabajo y lentas ganancias. El primogénito, se sabe, es amante de la alta velocidad —y el menor esfuerzo— en lo que a economía se refiere.

Así nace "Construcciones Prácticas, S.A. de C.V", una empresa celayense que vertiginosamente se transforma en una de las más importantes de México. Jorge, para no quedar atrás, abre brecha con sus ambiciones, pero lo suyo eran las frutas y hortalizas.

El 29 de mayo de 2003, Manuel Bribiesca Sahagún llegó a Celaya acompañado de ocho escoltas del Estado Mayor Presidencial y del empresario Miguel Khouri. El vástago mayor se reunió con el gobernador de entonces, Manuel Mendoza Márquez, en una junta que se prolongó por más de tres horas. Al momento de irse, alguien le contó que afuera había periodistas.

Precavido, el hijo de la primera dama salió por la puerta trasera del edificio municipal para evitar fotos. Su flamante socio salió por la entrada principal y dijo: "Sólo vine a platicar con el gobernador porque hay algunos proyectos que queremos realizar entre Miguel Khouri y yo, y queremos que el gobierno nos apoye", dijo Manuel antes de abordar una de las camionetas del Estado Mayor Presidencial y desaparecer. Al día siguiente, Mendoza Márquez confirma que los hijos de la *First Lady* iniciaban sus *business* en Celaya, que, por lo que se puede ver, es una tierra generosa.

"Vino a pedir facilidades para construir un fraccionamiento de interés social y uno de tipo residencial, así como dos naves industriales. Uno de los fraccionamientos, que se llama Rinconada San Jorge, ya está en la colonia Santa María", dijo el jefe de la ciudad. Y por si quedaran dudas, se encargó de recalcar que los hijos de Marta tendrían el mismo trato que cualquier otro empresario.

Misteriosa celeridad la que embargó a Mendoza Márquez, quien dio la cara y aclaró los motivos del cónclave. ¿Y qué hacía Manuel Bribiesca allí? ¿A título de qué fue a ver al gobernador? Si el hijo de la primera dama visita a un funcionario para solicitar "una ayudita" para una inversión, ¿quién le va a decir que no? ¿No es esto un vil tráfico de influencias?

Curiosidades de la vida, cuando se recurre a la documentación que avale o confirme qué tipo de relación tiene Manuel con Miguel Khouri, y si ésta es real o ficticia, si Khouri es socio o prestanombres, el registro de la propiedad dice que la empresa está a nombre de este último y de nadie más. Entonces, ¿qué hacía ese día Manuel Bribiesca Sahagún en la alcaldía de Celaya? ¿Qué hace hoy, qué influencia tiene?

"Construcciones Prácticas" se inscribió en el Registro Público de la Propiedad el 4 de febrero de 2002 y el socio mayoritario es Miguel Khouri Siman con el 99 por ciento de las acciones y Munir Isaac Khouri tiene el 1 por ciento. Nueve meses después de constituirse, el 21 de noviembre de 2002, en una asamblea extraordinaria, Khouri propuso aumentar el capital original de 100 pesos a 3 millones, ya que para ser sujeto de crédito es necesario aumentar de capital, para tener un financiamiento externo de instituciones de crédito, bancos y sociedades financieras. En el gobierno estatal, su número de inscripción es el CPRO20204TV8 y todos saben que Manuel es el verdadero dueño, aunque no figure en los papeles. La próspera empresa de construcción está compuesta, además de Miguel Khouri Siman, por José Francisco Mendoza, Magda Chaurand Guemez y Jorge Munir Isaac Khouri.

El 16 de octubre de 2003 y rápido de reflejos, el mismísimo Vicente Fox —por pedido de Marta— premió el primer fraccionamiento que construyó su hijastro, "por el diseño de las casas, las instalaciones de servicios ocultos y los pozos de filtración pluvial con el que cuentan las obras". Rinconada San Jorge, de Construcciones Prácticas, obtuvo el Premio Nacional de Vivienda 2003, en la categoría de Saturación Urbana, al que también ovacionó estruendosamente el titular de la Comisión Nacional de Fomento a la Vivienda, Carlos Gutiérrez. Sin embargo, no era ésta la primera vez que repartían medallas a la parentela.

—¡Ay, Vicente!, mira qué maravilla lo que está haciendo Jorge… ¿Por qué no le das un premio para incentivarlo y levantarle la autoestima? Me haría tan feliz… Sugirió Marta Sahagún a su marido apenas se casaron. Hablaba claro de su hijo del medio, el que ella había sobreprotegido con un gran sentimiento de culpa y que durante un largo tiempo trabajó de verdulero. Sin licenciatura ni título, Marta decidió que había llegado la hora de subirle el estatus. Al frente de Sabrimex, S.A, sociedad que el frágil retoño compartía con "Memo" Sahagún Jiménez —el problemático hermano menor de Marta—, Jorge aprovechaba el destino que le tocó en suerte. El local comercial, que se transformó en empresa exportadora, fue ganador entre 157 compañías competentes cuando Vicente Fox le entrega el Premio Nacional de Exportación en 2001. La Secretaría de Economía está a cargo de este premio, el máximo reconocimiento que se da anualmente a empresas, organizaciones e instituciones educativas que operan en México y "se distinguen por su esfuerzo, creatividad y constancia, y que contribuyen al aumento y diversificación de las ventas, productos y servicios al exterior, así como la difusión internacional de la excelencia y competitividad de la oferta exportable mexicana".

Después del impulso que le dio su magnánimo padrastro, Jorge no pasa un día sin trabajar y su autoestima está mucho más alta que la que aconsejan los libros de autoayuda que lee su madre, salvo cuando sus compinches y su hermano mayor lo tientan con el mundanal ruido de México: abandona todo y sus clientes lo ubican —de jueves a martes— en los antros de moda de Polanco y Condesa. En el bar del Hotel W de Campos Elíseos, por ejemplo, los hermanos son fáciles de identificar entre la bulliciosa aglomeración, rodeados de su guardia de *corps*, chicas estridentes y copas en la mano.

Sabrimex, S.A, mientras tanto, crece aceleradamente. Con oficina central en Zamora, Michoacán, tiene sucursales en Sinaloa y México. Exporta aguacate, mango y limones a todo el mundo, lo que se dice, un empresario con buena estrella.

—Sería muy importante que ustedes aclararan a qué se dedican, que transparenten lo que tienen, porque hay muchos indicios de que se enriquecieron a través del poder de su madre..., —le expliqué a Jorge Bribiesca Sahagún cuando lo encontré en el bar del hotel W, de Polanco, hace dos meses.

—(Visiblemente nervioso) Bueno... estee... dicen muchas mentiras, nos difaman injustamente, nada de lo que dicen es cierto...

—Si no es verdad, hay que dar la cara —insistí.

Me dio el número de teléfono de su empresa, en Zamora, con la firme promesa de responder mi pedido. Nunca sucedió.

Adoradores de sí mismos, lo bochornoso de la dinastía gobernante, además de multiplicar sus fortunas y la de su abultada parentela, es utilizar recursos del Estado para dar cobertura y brillo a sus transacciones. En el concurso de viviendas se presentaron 90 empresas de todo el país, que participaron con trabajos logrados con sudor y experiencia y con la sana creencia de la honestidad del Premio Nacional de Vivienda. Quedó demostrado que fue así.

El inefable Miguel Khouri Siman, al que no le interesan estas cuestiones de la ética y la moral, corrió ansioso a Los Pinos para recibir el distintivo de manos de Vicente Fox, y como si nada dijo: "Estamos muy contentos de recibir este reconocimiento, las cosas se hicieron muy bien en el fraccionamiento y se seguirán haciendo igual en los siguientes desarrollos porque estamos convencidos de que debemos dignificar la vivienda, estamos motivados".

El 4 de diciembre de 2003 se levantó un acta que también quedó en el Registro de la Propiedad, donde se entrega un poder general al abogado celayense Rubén Ayala Chaurand para realizar pleitos y cobranzas. En el escrito se hace especial mención de la autorización al apoderado de manera enunciativa, mas "no limitativa de comparecer ante Fénix, Administración de Activos S. de R.L. de C.V., Bancrecer, S.A, institución de banca múltiple, Banco Mercantil del Norte, Banorte y del Instituto de Protección al Ahorro Bancario para todo lo relativo a la licitación de cartera de créditos y demás asuntos concernientes a la sociedad, para que haga y promueva todo cuanto haría o promovería la otorgante".

Miguel Khouri Siman, hijo de Mounir Khouri y de Carmen Siman, vivió durante algún tiempo en Michoacán. En 1992 se casó con Magda Chaurand, con la que tiene dos hijos: Samanta y Mounir. Robusto, de 50 años y marcados rasgos árabes —extrovertido hasta que desde Los Pinos le dieron la orden de "bajar el perfil"—, su primer trabajo fue en la empresa de su padre, la Textilera Khouri, donde fungía como director de proyectos. Allí estuvo bajo el mando de su hermano Juan, que era el presidente de la textilera. La política, se sabe, despierta pasiones en los corazones de los hombres y Miguel Khouri no fue ajeno a este noble sentimiento. Ingresó como regidor en la primera administración panista de Celaya y aprovechó para elevar su estatus social. Luego, durante un largo tiempo desapareció de la zona hasta que el boticario Manuel Bribiesca decide lanzarse como candidato a la presidencia municipal de Celaya en las elecciones de 2003 y Khouri no sólo lo apoya económicamente, sino que se los ve juntos en todos los sitios. En plena ebullición electoral, se armó una gresca de proporciones en el Sanborns de Celaya, en el que el líder del Partido Liberal Mexicano y el cacique municipal del partido se tranzaron a trompadas y a la vista de medio pueblo. Entre los púgiles participantes se encontraba Manuel Bribiesca Godoy y su cuate Miguel Khouri.

El sirio-libanés antes vivía obsesionado por salir en la sección "Blanco y negro" de la página de sociales del diario local *AM*. Llamaba por teléfono y rogaba que se reprodujera una foto de él cuando acudía a una reunión. Desde que comenzó su sociedad con Manuel Bribiesca se ha mantenido en la sombra por obvias razones e incluso se tornó un sujeto violento. "¡Te voy a partir la madre si me sacas una foto!", le gritó a una estupefacta reportera del diario donde otrora clamaba por salir.

El 10 de junio de 2003, Celaya es testigo de cómo el esfuerzo de Manuel comenzó a rendir sus frutos. Está listo el fraccionamiento Rinconada San Jorge, ubicado entre la calle Guanajuato y Yuriria, en la colonia Santa María. Las 168 casas se comercializaron rápidamente por medio del Infonavit en 231896 pesos cada una y el 6 de octubre los esforzados empresarios eran premiados en Los Pinos. Arrobado con su primer fraccionamiento, Manuel bautizó las calles en honor a su armoniosa familia. Por lo menos, no se le pueden negar al hombre sus buenos sentimientos: Santa Marta, San Manuel y San Jorge. Según él mismo presagió el día de la inauguración, esos santos "derramarían bondad y prosperidad" sobre el conglomerado de casas y sus flamantes vecinos.

Pero el destino —o los santos invocados— le jugaría una mala pasada. En noviembre de 2004, los dueños de las viviendas estaban más que furiosos. Las casas "premiadas por Vicente Fox" presentaban problemas. Los pisos de mosaicos de varias se levantaban como naipes, en otras se cayó el aplanado de las paredes y las demás tenían filtraciones por lluvias o humedad en los baños.

Los ambiciosos constructores no se preocuparon demasiado, tenían la mente —y las manos— en grandes proyectos, no estaban para esos vulgares menesteres provincianos. Gracias al "apoyo" que Manuel "logró" del gobierno local y nacional, construían "Residencial Las Palmas" y anunciaban un nuevo centro comercial pegado a otro fraccionamiento en marcha, Galaxia Brisas del Carmen, esta última en sociedad con SARE, S.A, la cuarta empresa más importante a escala nacional en el rubro de la construcción.

La compañía, fundada en 1967 por Dionisio Sánchez González y Elías Reyes Castellanos, que en sus inicios fue una empresa de servicios contables y financieros para el sector inmobiliario, opera en Puebla, en el Distrito Federal, en Quintana Roo e Hidalgo. Ahora también en Guanajuato, Jalisco y Michoacán. Y en este emprendimiento, el vástago y su *partner* fueron por más: las casas cuentan con cuatro recámaras y ocupan tres predios: El Calvario, La Cuadrilla y El Muerto.

Pero no es todo. Convencido ampliamente de que no hay nada mejor que "la casa propia", Manuel avanza con sus construcciones sociales más allá de la ciudad que lo vio nacer. En el municipio de Cortázar está levantando El Fortín, un barrio autorizado entre gallos y medianoche por el cabildo del municipio bajo el número de oficio de sesión ssa/227/2004. De acuerdo con datos de Obras Públicas, serán 70 viviendas dúplex y tríplex que estarán listas en junio de este año.

De acuerdo con información suministrada por la empresa, en Galaxia son 623 casas que se venderán a un precio que oscila entre 26 000 y 50 000 dólares. Según otros empresarios del rubro, para edificar un conjunto habitacional de este tipo se necesitan más de 150 millones de pesos, o sea, 15 millones de dólares. Y todas están inscritas en el Infonavit:

Rinconada San Jorge: N004502.

Residencial Las Palmas: 1661400130.

Galaxias Brisas del Carmen: N004244.

Mientras Brisas del Carmen —igual que Rinconada San Jorge— tiene problemas graves de estructura (los pisos de madera se abren o se levantan), Bribiesca y Khouri cerraron la operación de compra de "la ex hacienda don Gu", que se sitúa en el eje norponiente de Celaya, y se trata de varias hectáreas de fraccionamiento. Han construido ya cien viviendas y están anotados en Infonavit y Fovissste. La finca de la ex hacienda sigue ahí y todo mundo sospecha que la usan para fiestas. Curiosamente, en el issste de Celaya, una funcionaria clave es Georgina Clark, gran amiga de Marta de viejos tiempos, cuando compartían con las parejas viajes a Nueva York. Ahora Clark, separada de su marido y funcionaria influyente, anda públicamente de amores con un individuo violento y sanguinario, temido por los vecinos por la impunidad y protección con que se mueve. "El Coqui" Zanella —émulo local del *Chapo Guzmán*— es compinche de Manuel Bribiesca.

Persuadido de que la vida está para ser vivida —sobre todo cuando paga el pueblo—, de la chistera de mago de Manuel escapan funcionarios corruptos dispuestos a tender una mano, empresarios ávidos y estafadores, amigos/as de toda la vida, personajes de borrascosos antecedentes, marginales y delincuentes. A las huestes sahaguncitas, sin demasiado en común, los hermana el "símanuelismo", el afán por "progresar" rápidamente en el terreno económico y el profundo desconocimiento de ese mecanismo que Freud denominaba el *super yo* y la religión "la voz de la conciencia". En los inicios, el establishment los miró con desconfianza, pero los aceptaron temporalmente, en función de lo que representaban. Hoy, el desprecio de clase no se puede ocultar. Después de todo, no eran más que integrantes de una casta provinciana de medio pelo, ignorantes y arribistas. "No pertenecen ni pertenecerán jamás. México es un país de grandes familias, y éstos no son nada", explica un prominente hombre de negocios.

* * *

¿Es sencillo conseguir los permisos del gobierno para construir un fraccionamiento? No, no es sencillo si no se cuenta con avales y relaciones importantes en el poder político. Así me aseguran todos los empresarios dedicados a la construcción. Mientras algunos tardaron tres años en obtener el permiso, los ambiciosos retoños de Marta sólo tuvieron que esperar siete meses. Mientras otros esperan años para comprarse un auto con cero kilómetros, Manuel Bribiesca Godoy, el ex marido abandonado que no hace mucho se quejaba porque me decía que su esposa —la primera dama— lo había dejado en "la calle", hoy conduce un flamante Mercedes Benz gris metalizado, pero cuando se aburre opta por un BMW, también gris. Y todo en el tiempo récord de dos años.

—¡¡Miren, qué regalo me hizo "Papá Vicente"!!, anuncia a los azorados vecinos que lo ven pasar raudo por las calles de la ciudad, algunas veces acompañado de una señorita o que lo encuentran en el Club de Golf, pasado de copas, describiendo detalles de las mil y un ochescas fiestas que sus hijos organizan en la residencia oficial de San Miguel Allende y a las que concurre como invitado especialísimo.

Pueblo chico, infierno grande.

De acuerdo con un informe de la Dirección de Desarrollo Urbano de Celaya, existen actualmente 112 fraccionamientos en proceso de edificación, de los cuales, en su mayoría, tuvieron que esperar varios meses o años para obtener los permisos. Las quejas por el papelerío que les solicitan son numerosas. Y ni hablar de las sospechas hacia el clan Bribiesca y la rapidez con la que obtiene permisos de construcción, la licencia de obra y el permiso de preventa.

Francisco Boyles Fernández, representante legal de la constructora DRT FULTES, para gestionar y obtener los permisos en Desarrollo Urbano de Celaya, debió esperar dos años y cinco meses y recién ahí iniciar las obras en el fraccionamiento La Calera I. Lo mismo o peor le pasó a Víctor Cano Sadal, propietario del conjunto habitacional Industrial El Vergel: cuatro años le demoró la autorización. Fernando Aizcorbe de Vaca pasó por el mismo purgatorio de sus pares.

El único privilegiado del Bajío se llama Manuel Bribiesca Sahagún.

El permiso de constancia de compatibilidad urbanística se entregó el 10 de mayo de 2002, bajo el número 103/dirfracc/02 y el último permiso fue cedido el 15 de mayo de 2003 con el número de registro 227/dirfracc/03. Para Brisas del Mar, los trámites comenzaron el 13 de junio de 2003 y concluyeron el 17 de febrero de 2004.

Actualmente —porque se terminó el sexenio o lo que fuera— y luego de una fuerte protesta que presentó el presidente del Colegio de la Industria Mexicana de la Construcción en el estado, Daniel Gámez Nieto, los trámites se agilizaron y los constructores reciben sus permisos en un lapso de pocas semanas.

El aprendiz criollo de Tony Soprano no ceja en sus intenciones de convertirse en el rey del ladrillo, por lo menos antes que sus parientes abandonen el poder.

Existen contundentes indicios de que Manuel se habría asociado con el dueño del diario *AM* de León, Enrique Gómez "Neto", miembro de una influyente familia del estado, vinculada desde siempre a los negocios inmobiliarios. Su padre, Ernesto Gómez Hernández (conocido como "Neto") fue tesorero general del estado en el periodo que gobernó Juan José Torres Landa, un típico cacique del PRI al que apodaban "caballo blanco", en alusión al color de su cabello. Eran tiempos de Díaz Ordaz y especialmente en Guanajuato, el eje por donde pasaban la política y la "caja" era la obra pública. Con el "Plan Guanajuato", que implicaba la construcción de ostentosas avenidas, terrenos y casas, se compraban a precios bajos que luego se disparaban, lo mismo que los contratos. A tal punto que el costo de las obras arruinó las finanzas estatales porque Ernesto Gómez "Neto" endeudó al Estado con un tanto y medio del presupuesto estatal.

Durante el gobierno de Luis H. Ducoing Gamba (1973-1979) le dieron a Gómez un puesto relacionado con la vivienda. Sin embargo, la relación con el gobernador terminó pésima y el hombre renunció. Y entonces se le prendió la lamparita y descubrió sus dotes periodísticas, que eran buenas para "hacer contactos y buenos negocios". Durante el gobierno de Enrique Velasco Ibarra, de nuevo su socio y amigo, "Neto" impuso como tesorero a Raúl Álvarez, un compinche suyo. Pero, con tan mala suerte, que en 1984 el hombre fue a dar con sus huesos a la cárcel por una compra escandalosa de terrenos que provocó la caída del gobierno. Y "Neto", una vez que Robles estuvo tras las rejas, tomó distancia y se dedicó a lo suyo: la nueva administración.

"Neto" y su hijo Enrique tenían amistad con Vicente Fox, a raíz de que un pariente se casó con una hermana del presidente. No podía haber una familiaridad más directa. El actual presidente fue miembro del consejo editorial del *AM* y lo siguió siendo mientras fue gobernador, aunque muchos criticaron esta decisión.

De aquí se puede explicar la relación estrecha que tienen Enrique Gómez y Manuel Bribiesca y que todo Guanajuato asegura que va más allá de una simple amistad: son socios en negocios inmobiliarios, los mismísimos que el diario publicita en sus páginas. Y otro dato más: Manuel, en su ambición expansiva, se acaba de comprar un rancho en Lagos de Moreno, una zona muy apreciada por los agentes inmobiliarios, y el intermediario fue "Juani" Torres Landa, hijo del ex gobernador y gran amigo de Enrique Gómez, dueño del periódico *AM*. En sus páginas se publicitan fraccionamientos residenciales en varias zonas de León, Irapuato y Guanajuato y, por supuesto, en Lagos de Moreno. Los vecinos del lugar me revelaron que no pocas veces se encontraron con el robusto y violento Manuel dando muestras de su poder, prepotente y arrogante, plata en mano y ya. "Soy el hijo de Marta Sahagún, quiero este rancho, ¿cuánto vale?"

A los pobres dueños, algunos con graves dificultades económicas, no les quedaba otra que ceder a las presiones y amenazas.

La "caja" que financia la política y los desmanes privados de la casta gobernante y sus parientes, ¿por dónde pasa? Es la pregunta que se hace la gente común.

Petróleos Mexicanos, Pemex, es desde tiempos remotos la caja negra, el agujero por el que se escabullen miles de millones de dólares sin control y el sitio donde todos, todos, hacen negocios. Grandes negocios políticos y personales.

Manuel y Jorge Bribiesca Sahagún conocen el mecanismo operativo perfectamente: nunca aparecen directamente en los papeles, pero todos saben que ellos están atrás de las transacciones. Tierras, haciendas, ranchos, predios, urbanizaciones sociales y exclusivas, carreteras, contratos con Pemex y contrabando de productos chinos. Y las ganancias por agilizar los trámites son multimillonarias y si a esto le agregamos que los señores permanecen en las empresas, calcular los números no tiene límites.

La semana pasada comenté la 'disputa a muerte' que había en Pemex, por la obtención de un contrato de más de 150 millones de dólares para el alquiler de un barco grúa que dará servicio a plataformas petroleras del Proyecto Cantarell, en la sonda marina de Campeche —dice el periodista Miguel Badillo en su columna "Oficio de Papel, del 18 de octubre de 2004— y, tal como informamos, el contrato fue asignado a la empresa Servicios Marítimos, del Grupo Río San Juan, propiedad del tamaulipeco Ramiro Garza Cantú, por presentar la mejor oferta.

Pero lo más grave es que en medio de esta disputa aparecieron los nombres de familiares de la primera dama Marta Sahagún, su hijo Jorge Bribiesca y su hermano Guillermo Sahagún, quienes supuestamente presionaron a Muñoz Leos para que contratara el barco de Oceanografía, y como el director general de Pemex está metido en otro grave problema por otorgar concesiones fuera de la ley al sindicato petrolero, pues cedió a las presiones de Los Pinos y trató de manipular el concurso para torcer la decisión a favor de la empresa recomendada por familiares de Marta Sahagún.

Estas presiones se hicieron sentir la semana pasada donde el mismo Muñoz Leos planteó la urgencia de asignar el contrato de casi 2 000 millones de pesos a Oceanografía, porque dijo que era una decisión de la esposa del presidente.

Esta transcripción ayuda a entender cómo funcionan los manejos y las presiones y los intereses desde Los Pinos hacia la "caja".

El jugoso contrato para la primerísima dama y sus vástagos no fraguó. Pero eso no quiere decir que no hay otros en marcha. La dama nunca pierde las esperanzas. Es más, nunca deja de tener esperanzas. Como la sentencia el Dalai lama, que tanto suele recordar, "me caigo cinco veces pero me levantó seis". Junto a ella, repite estruendosa el "yo valgo", "yo puedo".

En estos momentos, ella y sus maravillosos hijos disputan con ferocidad la adjudicación de un contrato de 350 millones de dólares para la contratación de un servicio de seguridad de las redes de Pemex, aliados a una empresa española. En el último viaje a España, la pareja presidencial se tomó fotografías con uno de los empresarios ibéricos interesados en esta licitación.

No sería ésta la primera vez que se exhiben en público con un cofrade.

El 9 de febrero de 2004, Marta y Vicente aterrizaron en Celaya con toda la pompa castrense. El hotel Celaya Plaza —un palacete cuya decoración asfixiante y cocoliche, mezcla de tienda árabe con restos del Taj Mahal— fue el sitio elegido para hacer el anuncio: el arribo de 460 millones de pesos (46 millones de dólares) en obras públicas para el municipio donde la dama transcurrió 27 años de sufrida existencia.

El fabuloso y audaz proyecto, que incluye un malecón, conjuntos habitacionales exclusivos, centros comerciales y hasta un embarcadero, se levantará a orillas del río Laja y fue comunicado por Vicente Fox, quien tenía parado a su lado a Miguel Khouri Siman, el *partner* de su hijastro. Los presentes en el lugar, periodistas, vecinos curiosos, empleados y funcionarios —entre los que se encontraban Javier Usabiaga, secretario de Agricultura y el controvertido Pepe Rivero Carranza—, no cabían en su asombro. "¿Traerían a un médium o a un chamán?", preguntó alguien. "Porque el río Laja hace tiempo que no tiene una gota de agua, está seco."

"Con el lanzamiento de estas obras que arrancarán en marzo, con licitación rápida, tendrá un gran impacto económico y generará empleos de 450 millones de pesos. La obra pública es sin duda un factor determinante para el crecimiento de nuestra economía", señaló orondo Fox.

Miguel Khouri Siman no se despegó de la pareja durante toda la visita.

* * *

—Vicente, ¿por qué no me regalas este rancho para mi cumpleaños? Está precioso, divino —incitó Marta a su marido la primera vez que llegaron al lugar.

El rancho en cuestión estaba situado en la bahía de El Tamarindillo, en Michoacán, y la señora y sus vástagos estaban enamorados del lugar. Según la revista *Proceso*, la venta del Tamarindillo no es ningún secreto. "Es *vox populi*. Lo pregonan los mismos ejidatarios que le vendieron a Cosme (Mares) el pedazo de costa, lo dicen los diarios locales, las autoridades."

De más está decir que el lugar es un paraíso de 265 hectáreas, que incluye una playa privadísima, arena blanca y un mar color esmeralda. Los vecinos son testigos de la llegada periódica del helicóptero presidencial, y las zambullidas gozosas de Vicente Fox y la "señora Marta, en las deliciosas aguas".

Cosme Mares y su esposa Josefina son de León, Guanajuato, y hace tiempo que están asociados al presidente Vicente Fox, es decir, a su hijastro mayor. Dueños de la constructora y pavimentadora Facopsa, que cobró dinero por la construcción de una carretera en Yucatán sin finalizar la obra. Lo que se dice, una pareja audaz.

La compañía fue adjudicada por el gobierno del estado de Yucatán para la ampliación y modernización del tramo entre el kilómetro 56 y 78, de la carretera Mérida-Kantuil hasta el entronque con Sabancuy, sobre la carretera Ciudad del Carmen-Campeche. Cobraron por trabajos que no terminaron. Los periódicos *Por Esto*, de Yucatán y Quintana Roo, y *La Revista*, denunciaron en muchas ocasiones que "Mares era protegido por el presidente Fox y Marta Sahagún". Durante el 2002 y el 2003, la Secretaría de Comunicaciones y Transportes le otorgó contratos por 2 000 millones de pesos para construir y operar carreteras de Yucatán, Campeche, Veracruz y Quintana Roo. En todas hubo denuncias por irregularidades en las obras. Una comisión de senadores priístas, encabezada por Rubio Barthell e integrada por Carlos Rojas Gutiérrez, Emilio Gamboa, Dulce María Sauri y Orlando Paredes Lara, investigó a Facopsa. Presentaron una condena pública y demandaron que las autoridades ejerzan las acciones legales correspondientes. La Secretaría de la Función Pública tiene el caso en sus manos actualmente. Legisladores del PRI y del PRD aseguran que de las investigaciones se deduce que el vástago mayor de Marta está relacionado con Cosme Mares. En León, integrantes del gobierno estatal aseguran lo mismo: son socios. Esteban Ángeles Cerón, senador del PRI y presidente de la Primera Comisión de Gobernación y Puntos Constitucionales, denunció: "A pesar de los constantes llamados de atención que hemos emitido al Ejecutivo de la nación, es evidente que continúa el tráfico de influencias y favoritismos. Hemos manifestado que estamos en contra de las prácticas de presidencia que han beneficiado a grupos de individuos vinculados con la familia presidencial". Gonzalo Yáñez, coordinador del grupo parlamentario del Partido del Trabajo, le dijo a la revista *Milenio*: "No queremos pensar en que Manuel Bribiesca pueda ser el Raúl Salinas de Gortari de este sexenio, pero por la cantidad de sospechas que hay alrededor, vemos que no sería nada descabellado". Tal vez por ello, temerosos, los vástagos han dejado de acudir a los lugares que antes frecuentaban. En Celaya extrañan el aterrizaje del Jetlear con su ruidosa *troupe*, y eso que el hangar nuevo está casi terminado. Cosme Mares y Josefina se esfumaron y me dicen que se tomaron "largas vacaciones" porque tienen miedo a caer presos. Las sospechas casi han dejado de serlo y se acumulan las evidencias sobre los negocios mal habidos.

* * *

Manuel y Jorge Bribiesca Sahagún son dos "buenos muchachos". Millonarios empresarios multirrubros, saben lo que es el poder y, sobre todo, cómo sacarle provecho. Les gusta repetir que si no lo hacían ahora no lo harían nunca más. Y tal vez tengan razón: ésta era la oportunidad de sus vidas.

Están ligados estrechamente con la Aduana de México y con el obispo Onésimo Cepeda a través del compadre de éste, el oscuro Carlos Salomón Cámara. Incursionan con fortuna en el contrabando de productos chinos y les importa demasiado influir en Pemex.

Con información precisa, me pregunto en voz alta:

—¿Será por todo esto que el procurador Rafael Macedo de la Concha le dijo a una persona de su confianza que "estaba harto de tapar a los hijos" de Marta y que quería salirse del gobierno?

—La presencia de los borrascosos Ramón Martín Huerta y Miguel A. Yunes (recomendado por Carlos Salinas y Elba Esther Gordillo), secretario de Seguridad Pública y Consejero de Seguridad Nacional, respectivamente, ¿acaso tiene que ver con estas situaciones irregulares y escandalosas? ¿Por qué en Los Pinos en el círculo áulico de Vicente Fox dicen que están para "limpiar" los registros de los "asuntos de Marta"?

—¿Es verdad que José Guzmán Montalvo, jefe de la Aduana, y su adlátere, Joaquín Díaz, son socios de Manuel Bribiesca? ¿Por qué hay funcionarios de Estados Unidos que dicen estar preocupados por los manejos poco claros en la Aduana de México?

—¿Por qué Marta Sahagún, en los inicios del sexenio, exactamente en octubre de 2001, se vio obligada a devolver tres millones de dólares que Manuel le cobró a unos empresarios norteamericanos por la venta de unos *books* de juegos que ya habían sido vendidos? Los empresarios iniciaron una demanda y, ante la inminencia del escándalo, Marta regresó el dinero a cambio de que retiraran la denuncia. De más, claro, está preguntarse cómo la señora consiguió semejante suma.

Embargados por la angustia que tantas "difamaciones y rumores malintencionados" generan en el corazón de la armoniosa familia presidencial, los vástagos decidieron que necesitaban aire fresco y relax. "Hoy, hoy, hoy" y lejos de los chismes y envidias de Celaya y Guanajuato.

En Miami, en el maravilloso ICON, el lujoso y exclusivo condominio diseñado por Pilliph Stara, encontraron el ambiente adecuado para el disfrute. Sin culpas, ruidos molestos ni *smog* —y sin esos fastidiosos periodistas que husmean—, desde los ventanales gigantescos pueden mirar la bahía al atardecer y agradecer a Dios lo afortunados que son, tal como les enseñó "mamá" desde que eran niños.

¿Acaso allí, Marta Sahagún, versión local de la malvada Cruella De Vil, aquel personaje de *La noche de las narices frías* que quería matar a los perritos dálmatas para hacerse pieles, intentará superar junto a sus amados hijos esa melancolía llorosa que la embarga cuando piensa que tiene que abandonar Los Pinos?

El derrumbe
Crónica de una sucesión fraudulenta

> La simulación es una actividad
> parecida a la de los actores y
> puede expresarse de tantas formas
> como personajes fingimos.
>
> OCTAVIO PAZ

> El problema que aqueja al mundo
> es que los necios y los fanáticos siempre
> están seguros de sí mismos, mientras
> que los sabios están llenos de dudas.
>
> BERTRAND RUSSELL

—El destino tendrá la última palabra —dijo, embargado por el fatalismo, la desazón y el miedo. Sus hombres, los que acompañaron el suplicio durante meses, días, horas y minutos, se sentían igual o peor que él.

Estaba ante las puertas del infierno o de la cárcel, da lo mismo. Apologista del martirio, resultaba extraño que sintiera miedo, pero el vacío en la boca del estómago le indicó el fin o lo que fuera. Había conseguido lo que en su fuero interno buscó, pero el costo sería irreparable y nada le garantizaba que la fortuna le daría una nueva oportunidad.

Acorralado como un león herido antes de salir para San Lázaro, se reunió con sus íntimos: Manuel Camacho Solís, Marcelo Ebrard, Alejandro Encinas y Alfonso Durazo, ex secretario privado de Vicente Fox, con el que mantiene una relación respetuosa desde hace tiempo. El ex secretario presidencial había sido una especie de "puente de plata" entre el jefe de gobierno y Vicente Fox. Hasta que renunció, Durazo se encargó de aliviar las escaramuzas de una guerra absurda.

Andrés Manuel López Obrador repasó el discurso que iba a dar, escuchó los consejos de Durazo y salió rumbo a la Cámara de Diputados. Lo acompañó Miguel Ángel "El Charro" García Domínguez, diputado federal y abogado de profesión, que cuenta con un sólido prestigio, es oriundo de San Miguel de Allende y conoce a Vicente Fox. Paradójicamente, cuando el presidente con botas fue gobernador de Guanajuato, García Domínguez fungió al frente de la Suprema Corte del estado por pedido de Fox. Otro dato curioso: durante el sexenio de Carlos Salinas, García Domínguez fue ministro de la Suprema Corte de Justicia de la Nación. Fox le había prometido integrarlo a su equipo de trabajo en caso de ganar las elecciones presidenciales. Sin embargo, "El Charro" se cansó de esperar el llamado del presidente, quien nunca le habló siquiera para saludarlo.

En largos meses, el señor de los malabarismos mostró en público un ardiente entusiasmo por las rejas. Envuelto en la túnica sagrada de los ideologismos, arengó a propios y extraños. Acusó y denunció hasta el hartazgo; mintió y ocultó; predicó contra el sistema y despreció todo mecanismo legal para defenderse; subestimó a sus enemigos y se involucró en sus estrategias; no escuchó los consejos de la gente pensante de su entorno y prefirió transformarse en víctima. Como un émulo de Nelson Mandela, juró a sus incondicionales que llegaría a la Silla del Águila desde la celda de una prisión mexicana y que la historia se encargaría de juzgar a los unos y a los otros.

A veces dudaba de todo. Le dijo a un amigo que tenía la sensación de regresar a sus orígenes, a los inicios de una historia tumultuosa y plagada de excesos, que reiteradamente lo tenía de protagonista. Como si estuviera viendo una película, se sucedían en su cabeza los recuerdos de su vida en Tabasco. Las larguísimas conversaciones con el poeta Carlos Pellicer y la militancia con los chontales. Las ardientes trincheras desde donde agitaba las protestas sociales, las tomas de los pozos petroleros y las multitudinarias marchas a la capital; el éxodo de 1995, que reveló el gigantesco fraude y el despilfarro cometido por un señorón de honorable apellido y delictiva trayectoria, un inimputable paisano tricolor con permiso legal.

—Andrés Manuel, no te equivoques, es una jugada peligrosa...
—opinaban casi todos.

—¡Voy a defenderme solo! Está decidido, no quiero abogados.

Acosado por todos en los últimos días, cometió errores, tropezó fuerte. Mientras los pillines y pillazos de la inmaculada clase política decidían su expulsión del paisaje patrio, murió Karol Wojtyla. Y a México —como al resto del mundo— no le interesaba otra cosa que observar las imágenes del difunto que la televisión transmitía una y otra vez. El país entero estaba en trance. Se arrepintió y ofreció disculpas.

Juan Pablo II visitó México en cinco oportunidades y, en una de ellas, Andrés Manuel llevó a su esposa, gravemente enferma, para que el pontífice le diera la bendición. Pero las emociones contenidas y un agudo sentimiento de paranoia le tendieron una trampa.

No se hace política con el corazón, ni se gobierna con estados de ánimo. Y en los últimos once meses, el hombre que gobernó con la víscera ubicada en el costado izquierdo del pecho, no vislumbró que el rompecabezas comenzaba a derrumbarse. Sus enemigos, que lo detestaban tanto como él a ellos, se aliaban para destrozarlo, en lo que constituyó la más despreciable y antidemocrática maniobra para la frágil democracia mexicana. El ranchero de Guanajuato, tan ignorante como frívolo, el mismo que asumió el poder envuelto en las banderas de la democracia y la decencia, participó directamente en su desafuero, engarzado con los padrinos de la *cosa nostra* de la política mexicana, y asestó el peor golpe a la institucionalidad desde el fraude de 1988.

En su omnipotencia, no percibió el tsunami o no quiso. Los cimientos de la estructura donde se había aposentado estaban podridos. Y los de sus enemigos también. Participó en el juego con la convicción de salir airoso, porque "no se dejaba ni se rajaba cuando se trataba de causas justas". Sin embargo, la estrategia estaba diagramada al borde de los abismos, sin grandezas y sin final feliz para nadie.

* * *

El impetuoso jefe de gobierno de México (o ex), guerrero asceta contra las oscuras fuerzas del mal y protector acérrimo de las masas empobrecidas que malviven en la caótica urbe, lleva el apodo de un extraño pez con forma de lagarto que corcovea en los pantanos exuberantes de Tabasco y tiene como peculiar característica, además de su aspecto de saurio prehistórico, la voracidad. Los estudiosos dicen que cada vez que el Pejelagarto procrea, hay que alejarlo rápidamente de los huevos, porque se devora a sus crías.

Es un pez caníbal y sobreviviente milenario de las catástrofes de la naturaleza.

Extraña paradoja el apodo de Andrés Manuel López Obrador, el cacique tabasqueño que tenía las mayores probabilidades de ser presidente de la República, si miramos la perturbadora realidad política mexicana en los estertores agónicos del sexenio, cuando el hombre eyecta de la contienda de sus anhelos, deglutido por los que detentan el poder y por sus desatinos y una soberbia desmesurada, que sólo sirvió para acrecentar las conspiraciones de sus enemigos.

Un México donde hace un año, la estupefacta opinión pública asistió tan impávida como impertérrita a la exhibición mediática de la vergonzante degollina de los caciques del partido de la gran "Revolución Democrática", el mismo que eclosionó a la vida bajo el estandarte de la lucha contra el autoritarismo priísta, la corrupción y la cultura mafiosa enquistada en décadas de dominación y sometimiento.

El estrepitoso escándalo que entonces ocupó los espacios de todos los medios, con el consabido impacto masivo y los morbos debidamente empalagados por las imágenes de dos ilustres abanderados del gobierno de la honorable izquierda chilanga, violando alegremente todos los márgenes de la decencia y el decoro que proclamaban a los cuatro vientos, es hoy un desvalido recuerdo.

México arde bajo una cotidianeidad política apabullante e impredecible, en el que día a día se suceden episodios que sacuden como un tornado e involucran a otros actores, y éstos a su vez ocultan a los otros, y así sucesivamente. Un territorio donde el tiempo demuestra que siempre se cumplen los peores pronósticos.

* * *

Una de las historias ocurrió así: Vicente Fox recibió a Roberto Madrazo Pintado en Los Pinos y hablaron de Andrés Manuel. Marta se encontraba presente y la plática se realizó en el comedor de la cabaña. El jerarca del PRI, de honorable apellido, dijo:

—Presidente, no podemos dejar que este loco llegue, tenemos que impedirlo de cualquier manera. Si gana, todos los que estamos aquí iremos a la cárcel.

A nadie resulta descabellado que estos personajes —Vicente, Marta y Roberto Madrazo— expresen lo que aquí relato. Menos aún, que lo pensaran a diario en sus mentes: quitar de en medio a "El Peje" fue la obsesión que les impedía vivir y gobernar. Los antecedentes y presentes cenagosos de los que aquí se mencionan son conocidos por la mayoría. Nada de lo que hoy se diga suena improbable a los oídos de un país enmarañado por miles de historias increíbles de mafias y contubernios, donde la verdad es difícil de esclarecer porque "nada de lo que se ve es lo que parece".

El deslucido fin de la era del "cambio" (que nunca llegó) aceleró la feroz batalla de los caudillos por el control del aparato y la "caja". Los omnímodos feudos provinciales son los escenarios donde se libran las contiendas que pueden anticipar un probable final y en donde todos los procedimientos son válidos bajo la luz del sol. Después de todo, la lucha por los ideales es también la lucha por los intereses. En este contexto beligerante y alejado de las personas, ¿a quién puede importarle un corrupto más o menos en el universo esplendoroso de un poder, que a la larga equilibra e iguala por arriba, por izquierda y por derecha?

Heródoto y Maquiavelo decían que la historia es maestra de la vida. Aquí, allá y más abajo, las vicisitudes de nuestros pueblos transgreden constantemente esta antigua afirmación. La memoria social no sólo es infiel: tiene la vida fugaz de una mariposa.

En este espacio temporal, pobre, encendido y amnésico, surgió y se posicionó Andrés Manuel López Obrador, el gran malquerido de la patria. Extravagante blanco de todos los fusiles y conspiraciones, pocos dirigentes pueden vanagloriarse de ser tan detestados por las élites como el pintoresco jefe de gobierno; el hombre solitario del golfo con mote de pez caníbal, que promete disputar la presidencia, agitando a las masas desde una lúgubre prisión.

* * *

Movedizo y hablador, López Obrador nunca permanece quieto.

Desde que se convirtió en jefe de la ciudad en remplazo de Rosario Robles, la ambiciosa lideresa que protagonizó uno de los más graves escándalos de corrupción del sexenio, "El Peje" decidió que ese cargo no bastaba. Quería más, iría por más.

Había logrado arrancar a Carlos Ahumada de Cuba para que la *nomenklatura* de la isla expresara oficialmente que "el gobierno federal" estaba atrás de los videos. La conspiración perfecta. México entero presenció la llegada de Ahumada, esposado, quebrado y sin sus famosos videos. Y lo más importante: bajo su absoluto control. Ahora nadie recordaba al inescrupuloso empresario que tantos "favores" le había hecho al partido, a sus voraces tribus y a sus caciques. Pocos tenían memoria de Bejarano, Ímaz y Ponce.

Después de haber salido indemne de los incendios que lo rozaron, se había convencido que nada haría tambalear su popularidad, que bastaba una ruidosa aglomeración de fanáticos que coreaban su nombre o gritaban contra el desafuero, para sentirse todopoderoso. Estaba en la cima, apenas había traspasado el umbral de los cincuenta años. Nadie podría contra él, porque estaba dispuesto a todo. A gastar del erario más de la cuenta, a endeudarse, a invertir millones en publicidad, a utilizar dinero público para pagar su campaña; miles de moños, gorros, paliacates y pancartas multicolores para que los llevaran incondicionales, empleados y desposeídos. Nada podía detenerlo, porque nunca nada lo detuvo. Por eso se indignaba frente a la justicia del sistema, esa legalidad burguesa que despreciaba por su formación desde tiempos remotos y a la que estaba seguro de vencer, como un Quijote contra los molinos. Sin abogados y sin enredos judiciales. Se sentía predestinado, era el rayo de esperanza.

"Nosotros actuamos bajo los principios de rectitud, no nos gusta tirar la piedra y esconder la mano, cuando no estamos conformes con algo lo decimos de frente, no nos andamos por las ramas, no susurramos, no hablamos quedito, no mandamos decir las cosas, las decimos de frente", dijo en una entrevista a *El Universal* en 2002.

Presidir desde Los Pinos, a partir de 2006, la alternancia de una centro-izquierda mexicana reciclada, frente a la decepción por el prometido "cambio" de la derecha foxista, era la meta, aunque hasta último momento la ocultó.

¿Llegará? Fue la pregunta que se hacían todos apenas comenzó la guerra entre Andrés Manuel y Vicente Fox. Así, se barajaron dos hipótesis.

La primera fue desaforarlo a partir de una citación de la PGR (Procuraduría General de la República), por negarse a acatar una orden judicial que protegía al dueño de un terreno ubicado en la exclusiva zona de Santa Fe, en la delegación Cuajimalpa, conocido como El Encino. En el lugar se terminó un hospital y el gobierno capitalino —entonces a cargo de la inefable Rosario Robles— bloqueó un acceso y abrió un camino para ingresar al edificio.

Después de la denuncia, "El Peje" acusó a las "fuerzas oscuras", que identifica con Carlos Salinas, "El Innombrable", y ordenó hacer y distribuir dos millones de copias de una historieta desopilante, en la que un monstruoso tiburón amenaza devorar a una candorosa familia.

La segunda hipótesis era macabra.

En un país donde un candidato a la presidencia —Luis Donaldo Colosio— fue asesinado a balazos a quemarropa en plena campaña electoral, decir que López Obrador "no llega" trae implícita esa aciaga probabilidad. Los actores principales de la escena política conjeturaban sin pudores y sin eufemismos sobre la muerte de "El Peje", quien por experiencia sabe que nada se debe descartar en el escabroso camino que desemboca en Los Pinos.

Y sus sentimientos se potenciaron.

Nunca tuvo química con Vicente Fox, nunca la tendría. Se odiaban tanto que ninguno podía dejar de desafiar al otro cada día. "El Peje" decía que Fox era reaccionario, conservador y autoritario. El presidente decía que "El Peje" era violento, impredecible, extremista y que estaba "loco". Sin embargo, uno dependía del otro, de manera casi patológica, como si fueran gemelos.

Como el presidente, Andrés Manuel imaginaba conspiraciones y enemigos en todas partes. Le irritaba depender de los medios y al mismo tiempo estaba consciente de que los necesitaba. Vivía enojado con las televisoras, pero no podía contra ellas. En su entorno estallaba y manifestaba furia contra Televisa y TV Azteca, pero cuando lo llamaban no podía dejar de ir a las entrevistas. Como a Vicente Fox, la paranoia no lo dejaba vivir tranquilo y subía el tono de sus declaraciones de la mañana, se mostraba arrogante y soberbio.

—Estarían actuando de manera mafiosa, estarían actuando de manera sectaria, en forma totalmente injusta. Pero para la tranquilidad de quienes nos están viendo, mira, yo nunca he luchado por cargos públicos, yo lucho por principios y por ideales, y por eso soy de esta manera, me gusta defender mi manera de pensar y mi forma de ser, yo no tengo ninguna obsesión por la Presidencia de la República —le respondió a Ciro Gómez Leyva.

—En el último periodo del PRI, con Ernesto Zedillo, empezó a haber una mayor sensibilidad política, que no se ve con Vicente Fox —dijo en un reportaje publicado por *Milenio Semanal.*

En su cerrazón ideológica y política, López Obrador nunca buscó dialogar con el presidente. Buscó el enfrentamiento permanente, tenía la concepción de que los panistas habían sido cómplices del PRI en el sistema. No se equivocaba. En lo que sí erró fue en pensar que Fox no llegó a la presidencia de la mano del partido. Todo lo contrario. En lugar de acercarse y limar asperezas que neutralizaran las influencias de lo peor del PAN y del PRI sobre Vicente Fox, hizo lo menos inteligente: actuó con sus emociones y desestimó la razón. Se dejó cegar por las tribus del PRD y la desmesura se desbordó.

El pico más alto, el punto de inflexión, fue la construcción del nuevo aeropuerto de la ciudad de México. No pudo dominar su genio. Al fin de cuentas, los beneficios no eran para él, eran para ellos. Para la pareja presidencial y Arturo Montiel, el gobernador priísta del Estado de México. No pensó como un estadista, se manejó como un vulgar cacique populista. Dijo que el beneficio no era para los pobres, era para los ricos. Que los pobres sólo iban al aeropuerto a mirar el despegue de los aviones. Y alentó a los machetes de Atenco. Ante la movilización y los reclamos, Vicente Fox, que por naturaleza es alérgico a las presiones —personales y políticas— y más aún a las presiones multitudinarias, cayó rodilla en tierra frente al belicoso jefe de gobierno y perdió firmeza y autoridad. La poca que tenía. Aquí comienza otra historia, la de las guerras permanentes.

Vicente Fox nunca le perdonó y se dio el lujo de negarle audiencia. Y el combate desembocó por caminos ríspidos.

La masiva marcha contra la inseguridad fue su quiebre personal. Sintió, como nunca antes, que todos se habían juntado para destruirlo. Y nuevamente, la emoción fue más fuerte que la razón. Miles de mujeres, ancianos y niños, con fotografías y pancartas de sus muertos, desfilando por las calles de la ciudad más insegura del mundo, reclamando justicia, colmó su paciencia. Enfurecido, salió a enfrentar a las "fuerzas oscuras" que, según él, estaban detrás de la movilización. Que la "derecha" y los "delincuentes de cuello blanco" habían impulsado a la gente a salir a reclamar, para conspirar en su contra.

A partir de aquí, nada tuvo arreglo.

La reunión entre Vicente Fox y el titular de la Suprema Corte de Justicia, Maríano Azuela, filtrada a los medios y que provocara un escándalo, fue la primera señal después del fracaso de los videoescándalos. La estructura comenzaba a desmoronarse.

Como en la lejana Tabasco, caminó el país de punta a punta, chilló contra sus enemigos, acusó y desafió, amenazó ingresar en la cárcel si lo enjuiciaban, que se inmolaría a lo bonzo, que movilizaría a sus tribus como lo hizo su adorado Mahatma Ghandi en la India colonial y paupérrima, que jamás dejaría de luchar por sus pobres y que nunca renunciaría a su ambición más preciada.

Recorrió México con sus veinte verdades bajo el brazo, arengando a pobres y olvidados, que creían ver en su figura algún atisbo de salvación. *Un proyecto alternativo de nación* es un libro de su autoría, prolijamente editado por Grijalbo, con una portada verde esperanza, en alusión directa al "rayito de esperanza", cursi definición que el jefe de gobierno —en un arranque de humildad— hizo de su persona.

Describir intelectual y emocionalmente a Andrés Manuel López Obrador es una tarea de la misma envergadura que retratar a una entelequia. De carácter explosivo, afecto a los tonos desmesurados y dueño de un discurso absolutista, "El Peje" se transformó en caballo de prueba de psicoanalistas y académicos, que no se cansan de analizar su personalidad y esa extraña atracción que despierta en la gente.

El desglose del alias (*Peje*, por un lado, y *lagarto*, por otro) de López Obrador, en cualquier diccionario y con los agregados acordes a quienes lo aman o lo odian con idéntica exacerbación, dice que es sagaz, provocador, obsesivo, ciclotímico, demagogo, camaleónico y muy ambicioso.

Los exégetas del ex jefe de gobierno —que en confianza le dicen Andrés Manuel— testimonian a ojos cerrados que el hombre lleva una existencia monacal; que es auténtico y su pensamiento carece de fisuras; que es ingenuo y confía ciegamente en sus cuates y en los que le caen bien de a primera vista. Por eso, hasta que le demuestren lo contrario, ignora sus despilfarros. Nunca descansa porque su preocupación máxima son los pobres y por ellos corre tras ese sueño que lo desvela desde que era un radicalizado militante del PRI de Tabasco.

Quimera pulverizada con el alevoso fraude de 1994, cuando batalló incansable por la gubernatura de su estado natal y que por fin mutó en realidad, cuando en 2000 arribó triunfal al gobierno del D.F.

* * *

López Obrador es provocador y contradictorio.

Dice y se desdice con la misma velocidad. Por su capacidad histriónica, bien podría ser un actor. Todas las mañanas, a las 6:25 horas, irrumpía en un salón del palacio de gobierno, donde lo aguardaba un puñado de periodistas. Ésa era la sacrosanta tribuna en la que se pavoneaba y marcaba la agenda diaria de la política nacional. Se reía o se enojaba sin matices, hacía chistes, gesticulaba y lanzaba furibundas diatribas contra el gobierno federal; el "innombrable"; sus enemigos perredistas; priístas y panistas; las élites de cualquier tipo y todo aquel que osara interponerse en su camino. Sin vueltas, tira las cartas sobre la mesa: Vicente Fox, Marta Sahagún, Carlos Salinas, Diego Fernández de Cevallos, Santiago Creel, Manlio Fabio Beltrones y Emilio Chuayffet. Y tiene más que razones para denunciarlos. A unos porque los conoce y a otros porque lo dicen sus acciones cotidianas.

La rústica fraseología que anima sus discursos —más cercana al populismo y a la demagogia que a la modernidad— me generó y me sigue generando varias interrogantes. Busqué una entrevista con Andrés Manuel López Obrador y nunca quiso recibirme. Raro, justo él que vive en y por los medios, que no existe sin los reflectores matinales.

El último intento fue hace dos meses por medio de una persona que ambos conocemos. Dijo que no, que "no quiere hablar de su vida personal", fue la respuesta.

Frente a la imposibilidad de sentarme a conversar y saldar dudas, rumores, ambigüedades y conocer su pensamiento, hablé con todos los que lo conocen, en Tabasco y en México, pregunté quién es este hombre del que tan poco se sabe, qué poderosa ambición lo alucina, qué ideario late bajo la fachada de sus ambivalentes y simplistas proclamas públicas, qué impulso lo arrastró a participar en una carnicería en la que no se discuten ideas, ni modelos filosóficos, ni plan de país a mediano y largo plazo: se discute el asalto al trono, simple y claro como el agua. Curiosamente, él —y su equipo— que asegura que luchó por ideales —magníficos unos y descabellados otros, pero ideales al fin— hoy se encuentra lanzado, como los demás, al rescate de la maravillosa, abultada y mágica caja del Estado federal, y es risible la diferenciación entre perredistas y priístas en los tiempos que corren, a pesar de sus intentos por mostrarse diferente a los ojos de las masas. La diferencia entre ambos es menor que la que existe en medio de una manada de cebras.

Mis dudas son puntuales y sé que no soy políticamente correcta. Tampoco me interesa serlo. Detesto ser complaciente y seguir sumisa al rebaño. Es abominable y execrable el desafuero, pero ¿se podía esperar otra cosa de los integrantes de esta banda de mafiosos en el gobierno?

Mis interrogantes son:

¿Andrés Manuel es diferente de los demás? ¿Por qué su vida personal es ambigua? ¿Por que rehúye a hablar de ella? ¿Fue sincero cuando dijo que en su equipo no había corruptos? ¿Es verdad que nunca se enteró de las actividades ilícitas de sus funcionarios, hoy convertidos en reos, y que ni siquiera sospechó un minuto de sus movimientos financieros y sus prósperos pasares? ¿Se puede jurar inocencia y desconocimiento de dos colaboradores que se corrompen, sin quedar como un negligente o un tonto? ¿Sus promesas electorales de cambio y decencia son producto de un exceso de voluntarismo o de una ingeniosa gimnasia del cinismo que vio la primera luz del día con los videoescándalos? ¿"El Peje" es un político moderno y democrático o es un integrante más del variopinto mosaico de la obsoleta clase política nacional, con un discurso incandescente y altruista?

Al fin de cuentas, aunque mire hacia otro lado, busque culpables ajenos o se haga el desentendido, disimule y perjure que el violento huracán que sacudió sus cimientos en aquellos meses de 2004 y que por poco lo arrastra al abismo, es parte de una conspiración, un "compló" de los malvados en su contra, López Obrador —que parece empaquetado en amianto— no es ajeno al descalabro de ideas, dirigentes y movimientos políticos del partido del Sol Azteca, donde las revoltosas tribus conspiran entre sí como en un sultanato, bajo la atenta mirada del caudillo tabasqueño.

* * *

Andrés Manuel López Obrador es un tipo raro. De su vida pública todo se dice y nada se transforma, de su historia de ciudadano común nada se dice y todo se transforma. La biografía oficial afirma que Andrés Manuel López Obrador es licenciado en Ciencias Políticas y Administración Pública por la UNAM. Su militancia comienza en 1976, en Tabasco, junto al poeta Carlos Pellicer, un hombre que pesó mucho en su vida y al que consideraba su "amigo y compañero de viaje". Pellicer le transmite el fervor de la militancia con los indígenas. Durante largo tiempo, al frente del Instituto Indigenista de Tabasco, vivió con los chontales. En la mayor austeridad, escribió libros y trabajó día y noche para mejorar la calidad de vida de la etnia. Dormía en el suelo, comía lo que ellos le ofrecían y bebía pozol. Después, se transforma en el principal operador político del priísta Enrique González Pedrero —ideólogo de Salinas— y de su mujer, la bonita escritora Julieta Campos, que quedaron prendados con el trabajo de López Obrador con los indios chontales. González Pedrero le enseñó el poder que la obra pública ejercía sobre la psicología popular y los votos. En 1983 fue presidente del PRI de Tabasco y su florida imaginación lo impulsó a componer la letra del himno local del tricolor: "¡Avanzar! avanzar con el PRI/ compañeros avanzar/ libertad, unidad/ democracia y justicia social". La entonces primera dama tabasqueña fue su protectora y la que le abrió las puertas del poder. Se dedicó con ahínco a trabajar con las bases, con la gente de abajo. Esta metodología le trajo no pocos enfrentamientos con gobernadores y legisladores que se sentían "vigilados" por los ásperos militantes de los "comités de base", creación de Andrés Manuel. Enfrentado a González Pedrero, en 1984 "El Peje" regresa a México y asume la Dirección Social del Instituto Nacional del Consumidor. Allí conoce a Gustavo Ponce —su ex jefe de Finanzas, que apostaba fuerte en el Bellagio de Las Vegas— de quien el ex jefe de gobierno dijo conocer poco y nada.

En 1988 rompe con el PRI y emigra al PRD, con Cuauhtémoc Cárdenas y Porfirio Muñoz Ledo. Ese año compitió por la gubernatura de su estado y perdió. En 1994 se enfrenta a su viejo compañero de andanzas en el PRI, Roberto Madrazo Pintado, pero los hados no lo acompañan: es derrotado en una elección fraudulenta, al más añejo y deplorable estilo.

Embargado por la frustración, organiza exitosas marchas a la ciudad de México, donde denuncia el fraude del que había sido víctima. Durante estos años, estrecha vínculos con los priístas Manuel Camacho Solís y Marcelo Ebrard, quienes con dinero del salinismo financian sus movimientos políticos. Después de sumergirse en las purísimas aguas de la izquierda democrática, la dupla salió convencida de que las manchas del pasado se borraron y hoy son los activos y pragmáticos bomberos voluntarios de "El Peje", junto a Julieta Campos, la célebre escritora y ex primera dama de Tabasco, la misma que le dio a probar el gustito del areópago del poder y que lo acompañó con fidelidad en el gobierno del D.F.

Andrés Manuel es padre de tres hijos: José Ramón, de 15 años; Andrés Manuel, de 20, y Gonzalo, de 14. Introvertido y recatado en su vida personal, vive solo desde 2003, año en que su mujer, Rocío Beltrán Medina, murió de una larga enfermedad, el *lupus*, que la mantuvo muchos años en una dolorosa y lenta agonía. Fue un matrimonio tranquilo sin grandes algarazas ni arrebatos.

"Mi mujer es mi gran apoyo. Es mi paraíso. Con ella he enfrentado los momentos más difíciles de mi vida. Ella me ayuda, me apoya, me critica. Es mi consejera…" —se lee en el libro *Tabasco: la historia de estos días*, de José Frías Cerino.

"Andrés Manuel es de los que se apasiona por su trabajo, es decir, lo tomó como si se hubiera tratado de una misión. Se entregó por completo a su tarea y sus programas. Muchas veces en lugar de ir a un cine o a un parque conmigo, yo lo acompañaba a reuniones o asambleas para aprovechar el poco tiempo que teníamos para vernos", lo describió su esposa Rocío en una conmovedora entrevista con Guadalupe Loaeza. Prácticamente no se les veía juntos en lugares públicos, ni aparecían en las revistas rosas. Las únicas vacaciones consistían en viajes esporádicos a alguna playa mexicana y a Cuba, su sitio predilecto. De gustos provincianos, "El Peje" nunca fue a Estados Unidos ni a Europa, y no conoce el resto de Latinoamérica. Cuando Rocío Beltrán murió, "El Peje" mandó realizar una misa de cuerpo presente antes de sepultarla, con el sacerdote Miguel Concha Malo, con quien le une una larga amistad.

Andrés Manuel vive con sus hijos en un condominio popular que adquirió al gobierno de la ciudad, transita en un Tsuru, el carro más barato de la línea Nissan y no tiene custodia. Por lo menos no la requería, hasta que entendió que podía convertirse en el nuevo Colosio. Cobraba una mensualidad equivalente a los 5 000 dólares para demostrar austeridad, pero luego se descubrió que su chofer, Nicolás Mollinedo, ganaba lo mismo y nunca quedó clara la contradicción. Con una sólida preparación universitaria, es autor de varios libros: *Los primeros pasos: Tabasco; Del esplendor a la sombra: la República restaurada; Entre la historia y la esperanza* y *Fobaproa, expediente abierto.*

Sus amigos aseguran que es austero como un monje, solidario con los amigos, cálido y jovial; detesta la alta exposición pública, es políticamente pragmático, admira a Felipe González y a Ignacio "Lula" da Silva; adora la comida mexicana y, más que ninguna, la tabasqueña. Las encuestas de las que es fanático y con las que se mueve todos los días y a todas partes le dicen que en la política mexicana es el número uno o por lo menos lo era.

Sus detractores juran todo lo contrario. Que miente, que tiene doble moral, que es manipulador.

Típico exponente de esa izquierda culposa y pacata en sus formas, a López Obrador no se le conocen novias, amantes, ni infidelidades. Cuando estaba en la cima de su popularidad, fue nominado como "el soltero más codiciado de México". Las pocas mujeres que tuvieron la mala suerte de sentirse atraídas por Andrés Manuel, se encontraron en la intimidad con un hombre áspero, incapaz de demostrar sentimientos, insensible y duro (como de alguna manera sutil su esposa le confió a Guadalupe Loaeza). Beatriz Gutiérrez lo sabe. No fueron pocas las veces que se lamentó frente a sus amigos de la frialdad de Andrés Manuel y de su obsesión por la política. Fuera de eso, no hay temas que le importen o que llamen su atención. Sin embargo, la dama soporta porque asegura que está enamorada. Supongo que no debe ser nada sencillo para ella.

* * *

La etapa de sus primeros años, su familia, la infancia y adolescencia, se esfuman en la nebulosa de los tiempos. Allí donde los psicoanalistas aseguran que se perfila la personalidad de un ser humano. Los años clave.

Excesivo como el trópico ardiente que lo vio nacer una madrugada del 13 de noviembre de 1953, en Tepetitán, municipio de Macuspana, Tabasco, reino del calor, las lluvias y los mosquitos, el petróleo y la pobreza, Andrés Manuel es un hombre ensortijado y complejo.

Su pasado tiene tantos o más claroscuros que su presente y para intentar comprender algo, sólo algo de su psiquis, hay que adentrarse en el salvaje y desconocido territorio que alumbró sus orígenes.

Tabasco, en la región sureste de México, es un enclave de agudos contrastes entre la riqueza de unos y la pobreza de muchos. Entre la humedad de sus selvas, sierras y ríos, que ocupan una extensión de 25 000 kilómetros cuadrados, y mimetizado con las pasiones desenfrenadas de sus hombres, Graham Greene vivió y escribió la novela *El poder y la gloria*, que relata la historia de un sacerdote perseguido y condenado por infinitas dudas existenciales. Greene llegó a Tabasco en 1926, exánime, después de una travesía de 53 horas, que le llevaron a decir "para saber qué calor hace en el mundo, tenía que esperar hasta Villahermosa".

El historiador Carlos Martínez Assad, en su libro *Breve historia de Tabasco*, escribió: "Ésta es tierra de agua, por sus abundantes ríos, lagunas, albuferas, y por sus litorales del golfo de México. Es una región de aire por el viento de sotavento que impide a las embarcaciones su tranquilo navegar y que ha sido el responsable de numerosas catástrofes naturales. Es tierra de fuego por las muchas batallas que albergó y por los mecheros de gas que alumbran sus noches oscuras; lo es igual por lo religioso, pues con Lucas se escucha decir: 'He venido a traer el fuego sobre la Tierra, y ¿cuál es mi deseo, sino que incendie?'."

Desde el fondo de los siglos, la pelea por el poder estuvo protagonizada por una casta de figurones autoritarios, revoltosos y furtivos, sin códigos ni lealtades y enlazados entre sí como en una gran familia. La religión fue el eje de feroces batallas y persecuciones políticas, asesinatos y un anticlericalismo fundamentalista en el que sotanas, santos y templos, se convirtieron en botines de guerra de las belicosas tribus.

Los cacicazgos locales, desde la Revolución, estuvieron marcados por un fuerte culto a la personalidad y a los populismos nacionalistas. En Tabasco, hoy, todo es blanco o negro. Vida o muerte, venganza y traición. Verdades absolutas y radicales que se exaltan con desesperación o se gritan pistola en mano en medio de un paisaje de extremos en el que sus hombres, durante décadas, aplicaron el dogma de que las ideas se salvan eliminando físicamente al enemigo. Allí, donde "en las luchas políticas, lo sentimental impera sobre lo doctrinario", como acertadamente define Andrés Iduarte, en *Un niño en la Revolución mexicana*, una sencilla y apasionante autobiografía novelada, que no hace más que mostrar una realidad delirante que generó hombres idénticos al paisaje.

Tomás Garrido Canabal fue el amo de Tabasco durante los 15 años que permaneció en el poder. Látigo en mano y actitud paternalista y demagógica, dejó profundos surcos en la psicología popular y, sobre todo, en la de sus políticos. Todos, de una u otra manera, heredaron algo de Garrido Canabal, de una u otra manera todos son "garridistas".

Autoritario y amoral, socialista y ateo, Canabal odiaba el alcohol tanto como los ritos del catolicismo. Sus virulentas persecuciones a los curas, a quienes obligaba a casarse o a vivir en concubinato, trascendieron el Estado y generaron novelas, cuentos y películas. *El fugitivo*, de John Ford, por ejemplo, está basada en la novela de Graham Greene, y Luis Buñuel también se inspiró en las turbiedades de Tabasco para rodar *Cela s'appelle l'aurore*, basada en un relato del francés Emannuele Robles, "Las navajas".

Sus enemigos le apodaban "Dimas, el Rojo", por su ideología extremista y las feroces milicias de jóvenes uniformados con camisas coloradas y pantalones negros, que a modo de guardia de *corps* arengaban en sus discursos públicos, perseguían a los rebeldes, denunciaban bebederos clandestinos y degollaban curas que se atrevían a desobedecer la orden del jefe de no practicar sus ritos. La locura fundamentalista de los Camisas Rojas y las extremas intolerancias del régimen garridista crearon por contraposición cofradías de católicos ultraderechistas que conformaron la Unión Nacional Sinarquista.

* * *

Tierra de capangas, de enigmáticas devociones por la muerte y extremos, no es casualidad que produjera individuos aparentemente disímiles pero hermanos de sangre.

En Tabasco, todos se aman y odian con frenesí.

Vástagos de un mismo padre, esconden exactas cicatrices. Descendientes pródigos del PRI, conservan todas sus mañas. Son impredecibles, violentos y absolutistas. Tienen una concepción del poder clientelar, maniquea, traicionera y corporativa. Aman el poder, el dinero y la buena vida. Son millonarios, tienen relaciones túrbidas y no pueden explicar el origen de sus fortunas.

El poeta Carlos Pellicer Cámara, una excepción, fue referente político fundamental de López Obrador, cantó al salvajismo de Tabasco como nadie y fue senador nacional por el PRI. Carlos Madrazo Becerra gobernó el estado de 1959 a 1965 y es el padre de Roberto Madrazo Pintado, el áspero y borrascoso jefe del tricolor y heredero fiel de la dura estirpe familiar, enfrentado a López Obrador desde lejanas épocas.

Carlos Madrazo Becerra y su mujer Graciela Pintado se mataron en un "sospechoso" accidente de avión a minutos del aterrizaje en Monterrey, cuando su hijo tenía 17 años. Frente a la tumba abierta, el joven delfín juró honrar la memoria de su padre y dedicarse de por vida a la noble tarea de la militancia política bajo las banderas del tricolor, premisa que cumplió al pie de la letra, por lo menos en las formas.

López Obrador y Madrazo Pintado se detestan, pero están ensamblados por la misma fatalidad; igual que Carlos Salinas de Gortari, enemigo numero uno de "El Peje".

Andrés Manuel es el mayor de siete hermanos, seis varones y una mujer, hijos de Andrés López Obrador Ramón y Manuela Obrador González, un matrimonio de comerciantes de clase media acomodada de Macuspana. Cuentan que de niño, el jefe de gobierno era retraído y tímido, le costaba relacionarse y hacer amigos. En AMLO. *Historia política y personal del jefe de gobierno del D.F.*, Alejandro Trelles y Héctor Zagal revelan que, según sus padres y maestros, Andrés Manuel mostró un carácter extraño cuando era niño. Había momentos en que su mente abandonaba el cuerpo y que literalmente se "pasmaba".

"Le pusimos Andrés Manuel porque pensamos que no había otro hijo... De chamaco tenía una enfermedad: no se le podía decir nada ni regañarlo. Se trababa. Alguien me dijo que lo que necesitaba era un par de nalgadas bien dadas. Pero ¿cómo le iba a pegar a mi hijo? Total que un día cuando se trabó, me dije: 'Total, si se ha de morir, pues de una vez.' Y le di un par de nalgadas. Él hizo: '¡Ah!'. Y se le quitó esa enfermedad'", reveló su padre hace tiempo a un periódico de Tabasco.

Fue un niño y un joven introvertido, dedicado a la lectura y los estudios. Asistió como monaguillo en la Iglesia del pueblo y durante años, la vida de la familia, sencilla y trabajadora, fue un remanso. Nada les hizo presentir la cercanía de una desgracia.

Un oscuro suceso marcó su adolescencia y aquí estaría el motivo por el que Andrés Manuel se niega a hablar de su vida personal.

La biografía no autorizada dice que era un jovencito rebelde cuando mató a su hermano menor Juan Ramón, con un revólver calibre 22, que pertenecía a su padre. Aparentemente, según algunos testimonios, los hermanos estaban jugando con el arma y ésta se disparó, matando a Juan Ramón instantáneamente. Otros dicen que estaban discutiendo y que enfurecido Andrés Manuel tiró sobre su hermano.

Las versiones se contradicen en las fechas y en Macuspana es un tema tabú. Unos dicen que la tragedia ocurrió en mayo de 1965, cuando Andrés Manuel tenía 11 años; y Trelles y Zagal aseguran que ocurrió el 9 de julio de 1969, cuando AMLO tenía 16 años. La familia destrozada enterró al joven y emigró del pueblo. Los archivos desaparecieron y no hay registros en periódicos locales. La tragedia fue utilizada por los enemigos de López Obrador durante las campañas electorales de Tabasco, y ahora, que el hombre pelea la candidatura presidencial, este incidente es comentario obligado entre sus adversarios y en el mismísimo seno de las tribus perredistas.

La muerte de su hermano dejó una marca indeleble y traumática en la psicología de Andrés Manuel. No es para menos. Por esos enigmas del destino, esta tragedia lo acerca a sus enemigos. "El Innombrable", Carlos Salinas de Gortari, y su hermano Raúl mataron de un escopetazo a la joven sirvienta de la casa familiar cuando tenían cuatro y cinco años, respectivamente. "¡Soy un héroe, maté a Manuela!", gritó Raúl, mientras el cuerpo de la infortunada aún estaba tibio. Los testimonios desaparecieron de las hemerotecas y trascendieron cuando el poderoso clan pataleaba en el lodo de la corrupción y los crímenes políticos.

* * *

La biografía de Roberto Madrazo Pintado, el sibilino capanga del PRI, podría comenzar el día que sus padres murieron en el avionazo en Monterrey y él, apenas un adolescente devastado, decidió dedicar su vida a la política para hacer honor a la familia. O tal vez, podríamos contar que el candidato nació el 30 de julio de 1952 en Tabasco y que su carrera política fue más que vertiginosa, que la diosa de la fortuna estuvo de su lado porque le regaló la dicha de tener más que excelentes padrinos.

Podría decir que su historia empezó el día que Roberto Madrazo se enamoró de su tercera mujer, Isabel Parra, la bella morena que lo emparentó definitivamente con la *powerfull familiy* Hank Rohn, ya que Isabel era novia de Cuauhtémoc Hank, el desaparecido hijo del legendario "profesor". O el día que, arrastrado por la furia de sus hombres, tomó por asalto el gobierno del Estado luego de unas elecciones fraudulentas y permaneció atrincherado por varios días hasta que obligó (es decir, lo extorsionó) al entonces presidente Ernesto Zedillo a que lo reconociese formalmente.

También podría dar inicio la noche del 6 de noviembre de 1994, cuando el policía Eddy Williams Arias Gallegos, de 28 años, apareció asesinado de dos balazos, uno en la cara y el otro en la cabeza. El cuerpo estaba tirado en la calle frente la puerta de la casa de Roberto Madrazo, quien se hallaba en el tramo final de su campaña para acceder a la gubernatura de Tabasco. Arias Gallegos, guardaespaldas del cacique tricolor, vivía con Nora del Carmen Morgas López y tenía con ella dos hijos. Según la autopsia en mi poder, realizada por miembros del equipo de peritos médicos de la Procuraduría General de Justicia, las armas utilizadas fueron un revólver calibre 38 Smith and Wesston y una pistola de 9 milímetros; el cuerpo no tenía restos de alcohol. Tenía restos de pólvora en la mano derecha, no así en la izquierda. El hombre era zurdo y uno de los orificios de bala estaba en el costado derecho del cráneo.

De manera burda, sin embargo, la misma Procuraduría le informa a la esposa que su compañero se había "suicidado". No se entiende cómo alguien puede quitarse la vida con dos pistolas diferentes. Realmente, en Tabasco pasan cosas muy raras.

Nora del Carmen Morgas López no se resignó al dictamen oficial y llevó el caso a la Comisión Estatal de Derechos Humanos, que recomendó a la Procuraduría reconstruir la muerte de Williams, debido a graves irregularidades en las investigaciones. Curiosamente, el secretario de gobierno del actual gobernador tabasqueño, el rollizo y frívolo Manuel Andrade —apodado "El Buda" por sus exageradas proporciones—, Jaime Lastra Bastar, fungía como procurador de justicia cuando Eddy Williams se "suicidó" con dos pistolas, y el organismo a su cargo aconsejó callar todo para "no perjudicar al candidato". Sobre el episodio, funcionarios que se encargaron de investigar el crimen me aseguran que a Williams lo mataron dentro de la casa de Madrazo y los motivos que se manejaron en su momento producen escalofríos. Nadie lo puede acusar por este crimen, pero la alevosa manipulación de las averiguaciones y la posterior desaparición de las pruebas, fue una impronta en su vida política.

Como en una delgada telaraña propia de una tragedia de Shakespeare, las hebras de las vidas de estos hombres que se odian se entrecruzan secretamente, más allá de los irreconciliables pleitos y discordias terrenales. Por puro azar o por lo que fuera, López Obrador, Salinas y Madrazo tienen un denominador común, además de la idéntica cuna partidaria: la muerte.

El 19 de enero de 1995, Roberto Madrazo, al que muchos llaman "El Führer", se instaló en el palacio de gobierno y mandó destruir todos los expedientes del asesinato. La viuda le envió una carta suplicándole que la recibiera. Nunca le respondió y tampoco le otorgó la indemnización correspondiente.

El símil criollo del dictador germano se sentía tan omnímodo, que podía hacer lo que quisiera. Tenía mucho dinero: para llegar al sillón que ocupó su progenitor, gastó 72 millones de dólares, cuya procedencia nunca aclaró. Su mandato estuvo jalonado por los escándalos, el autoritarismo, la corrupción y la represión a todos los sectores del arco político opositor. Mano dura, dádivas y un clientelismo brutal fueron la consigna política. Desde ese trono, Madrazo comenzó a pensar en grande, se proponía vengar a su padre. Iba por más, quería ser presidente. Y para llegar, estaba dispuesto a todo: comprar, vender, mentir y traicionar.

Carlos Cabal Peniche es de Tabasco. Túrbido y polémico, el ex banquero es un viejo amigo y socio de Madrazo y los Hank Rohn. Dedicado actualmente a asesorar a empresas bananeras, es el hombre más rico y poderoso de la zona. Por años estuvo prófugo, acusado de fraudes y estafas múltiples. En julio de 2003 regresó a su tierra, con apoyo del gobierno estatal y el federal, para invertir cinco millones de dólares en licencias y permisos para exportar bananos a la Unión Europea. En 1993, Roberto Madrazo firmó un fideicomiso de cuatro millones de dólares con el Banco Unión, propiedad del empresario. Un año después, Pedro Aspe, secretario de Hacienda, denuncia los fraudes que eran cometidos por la entidad de Peniche. Madrazo niega toda relación con el banquero, pero se descubre que no sólo la casa que utilizaba para la campaña a la gubernatura era propiedad de su amigo, sino que éste le había entregado varios millones para los gastos electorales.

Y durante un largo tiempo continuarían la farra y los descalabros.

"El Peje", instalado en México, exhibe 16 cajas con documentación, que probaba no sólo que las elecciones habían sido fraudulentas, sino que la suma millonaria que el capanga había dilapidado en su campaña violaba el tope impuesto por los reglamentos electorales y, además, se advirtió que los comprobantes eran apócrifos. Para desviar la atención, al gobernador no se le ocurre mejor cosa que fingir un secuestro. Luego de desaparecer durante un día, realiza una conferencia y se presenta con la mano vendada, según explica, por los golpes de sus secuestradores. En Tabasco recuerdan risueños el episodio y le dan una explicación menos sofisticada. "Se fue con una bailarina."

Decidido a luchar en las ligas mayores, pidió licencia para hacer campaña para alcanzar la presidencia del PRI. En su lugar, dejó al adiposo Manuel Andrade, un hombre de su entera confianza, inclinado a los saraos ruidosos, adorador del buen tequila y de las rubias pulposas, que despacha a diario desde una famosa cantina de Villahermosa. Eso sí, no tiene pruritos para gastar recursos del erario. En 2004, según informes de la Comisión de Hacienda, el gasto diario del gobernador fue de 23 000 dólares, sin rendición de cuentas.

Con una trayectoria política escandalosa que raya permanentemente en el delito, heredero de todas las miserias de sus progenitores pero ninguna de sus virtudes, Roberto Madrazo quiere instalarse en Los Pinos. Recuperar para el PRI lo que jamás debían haber perdido: el poder y la "caja".

¿Llegará? Quién sabe, ojalá que nunca. El Partido Revolucionario Institucional vive una de las peores crisis de su historia. Muchos priístas hablan de una crisis "terminal", un cáncer que ha corroído sus entrañas y para el que no existe cura. "Desde 1994 se han desmoronado esas mínimas reglas de juego. La certidumbre del fin del sistema político y la obsesión por seguir en el poder, así el sistema político esté en ruinas, han desatado la animosidad de los priístas, seguido de la de los panistas (el gobernador de Jalisco, Alberto Cárdenas, al interpretar la actitud de quienes se opusieron a una decisión suya, explicó: 'Lo hacen nomás por joder' y el gobernador de Guanajuato, Vicente Fox, al preguntársele sobre las críticas a su gestión, contestó: 'Me valen'). Desde luego, los priístas son, por antigüedad, los más expertos, y entre ellos brilla con luz propia y ajena Roberto Madrazo", escribió Carlos Monsiváis, en 1998, y después que el "Fürher" del ardiente trópico tomara por asalto la Cámara de Diputados en busca del mismísimo Santiago Creel porque se había atrevido a iniciarle juicio político. Tenía un parche en el ojo, en alusión al apellido del entonces legislador que coincidía con el de la mala de una popular telenovela (*Cuna de lobos*): Catalina Creel.

Con más enemigos que amigos y una imagen pública gangsteril, el futuro del paisano de López Obrador es impredecible. Por las dudas y para honrar el honorable apellido y el futuro dinástico, ejerció el "dedazo" y su hijo Federico, un curioso apologista de la ignorancia, asumió como diputado por Tabasco.

Al poco tiempo, encantado de la vida con la esforzada chamba, el joven lanzó su candidatura a la gubernatura del Estado. "Porque mi familia siempre estuvo en el poder", respondió el señorito cuando un periodista le preguntó por su preparación intelectual y sus estudios.

* * *

En un país de pasiones futboleras, Andrés Manuel es fanático del beisbol, deporte que practicaba regularmente en un exclusivo club de la zona de Las Águilas. Experto en el arte de arengar con la habilidad de un pastor evangelista (es católico, pero no *mocho*), su discurso es silvestre y maniqueo. En una de esas correrías matinales dijo: "Ya no puede uno hablar porque hay muchas golondrinas en el alambre, ya todo va a ser con señas, cuando me digan algo sobre el ciudadano presidente, ya de una vez les digo cómo va a ser".

Frente a los divertidos reporteros, cruzó su brazo derecho a la altura del pecho para referirse de manera figurativa a la banda presidencial. Hizo con los dedos el signo de paz y amor. Y nuevamente repitió la seña cuando le preguntaron por el secretario de Gobernación, Santiago Creel, y el de Hacienda, Francisco "Paco" Gil. Ducho en el arte de los alias, cada vez que se refiere a Paco Gil le dice: "Su Alteza Serenísima". Antes de marcharse de la sala, explicó que no iba a hablar "porque hay mucha histeria en nuestros adversarios, algunos se están engorilando (*sic*), los noto muy duros, engorilados en contra de nosotros, entonces nos vamos a relajar, a distender".

Qué raro, pensé apenas leí la frase. Nunca antes en México escuché a un político hablar de los "gorilas". "El Peje" se me figuró de pronto como uno de esos poderosos jerarcas feudales del peronismo, individuos belicosos, vulgares y maniobreros, que catalogan a sus enemigos con ese mote simiesco.

Con escaso margen de maniobra, Andrés Manuel batallará con la certeza de que su destino está en Los Pinos. Pero tiene algunos problemas. Encumbrado en una enclenque estructura política clientelar y populista —herencia del viejo PRI, donde luchó hasta que decidió marcharse cuestionando las mismas lacras que se descubrieron en su intimidad, se le hará complicado mantener coherencia partidaria desde la prisión. Habían transcurrido unas horas desde el desafuero y los cónclaves secretos proliferaban. En una cabal muestra de generosidad y solidaridad, las diferentes jefaturas de las corrientes pugnan a brazo partido por determinar al nuevo candidato al 2006.

Las tribus, las beligerantes huestes del Sol Azteca, un enjambre de personajes de escaso nivel intelectual y desmedidas ambiciones de "progreso económico", carecen de proyecto y pensamientos. "El Peje" no es el jefe, no conduce y no es respetado por una casta de individuos que están más atentos a las intrigas y los negocios que a la causa. Los miembros del añejo clan Cárdenas, ególatras, conspirativos y aliados al poder en turno, nunca lo acompañaron, jugaron siempre en su contra. Y sus adláteres preferidos, Manuel Camacho Solís, Marcelo Ebrard y Leonel Cota Montaño, estaban muy cuestionados por su cercanía con el PRI. El primero fue uno de los cerebros de la campaña del martirologio. Hombre nacido en Irapuato, hijo de un general, tiene una sólida formación intelectual. Funcionario relevante durante el salinismo, fue el comisionado para la Paz y la Reconciliación en Chiapas. Enemistado con Salinas, escribió *Por un cambio sin ruptura*, donde sostenía que debía continuar la *nomenklatura* ortodoxa en el partido. Cuando mataron a Colosio, la viuda no le permitió el ingreso a la funeraria. Marcelo Ebrard Cassaubón es el acompañante fiel de Camacho. De 1978 a 1995 estuvo en el PRI y siempre al lado de su jefe a donde lo llevara el destino.

"El Peje" tiene costados débiles, los mismos que lo derrumbaron.

A tono con ese paternalismo que tan bien cae en el México profundo (y en América Latina), pudo ganarse las simpatías de millones de desamparados que lo ven como a un Mesías; de cara a las corruptelas de sus hombres, López Obrador respingó y fugó hacia adelante, consciente de que "no hay mejor táctica que un buen ataque".

* * *

Cuando la élite azteca utiliza el término despectivo "loco", para todos está clarísimo que se refieren a él.

116

No se puede aceptar que Andrés Manuel esté desquiciado, pero en un territorio dominado por la irracionalidad y las impiadosas batallas por aposentarse en la silla presidencial en el 2006, el ex jefe de gobierno de la capital mexicana no debe estar muy sereno y menos aún frente a la jauría de lobos hambrientos que pujan por hundirlo en lo más profundo de la tierra. La poderosa casta empresarial mantuvo una relación ambivalente, en la que prevalecían la necesidad y la desconfianza. Carlos Slim, el rey Midas, estuvo a su lado durante mucho tiempo. Fue su mecenas ante los empresarios, quienes siempre habían manifestado suspicacias hacia el jefe de gobierno. Criticaban exageradamente su populismo y su demagogia. En Monterrey recuerdan el día en que Slim convocó a los poderosos regios a un cónclave donde el invitado principal era el jefe de gobierno, que llegó de la mano del cuarto hombre más rico del plantea.

El escándalo de los videos derivó en una abrupta distancia del rey Midas, quien no había ocultado sus preferencias hacia el que consideraba su "gallo" para las elecciones de 2006. Hoy, ni Slim ni López Obrador hablan de los motivos reales del divorcio.

¿Qué pensamientos cruzaron su mente cuando recibió el comunicado de su desafuero? ¿Qué pasó por su cabeza cuando miró el amanecer del día 7 de abril y se despidió de sus colaboradores en el palacio? ¿Dónde se torció el destino?

En el Infierno, una de las tres partes de la *Divina comedia*, se describen los padecimientos de quienes habitan el octavo círculo, "el de los fraudulentos". Allí conviven los rufianes, los traficantes de objetos sagrados, los impostores, los aduladores, los ladrones, los falsos consejeros y los falsificadores de personas, monedas y palabras. Los que simulan y no cumplen lo prometido. Los que se burlan del pueblo y lo estafan reiteradas veces.

La democracia mexicana perdió y mucho con el desafuero a Andrés Manuel. Nadie sabe bien qué decir, y la desolación y la desesperanza son el único refugio. Los ciudadanos honestos están resignados a vivir entre ladrones y profetas de la decadencia y la mediocridad. Por eso la indiferencia frente a las elecciones, frente al voto y frente a las injusticias de la vida cotidiana. No me gusta Andrés Manuel López Obrador, porque no me gustan los populismos. Pero nada tiene que ver. ¿A quién puede importarle lo que yo pienso? Tampoco esta crónica pretende resolver nada, ni dar ninguna respuesta. Sin embargo, nadie tiene la autoridad para pasar por encima de las leyes y manosearlas. Ningún presidente, ninguna primera dama, ningún Madrazo y compañía, nadie. Los mexicanos tienen derecho a decidir, por encima de los falsificadores de monedas y de palabras.

¿Podrá Andrés Manuel, como el Pejelagarto, ese pez milenario que corcovea en los pantanos ardientes de su tierra, sobrevivir a esta tempestad o terminará fagocitado por ella?

Todo puede suceder, depende de muchos factores. Del destino, pero también de las circunstancias políticas y de él mismo. Vivió derrotas y ganó batallas. Escandalizó, agravió y mientras manejó los hilos hizo y deshizo a su antojo. Una gran parte de su vida puede ser narrada en pasado. Otra gran parte está en el aire. Le dolió el despojo y la desoladora certeza de la traición lo embargó. Las desventuras políticas no generan lealtades. Fuera de juego, hundido en un proceso perverso y sin destino, las ambiciones y el poder comenzaban a abandonarlo.

El cabrón de las pampas
que enamoró a Rosario

Se imaginaba entonces a los hombres tal
como son en efecto: insectos que se de-
voran unos a otros sobre un pequeño
átomo de barro.

VOLTAIRE, *Cuentos orientales*

Sucedió antes de su muerte. En la desatinada cima de su opulencia
y esplendor, Carlos Ahumada Kurtz no vislumbraba un ápice del
averno que le aguardaba a partir de ese encuentro. Había conocido a
Rosario Robles en una reunión partidaria y la química fue inmediata.
El astuto *self made man* argentino-mexicano, hoy inerte inquilino de
un minúsculo dormitorio del Reclusorio Norte, desplegó sus amplias
dotes de sofisticado erotómano y con la rapidez de un rayo enamoró
locamente a la poderosa y aguerrida dama del sol azteca.

Hacía tiempo que Ahumada había puesto sus ojos en la carismática lideresa del PRD y a propósito le pidió a Ramón Sosamontes,
pícaro operador político de escaso vuelo y cómplice de correrías
y pillajes al erario público, ex delegado de Iztapalapa y asesor de
Rosario en el PRD, que fungiera de Celestino y arreglara un encuentro informal.

Ocurrió a principios de diciembre de 1999, en el elegante barrio
de Coyoacán, y nadie imaginó que esa noche de otoño marcaría el
inicio de una historia de virtuales venganzas y traiciones políticas,
espionaje y juegos de azar; infidelidades, odios, amor y desamor,
más acorde con un volcánico culebrón tropical, que a una digna
transición democrática. Enfrentamientos y escándalos públicos en

119

los que se mezclan lujosos casinos de Las Vegas, impúdicos funcionarios con maletas repletas de dólares sucios, empresarios exitosos, lavado de dinero, pasiones clandestinas y una extensa lista de cómplices políticos de varios colores, que debaten como púgiles a tono con un tiempo en el que el pudor ha perdido vigencia.

María del Rosario Robles Berlanga tampoco imaginó el huracán que la devastaría cuando, cándida como una doncella, fijó sus ojos oscuros en las órbitas del elegante *play boy* argentino, que hacía lo imposible por intimar con ella. (¡Ay, Rosario, si me hubieras consultado!) Sabía quién era, le habían hablado de él, pero hasta entonces no tenían amistad. Y esos segundos de embrujo fueron su perdición, porque a partir de aquí su descenso hacia el abismo fue imparable.

Economista de 48 años recibida en la UNAM con una tesis sobre los movimientos de los empobrecidos campesinos mexicanos, con dos fracasos maritales a cuestas, amoríos sin importancia y una hija adolescente, Rosario Robles, la "Chayo", es una chaparrita de rasgos fuertes, risa fácil y personalidad ambivalente: dura por fuera y demasiado frágil por dentro. Mujer ambiciosa y sensible, que adaptó su ideario de izquierda a la modernidad neoliberal y globalizadora; pero que, sin embargo, no supo o no pudo preservar su pobre corazón de las garras de un perverso cabrón, que "por primera vez la trató como una reina y la hizo sentir mujer".

Por algo un día confesó que ella "sólo desmayaba de amor" cuando le preguntaron si alguna vez había sufrido desvanecimientos o descomposturas físicas debido a su obsesión por el trabajo. De ahí, quizás, su pasión musical casi exclusiva por Paquita la del Barrio, la ardorosa cancionera de las maldades e iniquidades masculinas, reivindicadora permanente de las pobres féminas maltratadas por los machos y cuyos temas Rosario tararea de memoria.

Carlos Agustín Ahumada Kurtz, argentino de nacimiento y mexicano por adopción; atractivo, de mirada y voz insinuante y cuidada barba de varios días a lo Mickey Rourke en *Nueve semanas y media*; dueño de la constructora Quart y un pasado túrbido y alborotado, amasó una fortuna por medio de tropelías varias y fraudulentos contratos de obra pública amarrados con el gobierno capitalino en turno. Su vida personal, antes y después de aterrizar en México, es un enigma y un mar de contradicciones, salvo para poquísimas personas.

Adicto al poder y al dinero, desde su más tierna adolescencia Carlos Ahumada comprendió que el fraude de identidad era el camino perfecto para triunfar en tierra extranjera. Una conmovedora historia de persecución política en el momento justo en que los argentinos comenzaban a llegar a México empujados por la muerte y la violencia, negocios rápidos con los generosos caciques del PRI y la plata fácil y abundante que le otorgaría, además de cierto estatus social, el sostén económico de una familia dueña de una psiquis compleja y retorcida que dependía de sus habilidades de supervivencia, eran la clave para construir el disfraz.

Después de todo, vivía en una tierra donde las máscaras son casi genéticas y el joven no hizo más que mimetizarse.

Carlos Agustín Ahumada es el quinto de seis hermanos —Silvia, Graciela, Roberto, Verónica, Carlos y Pablo— del segundo matrimonio de Mercedes Kurtz con Carlos Aníbal Ahumada Ferreira, empleado bancario. Según el testimonio de un familiar, su madre, una mujer de carácter fuerte y posesivo que descendía de inmigrantes alemanes y que trabajó como bibliotecaria en la ciudad de Córdoba, en Argentina, mantenía con su hijo Carlos una "conexión simbiótica", que con el tiempo provocaría graves fisuras entre los hermanos. "Él era su preferido y ella nunca disimuló que lo quería más que a nosotros", dice Roberto Ahumada, con tristeza.

De su primer matrimonio, Mercedes tenía dos hijas: Marita y Pelusa, que actualmente viven en Argentina y, extrañamente, no tienen relación con la familia.

Al comienzo de los tumultuosos años 70, Pelusa, que se había casado con Gustavo Correa, un militante socialista, se queda sola. El hombre desaparece —se cree que en manos de un grupo paramilitar— y nadie supo nunca más de su paradero. Eran tiempos convulsos y el país un polvorín. Pelusa no tenía relación con la nueva familia de su madre y recién toma contacto con ella, cuando hacía tiempo que ellos vivían en México. Fue en 1984 y Carlos —quien había aterrizado en el país junto a su madre y hermano Pablo en diciembre de 1975— la recibe con afecto y le ofrece ayuda.

Carlos Ahumada Kurtz y parte de su familia no llegan a México por razones políticas, como se cree, sino buscando nuevos horizontes luego de la violenta separación matrimonial de Mercedes Kurtz con Carlos Ahumada Ferreira, quien murió de un enfisema pulmonar en 1993. En realidad, la que los convence del éxodo es Graciela, la mayor de los hermanos, quien con un premio otorgado por la Sociedad Argentina de Escritores (SADE) estaba instalada en México.

En la nueva tierra se hace y se transforma el hombre que provocó un terremoto político que hizo trastabillar al poder, un pragmático y un intuitivo feroz de los talones de Aquiles ajenos a los que supo sacar provecho en beneficio propio. Jamás le hizo asco a nada con el afán de engrosar sus cuentas bancarias y acrecentar al máximo sus influencias palaciegas, y para lograrlo decía que las diferencias ideológicas o políticas son "un cuento de marcianos", por aquello de que el "fin justifica los medios", dogma maquiavélico que no dudó en seguir al pie de la letra.

Entre sus amigos de la política había —hoy todos se esfumaron— un hato de personajes para todos los gustos: el ex presidente Carlos Salinas de Gortari y el dúo dinámico de abogados de la familia Salinas, Juan Ramón y Antonio Collado Mocelo; la primera dama Marta Sahagún, el ex procurador priísta Ignacio Morales Lechuga, el senador ultramontano y jefe del PAN, Diego Fernández de Cevallos, el frívolo secretario de Gobernación y aspirante a la precandidatura presidencial por el PAN, Santiago Creel, el oscuro secretario de Seguridad Pública, Ramón Martín Huerta, el procurador Rafael Macedo de la Concha y los gobernadores Arturo Montiel, Joaquín Hendricks y Lázaro Cárdenas Batel.

Priístas, panistas y perredistas que gobernaron la ciudad de México cayeron gustosos en sus redes. Carlos Ahumada no escatimó esfuerzos a la hora de meter la mano en la billetera. Como un Santa Claus del nuevo milenio, depositaba codiciados regalitos (léase sobornos) de color verde en manos de los prestos funcionarios patrios que le servían presurosos.

Quebrantó lealtades y voluntades varias. Traicionó, mintió y estafó. Su apego a la verdad y al amor fraterno puede corroborarse con el documento apócrifo que lo acompañó en varias incursiones financieras, en el que jura que nació en Saltillo, Coahuila, y no en Córdoba, Argentina, y en las revelaciones de su hermano Roberto, quien lo acusó de robarle dinero y abandonarlo en la cárcel, luego del desbarranco de una financiera ilegal que ambos montaron y en la que embaucaron a más de mil inversionistas. Ni bien su hermano fue enjaulado, Carlos Ahumada se hizo humo y negó toda conexión con su pariente en desgracia. Por tal episodio y luego que Roberto demostrara a la justicia que Carlos era su socio, éste permaneció preso sólo un mes —de julio a agosto de 1994— y, como relata Raúl Monge en su libro *El tango de Ahumada*, salió libre porque Roberto levantó los cargos a cambio de que el ladino consanguíneo le restituyera lo robado, condición que jamás se cumplió y que los separó violenta y definitivamente.

Todo un caballero, como se puede apreciar y, más que nada, precavido. Como un tesoro tan o más valioso que sus millones, ocultó las pruebas de una veintena de corruptelas ajenas que su afición por las cámaras ocultas, *hobby* que aprendió de su intimísimo, según hace constar Roberto Ahumada, el ex procurador Ignacio Morales Lechuga, quien lo impulsó a registrar todo puntillosamente —lo mismo que las prácticas amatorias con las innumerables féminas de su colección— para extorsionar a sus presas y mantenerlas en un puño.

Bajo el manto del PRI, los negociados y empresas de Carlos Ahumada Kurtz florecieron como por arte de magia. Ahí están sus primeros compinches: José Francisco Ruiz Massieu, entonces gobernador de Guerrero; Óscar Levín Copel, actual presidente de la Comisión Nacional de Protección y Defensa de Usuarios de Servicios Financieros; y Óscar Espinosa Villarreal, ex regente de la capital con antecedentes rumbosos, que le dejaron saborear sus primeros millones. Con el poderoso "Pepe" Ruiz Massieu —asesinado a tiros en 1994 y ex marido de Adriana Salinas, que lo abandonó luego de encontrarlo en la cama con un hombre—, Carlos Ahumada anudó una privilegiada amistad que rindió sus frutos: el manejo y explotación de "La Suriana", una mina de oro y plata ubicada en Arcelia, en el límite de Guerrero con Michoacán. Roberto Ahumada, que en ese tiempo aún mantenía amable relación con su hermano, fue más lejos en la descripción de este vínculo. En una larga conversación que mantuvimos, dijo que la amistad entre Carlos y Ruiz Massieu tenía connotaciones "demasiado íntimas" y que el gobernador, encandilado por el joven y atractivo argentino, no escatimó esfuerzos ni abundante dinero para ayudarlo en la concreción de sus sueños.

Pepe Ruiz Massieu fue quien le pidió a Morales Lechuga que lo cobijara. "Mi hermano era un amoral", añadió Roberto.

Pero fue con los caciques del PRD cuando el hombre, que realizó sus primeros pininos fabricando mesas multiuso para Wal-Mart, exportando legumbres, moliendo pólvora en una licuadora y engordando pavos en un rancho robado, hizo cumbre y sus sociedades conformaron un múltiple conglomerado integrado por pillos y pillines variopintos, al mismo tiempo que su patrimonio crecía vertiginosamente y él se transformaba en un negociante temido y solicitado.

El histórico aterrizaje de las tribus de la impoluta izquierda nacional en el gobierno de la ciudad, en 1997, cuando el ingeniero Cuauhtémoc Cárdenas Solórzano asumió como primer jefe de Gobierno del Distrito Federal, amplió las orillas delictivas de Ahumada: le fueron otorgados innumerables contratos de construcción en delegaciones clave, además de mantenerle a flote los viejos. El hombre de las pampas se torna casi imprescindible y su voracidad no tiene freno. Luego, Cárdenas dejaría el cargo en manos de Rosario Robles, cuando decide lanzarse tras una presidencia que siempre se le escapa. Alentada por su maestro y padrino político, se inicia aquí el ascenso de la dama, encendida militante sindical universitaria de los años 70, impulsora del movimiento cardenista y dedicada con ahínco y fiereza a las causas feministas y sociales.

La biografía oficial de Rosario es simple, casi cursi. Laboriosa como pocas, a más de uno se le hacía imposible seguirle el ritmo de trabajo al frente de las Brigadas del Sol. Como una infatigable Rosa de Luxemburgo a la chilanga, la "Chayo" atendía varios teléfonos al mismo tiempo, platicaba con la gente y los periodistas sin descanso, repartía propaganda y multiplicaba por mil el ardor militante, y las diez de la noche solía encontrarla sola y agotada en las oficinas partidarias. En gran parte, fue gracias a ella y su mística que el partido del sol azteca logró alzarse con la victoria en la ciudad de México, luego de varios imposibles.

La belicosa Rosario ganó espacio por mérito propio y una apreciable popularidad. Como premio a tanta perseverancia y amorosa devoción por la causa, el viejo Cárdenas la nombró su segunda y, luego de su partida, en septiembre de 1999, emocionada y feliz, con su pelo corto *carré* perfectamente cuidado y enfundada en un apretado *tailleur* color guinda, que marcaba a fuego sus caderas de *madonna*, asumió la Jefatura del Gobierno de la ciudad.

Quién lo hubiera dicho en otros tiempos, cuando una Rosario de acero, austera, intransigente y luchona corría detrás de utopías revolucionarias por los pasillos de la universidad.

Aquella noche de diciembre de 1999, Ahumada y Robles intercambiaron unas palabras, pero el empresario advirtió que sus influjos viriles llegaron a destino. Después del ágape, él le confesaría a un amigo que ella "tenía algo" que le atraía, más allá del poder que representaba y el estilo temerario que la caracterizaba. Al margen de sus desbocadas ambiciones carentes de límites, Ahumada no sabía si "ese algo" era el carácter decidido de Rosario, la inteligencia y sus bien torneadas piernas morenas que despertaban suspiros partidarios o el enloquecido amor que la lideresa exhibía hacia el poder. Ahumada decía que no podía definir la atracción que sentía por ella, aunque a fuerza de escuchar varias veces la misma cantinela, el amigo no le creyó nada.

Entre sus íntimos, Ahumada no se caracterizaba por la fidelidad amorosa al género opuesto, sino todo lo contrario. Seductor nato, el galante de las finanzas es proclive a estimular la competencia femenina de sus acólitas, con tonos de voz diferenciados, gestos o motes especiales o una despiadada y gélida indiferencia, cuando no un maltrato humillante, lo que, por otra parte, servía para alborotar de celos al particular harem. Sus ex empleados recuerdan, divertidos y con cierta nostalgia, las violentas trifulcas femeninas que se desataban en el areópago sentimental ahumadista, a la vista de todos, en las elegantes oficinas de la avenida Revolución, en donde el hombre había instalado un dormitorio con una cama King Size y un jacuzzi, para sus travesuras amorosas.

Cuando Cupido hizo de las suyas, Rosario Robles era un referente político con futuro en el PRD. Si todo salía como ella imaginó durante años, sería la candidata natural de su partido en las elecciones presidenciales de 2006. En marzo de 2000 y después de seis meses de gestión, dejó la Jefatura de Gobierno en manos de Andrés Manuel López Obrador, un tabasqueño de carácter raro y exaltado que también ansía habitar Los Pinos, con el que no la une casi nada pero al que había ayudado a triunfar. A poco de su llegada, "El

Peje" apuntó sus cañones sobre la gestión de Robles y, lamentablemente para ella y felizmente para él, encontró unas cuantas irregularidades. Y lo más importante para el humano de la raza política: el benemérito partido de la izquierda nacional estaba quebrado económicamente, culpa de las andanzas y derroches de la dama de acero y sus incondicionales. El PRD acumulaba una deuda de 500 millones de pesos. Y por más que ella se enfureció, pataleó y amenazó con demandar a los que publicaron la información —el diario *Reforma*—, la mera verdad le cayó encima y sus desbarajustes financieros se develaron como el "cochinito".

Durante la providencial cita en Coyoacán, Carlos Ahumada y Rosario Robles conversaron de trivialidades políticas y personales, mientras el rollizo Ramón Sosamontes platicaba con la actriz María Rojo, delegada de esa demarcación. Ahumada susurró todo lo que la dama del sol azteca deseaba escuchar y ella sintió que nuevas brisas refrescaban la víscera del amor, ahí en su costado izquierdo.

Robles era para el constructor el puente de oro al poder y por eso aprovechó al máximo el instante tan buscado. Ahumada era para ella "el bombón" que cayó del cielo para iluminar su vida. Después de la comida, él le dio su tarjeta y ella la suya, donde escribió el número de su celular personal. Conscientes de que el corazón les había hecho un tilín, se permitieron frecuentarse en privado. Despacio, como un *lord* inglés, al poco tiempo el argentino logró su objetivo.

Cuando se produjo el acoplamiento sentimental, Ahumada estaba casado en segundas nupcias con la ingeniera en alimentos Cecilia Gurza González y era padre de tres hijos. Su primera mujer, Sonia Medrano, una mexicana bonita y de carácter fuerte —con la que se casó en agosto del 84— duró poco tiempo en su vida. Su madre nunca la quiso y le hacía la guerra todo el tiempo. El matrimonio vivió en medio de violentos e irreconciliables conflictos, y Cecilia Gurza ya era entonces la tercera en discordia.

Carlos Ahumada era un hombre casado cuando apareció Rosario, pero ¿qué problema podía existir?: el hombre era un experto en faldas y en manuales de seducción y simulación. Las mujeres jugaron siempre un papel privilegiado en sus negocios, porque "eran más leales que los hombres y más trabajadoras y porque simplemente me llevo muy bien con ellas", me explicó en su despacho, cuando nos vimos y donde platicamos de su relación especialísima e intimísima con Rosario y de sus odios hacia López Obrador. Mientras los negocios y negocitos millonarios del extravagante argentino crecían como un globo, "El Peje" tenía la mira puesta en él y en su socia sentimental.

El 27 de mayo de 2001, Rosario Robles viajó con otros legisladores a Alemania, invitada por la Fundación Friedrich Ebert. Los bellos y perfumados aires germanos no estaban nada mal para despejar la mente atosigada de la lideresa y pensar en estrategias. Nada mejor que una escapada a Europa con todo pagado cuando el viento de la política sopla desde el norte. El jueves 31 de mayo, cerca de las 9 de la mañana, sonó el teléfono en su habitación del hotel, en Berlín. "¿Sí, bueno?", preguntó la "Chayo", todavía en ropa de dormir y ojerosa de tanto ajetreo y comidas. "Hola, me gustaría tomar un café a solas contigo", dijo el argentino del otro lado de la línea. "Pero... estoy en Berlín...", atinó ella a decir, confusa y con el corazón tintineándole como a una adolescente. "¿Qué haces?", preguntó él. "Bueno, tengo reuniones y algunas juntas de trabajo... ¿por qué?", respondió ella. "Rosario, ¿puedes bajar? Estoy en el *lobby* y vine especialmente en mi avión a verte. Te echo de menos. ¿Vas a decirme que no puedes?"

Los que conocen el episodio cuentan que Rosario no podía creer lo que le ocurría y, frente al gesto rutilante del galán, desmayó de amor.

Sus anteriores devaneos no habían sido pródigos, ni virtuosos. Como cualquier mujer moderna, audaz y con pensamiento propio, los individuos que aterrizaron a su lado no resultaban como ella los había imaginado. Siempre la defraudaban. Su primer marido, Saúl Escobar, miembro del PRD, partió sin dejar huellas y el segundo, Julio Moguel —militante y escritor—, le dejó una hija, Maríana, y un puñado de resentimientos que se agudizaron hasta límites insospechados con la aparición de Ahumada y la transmutación que el argentino provocó en la aguerrida ex jefa de gobierno. Los celos masculinos de Moguel habían explotado hacía tiempo entre rumores de infidelidades y la relación se hizo trizas. Amigos del ex matrimonio aseguran que el despecho irrefrenable de macho encabritado fue lo que llevó al bueno de Julio Moguel a tomar *vendetta* contra su mujer, ayudando a revelar los secretos del cochinito partidario que tan bien conocía. Otras voces disienten y aseguran que Moguel es incapaz de hacer algo semejante y que el filtrador fue el también enjaulado René Bejarano, tal como lo confirmó Rosario.

Hasta que el sibilino personaje de las pampas apareció en su vida, la política era para Rosario la metáfora del fiel amante y el partido su hogar. Desde el inicio del *affaire* no se separó de Ahumada y, cual *geisha*, se dedicó a satisfacer los deseos y ambiciones del hombre, que no sólo la hacía feliz sino que prometía instalarla en Los Pinos como la primera mujer de la historia que gobernaría México. A medida que los acontecimientos políticos se desataban enloquecidos y el partido se convertía en una hoguera, los tórtolos sentaron las bases de una sociedad político-amorosa, peligrosísima y de corroída estructura.

La otrora austera militante de las causas nobles y la pureza revolucionaria descubrió el gustito por la buena vida, las *delicatessen* de alto vuelo y el champagne francés. Se desprendió de sus prejuicios y se permitió todo tipo de excesos. Remplazó los viajes en auto por las escapadas en helicóptero y jet privado a cualquier sitio. Un encantador Spa de Morelos se transformó en el nidito de amor y relajamiento. Podía comer en un restaurante francés del Caribe, en la excitante costa del Pacífico mexicano o ir de *shopping* a Estados Unidos y darse un atracón de tiendas por varios miles de dólares. O sencillamente deglutir un hot dog en una calle cualquiera de Berlín.

Como ocurre a veces con las mujeres culposas de la izquierda, Rosario Robles floreció tarde con el glamour y los placeres mundanos. Decidida a no perder más el tiempo, depuró su vestuario. Quitó del closet esas feas chaquetas aseñoradas y cerradas hasta el cuello, los escotes se volvieron generosos y acortó sus faldas ajustadas. Pero mantuvo los clásicos aretes y el collar de perlas orientales, que le daban un soplo de recato y calmaban los ánimos de las tribus partidarias que cuestionaban su aburguesamiento. Dedicó más atención a adelgazar su cuerpo relleno y se desesperó, porque adoraba la buena mesa y tenía tendencia a engordar. Buscó cremas, barros, colágenos y aceites exóticos para suavizar la piel y tener buena energía. Dejó los anteojos que la avejentaban y los remplazó

128

por lentes de contacto. Se quitó el fleco antiguo, cambió el corte de pelo y lo iluminó para suavizar las facciones. Intentó hacer gimnasia, aunque con resultados inciertos. Quería verse linda y sexy, además de inteligente y poderosa.

Eso sí, los fines de semana eran una tortura. Quienes la frecuentaron en esa época, aseguran que el poder de Ahumada sobre Rosario iba más allá de lo sexual y sentimental. "Ella tenía una dependencia psicológica con él, era una relación enferma. Él era algo explosivo y cambiante, a veces la maltrataba y se aprovechaba de su entrega amorosa. Pero ella también era brava. Tenían peleas y reconciliaciones violentas, a gritos", dice un amigo que la visita en su solitario destierro, mientras la dama triste garabateaba sus memorias.

Me hallaba en México y recibí en mis manos la criatura recién parida con ansiedad profesional y personal. Y no fui la única. ¿Qué revelaría la Rosario en su autobiografía y, lo más importante, se animaría a revelar qué había atrás de su relación con Ahumada?

Con todo mi corazón es un fiasco desde la primera página a la última. Muestra a una mujer —más que coqueta, narcisista: exigió ser fotografiada por la misma profesional que retrató a Gloria Trevi en la portada de su libro— que en alguna extraviada latitud albergó sueños y utopías; que se dejó arrastrar por las chispeantes burbujas del poder, los placeres y la fugacidad estúpida de los aplausos; que jura una honestidad inverosímil a la luz de los acontecimientos; que jamás explica de dónde sale el dinero (abundante, por cierto) que solventa su elevado nivel de vida y de qué trabaja (la gran pregunta) y que se presenta casi como una ingenua doncella convencida de que los niños llegan al mundo colgados del pico de una cigüeña.

Un planteo absurdo en una dirigente política de su talla.

¿Y de Carlos Ahumada, el detonante de su derrumbe? Poco y nada. O, lo que es peor, el hombre aparece entre las páginas como una "relación personal". Nada más y nada menos. Y nadie entiende entonces, si es que fue así, por qué el ávido constructor participaba en cónclaves privadísimos con jerarcas de la política y de los negocios, que con frecuencia se realizaban en la casona de la dama. ¿Acaso era el *garçon* un exótico y amigable chef o el amasio comedido?

No, Carlos Ahumada Kurtz era el socio de la lideresa del PRD.

¡Qué pena, Rosario, qué decepción y qué error! Nadie te pidió que relataras los pormenores de alcoba, los excitantes juegos eróticos que te enloquecían y quedaron registrados en los videos de tu amado —y que, por supuesto, te pertenecen—, pero sí le debías a los tuyos —y a los mexicanos— la mera verdad de un *affaire* en el que se mezclaron la política, los intereses oscuros y el poder, sobre el que le mentiste a la justicia, del que resta conocer aún zonas veladas e impredecibles y que finalmente te lanzó al cadalso. Un amor sagaz que clavó sus colmillos en el corazón del "Sol Azteca" y lo dejó vacío de credibilidad.

En aquellos días de pasión, Rosario no se despegaba del teléfono. Vivía pendiente de una llamada o de un gesto. Leía cada línea de lo que escribían en *El Independiente* sobre ella sus compinches perredistas y de sus descalabros financieros. Perdía los estribos ante los embates de López Obrador, que no le quitaba pisada. Se enfurecía o se deprimía. Montaba escenas de celos. Conocía la antigua relación amorosa de Ahumada con Lidia Uribe Corona, su principal operadora financiera y cuyo progenitor oficiaba de testaferro. También sabía de las otras, de Karla Servín, la atractiva secretaria y la mujer que más lo visitó en la cárcel durante los primeros tiempos. Cuando escribían en el periódico un artículo que no era de su agrado, Rosario levantaba el teléfono irritada y provocaba un escándalo; sugería títulos y opinaba; presionaba a Ahumada con los negocios que compartían y pedía la cabeza del periodista. Detestaba a Javier Solórzano y quería que Ahumada lo despidiera, tal cual, revela Raymundo Riva Palacio, entonces director editorial de *El Independiente*, en su libro *La prensa de los jardines*.

Carlos Ahumada, como perfecto marido hipócrita, guardaba las formas frente a los de afuera. Pero era aficionado a la "casa grande" y las "casas chicas". Sus mujeres se mezclaban entre sí en audaces *parties* y viajes exóticos, como en el harem del legendario rey Faisal.

Los sábados y domingos se reservaban para el "cuidado y atención de la familia", aclaraba a los que lo visitaban en su oficina, en la casona de la avenida Revolución. "Son lo más importante de mi vida." Las paredes rebozaban de almibaradas fotografías de todos los colores y tamaños, con Cecilia y sus hijos, en la playa, en el campo, en la alberca y en todos los rincones de la casa. "Por ellos soy capaz de todo", me dijo, señalando una donde se les ve juntitos, sonrientes y felices en una playa de Cancún.

Rosario no podía quejarse de tanta dedicación familiar. El prolífico rey de las finanzas era dadivoso y de gran corazón. Aficionado a las sorpresas que levantan el espíritu de las hembras malqueridas, como un mago, siempre sacaba un conejo de la chistera.

Un sábado de febrero de 2002, día en que generalmente no se veían, la dama recibió un llamado inquietante en su celular. Era su cumpleaños. Ahumada le preguntó qué hacía y ella le respondió que no tenía planes, que lo que él quisiera. Ahumada le pidió que preparase una maleta con ropa liviana y un vestido elegante. A los treinta minutos un coche del empresario la buscó y llevó al aeropuerto, donde la aguardaba un jet de la colección de Ahumada. Subió sin conocer el destino y, al rato, la nave aterrizó en Punta Cana, en pleno Caribe dominicano.

Ahí la aguardaba un auto que la condujo al lujoso y exclusivo resort *Casa de Campo*: el sitio de descanso favorito de Shakira, Maríah Carey, Michael Jackson y Francis Ford Coppola, que en un pueblito cercano filmó *Apocalipsis ahora*. Cabañas espléndidas, las mejores canchas de golf, tenis y caballos, arenas blanquísimas y aguas verde esmeralda y, sobre todo, estricta privacidad. Arrobada, la lideresa del sol azteca transitó un sendero, con antorchas encendidas a los costados, y al final vio una casa apenas iluminada, y en el jardín, una mesa blanca con velas, flores y una botella de champagne. Carlos Ahumada la esperaba sonriente y vestido con *look* casual, acompañado de dos mucamos de uniforme negro y guantes blancos, listos para servir la cena, mientras se escuchaba un bolero de Agustín Lara.

Traspuesta de felicidad, la "Chayito" sintió que había tocado el cielo con las manos. "Nunca un hombre me trató así, nadie me hizo sentir tan protegida y amada."

¿Cómo no se iba a enamorar cual una adolescente, aunque el Casanova del subdesarrollo fuera un pillo que seguramente la había usado, como a tantas? Le abría la puerta del auto, le hacía regalos carísimos, le corría la silla para sentarse, comían en los mejores restaurantes y volaban como pájaros a todas partes. Una vez le demostró sus destrezas amatorias en pleno vuelo y esa trasgresión la volvió loca. Para su cumpleaños 48, le preparó una fiesta sorpresa en el exquisito restaurante Suntory, de Insurgentes, junto a la familia y los amigos. La agasajó con delicias de la comida japonesa preparada a la vista por los chefs. Luces tenues, flores y canciones de amor. En la puerta aguardaba el regalo: una modernísima camioneta Jeep roja. Y la sorpresa del reloj Cartier, el anillo con brillantes comprado en Tiffany, de Bal Harbour, y el Mercedes Benz. O el lujoso Spa de estilo oriental en Miami, la Costa del Sol española y el viaje especialísimo a Londres y a Madrid. En Londres fue donde se encontraron con Carlos Salinas. Y las comidas con la élite política mexicana, que a partir del romance comenzó a cortejarla. Desde Carlos Salinas, Roberto Madrazo y Marta Sahagún, Rosario intimaba con todos.

Pero la alegría duraría poco.

Alborotados y ensoberbecidos, los intensos tortolitos se derrumbaron, víctimas de su propia incontinencia y ambición. Una dolida Rosario confesaría más tarde, bañada en lágrimas y cuando todo México ardía en las llamas por los escandalosos videos que registraban la corrupción de sus camaradas de ruta y los negocios millonarios cocinados al amparo del poder político, "mi error fue mezclar la política con el amor".

Como una metáfora de la sufriente de *El reposo del guerrero*, de Christian de Rochefort, Rosario Robles Berlanga exhibió públicamente su lealtad al cabrón de las pampas, y la poca dignidad que conservaba se deshilachó en el camino. Viajó a Cuba antes de la explosión televisiva para preparar la huida y también cuando Ahumada estaba prófugo en la isla. Cargó una maleta atiborrada de ropa, galletas y salsa Tabasco y corrió a apapacharlo. Lo visitó en el Reclusorio Norte, apareada con Cecilia Gurza, la esposa plañidera y traicionada, y desafió a las cámaras de televisión en una escena circense y patética. Los corpulentos guardias y los sicarios enjaulados, hoy vecinos del empresario, fueron testigos de la pelea a gritos en el patio de la cárcel, que tan bien detalla Raúl Monge en su libro. Lejos del glamour y el champagne, las excursiones aéreas y las cenas a la luz de las velas.

La ex presidenta del PRD, cargo que logró gracias a la generosa donación del singular mecenas que, "a cambio de nada", puso a su disposición carretadas de dólares, autos y aviones, y hasta saldó la millonaria deuda que el partido acumulaba con Televisa por la publicidad de la campaña, sabía de la existencia de las filmaciones. Ahumada la participó del plan desde los inicios. Después de todo, eran una sociedad en todo el sentido de la palabra. Tampoco ignoraba las embarradas de los amiguetes perredistas, las traiciones y las relaciones oscuras, o sea, la máquina de la corrupción, que por acción u omisión, la arrastró también a ella.

"Me da dolor de estómago verlos", exclamó compungida en una audiencia en el Ministerio Público, no bien terminó de mirar los videos realizados por su amante, simulando una inocencia en la que nadie creía.

Dijo que nada de lo que decían era verdad y, parafraseando a su enemigo Andrés Manuel, proclamó como si estuviera en una tribuna partidaria: "¡A mí nadie me va a acorralar porque tengo las manos limpias! Sin ninguna prueba los que están enlodados quieren enlodarme para salvar su pellejo. No me han hundido ni me hundirán". Recurrió a la familia "unita" y se mostró con su madre y sus cinco hermanos, en un vano y candoroso intento de convencer a los poquísimos seguidores de su inocencia. Una pobre "víctima del ensañamiento". Su hija Maríana la acompañó en su lucha contra la infamia y juró que nunca en su vida había visto a Ahumada, el "hombre maravilloso que trae de cabeza al país".

Sin embargo, la realidad sería implacable. Apenas comenzó el idilio, Rosario y Maríana Moguel se habían instalado en una preciosa residencia de Ahumada —que perteneció a Guadalupe Rivera Marín, hija de Diego Rivera, amiga íntima de Ahumada—, escriturada a nombre de su mujer, Cecilia Gurza, en el encantador barrio de San Ángel. A esta altura, el ambiente político no ignoraba el volcánico *affaire* y se hablaba abiertamente del mismo. En la hermosa casona, en noviembre de 2003, se realizó un conciliábulo de renombradas mujeres que recordaron los 50 años del voto femenino. Por pedido especial de Ahumada y enfundada en un traje colorado furioso, con el que pretendía espantar las malas vibras que flotaban en el aire, la *first lady* nacional acudió a la reunión y las rutilantes faldas presentes olvidaron por un instante sus críticas a Marta Sahagún. Y cenaron rico, platicaron mucho e hicieron honor al glorioso acontecimiento con la lectura lacrimógena de un poema.

Rosario vivió esa noche un momento de gloria, pero su buena estrella comenzaba a apagarse.

"Rompí las reglas y estoy pagando el precio y el juicio de una visión hipócrita", dijo apenas la destronaron y antes de borrarse del mundo, no sin antes recalcar su honradez por enésima vez. A los pocos días, el semanario *Proceso* revelaba un curioso y contundente entramado telefónico y documental, que probaba la complicidad de Rosario Robles Berlanga en las operaciones delictivas de su amado cabrón y la participación de múltiples individuos turbios, de alta alcurnia política, enlazados por los negocios y el desmadre.

Una apasionada misiva enviada por Rosario a Ahumada, cuando el argentino estaba detenido en Cuba, y vilmente expuesta por el ex legislador perredista René Bejarano, durante su juicio de desafuero, queda como prueba del incendiario amor que unió a la ex lideresa de la izquierda democrática, que quería ser presidenta, con el "Señor de los Sobornos". Una carta que, junto a la que publicó *Proceso* (ambas figuran en el expediente), provocó tanto escozor en algunas mentes hipócritas de ese pequeño mundillo ilustrado que decide lo que la gente debe o no leer dice de Rosario mucho más que esas pobres y aburridísimas memorias del corazón, y seguramente ayudará a los suyos a sentir compasión por sus desgracias y quizás, con el paso del tiempo, le brindaran otro chance en la política.

"No sé cuándo nos volveremos a ver. Hoy te dejo aquí, lejos de todos y de todas, no porque así lo hayas decidido, sino porque las circunstancias despiadadas te obligaron a ello. Lamento mucho que estos últimos días juntos no hayan sido los mejores. Quise estar a tu lado para tomarte de la mano y apretarla muy fuerte y decirte con ese gesto tan sencillo que estoy contigo sin reservas, sin dudas, plenamente. Quise estar a tu lado para avivar la llamita de la esperanza, para encenderla diciendo que nuestro amor es más grande que esta brutal prueba que nos han impuesto.

"Quise estar a tu lado para pedirte que me perdones, para encontrar en tus ojos aunque sea un destello de esperanza para sentir que en algún momento podrás perdonarme por no haber traído nada bueno a tu vida. El otro día mientras cenábamos fuiste muy claro. Puros cojines buenos de mi lado, de lo que tú has significado en mi vida, de lo que me has traído. De tu lado sólo cojines malos.

Mi amor no ha sido suficiente. Ni mi deseo de curar, de lamer tus heridas. No hay palabras, ni siquiera sentimientos que puedan compensar lo que estás viviendo. Lo sé, por eso no puedo perdonarme mi egoísmo, mis deseos de salvarme sin saber que te estaba condenando a ti. No puedo perdonarme que estés lejos de tus hijas, que es lo más importante de tu vida (...)

"Por eso no te culpo de tu indiferencia, de tu desamor, de tus gritos, no te culpo por nada, ni siquiera por el rencor y resentimiento. No te culpo incluso si me dejas de querer como ya lo estás haciendo. Sólo puedo decirte que quiero que sepas que mi corazón te pertenece, que pase lo que pase nunca dejaré de amarte, nunca dejaré de agradecerte por lo que has hecho por mí. Que, como dice la canción que te dejo (la no. 1 del CD de Ana Belén, "Ahora"): 'Aunque me encontrara un ángel dudaré que me haga volar tan alto como tú', porque contigo he volado alto, he recuperado mis sueños, mis fantasías y mis deseos. Por eso, si es necesario, y a lo mejor llegó el momento de hacerlo, soy capaz de hincarme, de arrodillarme, de firmar mi carta de rendición para que a ti no te toquen. Tal vez llegó el momento de tocar una puerta y entregarme a cambio de tu libertad (...)

"Sé que a partir de ahora se irán las noches y casi no dormiremos, que los segundos serán muy lentos, que seguramente querré prenderle fuego a nuestra cama ante el dolor de tu ausencia, porque me estaré secando por dentro y por fuera, porque no tendré tus besos, ni tus caricias, ni tu mirada."

Busqué a Carlos Ahumada mucho antes de que estallaran los videos del escándalo. Apenas llegué a México a trabajar en la biografía de Marta Sahagún, descubrí su historia y sentí curiosidad. Quería conocer y entrevistar al argentino del que todos hablaban en voz baja, pero que pocos conocían. Su vida era —y es— un enigma fascinante para cualquier periodista. Entonces nadie sabía cómo había llegado desde Argentina a México, los motivos del éxodo y la construcción de su fortuna. No existen fotografías suyas en ningún lado y él decía que detestaba las entrevistas. Se había convertido, de la noche a la mañana, en uno de los hombres más poderosos de México, centro de sospechas de todo tipo, desde narcotráfico hasta lavado de dinero. Pedí entrevistarlo, pero no fue posible.

Aceptó poco antes de que finalizara el 2003, cuando lanzó su diario, *El Independiente*, y después de insistir muchísimo. En ese momento, Ahumada bregaba por un baño de luz; creyó conveniente dar la cara y, de paso, aprovechó para lanzar un misil contra su enemigo Andrés Manuel López Obrador. Un mensaje claro que sus adversarios tendrían en cuenta. Y contar al público la lacrimógena y fraudulenta historia del duro esfuerzo y el trabajo personal. El triunfador en tierra extranjera. El que de la nada levantó un imperio que incluía empresas de construcción, aviación, publicidad, dos equipos de futbol y un medio de comunicación.

Del periódico, más allá de los prestigiosos periodistas que integraron el proyecto y confiaron —entre ellos amigos que quiero y respeto—, a Ahumada sólo le interesaba la utilidad que le podía sacar para sus *business* y cómo lo convertiría en mascarón de proa en su guerra contra López Obrador, que le había congelado los pagos y lo borró de la obra pública de la ciudad de México.

Carlos Ahumada Kurtz es un cabrón, nadie lo duda, pero tampoco es el villano de la película en un ámbito donde los ángeles brillan por su ausencia. Para la corrupción hacen falta dos, de la misma manera que para bailar el tango se reclama una pareja. Ahumada cumplió en parte lo prometido, pero del otro lado y a último momento algunos no cumplieron, lanzaron los videos antes de tiempo a la arena y entregaron a los leones a su dueño. ¿Quién es el más malo de esta desafortunda fauna?

Gustavo Ponce Meléndez, el lúdico y contaminado secretario de Finanzas del gobierno capitalino, al que Ahumada llevaba en su jet a jugar fuerte en el Bellagio de Las Vegas y al que filmó derrochando miles de dólares en un opulento habitáculo de hotel de la *city* de los casinos, la mafia y las bodas apócrifas, era la mano derecha del jefe de gobierno del Distrito Federal, Andrés Manuel.

El astuto y avariento profesor René Juvenal Bejarano —y su curvilínea y disparatada consorte, la diputada Dolores Padierna—, ex secretario particular y principal operador político de López Obrador, al que vimos con su portafolios atiborrado de dólares que le entregaba Ahumada y que hoy, desaforado del cargo de diputado, clama piedad por su familia y escribe poemas desde la cárcel ("En el piso, la coladera abierta, nauseabunda cloaca, oscura zona rectangular expuesta al polvo…"), no era insignificante en la intimidad de "El Peje".

Ningún protagonista de esta historia de delitos, ocultos bajo el disfraz de la democrática izquierda nacional mexicana, enamorados del poder y abanderados del lema "el fin justifica los medios", es inocente.

Ni Andrés Manuel y sus cuates priístas reconvertidos que lo asesoran en la lacrimógena campaña presidencial del martirologio; el rancio clan Cárdenas y sus interminables y agotadoras autoproclamas de honestidad y amor a la patria; el prófugo Octavio Flores Millán, ex delegado de Gustavo Madero; Francisco Martínez Rojo, ex delegado de Tláhuac, acusado de fraude por 20 millones de pesos; y el exonerado Carlos Ímaz, ex delegado de Tlalpan. Ni el inconsistente Santiago Creel y su jefe Diego Fernández de Cevallos. Ni Carlos Salinas, Rafael Macedo de la Concha y la inefable Marta María Sahagún.

Al fin de cuentas, cómplices avarientos y en partes iguales de la triste devastación de México, su país.

Dueño de una personalidad compleja y explosiva, con una elevada dosis de malicia y perversión, más astuto que inteligente, Ahumada no fue otra cosa que el espejo de una burguesía sin alma, una casta de neomillonarios que crece como la hierba después de la lluvia. Ésos, a los que no les importa vender a un hermano y enviarlo a la cárcel para quedarse con su dinero. Roberto Ahumada permaneció 11 años preso, deprimido y enfermo, mientras Carlos —su socio— juraba no tener lazos con él. Roberto asegura que le prestó dinero en sus inicios y juntos estafaron a mil ahorradores. Pero a la jaula, en aquel momento, sólo fue uno.

Experto en alpinismo de alta montaña social, que le permitió llegar rápido a la cima, Ahumada no dudó en demostrar cuánto poder manejaba y cuán valiente era trompeando choferes y humillando empleados o amantes. Roberto decía que Carlos es malo porque dominaba a su madre con tequila y Carlos dice que Roberto es peor porque lo hacía con mezcal. Hoy, la progenitora de los hermanos Ahumada pasó a mejor vida luego de una larga agonía, enferma de cáncer. Se encuentra más allá de las miserias terrenales de sus hijos. Roberto, expulsado de México, vive en Buenos Aires, en una pensión de mala muerte, y dice que subsiste con la ayuda de amigos y algún trabajo en "publicidad" que consigue por ahí.

Carlos, enterrado en una depresión con abundantes hemorragias digestivas que lo llevaron varias veces al hospital —más agradable que el sórdido habitáculo del Reclusorio Norte—, llora día y noche por su puta suerte y su cruel destino. La idea del suicidio ronda su mente sin pausas y siente terror de que un sicario de poca monta lo asesine. No está errado, en las tuberías de la política mexicana dicen que su muerte está escrita y que tiene fecha. "Yo le dije a José Santiago Vasconcelos —el subprocurador federal— que a mi hermano tenían que darle dos cachetadas para que hablara y cincuenta para que se calle. Por eso Carlos se sentó y les contó todo a los cubanos. Porque mi hermano es un cobarde y lo único que quiere es hablar porque no da más", me comentó Roberto.

Carlos Ahumada cometió el error de acumular demasiados enemigos al mismo tiempo y esconde secretos peligrosos, y hoy da lo mismo quién o quiénes den la orden de apretar el gatillo que acabe con su vida y borre las huellas de putridez que implican a una casta política producto de la deshonra y la conspiración.

El rancho de su esposa Cecilia Gurza, en Tlalpan, fue asaltado por "desconocidos" y su hija María atacada a balazos desde un auto conducido por Rodolfo Concha Madrazo, un agente de la PGR "en estado de ebriedad", mientras la niña viajaba en una camioneta con su custodia. Un mensaje claro y directo al corazón del único sentimiento que puede frenarlo de soltar la lengua. "Carlos está muy quebrado y quiere hablar, quiere contar todo", me confió alguien de su entorno íntimo. La vida del caballero de los sobornos, otrora tan poderoso y arrogante, no vale un centavo: está muerto.

De cualquier manera, la tragedia que los une es más que patética, si a ella le agregamos los micrófonos y las cámaras ocultas: los sucios caciques de la honorable transición democrática mexicana, los que habitan Los Pinos y los que tuvieron el gusto de hacerlo y manejan los hilos del poder desde afuera, y la añeja y taimada *nomenklatura* cubana, que oculta los videos y las cuarenta horas de grabación de los interrogatorios que le realizaron a Ahumada, en los que el empresario —quebrado en mil pedazos— relata las minucias de la corrupción azteca. Es obvio que algún día, cuando lo

138

crean conveniente a sus intereses, los cubanos lanzarán a la arena estas confesiones. México, después de Venezuela, es una plaza económica y política demasiado valiosa para el gobierno de la isla, como para correr riesgos inútiles. Por alguna razón y por pedido especial de Carlos Salinas, quien habló por teléfono a Castro para pedirle por su amigo, los mandamases de la isla primero cobijaron a Ahumada en un sitio privilegiado y más tarde, abruptamente y por exigencia de Andrés Manuel, cambiaron de actitud.

El viejo dictador, que supo traicionar muy bien los magníficos ideales de la revolución sin que le temblara el pulso y que por lo tanto carece totalmente de palabra, apostó a un gallo con mayores probabilidades de ganar y de servir a sus objetivos que el desprestigiado ex presidente. Y Andrés Manuel logró su meta: Ahumada regresó a México esposado y quebrado anímicamente, sin los videos y, sobre todo, bajo su control.

Perdido el miedo al ridículo, los personajes de la tumultuosa transición se encuentran lanzados a una fastuosa y exhibicionista orgía en la que no falta nadie. Ni poderosos magnates y altos funcionarios, trepadores vástagos sahaguncitos y amantes despechadas, ardorosos militantes de la derecha y de la izquierda y ciertos jerarcas de la Santa Iglesia católica. La vida política mexicana se convirtió en un círculo vicioso, que el escritor Carlos Monsiváis tan bien ha definido en un artículo de la revista *Proceso*: "El lugar común es implacable: dinero llama a dinero y también dinero llama a fascinación, a rendición política y social, a olvido de los principios éticos".

Para entrevistarlo, me encontré con Ahumada un par de ocasiones —y le hablé por teléfono otras tres desde mi casa en Miami— en un ambiente cálido y elegante: sus amplias oficinas de Quart: la segunda vez, después de la publicación de la entrevista en *Poder*, conversamos un rato largo. Me mostró especialmente su multitudinaria colección de soldaditos de plomo —"mi *hobby*"— que lucía en la biblioteca, las esculturas de Zúñiga, las pinturas de Mantegani y Gerzso y las fotografías personales. Hablaba exageradamente del amor por su familia y eso me generó desconfianza, por aquello de que "alardeas de lo que en realidad careces".

Me anunció que se retiraba de los negocios con el Estado. Que se iba porque estaba cansado de las intrigas y la guerra con Andrés

Manuel y que lo único que mantenía en ese momento era la construcción del segundo piso porque "faltaba muy poco para su finalización". Le presté atención y pregunté de nuevo. Creía que esa obra no era suya, que había ganado la licitación pero que Andrés Manuel no se la había dado. Me dijo que no, que allí estaba una empresa suya con otro nombre y que el jefe de Gobierno "sabía del tema". Personas cercanas a Andrés Manuel me dijeron que sí, que Ahumada decía la verdad y que existían las pruebas escritas de que así había sido.

"Estoy construyendo el segundo piso, yo lo hice ¿no sabías? Pero me trajo tantos problemas que ahora me arrepiento." Lo vi obsesionado frente a la posibilidad de que Andrés Manuel López Obrador alcanzara la presidencia. Me contó que tenía pruebas que iban a demostrar la corrupción que había en el gobierno de la ciudad. "Es un hombre perverso y con doble moral. Es el peor de los hipócritas y lo voy a destapar. Tengo gente amiga en el partido que me cuenta todo lo que hace. Nadie imagina lo que este hombre tiene al lado, los corruptos que lo rodean que se venden por dos pesos. No va a poder, todo se le va a caer encima. ¿Para eso tengo un diario, no?"

Le pedí mayores precisiones y cambió de tema.

"Rosario va a ser la candidata del PRD, mandé hacer encuestas y ella es la que mejor posicionada sale en todo el país. Está por encima de todos, de Marta y del Andrés Manuel. Tienes que conocerla, es una mujer muy inteligente y honrada. La quiero mucho y la estoy ayudando. Le hicieron trampas en el partido, pero lo va a superar, ya verás. Voy a hacer lo imposible para que ese loco (López Obrador) no llegue a nada. Porque está loco, es capaz de todo."

Me contó que conocía a muchos políticos y que algunas veces se veía con Carlos Salinas. Que el ex presidente "no quería nada a Andrés Manuel y que estaba trabajando para que no llegue". Se había enterado de que tampoco Carlos Slim quería saber nada con el jefe de gobierno. "Se dieron cuenta de que es un corrupto y un mentiroso."

Aquel día con Ahumada hablamos de mi libro y quiso saber cuántos ejemplares se habían vendido. Me contó que en su familia todos lo leyeron. Que conocía a Marta y que se había divertido con lo que yo contaba sobre ella, pero que me había quedado corta en algunas cuestiones. Le pregunté a qué se refería y me dijo: "Los Bribiesca están desatados y un día los van a descubrir. Les gusta demasiado la lana y los negocios rápidos. Y Marta les permite todo con tal de sacárselos de encima. Un día lo que hacen éstos se va a destapar y ella puede terminar presa. Los empresarios estamos cansados de sus exigencias, pero no puedo tratarlos mal, son los hijos de la primera dama. Conozco bien a Manuel, el mayor, de León, y sé en qué negocios anda…"

Recordó Argentina con cierta nostalgia (o lo aparentó bien) y contó las peripecias de su éxodo; que la Triple A (Alianza Anticomunista Argentina) los persiguió y que dos cuñados estaban desaparecidos porque eran "montoneros". Hoy sé que nada de esto era verdad y que la historia de la persecución política le había servido demasiado bien para enarbolarla como bandera para construir redituables negocios con la izquierda mexicana.

Habló de su pasión por el futbol y conversamos del diario. Dijo que tenía "problemas de relación" con Javier Solórzano y con Raymundo Riva Palacio. Me preguntó si los conocía. Le dije que solamente a Raymundo. "No sé, ellos no entienden que yo tengo intereses y amigos en la política. No se puede ser tan purista…"

Preferí cambiar de tema y, después de algunas trivialidades, nos despedimos. Me acompañó hasta la salida, como un *gentleman*. Propuso que el próximo encuentro se hiciera en un buen restaurante y con Rosario. "La tienes que conocer, te va a caer muy bien. Ella será la próxima presidente de México", dijo muy seguro, en la puerta del ascensor. Hablaba claro de la dama ardiente de la Revolución Democrática, a la que le generó "por única vez en la vida mariposas en el estómago". La de Paquita la del Barrio, Agustín Lara y Ana Belén. Como mujer, sé bien de qué se tratan estas cuestiones. Inescrupulosas u honestas, ingenuas o maquiavélicas, inteligentes o mediocres, al final de cuentas las mujeres no estamos exentas de caer alguna vez en el ridículo.

Sucedió antes de su muerte y fue la última vez que lo vi.

* * *

Aquí está la entrevista completa que le hice para *Poder*.

Después de conversar con Carlos Ahumada, para ser sincera, me quedé con la misma sensación de misterio y de ocultamiento que se percibe públicamente, es decir, aquel que no dice toda la verdad o sólo una parte de ella. Por ejemplo, hay algo claro: no da cifras, ni de sus ganancias, ni de su facturación, ni de sus inversiones, ni los nombres de sus socios. Como mínimo, suena raro; como máximo, en la vida de este hombre hay algo sucio.

—Cuénteme algo de su vida personal, dónde nació, cómo es su familia. ¿Cómo llega a México desde Argentina y por qué?

—Nací en Córdoba, una provincia del centro argentino. Soy el séptimo de siete hermanos. Mi papá ya murió y mi madre vive y tengo una relación maravillosa con ella. Y de ella he aprendido muchos de los principios que hoy me rigen: trabajo, lealtad, honradez y alegría de vivir. Llegué a México el 6 de octubre de 1975 (pleno gobierno de Isabel Perón e imperio de la violencia de la ultraderecha peronista y la guerrilla) acompañado de mi mamá y de mi hermano Pablo. Comencé la primaria en Argentina y la terminé en la Escuela Juan M. Álvarez de la ciudad de México. La secundaria la hice en la Secundaria núm. 95 de México. La preparatoria en el Colegio de Ciencias y Humanidades Plantel Sur y estudié hasta el cuarto semestre de la carrera de Actuaría en la Facultad de Ciencias de la Universidad Nacional Autónoma de México. Mi vida no fue nada fácil, comencé a trabajar desde muy chico: fui lavacoches, mesero, cadenero en una *discoteque*, gerente de esa misma *discoteque*, taxista, analista programador de un despacho, consultor y, posteriormente, puros trabajos relacionados con negocios propios.

—Hábleme de su empresa constructora que genera tantas polémicas. ¿Cuándo y cómo la creó? ¿Cuánto factura? ¿Cuántos empleados tiene?

—Bueno, la empresa la fundé como empresa constructora, desde hace más de 10 años, aunque me he dedicado a la actividad empresarial desde muy joven. No sé si usted sabe, pero fui acreedor del Premio Nacional de la Juventud en 1983, entregado entonces por el presidente Miguel de la Madrid Hurtado, en enero de 1984. Tengo 2 500 personas que trabajan para mí. ¿Me pregunta cuánto facturo por año? Algo atrevido de su parte. Sólo le diré que varios millones, pero no exactamente cuántos.

—Dígame, Ahumada, ¿por qué no da entrevistas? Muy poca gente conoce su rostro y en un mundo globalizado los negocios son transparentes. ¿Es una cuestión personal u obedece a una estrategia empresarial? ¿No cree que esta actitud lo perjudica?

—La verdad es que no me gusta andar en los medios, no es mi actividad. En el diario *Reforma* han sacado algunas fotos mías, así que no creo que sea como usted me dice. No estoy de acuerdo en que esta actitud me perjudique en mi actividad empresarial ni en mi ámbito familiar, que son mi mayor preocupación.

—Muchos lo ven como misterioso y, a veces, envuelto en rumores y acusaciones, como el narcotráfico. ¿Qué piensa? Es una acusación grave...

—No estoy de acuerdo. Es una infamia, una campaña. Los que me conocen y tienen relación conmigo saben perfectamente quién soy y cómo soy. Y debido a eso he podido llegar a ser lo que soy como empresario y tener los logros que tuve. Gracias a toda esa gente que cree y creyó en mí. Al principio, debo reconocer, me sentía un poco mal y con una gran impotencia porque veía cómo, sin ningún fundamento, irresponsablemente, se puede crear una gran mentira como la que usted me dice y que se ha publicado por ahí. Es de una irresponsabilidad sin límites. ¿La verdad? No me afectan en nada, no siento nada porque ni los leo. No leo nada de lo que dicen sobre mí. Sí sé que en este país algunos medios no cumplen con su trabajo, no son profesionales serios, muchos lo realizan en base a consignas personales o políticas, o simplemente se dejan llevar por rumores o chismes. Que digan lo que digan, yo tengo la conciencia limpia. Ellos no...

—Se publicó que la avioneta en la que venía el legislador panista Luis Zuno y al que se le encontró con un arsenal de armas de guerra era suya. ¿Qué vinculación tiene con él?

—Eso es otra mentira que fue publicada irresponsablemente por un diario que no voy a mencionar. Ese avión no es mío y la misma Procuraduría de México lo negó. Tengo con Zuno una relación profesional, nada más.

—¿Cómo se le ocurrió fundar un diario cuando usted no pertenece a los medios de comunicación? ¿Cuánto dinero invirtió y quiénes son sus socios? ¿Está feliz con el diario? ¿Participa de las reuniones de sumario y de portadas?

—Mire, no se me ocurrió a mí crear un diario, fue un negocio como muchos otros que me vinieron a plantear. No soy un hombre al que le interesen mucho los medios de comunicación, aunque parezca chocante o cínico lo que digo. En un principio, por las características del inmueble y el precio de la compra, lo vi como un negocio viable desde otra perspectiva: un negocio inmobiliario que garantizaba la inversión inicial. No quiero decir cuánto dinero invertí, ni quiénes son mis socios. Prefiero no dar ese dato, no conviene a mis intereses...

—¿Por qué? Es un diario, un medio público de información y la gente tiene derecho a saber...

—Bueno, es verdad, pero yo prefiero reservarme mi derecho de no revelar esos datos. Mis socios, además, son minoritarios.

—¿Qué lo impulsó a lanzarse con un medio, en un país con competidores difíciles?

—Hacer un diario diferente, objetivo, que informe, que sea imparcial y que toque todos los temas de la vida nacional con seriedad y confiabilidad y en el que haya lugar para la diversión y el humor. Estoy muy satisfecho con *El Independiente*. En poco tiempo, hemos alcanzado metas que jamás pensamos que fuera a ir tan rápido. Y aunque no participo en las portadas, me siento muy involucrado con el trabajo.

—¿Cómo se define políticamente?

—Soy un tipo que cree en el trabajo y en la perfección para conseguir los objetivos. Eso en lo personal. En lo político, durante mi infancia en la Argentina viví situaciones muy fuertes y muy difíciles, que dejaron en mí una huella imborrable y que, con el paso del tiempo, derivaron en una convicción democrática y pluralista que aplico en todas las áreas de mi vida. Aquellos episodios traumáticos marcaron mi personalidad futura, soy profundamente democrático...

—¿Cuál es su relación con el PRD? ¿Es cierto lo que dicen sobre usted y Rosario Robles, que tienen una relación más que amistosa?

—¡Por favor! Con Rosario Robles somos amigos, tengo con ella una respetuosa relación de amistad y de afecto y de coincidencia ideológica en muchos aspectos. Vuelvo a repetir: amigos y nada más. Nada que ver con esos rumores malintencionados, es lo mismo que con las demás cuestiones de mi vida. Y con el PRD no tengo tampoco ninguna relación, sólo alguna amistad que tengo con algunos miembros del partido. Sólo eso. Mi única pasión son mis hijos y mi esposa, por favor...

—Se sabe que el mayor flujo de su fortuna proviene de los negocios con el Estado y de dudosas licitaciones otorgadas a su empresa por algunas gobernaciones...

—Otra mentira. El flujo de dinero que viene de los negocios con el Estado se debe a que la empresa constructora tiene la mayor posibilidad de emprender proyectos promovidos por el Estado y esto es consecuencia de que en todo el mundo el Estado tiene un papel preponderante en la industria de la construcción, ya que dentro de las actividades prioritarias para el desarrollo y detonar la economía es incentivar la industria de la construcción. Y siempre participamos con absoluta honradez y transparencia...

—¿Seguro?

—Absolutamente. Lo nuestro es trabajo y puro trabajo...

—¿Le gustaría que Andrés Manuel López Obrador, que hoy encabeza las encuestas, llegue a presidente de México en 2006?

—No, no me gustaría. Porque lo veo como un demagogo, populachero, obsesionado por el poder y por querer ser presidente de México. Y esta obsesión lo ha llevado, como dijo Javier Aguirre, ex entrenador de la Selección Nacional de futbol y hombre que ve más allá del simple juego, quizás a estar haciendo un boquete a las finanzas de la ciudad. Espero, por el bien de todos los que vivimos en esta hermosa ciudad, que no le reviente la crisis económica y que quien lo releve en el 2006 tenga la capacidad de corregir este problema financiero.

—Por lo que escucho, el diario no será la plataforma de la campaña presidencial de López Obrador...

—No. La idea del diario va más allá de proyectos coyunturales. *El Independiente* está mucho más allá de proyectos políticos.

—¿Siente que tiene enemigos?

—No tengo enemigos o, al menos, no los conozco. Sí tengo competidores que ven en mí y en mi crecimiento el miedo de que podamos ganar el mercado o parte de ese mercado que ellos tienen. Me refiero a algunos medios. Y, como consecuencia, algunos pueden sentirse amenazados.

—¿A cuánto asciende su fortuna personal? Tiene varias casas, autos carísimos, avión...

—Tengo un avión, pero déjeme guardar el secreto de mi fortuna. Le confieso algo: es muchísimo menos de lo que imaginan. La gente y los periodistas tienen mucha imaginación...

—¿Cuánto dinero tiene en el bolsillo ahora?

—Unos 120 dólares, más o menos, en pesos mexicanos...

Entre el mezcal, las ánimas
y un puñado de malandrines

Está negro el volcán y el trueno
engulle las haciendas de pronto...

MALCOM LOWRY

Malcom Lowry encontró la razón de su existencia cuando el Día de Muertos de 1936 se instaló en Quauhnáhuac, la ciudad de la eterna primavera, que en náhuatl quiere decir "entre los árboles". Flores multicolores; lluvias, barrancas y selvas olorosas; el Popocatépetl casi al alcance de los dedos; noches de insomnio en bares decadentes; la sala de billar del hotel Casino de la Selva y el mezcal, ese brebaje maldito que lo arrastró al fondo de sus miserias. México, con toda la exuberancia de su geografía, la luz y la bruma, los truenos y los espectros rumbosos de la sagrada pulpa de luna del maguey, continúa como hace 70 años, cuando el hombre llegó con Jan Gabrial, su primera mujer y toda su intensidad a cuestas.

Fue en Cuernavaca, capital del estado de Morelos, donde el escritor británico, de rostro recortado a cuchillo y cuerpo esbelto de atleta, se inspiró, transpiró y vomitó la trama de *Bajo el volcán*, una de las novelas más importantes del siglo XX y una de mis preferidas.

En la habitación 212 y en el bar del hotel Casino de la Selva —hoy destruido por la máquina de la delincuencia política y una trasnacional de supermercados—, propiedad del millonario Manuel Suárez y reciclado por el arquitecto español Félix Candela, entre murales de González Camarena, Messeguer Villoro, Mario Orozco Romero y Jorge Flores; Geoffrey e Ivonne Firmin, los trágicos protagonistas del relato, se destruyeron de amor, de locura y de muerte.

Yo también —en su honor y en el de otros insensatos que desmayaron bajo el embrujo de la ciudad de los árboles y las pesadillas— llegué por vez primera a Quauhnáhuac un agitado Día de Muertos de 2000, un poco contagiada por aquello que escribió Lowry: "Una vez al año los muertos viven un día; sólo en México podía transcurrir esta novela". Lo mío no era el afán de una novela, sino algo tan patético como un desengaño amoroso y cierta curiosidad por ese entorno salvaje. Mi obsesión y mi rabia me hicieron creer estúpidamente que podía revivir una relación que estaba muerta. Típico voluntarismo femenino de todos los tiempos que nos ahoga en el río de las calamidades.

La discusión telefónica de la mañana mientras la televisión transmitía *Lawrence de Arabia*; mis lágrimas atragantadas y el horrible paisaje urbano que veía a través de la ventana de la habitación del Hotel Emporio, de Reforma; la cita donde me plantó con excusas vagas y aquella carta manuscrita en un español rudimentario y con un mensaje ambiguo, que ese cobarde congénito había dejado en el *lobby* del hotel, junto a un ramo de rosas rojas, eran evidencias que mi terquedad me impedían ver. Nunca un ramo de rosas me pareció tan inútil y feo. Mis ojeras y esa mala onda que cuando me absorbe no la puedo disimular se adivinaban de lejos. Bajé al *lobby* reluciente y cursi y le pregunté a un taxista del hotel por un sitio divertido. Estaba en el México deslumbrante y desaforado que había estudiado apasionadamente en mis clases de historia de la universidad. Y salvo por algunas pasadas rasantes como enviada especial para cubrir algún acontecimiento o hacer una entrevista, había visto poco del país.

México vivía entonces en la ilusión del cambio. La esperanza y la alegría se percibían en todas partes. El desembarco imprevisto de Vicente Fox en el poder era tema de conversación ineludible entre los amigos y colegas. Y con los desconocidos. Confieso que me intrigaba ese grandote vestido de charro, bocón y arremetedor, que prometía tornados de pureza política y moral a un México que salía de 71 años de dominación priísta, corrupción y escándalos. Mientras las horas volaban yo no podía resignarme a que un revés sentimental me dejara en ese estado de desolación y encerrada en un hotel deprimente. "No era éste el primer hombre de mi vida y tampoco sería el último", me dije juntando fuerzas. Después de todo, yo era una reina y él no era nadie.

El taxista me miró y se compadeció de mí. Era una extranjera a la deriva a la que una minúscula gentileza desarmaba irremediablemente. Surgió de su boca la idea de visitar la ciudad de los nahuas por un precio razonable y me ganó la convicción de una escapada que bien valía la pena.

—Es *cerquita*, señorita, apenas 100 kilómetros. Yo la llevo cuando quiera y no le cuesta casi nada. Usted está triste y le va a hacer bien salir de la ciudad. Cuernavaca, le aseguro, es bien bonita y estamos en el Día de Muertos... —así hablaba Ramón, el taxista, quien me convencía.

Era el 31 de octubre y a la medianoche llegaban los angelitos.

Más allá del infortunio, tuve de golpe sensaciones mezcladas. La ceremonia de los difuntos me remontaba en cámara lenta a uno de los poquísimos paraísos de mi infancia: la casa de mis abuelos maternos, en un pueblito pobrísimo del nordeste árido de Argentina, sembrado de mitos y leyendas fantásticas, donde fui feliz. Allí recordaban y mucho el Día de Muertos. Con idéntico sincretismo, pero menor espectacularidad, la fecha tenía un fuerte significado pagano y religioso. Era una fiesta, por eso las fantásticas celebraciones mortuorias mexicanas me empujaban a revisitar mi niñez.

Para los primitivos habitantes de la colonia Carlos Pellegrini, a orillas de los exuberantes Esteros del Iberá, se moría con la misma naturalidad con que se vivía. A las ánimas se les respetaba y atendía con devoción. Vivían integradas al rito cotidiano de aquella casa de paredes de barro, piso de tierra y techos de paja, tanto como el armado del fogón para hacer la comida o la caminata de 10 kilómetros diarios hasta la laguna para buscar agua. Por las noches, los chicos nos sentábamos en círculo alrededor de mi abuela Ángela o mi abuelo Martín, y en la negra oscuridad del patio, bajo millones de estrellas y el sonido amenazante de los animales salvajes, escuchábamos cuentos y anécdotas de aparecidos.

Historias increíbles de almas atormentadas que vagaban con sus vestidos brillantes de blancas luces sobre el agua de la laguna, amantes asesinados que buscaban venganza, caballos sin jinete que corrían por el campo sin rumbo fijo, angelitos que regresaban por el abrazo de su mamá o enviaban mensajes desde el más allá.

En esas rondas nocturnas de fantasmas y sortilegios aprendí inconscientemente que la muerte, como la vida, es sagrada, un territorio inexpugnable y sin manipulaciones humanas que alguna vez me atrajo peligrosamente, hasta que no hace mucho logré alcanzar un equilibrio inestable.

Del altar del dormitorio de mi abuela emanaba un aroma difícil de definir. Oculta entre innumerables vírgenes y santos, ella guardaba una calavera pequeñísima que yo contemplaba fascinada cuando nadie me veía. San La Muerte era el amuleto más preciado de mi abuela y su origen se extiende a los años de la colonización jesuítica sobre los guaraníes. Estaba tallado en la falange de un niño muerto bautizado, tenía una capa colorada y una guadaña. La abuela decía que el esqueleto sagrado perdía su poder si otra persona lo tocaba y, por las dudas, presagiaba horribles apocalipsis si la orden no se cumplía. El magnetismo que ejercía —y ejerce— sobre mí el santito de la muerte superaba la culpa por desobedecerla y el terror por sus vaticinios. Eso sí, sólo lo contemplaba de cerca, a la par que me asaltaban pensamientos truculentos: me preguntaba quién había sido el pobre angelito al que le amputaron la falange para tallar la poderosa reliquia.

San la Muerte es temido y adorado. Protege y cura los males del cuerpo y del alma. Recupera amores perdidos o se venga de desaires, cuida a su dueño y es implacable con los castigos al enemigo o a quienes no cumplen las promesas. Los hay de madera de Palo Santo, otros están hechos con el trozo de hierro de una campana de una iglesia y hay algunos que se lo colocan debajo de la piel para que no le penetren las balas. Un hermano de mamá tenía un San La Muerte increíble, realizado sobre una bala servida de 38 milímetros, que había matado a un pistolero. La abuela había llevado la calavera a misa, escondida en su sostén, para que el cura —sin saber, claro— le diera la bendición. Sólo así, el señor de la muerte era efectivo.

El 15 de agosto es su día y en la casa de los abuelos las mujeres rezaban rosarios y padrenuestros, mientras los músicos tocaban canciones típicas, sin detenerse, para que el santo no se ofenda; se bailaba hasta caer rendidos; se carneaba y se asaba una vaca; se bebía la sangre todavía caliente; había pastelitos de dulce y queso y tortillas fritas, y flores y velas encendidas en todas partes. Al final del día terminaban todos borrachos y felices. El fetiche de mi madre era de madera, no tenía capa roja, ni guadaña; por lo tanto, no me generaba interrogantes morbosos. Ella lo llevaba envuelto en un pañuelo y lo escondía en un sobrefondo secreto de la cartera, para que mi padre no se lo robara. Papá aseguraba que mamá lo utilizaba para hacerle maldades y brujerías y le echaba la culpa al esqueleto de cualquier tropiezo, hasta del más ligero. Un día, el santo desapareció del escondite que le había fabricado mi madre y se desvaneció para siempre entre los estertores violentos de un matrimonio cuyo destino final era la muerte.

México era una celebración de la vida en el Día de los Fieles Difuntos.

En las casas, las familias aguardaban felices la llegada de sus queridas ánimas, con altares adornados especialmente con flores de cempazuchil, gladiolos, velas, agua, sal, pan y todo aquello que el muertito había querido en vida. Sobre una mesa con mantel blanco se desparramaban juguetes, comidas, trajes y, en todas partes, música de mariachis. Las tumbas de los cementerios se engalanaban de colores por varios días en honor de los que partieron. Como en el pueblito de mis abuelos, la magia de los espectros, sus penas y alegrías mundanas se enredaban de nuevo con los vivos.

En el DF habían quedado las cenizas de las intensas charlas que mantuve con periodistas y amigos, muchos de la comunidad argentina residente en México, que, deseosos, fueron a escucharme al teatro *Stanistablas* cuando presenté mi libro sobre Carlos Menem, en el que detallé los absurdos del poder político de la Argentina de los 90. El ranchero de Guanajuato era la metáfora del macho valiente, seductor y extravagante, el que se animó y solo pudo contra los malos. Llegaría al poder casi de la nada y rodeado de un puñado de amigos ambiciosos, una excelente campaña electoral y una vocera-amante insaciable y astuta, que muy pronto lo devoraría. La realidad más tarde demostraría que el hombretón que mutó la vida política de México era una triste burbuja de jabón. Pero eso es otra historia.

Mi maleta guardaba poquísimas cosas: un libro de poesías de Ted Hughes que acababa de salir, varios *compact* de Paquita la del Barrio y de Javier Solís (para llorar) y la carta de ese idiota, para releerla y flagelarme, es decir, convencerme de que no valía la pena y girar el volante del auto a 180 grados. Todo el tiempo me preguntaba qué mierda hacía en México a merced de un gringo inmaduro que me maltrataba.

Amé Quauhnáhuac desde que la vi, olí y bebí. México estaba cargado de malas sensaciones para mí y eso duró un tiempo considerable. Más adelante pude exorcizar esas emociones malignas y me entregué sin reservas, ni defensas. A corazón abierto y acurrucada debajo de la piel aceitunada y sensual de un hijo de mexicanos que me ama. Pero aquel día de finales de octubre, no sabía ni me importaba lo que me deparaba el futuro. Me sentía estúpida y perdida.

De la mano de un cordial desconocido me asomé a un territorio bellísimo que cobijó momentáneamente mi desconsuelo y despejó mi cabeza embotada. Cada callejuela sinuosa donde deambulé perdida, las esquinas y los balcones con bugambilias, aquellos platillos exquisitos en *La India Bonita*, la casa de Maximiliano y los tequilas de *Las Mañanitas* me transformaron en una prisionera de su alma.

Ramón me dejó en una posada económica y limpia, cercana a la plaza, y regresó a buscarme a los tres días, después de los ritos de los difuntos. Quería estar y sufrir sola por mi corazón adoquinado e imbécil, mientras las ánimas regresaban a la tierra. Tenía razón Paquita: los hombres eran puras ratas mentirosas, gusanos que sólo merecían maldiciones. Pero qué difícil era la vida sin ellos…

Quauhnáhuac me pareció un carbónico perfecto de Lowry, de sus borracheras, pasiones y paranoias. Confieso que me hubiera encantado nacer allí, en esos años desmesurados y pegada a seres perdidos y fuera de la ley. Los diez meses que el británico permaneció en la ciudad dejaron cicatrices imborrables y no únicamente por lo que significó el parto local de una novela magistral, que pudo publicar recién 10 años después. Son otros embrujos y otras sombras. Para sus admiradores, el aire y el suelo de Cuernavaca huelen a Lowry. Sin embargo, el mapa de Morelos muestra señales perturbadoras de la vida y muerte de otros. Héroes y bandoleros, diosas y perdedoras.

Es Emiliano Zapata, Frida y Diego, Rufino y Olga Tamayo, David Alfaro Siqueiros, Natasha y Jaques Gelman, Tamara de Lempicka, Erich Fromm, León Trotski, *Cantinflas*, Elena Garro, Ernesto Cardenal y mi queridísimo Manuel Puig. Y una violencia inquietante que la recorre de palmo a palmo desde hace varios años: secuestradores sanguinarios, sicarios y narcotraficantes aliados con la policía se mueven por el Estado con la impunidad que les da la protección del poder político. El "Señor de los cielos", Amado Carrillo, tenía su búnker en Cuernavaca desde 1990 y sus herederos y parientes —no importa el color político de los caciques gobernantes— continúan allí después de su muerte.

Cuando llegué, el recién electo gobernador panista Sergio Estrada Cajigal, un pícaro señorito ligero de bragueta y con aires de Don Juan de país tropical, denunciaba que había encontrado micrófonos ocultos en su despacho que, según él, le habían plantado los priístas para vigilar sus movimientos. Proclamaba a los cuatro vientos decencia, solidez intelectual y vocación de servicio. Un currículum sobredimensionado en las virtudes del nuevo mandatario y cojo en las muchas miserias. Decía que había nacido el 23 de agosto de 1961 en Cuernavaca, que hablaba el idioma de Shakespeare y era egresado de la Universidad Iberoamericana, que conocía de las artes de la comunicación y, sobre todo, que su profunda preocupación por el futuro de los hijos de los habitantes de Morelos lo llevaron a dedicarse a la política, con tan buena suerte que al poco tiempo de semejante sacrificio y entrega fue electo gobernador del estado. Lo que no contaba el C.V. era que el desbocado y folklórico *play boy* morelense tenía la notable actitud de arrasar con cualquier tipo de convención social y moral. A poco de asumir el cargo, protegió a funcionarios corruptos, despilfarró dinero del erario público en sus diversiones y no discriminó en cuestiones de amistades. La revista *Casas y Gente* lo exhibe en la rimbombante fiesta de su segundo casamiento, con Maika Gómez de la Borbolla. Sin embargo, Estrada Cajigal mantenía un romance con Nadia Esparragoza, hija de Juan José, "El Azul", Esparragoza Moreno, capo del *cártel* de Juárez. Lo que se dice todo un caballero el honorable gobernador Estrada Cajigal, hoy bajo la protección de la benemérita PGR de Rafael Macedo de la Concha. Nunca tomé tanto tequila y mezcal como esos días en Cuernavaca, a pesar de mi rechazo físico a las bebidas duras. Quería desaparecer bajo la tierra húmeda y la fugacidad de las celebraciones. Los ritos alrededor de los muertos no son otra cosa que el espejo de una cultura, los gestos que se marcan en un rostro como una vulgar cicatriz, las respuestas a todas las interrogantes.

Dice la historia que Quauhnáhuac era de los tlahuicas, que nació varias veces, guerreó varios siglos y de sus entrañas ardientes nació Moctezuma, hijo del Señor Azteca y la princesa Tlahuica. Y dice también que sus pobladores tienen fama de rebeldes y vanguardistas, que se enfrentaron sin pudor contra los poderes de turno, contra el Estado y la Iglesia. Pero en una porción de ese espíritu de insurgencia y audacia está su costado oscuro: son fáciles de seducir por los poderosos y se deslumbran rápidamente con las novedades del extranjero. Los habitantes de otros estados dicen que los morelenses son "insípidos", que no tienen personalidad y que por eso se dejan llevar por los de afuera. Al arribo de los españoles, en 1519, era una ciudad rica, bella y bastante poblada, con grandes huertos y profundas barrancas cruzadas por puentes colgantes de madera y lianas. En 1523, el conquistador Hernán Cortés, enamorado del territorio, fijó allí su residencia favorita: un palacio espléndido que construyó en 1526, hoy convertido en museo. En las 20 salas de la residencia pude disfrutar del seguimiento de la historia de Morelos desde los orígenes hasta la revolución, rodeada de bellos murales de Diego Rivera con la descripción de la tragedia y la pasión de la Conquista.

Quauhnáhuac fue el escenario de sangrientas batallas y largos sitios. Los fantasmas de sus muertos sobreviven entre el paisaje. Se intuye esa presencia en el aliento mortecino de las piedras de las calles retorcidas y en el aire fresco de la noche. Las máscaras de los danzantes y los ojos de una prostituta. Se devora en los tamales de iguana y las quesadillas de flor de calabaza, en el guacamole y los frijoles fritos. En el gusano del mezcal.

Cada año, los difuntos nacen y se vuelven a morir, pero el alma permanece en la tierra que los vio sangrar de vida.

Maximiliano de Austria y la desquiciada Carlota disfrutaron de los placeres del Jardín Borda, una joya de la arquitectura barroca del siglo XVIII, con jardines y patios construidos como un calco de un patio andaluz. Todavía exhibe las plantas de mango y café que su dueño original, el rico minero don Manuel de la Borda, se encargó de sembrar. A comienzos de 1900 se inician los levantamientos contra los ricos hacendados. Aparecen las guerrillas, las epidemias y las plagas, que dejan un tendal de cadáveres. Irrumpe en el horizonte nacional Emiliano Zapata y aún pululan unos pocos sobrevivientes centenarios de aquella banda legendaria que cuentan historias de alucinantes batallas. Un viejo del lugar, seguidor fanático del guerrero, me dijo que el alma de los zapatistas cruje en las honduras de la tierra morelense y que en las noches de luna se puede escuchar el ruido de los caballos y los balazos de un Máuser. Morelos está permanentemente dispuesta a revivir los sueños revolucionarios de su bello caudillo asesinado a traición el 10 de abril de 1919, en la hacienda de San Juan Chinameca. En 1930 llegaría la reivindicación: Diego Rivera pinta un mural dedicado a Zapata, en el Palacio de Cortés, a 11 años de su muerte. Fue el sentido homenaje del gran maestro a un jefe de la revolución, allí en el sur, donde "hasta las piedras eran zapatistas", como dijo Octavio Paz.

La madrugada del 1 de noviembre tuve sueños raros.

Toda mi vida adoré a Emiliano Zapata por encima de Pancho Villa, que me parecía un bandolero sin ideología, ni escrúpulos. Entre el alcohol, los fuegos artificiales y los arañazos de mi melancolía, creí sentir el trote de su caballo en la noche ajena de Cuernavaca. O estaba muy loca o la sugestión me dominaba por completo. Conocía bien las trampas de mi espíritu supersticioso. Una mujer del mercado, a la que le compré un collar de piedras de colores, me dijo que no era locura el sueño, que en Cuernavaca a los extranjeros les pasan cosas raras y que los límites entre la realidad y el absurdo eran invisibles.

La ciudad, al revés de otras, no permaneció ajena a la lucha religiosa del derechista movimiento cristero, pero generó lo opuesto. La teología de la liberación y los sacerdotes del Tercer Mundo encontraron un refugio ideal para el debate y el crecimiento. El obispo Sergio Méndez Arceo es el emblema territorial de los cambios que comenzaron a gestarse en la Iglesia a partir del Concilio Vaticano II.

Quauhnáhuac carece de zonas grises, no hay términos medios. Y esto me gusta, más allá de que ya no veo la vida en blanco y negro. Es todo o nada: salud y enfermedad; lealtad y traiciones; vida y muerte. Dios y el diablo están en todas partes: en los pobladores viejos y nuevos, en los cuentos que vienen desde lejos, en los toros y las leyendas, en las velas y flores de los altares de los muertos y en mí misma, una argentina insensata y enamorada de este terruño y su gente.

Cuando Tamara de Lempicka —la *belle polenaise* (bella polaca) o la *Femme D'Or* (la mujer de oro), emblema del *art decó* y la liberación femenina— desembarcó en Cuernavaca, después de largos periodos de vacaciones, la pequeña y tumultuosa urbe era el icono del surrealismo y la extravagancia. A partir de los años 20, la tierra de Moctezuma y Zapata se había convertido en el sitio preferido de veraneo o exilios obligados, de pintores, escritores de vanguardia, millonarios excéntricos y aburridos, y espías alemanes y japoneses.

David Alfaro Siqueiros vivió en Cuernavaca, donde tenía un taller que hoy sobrevive convertido en museo, con más de 1 000 piezas. Dicen que se le veía seguido por el hotel Casino de la Selva, acompañado de pintores y escritores locales y extranjeros. El director de cine John Huston, quien tenía una casa espléndida en Puerto Vallarta, también pasó por la ciudad. En 1984 filmó la versión del libro de Lowry, *Bajo el volcán*, con Albert Finney y Jacqueline Bisset, como los atormentados protagonistas, y "El Indio" Fernández y la bonita Katy Jurado. El filósofo y psicoanalista alemán Erich Fromm, el marxista que revolucionó las relaciones de pareja con *El arte de amar*, lectura obligada de los años 60 y 70, vivió en Cuernavaca y enseñó en la universidad.

Tamara de Lempicka, que en realidad era rusa hija de polacos, compró una residencia en la zona de Las Delicias, "Tres Bambúes", donde vivió con su hija Kizette. Era loca y transgresora en todo el sentido de las palabras, aun cuando ya tenía casi 70 años al llegar a México. El apogeo de su obra corresponde al periodo que va de los años 25 al 35. En México era famosa por sus vestidos multicolores bordados con lentejuelas y las joyas que exhibía durante el día, incluso cuando recorría a pie el mercado. En un dedo de la mano izquierda sobresalía un anillo con un topacio gigante, regalo del poeta italiano Gabriele D'Annunzio, con el que la pintora mantuvo un romance. Lempicka gustaba mucho de ir a Tepoztlán con sus amigos, realizar fiestas increíbles para 300 o más personas, a las que asistían intelectuales, políticos, millonarios y prostitutas. La princesa Beatriz de Saboya, María Callas, la riquísima bailarina alemana Elisabeth Gimbel, el fotógrafo Robert Brady y el escultor mexicano Víctor Manuel Contreras la visitaban todo el tiempo. Octavio Paz y su mujer Marie José conocieron a Tamara en estos años locos y entablaron una larga amistad que duró hasta la muerte de la pintora, en noviembre de 1980, en Cuernavaca. Tamara fue cremada y sus cenizas fueron esparcidas por Contreras —según su testamento— sobre el Popocatépetl. Poco antes de morir, el *sha* de Irán, derrocado por la revolución de los *ayatollahs*, había rentado junto a su familia una bonita casona, ubicada justo enfrente a la de Lempicka, donde pasó parte de su exilio. Años más tarde, en 1989, el escritor argentino Manuel Puig, autor de *El beso de la mujer araña* y *Boquitas pintadas*, elegía también, como Lowry, Lempicka y otros, la tierra de los árboles y la primavera eterna, la pasión misteriosa que crece debajo de los volcanes nevados, para vivir y morir.

Los pueblos que nos seducen como una droga o un amor no correspondido, en realidad nos hablan en el lenguaje de las vísceras. Nos estremecen de pena o nos hunden en la pasión. Un olor, la frase de un libro cualquiera, un aguardiente, un *affaire* desvanecido, un recuerdo de la infancia o de otra vida, si es que existe.

Una novela costumbrista del siglo XVIII cuenta de "Los Plateados", famosos pistoleros denominados así por sus ropajes cubiertos de adornos de plata, que asolaban Morelos. Robaban y mataban para sí mismos, pero también para los pobres. Fue allá por 1860 cuando los bandidos populares eran dueños y señores de la región. Dicen los morelenses —y Ramón, el taxista— que las ánimas de estos hombres vagan aún por los caminos del estado. Piden justicia y libertad, como el mítico caudillo asesinado en 1911 y los demás, los nativos y los de afuera, todos los que dejaron allí los vestigios de sus incendios personales.

Tengo formación racional, pero soy supersticiosa. Me atraen demasiado las historias que bordean el filo de la irrealidad y los espejismos. Y en Quauhnáhuac abundan como los árboles y el agua. Pegajosas y ardientes, como esa poesía de Lowry que decía: "Está negro el volcán/ Está negro el volcán y el trueno engulle las haciendas de pronto/ Con esta oscuridad pienso en los hombres que viven el instante/ de la generación/ agachados, de pie/ sentados, en cuclillas, extendidos, alados/ millones de trillones de billones de hombres/ lamentándose/ cabe la exangue mano de la mujer enferma/ Miro sus órganos petrificados en una rica gigantesca/ cayéndose a pedazos ya/ Y esos llantos que no sé si son/ quejas de los moribundos/ o gemidos del amor".

HISTORIAS DE MACHOS PODEROSOS

Chávez, entre Perón y el *Che*, entre Dios y el diablo

> Como tenía don de mando y se daba tanta
> maña para atraerse la voluntad de los hom-
> bres, a cuenta de poco no había en todos
> los contornos más que amigos suyos, por-
> que a los que no habían querido serlo los
> exterminó sin piedad, con lo que quedó la
> montaña en paz y sólo él dueño de ella.
>
> RÓMULO GALLEGOS, *Los aventureros*

"El fin justifica los medios" es sin duda la máxima preferida del comandante Hugo Chávez, que no le hizo asco a nada ni a nadie con
tal de llegar al poder y perpetuarse en él como un monarca. Cuando lo alcanzó, además de los desposeídos de siempre, lo acompañaba una nutrida corte de militares supuestamente progresistas, un
rejunte de políticos desahuciados de los partidos tradicionales,
compinches y amantes, y los infaltables y numerosos parientes
propios y políticos.

Sin demasiado en común entre ellos, la mayoría inicial huyó
espantada y el actual cortejo del Amo de Venezuela está hermana-
do por el "sichavismo" a ultranza y una ansiedad por "progresar"
rápidamente en el terreno económico, donde no le fue nada mal.
Se trata de la rica, derrochona y ostentosa burguesía revolucionaria
de la Quinta República, los nuevos VIPs que viven la algazara tropical sumergidos en los petrodólares revolucionarios y sin ningún
sentimiento de culpa por los miserables que hurgan en los tachos
de basura de las mugrientas calles de Caracas.

Declarado "socialista" de indefinidos postulados y afecto a las teorías conspirativas que cada tanto lo convierten en "víctima de un atentado"; vástago pródigo de Fidel Castro y protector de las FARC y de cuanto guerrillero marginal pulula en la región; mercader pragmático del petróleo patrio que suministra al "enemigo" gringo, de cuyas ganancias millonarias abastece sus mundanos gastos privados y almacena carretadas de fusiles de guerra para su revolución inconclusa, Hugo Chávez camina a convertir a Venezuela en un régimen autocrático de imprevisibles consecuencias para la zona.

Émulo del emir de Qatar, engendró Telesur, la "Al Jazeera" bolivariana, que en pocos meses transmitirá los escarceos televisivos de su tropa latinoamericana, ataviada con trajes típicos, mientras amordaza, doblega y extorsiona a periodistas, medios y opositores, con el argumento único de que "mienten, atacan y difaman a la revolución bolivariana, porque están pagados por la CIA".

El comandante es un animal político y un populista extravagante y temerario.

Lo entrevisté en Caracas y en Buenos Aires, hablé con amigos, ex amigos, funcionarios, ex esposas y amantes, y guardo un extenso archivo sobre su vida política y personal. De baja estatura y aspecto de zambo, de lengua rápida e incansable, el mandatario venezolano es inteligente, seductor, astuto y con una voracidad de poder ilimitada (y preocupante). Asegura que es Bolívar y Ezequiel Mora, Juan Domingo Perón y el *Che* Guevara, una mezcla desopilante y de muy compleja conciliación. Quizás en lo único que Chávez se asemeja al líder de los descamisados argentinos es en la furiosa polarización social que se generó bajo su mandato, donde no hay término medio: un bando y el otro se odian con una intensidad sólo comparable a la Argentina de Perón, cuando las diferencias eran mortalmente incompatibles.

No quisiera vivir en un país gobernado por Chávez, con todo el cariño que siento por los venezolanos. Esa tierra caliente y mágica de mi adorado Cabrujas, el de aquellos estupendos culebrones de la tarde y de Rómulo Gallegos y su doña Bárbara.

Después de investigar y conocer su vida, sus abultados pecadillos públicos y privados no son perdonables (ni deben serlo por eso de que la izquierda es siempre buena y la derecha mala) en nombre de cualquier resistencia antiimperialista, ni inflamado discurso patrio, ni exagerado y sospechoso amor a los pobres que, la verdad sea dicha, se asemeja a un asistencialismo muy conveniente para su eternización, con el petróleo en la mano como garrote o recompensa. Hombre seguro de él mismo y carente de complejos, representa cabalmente el latino ideario femenino que habla del macho feo y con mano dura, que cuanto más te maltrata, más te ama. De porte marcial, allí por donde pasa las mujeres de todas las edades se le abalanzan, lo abrazan y lo besan. Detallar la lista de amantes que la mitología popular le atribuye al comandante requeriría un tomo de la guía telefónica. Hombre de corazón abierto y dotes poéticas, deja una falda alborotada en cada país que visita.

Alicia Castro, la madura aeromoza argentina, diputada y dirigente del sindicato de aeronavegantes, de abultada cabellera rubia, piernas largas y labios rojo furioso, no pierde ocasión para declarar el amor incondicional, apasionado y combatiente que siente por su líder, quien cada vez que la encuentra la convierte en una reina. Sobre todo cuando se reúnen en la suite presidencial del hotel más caro de Buenos Aires o él la invita a darse una vueltita por Venezuela en el avión bolivariano estilo saudí, para "interiorizarse de la revolución y del Movimiento de la Quinta República". La sindicalista chavista de las pampas, contagiada del estilo de su jefe, parlotea sobre la relación que los une de manera enigmática: "Mi romance es con la revolución, no debemos frivolizar esta relación de dos años que tengo con Hugo Chávez", mientras posa con aire sugestivo, minifalda roja y una fotografía del comandante en sus manos.

Mientras Hugo Chávez se declara socialista, expropia tierras privadas, proclama la revolución armada contra el capitalismo globalizador y sus fanáticos seguidores retozan y reviven añejas ilusiones setenteras, el hombre, su abundante y colorinche familia y una caterva extensa de amigos y lacayos viven como césares en una tierra miserable.

* * *

Frente a tantas y profundas desigualdades sociales y una casta gobernante disparatada, deshonesta y fiestera, cabe preguntarse alguna vez qué responsabilidades caben y a quiénes.

La élite política y económica venezolana, así como gran parte de ese heterogéneo y multifacético rejunte opositor se dejaron cegar por las ambiciones personales y el resentimiento social —critican a Chávez por cosas tan superficiales como el color de su piel: dicen que es un "mono analfabeto"— y no fueron capaces de dar una solución racional a la crisis. Son los mismos que por acción u omisión arrastraron a Venezuela a la decadencia de la que emergió Hugo Chávez, los que apoyaron un golpe de Estado en 2002 y nunca se preocuparon por achicar el abismo cada vez mayor entre los ricos y los miserables, que hoy encuentran en el comandante a un padre dadivoso que escucha pero que, sobre todo, reparte. Según todos los analistas, aun los que simpatizan con el gobierno, el gasto público se triplicó en el 2004, por medio de las arcas de la estatal Petróleos de Venezuela. Entiendo bien por qué quieren a Hugo Chávez Frías más de la mitad empobrecida de Venezuela y por qué lo votaron y lo seguirán votando: el comandante es uno de ellos.

Antes de escribir esta crónica, hablé con mi amigo John Lee Anderson, quien escribió un extenso reportaje sobre Chávez en el semanario *The New Yorker*. Lo mismo que yo, sé que Anderson tuvo —y tiene— contradicciones con el mandamás de la revolución bolivariana. Rescato especialmente una frase de aquella conversación:

Comprendo bien por qué surgió Chávez y por qué mucha gente tiene sus esperanzas puestas en él, en que cambiará radicalmente la situación. Los políticos tradicionales son un fracaso, están atrás del escenario complotando, sus discursos son racistas, de clase, y ninguno ha hecho un esfuerzo maduro por abrir un diálogo con él. Desprecian a Chávez y sacan el dinero del país y el nivel de discusión es bajísimo. Por lo tanto, Hugo Chávez es un hombre muy solitario, aislado, se cree un *micromanager* y cree estar dotado de cierto espíritu mesiánico. Es un idealista, un *showman*. En él hay algo de *Zelig*, esa película de Woody Allen en la que el protagonista se vuelve gordo cuando se pone frente a un gordo y se vuelve negro cuando se pone frente a un negro. Tiene una gran necesidad de que la gente lo quiera y es muy difícil saber qué hay en el fondo. Es un hombre de muchas caras.

Los diarios venezolanos publicaron el año pasado los gastos anuales del presidente en su atuendo: 160 374 dólares, lo que es igual a pagarle un salario mínimo mensual a 620 obreros. Y los números hablan también de sus accesorios de tocador parece que el hombre no se fija en gastos a la hora de acicalarse: 22 593 dólares en cremas, rastrillos, perfumes y todo lo necesario para mantener suave y joven el cutis revolucionario.

El émulo de Bolívar aumentó sus gastos, desde el año 2000, en más de 747 por ciento. A esto se suman otros miles de dólares en vinos y en caprichos *delicatessen*, y todo del erario público. Como se puede apreciar, en los tiempos que corren, las revoluciones dan abundantes dividendos para los que los lideran: un caudillo polifacético emergente de una región miserable y volcánica, dueño de un discurso que penetra entre los olvidados (y siempre estafados) de la tierra.

Entrevisté a Hugo Chávez tres veces, una de ellas en Buenos Aires, antes de que ganara la elección que lo encumbró en el poder de Venezuela. Platicamos una noche, a mediados de los 90, en el hotel Panamericano de Buenos Aires. El entonces teniente coronel apareció acompañado de un par de militares "carapintadas" argentinos, del grupo "Albatros", que habían estado presos, acusados de insurrección contra el gobierno de Raúl Alfonsín y el de Carlos Menem. Ellos eran sus contactos en Argentina y él mantenía correspondencia con ellos desde hacía tiempo. Desconfié de esos personajes y le dije algo, pero me respondió con evasivas. Había llegado a Buenos Aires invitado por el grupo de revoltosos, que le presentaron a Norberto Ceresole, un sociólogo argentino de dudosa procedencia y discurso nacionalista, asesor del coronel Mohamed Alí Seineldin y del actual legislador de la derecha peronista que reivindica la pena de muerte a los delincuentes, el militar golpista Aldo Rico. Cuando entrevisté a Seineldin en la cárcel, él mismo me contó de su intercambio epistolar con Chávez.

Fue una larga entrevista y reconozco que el hombre tiene carisma, pero a la vez su excesiva y por momentos desopilante verborragia agobia. En la última gira que realizó a Buenos Aires, Néstor Kirchner argumentó varias excusas a la hora de quedarse a solas con el venezolano. El presidente argentino le confesó a sus hombres que no soportaba más de 10 minutos los extensos monólogos de Chávez y, menos aún, sus desaforadas proclamas contra Estados

Unidos. El venezolano puede pasarse horas mezclando frases de libros con extractos de poesías, con chistes y anécdotas de la vida cotidiana, de su propia vida y de su familia, con piropos lanzados como al azar.

Antes de terminar pidió mi agenda (un cuaderno poco cuidado, lleno de garabatos incomprensibles) y en una hoja en blanco escribió una larga dedicatoria que conservo. Habló del *Che*, de Bolívar y de San Martín. De Fidel Castro y de sus sueños revolucionarios, y todo el tiempo me llamó "compañera". En ese entonces, parecía honesto y humilde, pero mi instinto hizo que no le creyera.

El poder es un pantano con pulpos voraces de largos tentáculos y los hombres, seres imperfectos y débiles, que se dejan abrazar.

Como un Marco Polo del nuevo milenio, el robusto comandante ama los viajes alrededor del mundo: en tres años y medio de mandato permaneció en el exterior 200 días. Y para hacer más placenteros sus abultados periplos por el planeta, no encontró mejor opción que destinar de las empobrecidas arcas públicas venezolanas 65 millones de dólares para hacerse con un Airbus Jet, flamante, estilo saudí. El nuevo juguete de la "corona revolucionaria" es perfecto: suite presidencial tapizada en blanco y dorado, una *business class* adornada con una acuarela inmensa de Bolívar, una clase turista para 30 personas —el rumboso séquito que lo acompaña—, duchas y un sillón con masajeador para aliviar las tensiones en la espalda del hombre que se piensa a sí mismo como una reencarnación de Simón Bolívar.

Sus hombres cuentan que cuando el comandante recibió el avión, que suplantó al que había bautizado como "el camastrón", se paseó frente a la nave disfrutándola de antemano, pero algo que vio no le gustó y pegó un grito. La bandera de Venezuela en el fuselaje no era de su agrado. Y ordenó, como un niño caprichoso, que lo repintaran e-xac-ta-men-te como él garabateaba el estandarte patrio en sus cuadernos infantiles. Modificación que se realizó por la módica suma de 500 000 dólares, que nuevamente salieron de los fondos del Estado.

Quienes lo conocen de toda la vida aseguran que el poder lo volvió loco y los que continúan a su lado, con una fidelidad tan frágil como un hilo, en voz baja, también dicen lo mismo. Que casi no duerme, que engulle compulsivamente todo lo que encuentra, que habla solo, que a veces llora y se deprime, que oculta micrófonos en los despachos del palacio Miraflores para saber qué dice su gente de él, que no tiene verdaderos afectos porque tiene terror de que lo traicionen, que gasta fortunas en ropa de marca, que colecciona relojes carísimos, que cuenta sus intimidades de manera vulgar en su programa de televisión *Aló Presidente* —el de mayor rating del país—, que adora las suites presidenciales de los hoteles de cinco estrellas, que compró el avión porque un jeque árabe le recriminó andar con una "basura", que tiene una amante en Ciudad Bolívar a la que visita en el mismísimo avión presidencial, que tiene amantes en varios países, que su mujer Marisabel lo abandonó porque él la maltrataba física y psicológicamente, que... y que y que...

Las historias abundan y pueden llenar las páginas de varios libros. Pero que el hombre sufrió una metamorfosis desde que llegó al poder y se volvió autoritario, ambicioso y excéntrico, es parte de la realidad cotidiana de Venezuela. Por lo menos, de una mitad del país.

—¡El comandante quiere que le traiga hallacas! —ordenó una voz marcial del otro lado del teléfono. Eran las 12 de la noche en una habitación del hotel más lujoso de Pekín.

Elena, la conocida chef venezolana que lo acompañaba en la primera gira de 50 días por los países asiáticos, saltó de la cama y corrió a preparar el envío que los custodios de Chávez pasaban a buscar por su habitación. La situación se repitió cinco veces. Al otro día, Chávez mandó llamar a Elena y le reclamó por sus hallacas: una especie de tamal, una comida típica venezolana que se sirve en épocas navideñas y es la preferida del comandante.

—Perdóneme, presidente, yo le mandé las hallacas cinco veces... ¿no las recibió?

Sorprendido, el hombre averiguó y descubrió que sus hallacas habían sido devoradas por la guardia de soldados que lo acompañaba. Enfurecido como un perro rabioso, pidió que nadie ingresara al piso que ocupaba y ordenó a gritos a sus infelices custodios dos horas de salto de rana y cuerpo a tierra, por los pasillos del hotel, como castigo. Los turistas y los empleados del lugar no daban crédito a lo que veían.

Pasaron algunos años desde la última vez que conversé con Chávez cuando me dedicó la carta que aún conservo. Sus triunfos reiterados le dieron forma a una porción del sueño dibujado en las hojas de aquella vieja agenda, hoy amarillenta: la presidencia y el poder, la Asamblea Constituyente, su amistad con Fidel, el liderazgo creciente y el fanatismo que despierta en millones. Incluso le tocó vivir en carne propia lo que alguna vez encabezó del otro lado del mostrador: un estúpido intento de golpe, que casi lo tira afuera del sillón, pero del que el hombre, como un Ave Fénix caribeño, supo resurgir.

Venezuela es hoy un territorio caótico y violento, partido en dos: una parte odia a Chávez y la otra lo venera con idéntica devoción. La situación económica no mejoró; al contrario, la pobreza aumentó a límites insostenibles: desde que Hugo Chávez se hizo cargo del poder en 1999, la pobreza crítica aumentó en un 50 por ciento, según las encuestas. La devaluación monetaria golpeó los bolsillos de todos y alguno de sus más fieles acólitos de aquellos primeros años se esfumaron —defraudados o traicionados— o saltaron a los brazos de la oposición, que rumia sus odios días y noches, en la plaza de Altamira, y acumula más de un millón de firmas para echarlo del cargo.

Aunque la verdad es que cuando salió de la cárcel de Yare, Chávez ya estaba distanciado de sus camaradas. Por ejemplo, de Francisco Arias Cárdenas, quien luego se lanzó a disputar la presidencia con su propia fuerza política y perdió. Y dicen también que al compás del paladeo por el poder, ese dulce muy dulce que nadie rechaza, Hugo Chávez Frías se transformó. No solamente en la talla de la ropa o el volumen de su papada, indudablemente más abultada, sino en los gestos y su personalidad, de por sí compleja, reveló sus rasgos más oscuros y delirantes. El hombre no es aquel que conocí a mediados de los años 90 en Buenos Aires, ni el que vi en la cárcel de Yare, por lo menos en lo que hace al poder, al pantano y al pulpo. De aquel coronel austero, casi monacal, queda poco y nada.

Excéntrico, histriónico y megalómano, se mueve como el rey de un territorio pobre y alucinante como en un cuento de García Márquez. Un centauro alocado, desmesurado e insolente. Hace tiempo, el Nobel colombiano habló con el comandante en un vuelo a Caracas y terminó convencido de que había dos Chávez: uno que podía salvar a su país y el otro, un ilusionista que podía terminar convertido en un déspota más

A la luz de la realidad venezolana, las dudas continúan —y se engrosan— y, hasta hoy, nadie pudo —ni puede— desentrañar los enigmas que esconde el bolivariano. ¿Cuál de ellos es el verdadero?, ¿cuántos personajes lleva en su interior? Ni los analistas políticos, los publicistas, los amigos, los camaradas de armas, las amantes y los psiquiatras lo saben.

Edmundo Chirinos, amigo de Chávez y psiquiatra oficial ("consejero de Chávez en situaciones críticas", se define), dijo a John Lee Anderson que el comandante bolivariano tiende a ser vanidoso y "tiene rasgos de narcisismo". Basado en una lista de rasgos caracteriológicos, Chirinos revela que presenta un autoritarismo incontenible que predispone a la gente en su contra, que reacciona exageradamente a las críticas, que es muy astuto y manipulador y nunca duerme más de dos o tres horas por noche. La psicóloga María Bustamante, en la revista colombiana *Cambio*, llegó a la conclusión de que Chávez padece trastornos en la personalidad. Bustamante dice que tiene un sentido grandioso de la propia importancia, exageración de aciertos y talentos, preocupación con las propias fantasías de poder, demanda excesiva de admiración, sentido de ungido y benemérito, exclusión de quienes no estén de su parte, incomodidad cuando no es el centro de la atención, uso de la apariencia física para ser el primero en cualquier escenario, despliegue de movimientos cambiantes y superficiales, tendencia a sentirse herido con facilidad, despliegue de autodramatización teatral y exageración de emociones.

Argelia Melet, por su lado, no es cualquier psiquiatra: fue la mujer del ex guerrillero Douglas Bravo y miembro del Partido Comunista Venezolano. Conoció a Hugo Chávez en los años de la clandestinidad, cuando el comandante era "José Antonio". En una entrevista en el semanario *La Razón* dijo:

> El problema es que dentro de la personalidad de Chávez lo que existe es alguien que no podía resistir a lo que es la seducción del poder, de la gloria, del jabolismo universal, que se presentó frente a él. Un hombre creado dentro de una estructura militar respondió como militar. No creo que Chávez valore la opinión de la gente que

no dice lo que él quiere escuchar. Hay un libro de Marañón que se llama *Psicopatología del poder*, donde se describe el proceso de cambio de una persona que llega a una posición de poder y cambia su forma de pensar y relacionarse con los demás. Al revés de Gandhi, él se está asumiendo como la espada de Bolívar, como la diosa de la venganza.

Otros analistas descubrieron que Hugo Chávez tiene tendencia a la mitomanía. Por ejemplo, durante aquella conversación con García Márquez, le dio al colombiano una versión cambiada sobre la intentona golpista del 27 de febrero de 1989. Le dijo que camino a la universidad se había detenido en el Fuerte Tiuna y desde allí observó la movilización de las tropas que luego reprimirían la protesta callejera. Sin embargo, en el discurso que dio el 5 de agosto de 1999 en la inauguración de la Asamblea Nacional Constituyente, juró a los presentes que había visto la multitud ("¡La vi con estos ojos!") desde el Palacio de Miraflores. Y para completar el cuadro del dislate, le confesó al periodista César Miguel Rondón, en su programa de radio, que en realidad no vio nada porque se encontraba en su casa en re-'poso por recomendación médica, debido a una gripe. Lo peor del caso es que la represión no fue el 27 sino el 28 de febrero. O sea, a esta altura, me pregunto si en lugar de dos, hay tres o cuatro Chávez y creo que ni él mismo tiene conciencia de cuántos lleva en su interior.

Su ámbito preferido y un espacio donde desarrolla a pleno sus dotes de gran *showman* es el programa radial y televisivo *¡Aló Presidente!*, que puede ser montado en cualquier parte, en el pueblo más recóndito y miserable o incluso —como ocurrió— transmitirse desde San Petersburgo, Praga o Hong Kong, o cualquier capital del mundo donde el hombre se encuentre de gira. Durante 77 emisiones de *¡Aló Presidente!*, Hugo Chávez ha logrado estar en el aire más de 230 horas.

Hace anuncios de gobierno, echa ministros, insulta a los opositores, da clases elementales de geografía con un mapa y un señalador, consejos de salud, nombra a Bolívar cada segundo, envía saludos a su amigo Fidel, canta, recita poesías y hasta declaraciones de amor a su mujer Marisabel el día de los enamorados. Eso sí, siempre con una réplica en miniatura de la nueva Constitución de Venezuela, que ondea frente a las cámaras y con la que remarca cada frase.

"Por eso nos echan tanto plomo, esa razón vale. No es por la verruga mía. Oye, yo soy feo, pero yo no creo que sea el presidente más feo. Oye, vale, ¿qué opinas tú, Marisabel? ¿Qué yo soy el más feo de todos los presidentes? ¿Verdad que no?"

"Este micrófono habrá que apretarlo aquí un poquito a ver qué pasa. Sí, está muy pesado, como que está gordo. Hay gente que se está poniendo gorda. Lo he dicho y lo sigo diciendo. Hay una corriente de gordismo y vamos a trotar, vamos a hacer educación física y deportes, como se hace en las escuelas bolivarianas."

"Más de una vez vi a Marisabel sacarse su teta y darle a Rosinés. Especialmente en ese primer año de vida es vital que usted, amiga mía, pele su teta y le dé la teta al muchacho. Dele la teta a su muchacho. ¿Por qué se ríe tanto? Es sencillito, pele la teta y dele al muchacho y a la muchacha leche de teta."

Son algunas frases que el diario *El Universal* extrajo de los extensos monólogos presidenciales de la audición oficial.

Las mujeres de Hugo Chávez son todo un tema de conversación. Son lo que él llama sus "centauras de la revolución" y de su proyecto. El comandante seduce tanto y a tanta velocidad que en realidad se tiene la sensación de que a todas les dice lo mismo.

Hay una mujer, que lo conoce profundamente, en especial durante los tiempos del despoder y las necesidades, cuando no era nadie, sólo un puñado de sueños locos.

—Era un hombre sencillo, cálido, amoroso. Era un hombre que llegaba con chocolates, con flores, que me escribía poemas. Lo veo sentado leyendo con un maletín cargado de libros de poesías, de novelas, de ensayos. Siempre leyendo. Ese histrionismo de hoy no es producto de la casualidad, no hay que subestimarlo, está estudiado desde hace muchos años. Hugo es muy tenaz, muy perseverante, logra lo que se propone. Además, era atento y estaba siempre pendiente de mis problemas. Recuerdo que una vez me partí la frente, me hice una herida fea, y él iba a verme con regularidad, estaba sumamente preocupado por mí, y eso que en ese momento todavía no teníamos una relación afectiva… Otra vez fue un esguince, él me sobreprotegía mucho, nunca me maltrató. No recuerdo un cumpleaños en 10 años que no haya pasado conmigo.

—¿Qué significa Chávez para usted?

—Hoy, sinceramente, no me importa nada, se me terminó el amor. Yo lo dejé, aunque su madre me rogó llorando que no lo hiciera. Pero el último tiempo en la cárcel noté que le gustaba que lo halagaran, no respetaba a los demás, no escuchaba, él era el único que tenía razón. Había dejado de ser un demócrata y sus compañeros se quejaban mucho, generó divisiones y peleas. Ahí empezó a mentir, yo lo escuchaba por la radio….y dije basta… Estuvimos casi 10 años juntos. Nos amamos mucho, pero no, no es éste el hombre del que me enamoré, por el que era capaz de todo. Éste es otro Chávez, lo desconozco: está completamente loco por el poder y por él mismo. Es capaz de las peores cosas. ¡Dios mío!, aquí va a correr mucha sangre por su culpa, estoy aterrada.

Mientras habla, la mujer me observa con sus grandes ojos castaños. Es elegante, culta y se expresa con suavidad. Estamos sentadas en el bar del hotel Marriott de Caracas y hablamos tres horas.

Herma Marsksman fue amante de Hugo Chávez de 1984 a 1993. Y los que conocen bien al comandante juran que ella fue la mujer que más amó. Su compañera de los primeros años, la única que participó activamente en la revuelta militar del 4 de febrero de 1992. En ese tiempo, Chávez estaba casado con Nancy Colmenares, una novia de la adolescencia con la que tuvo tres hijos: Rosa Virginia, María y Hugo. Sin embargo, Herma pasaba casi todo el tiempo con él y, con la paciencia de un artesano, escuchó sus penas, guardó sus secretos y ayudó a construir la personalidad política inicial del futuro amo de Venezuela. "Yo corregía sus discursos e incluso respondía las preguntas que le mandaban los periodistas, cuando estaba preso." En su casa, Herma conserva cartas, poemas, las primeras charreteras, un mechón de cabello que la abuela le cortó cuando era un niño, documentos políticos del grupo y hasta los diarios privados. Me cuenta que se conocieron en la casa de su hermana —ya muerta—, una adivina que leía las cartas, a tal extremo que la mujer vio su propia muerte, según recuerda Herma con perturbación. Y Hugo Chávez, que cree en los brujos y en los santeros y en todo lo que tenga que ver con lo sobrenatural, se enamoró de Herma entre predicciones, fetiches y oráculos.

Mientras la escuchaba me pasó algo extraño. Por un segundo sentí que estaba hablando con Ana María Luján, la primera novia de

172

Carlos Menem. ¡Qué raro y qué loco!, el tiempo parecía girar hacia atrás como una máquina. Otra historia, otros amores y el mismo maldito y glorioso poder.

—Desde que lo conocí, supe que Hugo iba a llegar lejos. En 1974, él ya decía que iba a ser presidente. Lo ayudé, lo acompañé en todo y le puse el hombro para que llorara sus penas, muchas noches... Pobre, tuvo una infancia traumática, se llevaba muy mal con la madre y ella era durísima con él. Lo crió su abuela Rosinés, a la que adoraba, pero eran muy pobres. Pasaban muchas necesidades. Cuando iba al colegio, en los recreos, Hugo vendía los dulces que su abuela preparaba. Yo guardo unas cartas que, ya grande, le escribió a su madre y que nunca se animó a entregarle. Mucho tiempo anduvo con ellas en el bolsillo. Siempre tuvieron una relación tormentosa que lo marcó.

Cuando Hugo Rafael Chávez Frías era un niño, se escapaba de los explosivos enojos de su madre Elena —hoy primera dama del estado de Barinas, donde su padre Hugo es el gobernador— y corría a esconderse en el escaparate de la casa de su abuela. Y ahí se quedaba, acurrucado, muerto de miedo, esperando que la mujer se cansara de gritar y se fuera. El trauma le duró tantos años, a tal punto que algunos atribuyen sus cíclicas depresiones de hoy a aquellas palizas que su madre le propinaba y lo paralizaban de pánico.

El analista político Alberto Garrido es quizá la persona que más conoce de Chávez. Él fue quien denominó a esta reacción madre-hijo presidente "el síndrome del escaparate". Cuando el comandante se enfrenta con un momento de tensión o de dificultad, desaparece de todas partes, sin que ninguno de sus asesores o familiares sepa dónde anda escondido. Y pareciera que esto ocurre más a menudo de lo que la gente imagina. Sus antiguos compañeros de conspiración aseguran que, siendo paracaidista, a Hugo Chávez tenían que darle un empujón en la puerta del avión porque se aterrorizaba frente al vacío.

—¿Chávez es depresivo? —pregunté a Herma esa tarde.

—Sí, tiene periodos de depresión, llora cuando está frente a una situación que lo angustia. Siempre fue así y creo que en esto tiene mucha culpa la madre. Fue demasiado cruel con él. Me dijeron los amigos que está tomando muchos antidepresivos, porque tiene continuos saltos de estado de ánimo. Pasa de la euforia a la depresión de manera alarmante. Algunas veces creo que Hugo busca con todo este desastre una salida épica, que de repente lo maten, para sobrevivir como un mártir. Tanto habla de la muerte, tanto cree que lo van a matar, que seguramente lo está buscando.

En 1998, antes de asumir el poder, Chávez conoció a una blonda y curvilínea locutora de Barquisimeto con la que, luego de unos meses de noviazgo, se casó. Ella confesaría después en una revista que la noche de la primera cita hicieron el amor locamente en la cabina de un auto. Con Marisabel Rodríguez vivió una historia tumultuosa hasta hace poco tiempo, cuando la mujer se alejó del hogar en medio de rumores de maltratos morales y físicos. Sin embargo, mientras fungió como primera dama de la revolución bolivariana, Marisabel —que con Chávez tuvo una niña a la que bautizaron Rosinés— aprovechó al máximo los beneficios del cargo de su marido. Casi inmediatamente después de instalarse en La Casona (la dacha caribeña), se le vio con costosos trajes de seda de Escada, carteras Vuitton y relojes Cartier. Imbuida del espíritu libertario y dadivoso de su marido, utilizó uno de los aviones de la flota oficial para pasar sus vacaciones en Orlando y la nave tuvo que regresar a buscar el biberón de la niña, que habían olvidado. Sin embargo, la inestabilidad emocional de la mujer —según todos los consultados— llevó al fracaso al matrimonio. Marisabel dice que los celos por las escapadas y desapariciones abruptas de su marido, durante varios días, y el odio del entorno fueron los causantes del final. El fuerte temperamento de la mujer chocaba con la personalidad de Chávez y en las cada vez más frecuentes peleas, muchos escucharon que volaban platos y jarrones. Edmundo Chirinos, quien la atendía, asegura que la primera dama tuvo varios intentos de suicidio porque el fanático entorno chavista conspiraba día y noche para sacarla del medio. Desde José Vicente Rangel, el mediocre y obsecuente ex periodista devenido vicepresidente y fanático de las cirugías estéticas (su rostro puede dar fe), al igual que los custodios presidenciales y los miembros de la Inteligencia, odiaban a Marisabel día y noche. Atormentada por las conspiraciones, casi paranoica, y muerta de miedo, la solitaria primera dama chavista grababa informaciones confidenciales, anécdotas privadas y asuntos de Estado que enviaba a resguardo a una oficina de Estados Unidos. Lo curioso es que en Barquisimeto, donde vive recluida desde que se fue de la residencia revolucionaria, el odio dio paso al amor y desde allí se comunicó con la CNN para salvar a su comandante preso de los golpistas.

Más allá de los complicados enredos sentimentales y familiares, Hugo Chávez sigue su vida como si nada. El centauro mayor de Sabaneta, eternizado en el poder, confía en su buena fortuna y en los sortilegios de los brujos. Tan jocoso y transgresor, que cuando visitó al emperador de Japón, Hirohito, a quien se sabe que no se puede tocar ni mirar a los ojos y a pesar de las recomendaciones del personal de protocolo, apenas lo vio y saltó sobre el aristócrata, a quien abrazó y palmeó la espalda ante el estupor de los acompañantes. Lo mismo sucedió con la reina de Inglaterra, que agarró de un brazo y se la llevó a caminar. A la reina Sofía de España trató de besarla y, cuando visitó Rusia, hizo al presidente Putin una demostración de un salto de karate. Tutea a cualquiera, no importa quién está enfrente, y al mismo papa le colocó la mano en el hombro como si fuera su viejo compinche.

El aspecto físico y las innovaciones en la vestimenta de Chávez llaman la atención de los columnistas de sociales de los diarios nacionales. Roland Carreño, el periodista estrella de la sección de eventos del diario *El Nacional*, de Caracas, afirma:

> En lo que hace al vestuario, el comandante mantiene, como en todo, un doble discurso. Cuando visita las barriadas populares viste ropa deportiva, que más lo hace parecer un entrenador cubano de boxeo que un jefe de Estado. Pero cuando está lejos de la plebe, se convierte en un hombre de ternos de gabardina de 1 000 dólares, camisas de algodón italiano o piqué con monograma bordado en los puños o en uno de los laterales, yuntas de plata, bolígrafos Mont Blanc, relojes Cartier, sus preferidos, o Bulgari, que son adquiridos en Francia o en las joyerías Gerais o Daoro, las más caras de Caracas.

Hugo Chávez Frías compra sus trajes de 800 dólares a Clement, una de las sastrerías más prestigiosas de Venezuela, donde se visten los empresarios más ricos, y para disimular los rumores sobre sus adquisiciones, en uno de sus programas de televisión confesó con todo desparpajo y cara de enojado que había entrado a su clóset y descubrió... ¡¡100 trajes!! "¡¡¿Quién necesita 100 trajes aquí?!! Inmediatamente mandé botarlos...", exclamó frente a las cámaras, haciendo alardes de humildad y recordando sus años de pobreza, allá en Barinas, con su abuela Rosa Inés.

Sin embargo, el último viaje del comandante de la revolución bolivariana a Europa, que duró cinco días, a mediados de octubre, le costó al Estado venezolano un millón de dólares. Hugo Chávez se alojó en el hotel Bristol en una suite de 5000 dólares la noche y viajó con un séquito de 35 personas y junto a su hija mayor Rosa Virginia, una especie de Zulemita Menem o Keiko Fujimori a la venezolana. La numerosa familia presidencial tampoco la pasa mal. Por lo menos, tienen su futuro, y el de sus descendientes, bien asegurado, que no es poca cosa en la empobrecida tierra caribeña. El Estado de Barinas les pertenece por completo, el mismo llano donde el comandante correteaba descalzo con los dulces que hacía la abuela Rosines para cubrir las necesidades. Y la malvada mamá Elena, la que lo encerraba en el aparador cuando el niño Hugo se portaba mal, hoy es una matrona vestida con trajes de marca visible y enjoyada, que conduce junto a su marido y sus hijos los destinos del lugar con mano dura y porte de reina madre.

Sin dudas, todo lo que oí y vi se parecía bastante a una travesía que ya había recorrido. ¿Qué destino le espera al hombre que se atrevió a juntar a Perón con el *Che* y a caminar entre Dios y el diablo? La respuesta es una incógnita. De cualquier manera, Hugo Chávez Frías ya tiene su lugar en la historia. El tiempo se encargará de escribir su epitafio.

Las otras caras Menem

Sorprendimos a cada uno en su pecado.
Contra uno enviamos una tempestad de
arena. A otro le sorprendió el Grito.
Otros hicimos que la tierra se los tragara.
A otros les anegamos. No fue Alá quien
fue injusto con ellos, sino ellos lo fueron
consigo mismos.

El Corán, versículo 40, de la Sura 29, "La Araña"

Es la primera vez que voy a escribir sobre lo que pasó esa noche y otras varias noches. Exorcizaré mis demonios.

Después de mi secuestro, nunca hablé del asunto con nadie, salvo con mi psicóloga. Ni con mis hijos, ni con mis amigos, ni con otros periodistas.

Es difícil traer a la memoria consciente los detalles de aquel 10 de noviembre de 1999, cuando dos personas armadas abordaron abruptamente el taxi en el que viajaba, a dos cuadras de mi casa, y a cachazos y amenazas de muerte me "pasearon" 45 minutos por Buenos Aires.

Ese día, mi libro sobre la vida privada y política de Carlos Menem, en el que invertí horas febriles durante tres largos años, comenzaba a distribuirse en las librerías de Argentina y nada me hacía suponer que la privación de mi libertad podía ocurrir. Faltaba un poco más de un mes para que Menem abandonara el poder y las presiones y amenazas más fuertes habían quedado atrás. Las viví en soledad, nunca las hice públicas, porque pensaba —quizás equivocadamente— que mis informantes y todos aquellos que habían decidido romper los pactos de silencio para develarme los tenebrosos vericuetos del poder podían asustarse y sería difícil después convencerlos de nuevo.

Sé que un inconsciente mecanismo de defensa me hizo clausurar con siete llaves la puerta del lugar donde escondemos las cosas de la vida que nos joden. Cada vez que me entrevistaron y me preguntaron los detalles de aquella noche, escapé todo lo que pude, disimulé todo lo que pude, me hice la fuerte todo lo que pude y eludí internarme de nuevo en aquel infierno.

Hoy despierto alguna mañana con la convicción de que ellos, mis secuestradores, recorrieron mis sueños. Y todo aparece de golpe, como en un asunto policial. Puedo ver con claridad el rostro desencajado y violento del tipo, sus ojos desorbitados y el caño de la pistola apuntando a mi cabeza. Los interminables minutos de esa pistola sobre mi cabeza. La nuca del cómplice conductor del taxi, la mano de la mujer morena y robusta, que apretaba mi muñeca de la mano izquierda con su pistola clavada en mis costillas. La impotencia, la angustia, la bronca… y mis jeans empapados. Siempre recuerdo mis jeans empapados. El miedo me había descontrolado hasta lo inimaginable y me oriné encima. Sí, yo que fui guerrillera, que cubrí varias guerras, que vi gente morir desangrada a mi lado, que caminé bajo los bombardeos israelíes en la guerra del Líbano, que pude dominar el vértigo lanzándome desde un helicóptero sobre el Amazonas en plena guerra de Perú y Ecuador, que desafié los terrores caminando entre francotiradores serbios que disparaban desde los escombros de Sarajevo, no pude contener la orina que se expandía sobre mi regazo aquella noche de noviembre de 1999 ante el caño de la pistola de un matón con pinta de policía.

Mojada, avergonzada, humillada y muerta de terror, sólo pensaba cómo sería el disparo final, la nada de la nada. Aún hoy puedo palpar la vergüenza y el pánico de entonces. Sobre todo, el pánico de que se dieran cuenta y me golpearan más. O que me mataran —como no dejaban de prometerme todo el tiempo— de un tiro en la cabeza, en un descampado de la provincia de Buenos Aires. Y el espanto de no ver más a mis hijos. El absurdo de no respirar para no provocar un ruido que pudiera molestarlos y enfurecerlos más.

No podía apartar de mi mente la imagen del cuerpo de José Luis Cabeza, calcinado y con dos tiros en la cabeza (fotógrafo de la revista *Noticias*, asesinado en 1996), quien apareció de golpe. En ese momento creí que yo también terminaría así. Y una sensación de alivio me ganó mientras el auto se deslizaba por la ciudad, pues mientras los tipos seguían gritando y golpeándome yo pensé: "Puta, por fin pasó. Esto era lo que ellos te decían siempre que te iba a pasar. Tantas veces te dijeron…"

Recordé un episodio que había tenido lugar poco menos de un mes atrás.

La última vez que vi a Carlos Menem fue el 24 de octubre de 1999.

Había viajado a La Rioja enviada de la revista *Veintidós* a cubrir las elecciones, las últimas que él votaría como presidente. Fue el domingo a la tardecita en el jardín de su mansión de Anillaco, mientras sus hombres deambulaban a su lado, intrigantes y conspirativos. Me quedó grabada su mirada: indefinida, acuosa. Menem sabía que mi libro estaba a punto de salir, pero no dijo nada sobre el tema. Los miembros de su séquito murmuraban y me observaban como linces. Menem fue amable, aunque percibí amargura en su rostro. Como si la cercanía del ineludible ostracismo lo perturbara sin tregua. Carlos Menem había hecho lo imposible para anclarse para siempre en el poder, tensando las cuerdas de la gobernabilidad del país hasta límites insólitos.

Esa tarde, el clima de la residencia "La Rosadita", de La Rioja, estaba saturado de mensajes cifrados. Cuando acabó el reportaje, Menem se levantó y caminó hacia mí. Sorpresivamente me tomó de la mano, acarició mi cara y dijo:

—Quiero decirte que te quiero mucho. ¿Qué le voy a hacer? Y siempre te voy a querer.

Le di las gracias azorada; después me esfumé del lugar. Nunca entendí sus palabras, pero sí sabía que ni ellas ni su gesto me gustaron. Un frío helado corrió por mi espalda. Durante 10 años había cubierto todas las actividades de su vida política y personal. Y aunque él me tuteaba, como lo hacía con todos los periodistas, yo siempre lo había tratado de usted todas las veces que estuve cerca de él, en la residencia presidencial o en la casa de gobierno. Mi comportamiento siempre fue estrictamente profesional. Nunca fuimos amigos.

Aquella tarde, en La Rioja, los periodistas que estaban a mi lado barruntaron todo tipo de especulaciones. "Es un psicópata", dijo uno. "Está derrotado y deprimido", dijo otro. "Se está cubriendo por si te pasa algo, como hacen los jefes de la mafia", repitió el primero. Traté de no darle más importancia al episodio. Sin embargo, aquella conversación me perturbó varios días.

La noche del secuestro, tras salir de la revista, no sé por qué cometí la estupidez de tomar el primer taxi que pasaba. El *relax* en que me sumergí después de poner punto final al libro me aflojó las defensas. Un extraño —y muy sospechoso— robo sufrido en plena investigación me alertó al grado de que nunca volví a tomar un taxi en la calle. Siempre estuve convencida de que el asalto de mediados de 1998 no había sido un robo común. Ese día yo salía de la casa de una de mis fuentes de información —Lourdes di Natale, hoy muerta en circunstancias extrañas—, muy vigilada por el gobierno. Ella, una "arrepentida" que había decidido contar lo que sabía de los negocios sucios del menemismo, y dos hombres se metieron en mi taxi, sin hablar, me enterraron una pistola en la cabeza, se llevaron mi libreta de anotaciones (donde registré lo que había conversado con Lourdes aquella noche) y mi billetera con 20 dólares. No me quitaron el reloj, ni la cadenita de oro, ni el anillo. Y al rato me abandonaron a 10 cuadras del lugar, a la entrada de una autopista.

Aquel 10 de noviembre de 1999, el taxi apenas había recorrido un par de cuadras, pero yo ya estaba nerviosa. El auto —un Peugeot viejo y destartalado— no tenía chapa de identificación y el conductor hablaba y hablaba por un celular. Había algo en ese hombre obeso, de pelo cortito y aparente amabilidad, que no me gustaba. Pensé en bajarme y tomar otro, miré el reloj, se hacía tarde para llegar a un programa de televisión en el que presentaría mi libro. La excitación me hizo olvidar todas las medidas de seguridad que adopté en los dos últimos años. "Wornat, no podés ser tan paranoica", dije buscando calmar mi ansiedad. "El libro está terminado, ¿qué te pueden hacer ahora?"

A mitad de camino sonó mi celular. Llamaban de un programa de radio muy popular, para un reportaje. "Este libro dice cosas terribles sobre Menem, ¿no tenés miedo?", preguntó el periodista Samuel "Chiche" Gelblung. En ese momento me di cuenta de que el taxista se desviaba de la ruta que yo le había indicado; de golpe, me quedé sin voz. Tenía que hacer un gran esfuerzo para responder, pues todo anunciaba que algo horrible estaba por pasar.

—Olga, ¿me escuchás? ¿Tenés miedo? —preguntó Gelblung.

En ese instante el auto se detuvo en una calle oscura, las puertas se abrieron con violencia y sentí algo metálico sobre mi cabeza. Grité sobre el teléfono, pero un violento puñetazo voló mi celular por los aires mientras una mano tapaba mi boca.

—¡No grites, que te vuelo la cabeza de un balazo! Rápido, salgamos de zona… —añadió el tipo con gesto marcial. El taxista —o el supuesto taxista— obedeció. La mujer hundió el caño de su pistola en mis costillas y aferró mi muñeca de la mano izquierda. "Quedáte quieta y hacé lo que te diga", dijo.

—Llévense todo, acá está la cartera, el reloj… —decía yo, engañándome con la posibilidad de un robo, de los tantos que azotan Buenos Aires. El auto estaba detenido frente a un semáforo en rojo, a dos cuadras de mi casa, en el barrio de San Telmo. La gente caminaba apurada, todo parecía normal.

—¡Hija de puta! ¿Qué te crees que somos?, ¿que vinimos hasta acá para robarte la cartera y el reloj?

El tipo que así habló estaba exaltado. Por segunda vez se dirigió al taxista: "Salgamos de zona, rápido".

La frase me paralizó. Cualquiera que conoció la Argentina de la dictadura, cualquiera que sufrió las consecuencias de esos años de locura, puede reconocer instantáneamente cierta terminología y olfatear determinados gestos. Y "salir de zona" eran palabras policiales o de alguna fuerza de seguridad.

—Ustedes los periodistas nos cagan la vida y vos vas a terminar con un tiro en la cabeza —amenazó el tipo, a la par que cargaba y descargaba la pistola, una y otra vez. El chofer del auto seguía como si nada. Paraba frente a los semáforos, la gente caminaba a los costados, algunos miraban, y yo no sabía cómo dar señales de lo que me ocurría.

—¿Quiénes son? —pregunté como una estúpida.

—No te hagás la boluda, vos sabes bien quiénes somos…

Dicho lo anterior, el tipo me cruzó la cara de una trompada. El auto seguía sin rumbo fijo. Pasamos frente a mi casa cuando el encañonado empezó a reírse sin dejar de jugar con el cargador de la pistola. La mujer no hablaba —en realidad nunca habló— y el taxista tampoco. Miré el paisaje cotidiano: los árboles de la avenida, la iglesia de los evangelistas, el quiosco de Salvador donde compro los diarios, las ventanas iluminadas de mi escritorio. Me acordé bien de las palabras de Menem, en el jardín de Anillaco. Su gesto extraño, la mirada acuosa, los silencios, los murmullos de sus hombres a mis espaldas. En un segundo pensé destrabar la puerta y tirarme a la calle. Era demasiado arriesgado y loco, pero si se alejaban de la ciudad estaba liquidada y, por lo menos, quería intentar algo, aunque me acribillaran a balazos.

—¿Con quién hablabas por teléfono? —preguntó el tipo.

Antes de que pudiera contestar, voló otra trompada y el caño de la pistola se apoyó en mi frente.

—Con "Chiche" Gelblung —dije tartamudeando—. En estos momentos todo Buenos Aires está enterada de lo que me está pasando —me animé a decir, con la duda de si esto me salvaba o hundía.

El tipo no respondió y le dijo al taxista que tomara un camino hacia la entrada de una autopista que lleva a la provincia de Buenos Aires. Miré la puerta otra vez.

—Esta hija de puta termina con un tiro en la cabeza, vamos a la provincia —gritaba furioso.

Tres veces llegamos a la entrada de la autopista y, tres veces, el auto giró y regresó a la ciudad.

—Para, para en la próxima esquina… Vamos a dejarla en la próxima esquina. A vos te salvó el teléfono, nena… —dijo y yo pensé que era una broma.

Pero no, el auto se detuvo y el tipo se bajó. Abrió la puerta y me tomó por la espalda. Era robusto y alto, tenía el físico de quien practica artes marciales. Caminé unos metros apoyada en él, mientras sentía el caño de la pistola en mis costillas, por adentro de su campera de cuero.

—Acá está tu cartera, fíjate que no falte nada.

—Me quedo con el cargador del celular, por razones obvias, pero no soy "chorro" (ladrón). Caminá hacia delante y no te des vuelta, porque te vuelo la cabeza —tras lo cual me soltó.

Caminé varias cuadras como drogada. Lloraba y la gente me miraba como a una loca. Sentía marcas en la cara y mis pantalones estaban mojados y sucios. Cuando llegué a mi casa, cientos de periodistas se agolpaban en la puerta junto a móviles de radio y televisión. Mis hijos estaban aterrorizados: el televisor lanzaba placas que decían que yo había sido secuestrada. Era tan loco y absurdo. Y allí escuché la grabación de mis gritos y los golpes de los tipos cuando me secuestraban.

Mi familia se enteró de todo a través de la televisión.

Al otro día fui a hacer la denuncia al juzgado y a la policía, pero hasta hoy nunca me llamaron para decirme si averiguaron algo; ni siquiera para hacer los *identikits* de los secuestradores. Esa noche se comunicaron conmigo Hugo Anzorreguy, el jefe del Side (Servicio de Inteligencia), y el general Martín Alza, jefe del Estado Mayor del Ejército.

—Fue algún menemista que no le gustó lo que escribiste en tu libro. Seguro que fueron ellos —dijo Anzorreguy.

—Fue la policía, la terminología que usaron es policial —dijo Alza.

Yo seguí con mi vida de siempre. ¿Qué otra cosa quedaba?

Levantarme, lavarme la cara como todos los días, leer los diarios como todos los días, pensar nuevas historias, como todos los días. De noche me costaba dormir y me acordaba de ellos. Horas y horas. De los tipos, de lo que viví dentro del taxi, de Menem, de los personajes de mi libro. Eso sí, como dije antes, nunca hablé del tema con nadie. No sé si esta actitud de negación fue buena o mala, pero sí que me salió de esta manera. Siempre tuve la certeza de que nadie iba a entender lo que viví aquella noche: mi soledad, mi miedo y la humillación. Nada iba a hacer que algún juez encontrara a los culpables porque en Argentina nunca aparecen los culpables y porque quizás muy en el fondo yo también me sentía culpable.

"Después de lo que escribiste sobre Menem era lógico lo que te pasó. No sé cómo pensaste que, después de este libro, ellos no te iban a hacer nada", me dijo un periodista amigo al día siguiente del secuestro. Y esta frase me convenció de alguna manera que tenía razón. Que me lo merecía por meter la nariz donde no debía y, además de todo, escribirlo, contarlo, hacerlo público.

Argentina es un país violento y el menemismo, con sus contrastes, su impunidad y su amoralidad, sacó a la superficie esa violencia, desnudó su costado más brutal. Después de todo, no soy más que una simple periodista, una contadora de historias que registró en un libro la intimidad de esa violencia. Y lo mío, al lado de otros crímenes de la década, era insignificante. Y como se dice: "me salió barato".

Esta historia que para mí apenas termina comenzó hace cinco años, el 14 de mayo de 1995, con una frase que pronunció Zulema Yoma.

—A mi hijo lo mataron. A Carlitos lo mataron los mafiosos...

—¿Quiénes pudieron hacer algo tan terrible? —pregunté con un hilo de voz.

—Muchos en el gobierno están contentos de que mi hijo esté muerto. Yo sé quiénes y por qué lo mataron. El secreto lo voy a guardar. Son muchos años de convivir con estos delincuentes. Sé cómo actúan, aquí está el narcotráfico. El helicóptero de mi hijo tenía cortacables y él era un buen piloto. Siempre tuve un mal presentimiento y nunca quise que le regalaran ese helicóptero. Ahora mi pobre hijo está muerto y ellos ganaron la elección con su cadáver.

Sé que el nudo de este libro comenzó a desatarse allí, la noche del 14 de mayo de 1995, en la residencia presidencial de Olivos, cuando Zulema Yoma me llamó para hablar a solas y descerrajó por primera vez sus sospechas sobre la muerte de su hijo. Carlos Menem acababa de ganar su segundo mandato con más del 50 por ciento de los votos y yo estaba trabajando en una larga crónica sobre la intimidad presidencial que la revista *Gente*, de Editorial Atlántida, llevaría en su portada del día siguiente.

Esa noche, en ese lugar, me di cuenta de las tantas veces que mis artículos reflejaron la mitad de lo que veían mis ojos o escuchaban mis oídos. Algunas veces, por razones de tiempo y espacio; otras muchas, por conveniencias políticas: uno de los dueños de Editorial Atlántida, Constancio Vigil, jugaba al golf con Carlos Menem y participaba activamente en las tertulias nocturnas de Olivos. Sentí que era imperativo contar todo lo que sabía de esos años, porque nada me pertenecía, ya era parte de la historia. Si no lo escribía, la información iba a ahogarme.

Esa noche electoral, el televisor encendido en el *living* de la residencia de Olivos transmitía la imagen de la Casa Rosada iluminada, los bombos retumbando en la Plaza de Mayo, los festejos del triunfo. Zulema caminaba por la casa como una autómata y nada le importaba menos que aquel bullicio artificial y los estúpidos festejos. Apretaba en la mano derecha —casi un tic— un pañuelo blanco arrugado y un rosario árabe de bolitas turquesas. Acariciaba las cuentas una a una, decía que el ejercicio le servía para descargar la angustia.

Había regresado a la Quinta —donde había sido expulsada violentamente por los militares y bajo órdenes de su marido en el año 1990— después que su hijo se estrelló piloteando un helicóptero Bell Jet Ranger la mañana del 15 de marzo, en un pueblo de la provincia de Buenos Aires. Silvio Oltra, el copiloto, murió instantáneamente. Carlitos llegó al hospital San Felipe, una hora después, con el cráneo aplastado, derrame cerebral, fracturas múltiples, politraumatismo y heridas internas. La gente del lugar lo reconoció por el buzo antiflama, en cuya pechera llevaba grabado su nombre.

Aquella noche de mayo, dos meses después de la tragedia, el ambiente estaba cargado de oscuros presagios.

—No quiero vivir más, madrecita, no tengo fuerzas. No puedo dormir, no puedo comer, no puedo creer que mi "Chanchito" (apodo de Carlos Menem hijo) esté muerto. ¿Por qué la vida es tan perra? Hace 30 años que vivo en este infierno... —así fueron las palabras, con la voz entrecortada, de la ex primera dama.

—Lo mataron ellos, yo sé que lo mataron...

La frase fue repetida a la par que miraba con el rabillo del ojo en dirección al *living*, mientras yo —ridículamente— trataba de detectar con la vista micrófonos ocultos entre los cortinados de seda italiana. Conocía la metodología de los menemistas y la obsesión del presidente por escuchar todo lo que se hablaba a sus espaldas. Zulema era un personaje odiado y temido. Y su presencia en la residencia acrecentaba hasta límites insospechados las tensiones en el entorno.

Estábamos solas en el comedor y a través de la puerta se escuchaban las voces y las risas del *living*. Un locutor repetía con voz engolada que la fórmula Menem-Ruckauf cosechaba más de ocho millones de votos. Los mozos caminaban apresurados por los pasillos con bandejas de plata repletas de copas de champaña, mientras los cocineros preparaban la comida para la cena. Carlos Menem permanecía todavía en su despacho de la casa de gobierno. Desde la ventana, yo miraba la piscina rebosante de luces y el jardín verde esmeralda.

—Anoche soñé con mi hijo. Estaba vivo, me llamaba, pero yo no lo podía alcanzar. Trataba de tocar sus manos, pero no podía... Allá aterrizaba (señaló con un gesto a lo lejos) y cuando despegaba me saludaba con la mano. Las veces que le dije a Carlos Menem que esta quinta estaba maldita. Ninguna de las mujeres que pasaron por aquí fueron felices. Ninguna. De acá salís porque te echan los militares, enferma o con un hijo muerto...

Tengo la memoria exacta de aquel rostro: contraído en una mueca, a la par que un sollozo explotaba en su garganta. Zulema aferró mis manos y me contó sus sufrimientos. Su primer hijo muerto a las primeras horas de nacer. Sus dos abortos, uno de ellos, después de una pelea a golpes con Menem. Las humillantes infidelidades de su marido frente a los ojos de todo el pueblo. Los ritos de magia negra, vudú y espiritismo que practicaban Menem, sus hermanos y amigos. Las tenebrosas conspiraciones del entorno político. Las ambiciones de su propia familia. Las traiciones de sus hermanos. La soledad de su vida bajo el sol ardiente de La Rioja, la provincia del norte argentino donde Carlos Menem comenzó su carrera política. Un mozo se acercó y le preguntó por su estado de ánimo. Había compasión detrás de la mirada de aquel hombre humilde.

—Señora, qué lamentable el entorno del presidente. Esta gente no respeta a los muertos. Si usted supiera las cosas que hablan algunos en el *living*...

Ella le tomó las manos y apeló a la religión para recordar que el castigo divino caería sobre ellos. Él le ofreció una bebida o un bocadito. Zulema se negó, decía que tenía dolor de estómago porque las semillas de pistacho que había comido a la tarde le habían caído mal.

Y continuó con sus confesiones:

—Pobre Menem, lo carcome la culpa. Está destruido porque a su lado hay gente muy mala, muy perversa. Mafiosos capaces de las peores cosas. Una vez le dije: "Tené cuidado Carlos Menem, que el poder tiene un precio muy alto y te lo van a hacer pagar". Ellos se lo llevaron a mi hijo, ellos lo mataron...

Con la voz quebrada pidió en árabe: "Alah Yrha mo" ("Dios lo proteja" y es lo que los musulmanes dicen cada vez que hablan de los muertos). La mujer dijo varias veces la oración con los ojos cerrados, mientras afuera crecían los festejos.

En la casa presidencial, los tonos del clima habían virado abruptamente al negro noche. Yo sentía que mi cabeza iba a explotar. Tenía ansiedad, excitación, contradicciones, miedo; me encontraba en el centro más alto del poder político argentino y por segundos no entendía qué mierda hacía allí.

El Salón Blanco de la residencia estaba colmado por una extraña fauna: actrices de poca monta, mediocres conductores de televisión, arribistas, peluqueros, modistas, jugadores de futbol y poderosos miembros del *establishment* económico. Todos mezclados como en una gran carpa oriental. Amigos y adulones conversaban animadamente en los sillones de rattán de la galería de entrada. Otros, desafiando el clima, recorrían el jardín con copas de champaña.

Emir Yoma, hermano de Zulema y confidente de Menem, casi un virtual ministro sin cartera que se encargaba de los asuntos sucios del poder, festejaba exultante.

—Cuatro años más... para seguir robando —provocó a mi lado, frente a dos ministros del gabinete. Y lanzó una estruendosa carcajada, al mismo tiempo que se restregaba las manos en un gesto de codicia. Emir, que en árabe quiere decir jefe, había protagonizado la primera denuncia de corrupción de la era: en 1990 fue acusado por una empresa norteamericana de pedir una "coima" (comisión ilegal) y la queja fue presentada ante Menem por el mismísimo embajador estadounidense en Buenos Aires, Terence Todman.

"El Gordo", como le decían en la intimidad, después del escándalo abandonó apresuradamente el cargo de asesor presidencial, pero permaneció a la sombra de su pariente político hasta el final. Tiempo después, otras acusaciones lo volverían a tener en el centro de las sospechas: tráfico de armas, mafia del oro, manejos turbios con créditos millonarios otorgados por la banca oficial a la empresa familiar y ocultamiento de los restos del helicóptero en el que se estrelló su sobrino. En 2000 fue a parar a la cárcel donde permaneció algunos meses, pero esto es otra historia: Menem estaba fuera del poder y Argentina comenzaba otro calvario.

Aquella noche, en el jardín de Olivos, funcionarios y cortesanos agitaban enormes manoplas con la inscripción "Menem 95" y lanzaban loas al jefe. Alguien propuso encender fuegos artificiales de las cajas que esperaban apiladas al costado de la piscina. Una mirada fulminante de Zulema lo hizo desistir. Diego Maradona —traje brillante de seda y vistosa corbata Versace— saltaba en un rincón, acompañado por su mujer, Claudia Villafañe. Después de la muerte de Carlitos, Maradona se acercó a Menem con la excusa de que estaba conmovido por la pérdida de su hijo. Habían protagonizado varios cruces públicos en los que Maradona tuvo palabras durísimas. Muchos aún recuerdan aquella fiesta de año nuevo cuando el ex presidente esperó en vano al futbolista y éste —sin avisar— apareció en Cuba, abrazado a Fidel Castro. Según confesiones de los íntimos, las intenciones del *crack* estaban dirigidas a que Menem intercediera por su vulnerable situación judicial y amortizara rumores insistentes que hablaban de drogas y fiestas escandalosas. Esa noche, Menem y Maradona hicieron las paces en el despacho presidencial ante la mirada de varios funcionarios. Conversaron por teléfono en conferencia con el ex futbolista Pelé, en ese entonces ministro de deportes de Brasil.

Carlos Menem llegó a Olivos en un Renault 12 gris metalizado, con vidrios polarizados, y buscó con la mirada a su ex mujer. Era después de la medianoche y el cielo encapotado parecía una ciénaga. Caminó en dirección a Zulema y su hija, mientras con una mano espantaba a los alcahuetes que se peleaban por besarlo. Zulema disimuló sus pensamientos y apretó compulsivamente el pañuelo blanco, cada vez más arrugado y húmedo. En el cuello resaltaba una gruesa cadena de oro con una medalla que llevaba impresa la palabra Dios en árabe, repujada de brillantes. Menem esquivó su mirada y le dio un beso suave en la boca. Se veía ojeroso, desencajado. Percibí la tensión que flotaba entre los dos, como una tormenta a punto de explotar. Casi 30 años de relación permitían al jefe, como llamaban a Menem sus adláteres, adivinar los pensamientos solapados, los nubarrones que se asomaban a través de los ojos oscuros de su ex esposa. Se habían separado y reconciliado tantas veces, que ni ellos tenían memoria. Escándalos, trompadas, insultos públicos y extorsiones familiares habían sido la constante en sus vidas. La última ocurrió antes del triunfo de 1989 y el arreglo fue a pedido del nuncio apostólico, Ubaldo Calabresi. La Iglesia católica no veía con buenos ojos a un presidente separado y tampoco les gustaba Zulema, una musulmana practicante.

Esa medianoche de otoño de 1995, la campaña electoral había quedado atrás. La arrolladora potencia de la maquinaria política partidaria, la estabilidad económica y la utilización emocional de la figura de Carlitos Menem "Junior" fueron los detalles sobresalientes de la batalla por el poder. Ganó el "voto cuota" (por las compras en créditos) frente al pánico que generó la crisis mexicana de fines del 94 y el recuerdo de la violenta hiperinflación que llevo a Raúl Alfonsín a dejar el poder en 1989. El desempleo alcanzaba la cifra récord de 18.4 por ciento y las devaluaciones mexicanas habían afectado el mercado local.

Carlos Menem nunca pensó en dejar la presidencia cuando terminara su mandato en 1995. Jamás había dudado de que sería reelecto. "Yo no luché toda la vida para ser presidente seis años y después irme." Además bromeaba: "Y los árabes vivimos cien años". Durante el primer tramo presidencial, todas las estrategias de sus hombres estuvieron destinadas a lograr su permanencia en el cargo, para siempre, como uno de esos emperadores romanos cuyas biografías el ex presidente devoraba fascinado. Había salido indemne de varios escándalos y acusaciones de corrupción durante los primeros años de su gobierno y sentía que el mundo era suyo. En 1991, el estallido del *Narcogate*, la investigación judicial iniciada en España por el juez Baltasar Garzón, en la que se acusaba a su cuñada Amira Yoma de integrar una banda de lavadores de dinero provenientes del narcotráfico, hundió al gobierno en la peor de sus crisis.

Con la complicidad y astucia de Emir, se planificaron estrategias que permitieron sacar del fango a la ambiciosa cuñada, sospechosa de traer maletas llenas de dólares sucios en el avión presidencial. "El Gordo" desembolsó millones de dólares para salvar a su hermana Amira de la cárcel. Se cambiaron testimonios, se hicieron desaparecer agendas y se compraron voluntades. Menem estaba convencido de que nada haría tambalear su popularidad. Nunca supo de límites y se sentía todopoderoso. Pero existió un hecho que, en los primeros meses de 1995, lo arrastraron al filo de la cornisa. México ardía en medio de escándalos financieros y asesinatos políticos. La crisis de los mercados internacionales instaló el miedo entre los argentinos y las encuestas no eran auspiciosas para el gobierno. El PRI, después de 70 años en el poder, transitaba en la peor de las crisis. Era el partido político más antiguo del mundo y aunque Menem envidió siempre aquella perpetuidad, ahora estaba hundido en el pánico.

La sombra de Carlos Salinas de Gortari —su hermano Raúl había sido detenido, acusado de asesinato y corrupción— lo perseguía sin tregua. Una madrugada de insomnio, Menem habló con Emir sobre sus fantasmas y le confió sus temores. "Carlos tiene miedo de ir preso. Hay que ganar cueste lo que cueste o terminamos todos presos", repetía el cuñado, en todas partes. Por esa época, Alejandro Tfeli, su médico personal, me confesó que ni el somnífero que Menem tomaba desde tiempos remotos alcanzaba para conciliar su sueño. "El presidente tiene terror de perder el poder", me dijo Tfeli en su despacho de la casa de gobierno. La tarde del 15 de marzo de 1995, la noticia de la muerte de su hijo derrumbó a Menem y las pesadillas, que le vaticinó Zulema durante años, regresaron. Era extremadamente supersticioso y estaba convencido de que las desgracias eran avisos directos del más allá.

Una noche de mayo de 1995, sentada en el *living* de Olivos, en la gigantesca pantalla del televisor, miré al presidente asomarse al balcón de la Casa Rosada. Saludaba a la multitud y dedicó el triunfo a la memoria de su hijo. A mi lado, Zulema Yoma repetía como una noria que "Junior" había sido asesinado por las mafias vinculadas con su ex marido. Todo me parecía una locura, una mala película de terror.

Esa madrugada absurda regresé a mi casa y me senté frente a la computadora. Comencé a escribir sin parar, como poseída. Tenía la sensación de que lo que había presenciado y escuchado era semejante a un incendio que nadie nunca podría apagar. Escribí de un tirón 25 páginas que, tiempo después, se transformaron en el primer capítulo del libro. Dos meses antes había sido la única periodista, acreditada por la revista *Gente*, que los Menem-Yoma permitieron entrar a Olivos para cubrir el funeral de Junior. "Sin grabador y sin cámara de fotos", me advirtió el secretario privado de Carlos Menem, el ex policía, Ramón Hernández. Prácticamente en puntas de pie registré cada detalle, cada anécdota, cada tramo de esa intimidad.

Recuerdo el impacto de ver a Carlos Menem tirado en el sillón gris del *living* clamando por su hijo y exigiendo a su secretario una pistola para pegarse un tiro. "¡Yo tengo la culpa de todo, yo tengo la culpa de todo!", decía entre sollozos. Me conmovió intensamente la fragilidad de Zulema, acostada en la cama de su ex marido, llorando y murmurando incoherencias en árabe. Me repugnó ser testigo del tenebroso manejo político que el entorno presidencial dio a la tragedia.

"Ojo, hay que hablar lejos de Zulema", advertían los operadores políticos, con encuestas en mano, que medían la reacción de la gente, y a pocos metros del cajón con el cadáver.

"La popularidad de Carlos creció. La gente le tiene lástima y lo va a votar. Mañana, cuando la caravana con el cajón salga para el cementerio, vamos a poner ahí a los muchachos del sindicato, con banderas y flores, y ya van a ver cómo se pone ese hijo de puta (por Menem), cómo enseguida se le borran las lágrimas. Después de todo, es una desgracia con suerte. El chico está muerto y nosotros tenemos que seguir viviendo…", vociferaba Luis Barrionuevo, un oscuro sindicalista que acompañaba a Menem desde los comienzos y se había hecho famoso con la frase: "Tenemos que dejar de robar por dos años". Ver a Menem, parado frente a la tumba de su hijo y haciendo la V de la victoria a la muchedumbre agolpada frente a los portones del cementerio, me revolvió el estómago al punto del vómito.

¿Qué significaba ese gesto con reminiscencias mafiosas? me pregunté una y mil veces mientras deshilvanaba la historia día y noche. Con el tiempo me convencí de que Menem utilizó la muerte de su hijo para manipular los sentimientos populares y así ganar la elección.

Aquella madrugada, en la soledad de mi casa, escribí como en una acción de puro exorcismo. Necesitaba sacar el horror de mis entrañas. Sin embargo, la historia había comenzado años atrás.

El desembarco de Carlos Menem en la política argentina despertó en mí, como en la mayoría de los periodistas de mi generación, fascinación y curiosidad por conocer el interior del hombre que se presentaba como el heredero de Perón. Lo recuerdo montado encima de un camión de basura (literalmente), envuelto en un poncho marrón y rodeado de oscuros individuos con más diferencias que coincidencias: dirigentes desprestigiados, ex guerrilleros montoneros, ex torturadores de la Escuela de Mecánica de la Armada, sindicalistas corruptos y viejos integrantes del servicio de inteligencia. Su estilo provocador, escandaloso y pragmático producía infinidad de historias, chistes y permanentes preguntas acerca de la verdadera índole de sus acciones. La historia sobre sus proezas sexuales había trascendido las fronteras. Y él mismo las alimentaba apareciendo en público junto a famosas *vedettes* y pulposas y platinadas mujeres de la noche. Sus constantes mutaciones físicas alimentaban la creatividad de humoristas y actores. Las tupidas patillas con las que durante años emuló al caudillo Facundo Quiroga y que le llegaban hasta las comisuras de la boca habían sido, durante años, señal de virilidad y exotismo. Una vez en el poder, dio paso a un *look* más reposado. Los trajes de piel de tiburón color violeta y los zapatos blancos con tacón, que hicieron las delicias de *Vanity Fair* y *Newsweek*, fueron remplazados por exquisitos conjuntos de Ferragamo o Versace. Y hasta encontró una solución para compensar una incipiente e inexplicable calvicie: su amiga íntima, la millonaria austriaca, reina de los cristales, Maia Swarovsky, perdida de amor por él, le regaló un peluquín de pelo natural, importado de Alemania, que provocó polémicas y burlas. El apósito fue centro de parodias de humoristas y se le bautizó con el nombre de "Gato". Menem, obsesionado, probó todo lo que encontró a su paso para combatir los estragos del tiempo sobre su cara: *lifting*, colágeno, *botox* y diarios masajes con exóticos elíxires de belleza. Un día, los periodistas descubrimos un extraño hematoma que cubría sus ojos (producto de una operación estética) y ante las insistentes preguntas inventó muy suelto de cuerpo que le había picado una "avispa".

Carlos Menem no desconocía las burlas y bromas de sus hombres a sus espaldas, pero nada le importaba más que el poder. No hablaba inglés, pero había seducido a George Bush y Bill Clinton. No hablaba francés, pero las revistas galas hablaban de sus logros, sus encantos y sus amantes. ¿Qué más podía pedir? Estaba seguro de la seducción que sus excentricidades provocaban en argentinos y extranjeros. Como un jeque árabe, Menem destinó 100 millones de pesos (equivalente a la misma cantidad de dólares) del presupuesto nacional a remodelar la quinta presidencial. Mármoles de Carrara, inmensas arañas de cristal, pesados cortinados de sedas importadas de Italia, fuentes de agua con angelitos, canchas de golf (una electrónica, que traía los adelantos de las mejores canchas del mundo) y un exótico zoológico privado fueron el marco perfecto de la grandeza que imaginó para sí mismo. En sus 10 años de ejercer el poder, Carlos Menem mintió, traicionó, ostentó y perdonó con la convicción de un dios.

¿Qué había detrás de su figura, de su pose arrogante y sus ambiciones desmedidas? ¿Era producto de la planificación fría o de la amoralidad? ¿Quién era este presidente que se había permitido todas las contradicciones y licencias con el mayor desparpajo y la máxima impunidad? ¿Cómo y de qué manera alimentó su personalidad? ¿Qué cuestiones de su vida privada se manifestaron e influyeron en su vida pública? ¿Era Carlos Menem el reflejo de lo peor de los argentinos? Ese argentino prepotente y vivillo, el que se enriquece rápidamente y a cualquier precio, el infiel compulsivo, el que roba y nunca lo descubren, el que nunca pierde, el que arroja a su mujer por la ventana y la gente lo felicita por "macho", ¿era ése Carlos Saúl Menem?

Me hacía tantas y tantas preguntas todo el tiempo.

Para esa fecha, mi actividad profesional alrededor de Menem era intensa y casi me había convertido en una especie de experta del fenómeno político y social llamado "menemismo". Desde 1987 trabajaba en las revistas de Editorial Atlántida y como jefa redactora de *Gente*, su semanario más importante, acompañé al excéntrico presidente por el mundo. Escribí larguísimas y detalladas crónicas sobre sus cumpleaños, sus celebraciones de pascuas, navidades y años nuevos. Vi a Menem con Zulema y sin Zulema. Con poncho y patillas, con peluquín y *smoking*. Disparando fuegos artificiales en su mansión y sentado en su despacho de la Casa Rosada. Antes y después de la muerte de su hijo. Investigué —y viví de cerca— los acontecimientos políticos más traumáticos de su gobierno: los atentados a la colectividad judía, los continuos escándalos de corrupción, las guerras feroces contra los que osaban enfrentarlo políticamente, la tragedia de la muerte de su hijo. Lo entrevisté infinidad de veces, en Anillaco, su pueblo natal, en la residencia de Olivos, en La Rosada y en el exótico *Tango 01*, la lujosa nave que mandó acondicionar con suite para él y para su hija, y hasta con un sillón de peluquero para que Tony Cuozzo, su *coiffeur* personal, le hiciera el *brushing* y le cuidara las tinturas antes de llegar a algún destino.

En los tres años que me llevó escribir la biografía, me di cuenta de que nada de lo que había conocido hasta ese momento se acercaba un milímetro al mundo alucinante que descubrí después. Me interné por caminos de barros y oscuridades interminables. Indagué la vida personal y política de Carlos Menem con una obsesión que no me dejaba respirar. Entrevisté familiares, amigos, compañeros de colegio, viejas novias, brujas y amantes, ministros y ex ministros. Viajé nuevamente a Siria (había estado durante su primera visita oficial en 1994), recorrí Yabrud, el pueblo de sus padres, y reconstruí el pasado con sus parientes. Fui a Dmejer, un pequeñísimo pueblo de beduinos del desierto, tierra de los padres de Zulema. Permanecí varios días en Damasco con visa de turista, escondida del temible servicio de inteligencia sirio, buscando entender las contradictorias y misteriosas relaciones entre Menem y Hafez Al Assad, el casi monarca sirio. Necesitaba saber por qué sus ancestros lo acusaban de traición. Supe de negocios sucios, tráfico de armas, reactores nucleares y promesas incumplidas.

En una helada noche de invierno hablé extensamente con Martha Meza, la mujer que Menem conoció y enamoró en sus años de cárcel, con la que concibió a Carlos Nair, su hijo extramatrimonial. Martha me contó llorando que ella y su hijo habían recibido reiteradas amenazas de muerte, que provenían directamente de hombres enviados por Menem, para que negara la historia. Ella se resistió y fue secuestrada durante 24 horas por Emir Yoma, quien le dijo a gritos que si no hacía lo que le ordenaban terminaría muerta. Paradoja: hoy Martha Meza está muerta. Sumida en una profunda depresión, se suicidó a mediados de 2003 con veneno para ratas.

Conversé con Zulema Yoma días, tardes y noches, fines de semana casi completos. Traté de encontrar el hilo que me ayudara a entender lo que nos pasó a los argentinos en esos largos 10 años.

Pasé noches de angustia, con el miedo rondando a mi lado. Me sumergí en la causa judicial sobre la muerte de Carlitos Junior para saber si había sido asesinado, como sostenía su madre, y terminé asqueada. Confirmé que el cadáver de Carlitos había sido profanado para ocultar pruebas y que Menem no fue ajeno a esa situación. Indagué la vida de Junior y de su hermana Zulema María Eva, convertida en primera dama virtual de la Argentina menemista. Relaté la simbiótica y especial relación de Zulemita ("la nena") con su padre. Sus desequilibrios emocionales, sus regresiones infantiles, sus intentos de suicidio.

Palpé de cerca las miserias del poder y la codicia.

Cuando el menemismo supo de la existencia del libro, recibí presiones y amenazas. Ocurrió a fines del año 96, cuando me había ido de la revista *Gente* y trabajaba como columnista política en un programa de radio y en la revista *Noticias*. Recibí incesantes llamadas a la madrugada; mensajes amenazantes por medio de terceras personas, con detalles de la vida de mis hijos y mis padres; vi también raros autos estacionados frente a mi casa.

Los años 98 y 99 los transité con una presión que me resulta difícil de explicar. Sentía que me seguían, supe por mis fuentes que los teléfonos de casa habían sido intervenidos, y esa certeza por poco me vuelve loca. Ellos hicieron todo lo posible para que me sintiera así.

"Tené cuidado cuando cruzás la calle. Vos sabés cómo es el método: un camión te pasa por encima y dicen que fue un accidente. O la otra: simulan un robo y te meten un balazo", me advirtió un hombre de Menem. Conocía un largo listado de muertes sospechosas alrededor del poder. Había investigado caso por caso y en mi libro hay un capítulo que se llama "De Fantasmas y Muertos". Como ejemplo: en la causa judicial por la muerte de Junior, hay ocho testigos que fueron asesinados antes de llegar al juzgado para declarar.

No era una joda, una historia superficial.

En la primavera de 1998, dos tipos me citaron en un bar céntrico de Buenos Aires y me advirtieron que si seguía con mis investigaciones iba a "terminar en un zanjón" (*sic*). Me contaron que trabajaban para Emir Yoma y que el "jefe" estaba muy alterado por mis averiguaciones sobre las actividades en unas oficinas céntricas, que el cuñado presidencial utilizaba como pantalla de negocios sucios.

"¿Vos sos o te hacés? ¿No sabés dónde te estás metiendo? Te van a matar...", dijo uno de ellos con su cara gorda transpirada. Una fuente me había revelado que en una caja fuerte de esa oficina estaba la valija con 30 000 dólares y un kilo de cocaína que Carlitos llevaba en el helicóptero el día de su muerte. Cuando revisaron el aparato no había nada, todo había desaparecido. Después de este episodio, hice una denuncia ante el juez federal de San Martín, en la provincia de Buenos Aires, Hugo Gurruchaga. En su despacho me enteré espantada de que a él —quien investigaba el mismo caso— le habían aflojado las ruedas del auto y se salvó de milagro. Por pedido de Gurruchaga estuve un tiempo con custodia policial, pero después desistí. No estaba segura de si los tipos me cuidaban o me espiaban.

A los pocos días de mi encuentro con esos mafiosos, sacaron sorpresivamente del aire el programa que conducía todas las mañanas por Radio Horizonte. La dueña de la estación era Amalia Lacroze de Fortabat, poderosa reina del cemento y embajadora itinerante de Menem. Jamás me dijeron los motivos, a pesar del lío que se generó. Un ministro de Menem me reveló después que la quita fue sugerida por el mismo Menem a Fortabat en Olivos.

—Olga Wornat está escribiendo un libro sobre el jefe. Ese libro va a ser un éxito, ella es la que más sabe sobre nosotros... —así se expresó el secretario privado, Ramón Hernández, una mañana de diciembre de 1998, también en la residencia de Olivos. Su interlocutor, un funcionario de segunda línea al que consultaba habitualmente sobre detalles de la intimidad presidencial, permaneció mudo. Ramón, de carácter maquiavélico, ex policía y ex delator de estudiantes de la Universidad de Buenos Aires en la época de la dictadura y conocedor de los secretos de Menem, era temido por todos en el gobierno. Nadie desconocía el servicio de inteligencia paralelo que funcionaba en la Casa Rosada bajo su tutela. Ramón era experto en intervenir teléfonos, averiguar sobre la vida privada de ministros y extorsionarlos por fuertes sumas de dinero. En los inicios llegó a tener más poder que un ministro, hasta que una investigación judicial sobre drogas en el entorno de Maradona lo obligó a bajar el perfil. Ramón Hernández era íntimo amigo y acompañante de correrías nocturnas del *manager* de Maradona,

Guillermo Coppola, y la DEA lo tiene en la mira. La embajada de Estados Unidos aconsejó a Menem alejar a Coppola de la residencia de Olivos.

—Ella es la que más conoce de nosotros y el jefe nunca se va a enojar con lo que escribe. El jefe la respeta, porque ella es tan buena madre... —dijo Ramón y el interlocutor (mi fuente) se puso pálido.

—Ella quiere tanto a sus hijos. Y cómo quiere a Luli y a Nico. Y cómo se preocupó cuando Nico estuvo tan enfermo...

Cuando el funcionario me relató preocupado los detalles de la conversación con el secretario privado, sentí escalofríos. El apodo de mi hija sólo era conocido por mi familia y la enfermedad a la que hacía referencia Hernández era del conocimiento de muy pocos. Era evidente que estaba frente a un mensaje intimidatorio y mis teléfonos estaban intervenidos. Era una manera de advertirme que sabían todo sobre mí y mi intimidad. Recordé las tres partes de la película *El Padrino*, de Coppola, y la admiración que Menem sentía por Don Corleone, el personaje principal interpretado por Marlon Brando. Sé —porque sus hombres me contaron— que imitaba sus gestos, su manera de vengarse de las traiciones, sus códigos.

Hoy, que todo quedó atrás y las pasiones se aquietaron, me cuesta creer que pude llegar al final. Estoy convencida de que fue la inconsciencia y no el coraje lo que me empujó a seguir con el proyecto y una atracción morbosa por el mal, la misma que nos lleva a muchos a seguir hurgando en historias tenebrosas y en personajes corruptos. Recuerdo todavía las mañanas en que me levanté jurando que abandonaba todo y que le devolvería el adelanto a la editorial; sin embargo, en la madrugada volvía a estar frente a la computadora.

Caminar por la cornisa del abismo y salir indemne fue una manera de conocerme, de sacar mis demonios y entender algo (sólo algo) de lo que nos sucedió a los argentinos en 10 años de locura.

El fin del dictador

¿Qué hay quien intente reinar,
viendo que ha de despertar
en el sueño de la muerte?

CALDERON DE LA BARCA, *La vida es sueño*

Escribí esta historia en diciembre de 2000 para la revista *Gatopardo*. Pinochet había regresado después de 503 días de detención en una cárcel de lujo en Londres. Toda la pompa castrense chilena se desparramó a sus pies para recibirlo como él se merecía, y él, que se había hecho pasar por loco y enfermo, se levantó de la silla de ruedas y en un acto brutal de desafío a la justicia que lo acusó de genocidio salió de la pista, caminando como si nada.

Hace más de cuatro años de aquel retorno y de esta crónica. Hoy el dictador está peor que entonces. El *Washington Post* reveló que Augusto Pinochet Ugarte y su mujer son titulares de una cuenta millonaria —ocho millones de dólares— en el banco Riggs de Estados Unidos. Una cuenta que nadie puede explicar y que está siendo investigada por la justicia de ambos países. No sólo investigan a Pinochet y su consorte Lucía, sino a toda la familia: 38 personas. Esta investigación realizada por el Senado de Estados Unidos llega para quebrar un mito: el que dice que el dictador asesinó a sus opositores políticos, ordenó el país, pero no se enriqueció. Para desgracia de la derecha y la casta militar, el hombre no era diferente de los otros tiranos sudamericanos, como él se pavoneó tantas veces. En la primavera de 2005, la suma de ocho millones de dólares trepó a 11. De cualquier manera, las cosas no cambian.

El dictador asesinó y también robó.

* * *

Lo vi por primera vez en Chile, a principios del verano de 1997, en una lujosa y amplia residencia de Valparaíso. Para ser más precisa, fue la noche del 24 de noviembre. Arreciaba una fresca brisa marina empapada en agrio olor a pescado y el cielo negro resplandecía de estrellas.

La antigua ciudad costera que fuera cuna de inspiración para el inolvidable Pablo Neruda (dueño de La Sebastiana, una excéntrica construcción enterrada en la cima de un cerro) parecía un farol balanceándose sobre el Pacífico.

Pero yo estaba demasiado lejos del querido Pablo y su acaracolada casona de vidrios de colores y mascarones de proa que podía adivinar apenas, entre las lucecitas de las alturas. A unos pasos el rugido del mar y el enemigo que ganó la batalla y lo asesinó de tristeza.

El general Augusto Pinochet Ugarte apareció rodeado de fornidos guardaespaldas junto a su mujer Lucía Hiriart, quien lo tomaba del brazo. Iba ornamentado como para una gran gala. Apenas ingresó a la casa, el salón de la Fundación Pinochet estalló en aplausos, estruendos y vivas. Hombres y mujeres de mediana edad, enfundados en costosas vestimentas y joyas, levantaron sus copas de champaña francés y comenzaron a entonar estribillos. Locos de alegría y fanatismo habían pagado sin chistar los 150 dólares que exigieron los organizadores para participar en la comida. Esa noche no les importaba nada más que rendir culto al "Padre la patria", definición que me transmitieron cuando pregunté qué significaba para ellos el octogenario general. Habían pasado casi dos décadas, desde el final de la dictadura, y Chile permanecía teñido de un apasionamiento que, a veces, rozaba la irracionalidad.

"Un padre bondadoso y de mano dura que nos salvó del comunismo y nos enseñó a vivir. Le debemos todo lo que somos hoy…" contestaban casi a coro.

Era su cumpleaños número 82 y el dictador se sentía en el universo: estrenaba el cargo de senador vitalicio y su figura severa caía sobre el pueblo chileno como una ominosa herencia. Para una parte era un asesino y para la otra un abuelito visionario que los rescató de la maldad del comunismo. Y para los que nunca lo vivieron, los *yuppies* criollos de una sociedad modernísima, casi del primer mundo, un viejo olvidable y achacoso que no les importaba un pito.

El general se abrió paso entre sus matones. Llevaba puesto el uniforme militar blanco impecable, con una banda roja que le cruzaba el pecho y en la que sobresalía una medalla de oro del tamaño de una manzana. Era la condecoración más alta que le había otorgado el ejército en 1990 —por los innumerables servicios prestados—, inmediatamente después de abandonar el cargo en manos del demócrata cristiano Patricio Aylwyn, en las primeras elecciones democráticas luego de 17 años de dictadura.

Durante su larga estadía en la Casa de la Moneda —y después de demorarse 13 meses en restaurarla a su gusto, luego del violentísimo bombardeo del 11 de septiembre de 1973—, más de 3 000 personas fueron asesinadas y otras tantas desaparecidas. Miles partieron al exilio y otros miles fueron torturados y sojuzgados en las mazmorras del régimen. Sobrevolando como un águila el océano inconmensurable de sus muertos, con el mayor de los cinismos, al general le gusta atribuirse todo el tiempo el éxito de haber dejado en manos civiles un Chile ordenado económicamente, próspero, moderno y estabilizado. Un país que según los estudios de mercado internacionales creció un promedio anual de 7% durante 14 años, tres veces más que el promedio del resto de América Latina. Y al que un estudio de Naciones Unidas califica como el de mejor educación, mayores salarios y mejor calidad de vida de la región.

Un Chile con los miserables aplastados y sometidos, un territorio de tumbas sin nombre.

Esa noche de noviembre de 1997, en Valparaíso, el viejo dictador se movía pesadamente. Caminaba lanzando la cabeza hacia adelante, como si buscara entre los enfervorizados invitados un rostro familiar. Llevaba audífonos y un marcapasos, que desde hacía un tiempo controlaba un corazón deshilachado por la decadencia y los espectros. Disimulaba poco el mal crónico que aquejaba a una de sus rodillas, producto de una hernia discal que lo hacía renguear levemente. Con la voz áspera de un caballo saludó a los que pugnaban por quebrar el círculo de custodios.

Augusto Pinochet Ugarte tenía el cabello peinado hacia atrás con gomina, los ojos de un azul intenso brillaban como en sus años de gloria. Las manos, grandes y manchadas por la vejez, se agitaron un par de veces en un gesto marcial. Y los dientes amarillentos asomaron debajo de los bigotes ralos. En la mano izquierda tenía un anillo de oro con piedra colorada. Su hijo Marco Antonio explicó que lo llevaba desde el golpe del 73 y que representaba a Sagitario, su signo zodiacal.

Augusto Pinochet Ugarte es supersticioso hasta límites increíbles. Nunca se quita el anillo y cuando viste de civil coloca sobre la corbata una traba con una perla para la buena suerte. Su gente, su familia y, sobre todo, Eugenia, una de sus astrólogas, recuerdan siempre aquel día de septiembre de 1986 cuando se salvó milagrosamente del atentado en la Cuesta de Las Achupallas.

"Vi la imagen de la Virgen dibujada en los vidrios astillados del auto. Era nítida, perfecta. Ella me salvó la vida, estaba escrito", dijo aquella ocasión.

Varios monitores estratégicamente colocados en los salones de la casona transmitían las 36 fiestas que en simultáneo se realizaban a lo largo de Chile, con partidarios y simpatizantes que entonaban el "Cumpleaños feliz". Aquella noche se veía contento, apacible adentro del estricto uniforme blanco. Las espaldas cuadradas, la nuca ancha, el cabello corto. Al estilo castrense, como le gusta a él y, especialmente, como le gusta a Lucía su mujer, pero mucho más que eso, a su madre y a la que teme más que a las pesadillas. Sonreía, arqueando levemente las cejas tupidas, mientras la mandíbula se movía hacia abajo, en una mueca casi inocente. Nunca se desprendió del brazo de Lucía, como si ella se fuera a escapar y lo dejara solo. O quizás para mostrar ante los suyos un resquicio del cuerpo erguido de antaño, que el tiempo corrompía sin pausas.

Lo vi y sentí una desesperada curiosidad por mirarle a los ojos. De cerca. Ese viejito rengo y de apariencia calma tenía sobre mi generación la pesadez repulsiva de una ciénaga. Era la oscuridad y el abismo.

Pinochet inauguró la era macabra de las desapariciones de prisioneros políticos en América Latina. Fue el hombre de confianza de la CIA en Latinoamérica, la agencia estadounidense de inteligencia que le permitió liquidar a sus enemigos en países extranjeros. Fue el mentor —junto a Manuel Contreras, el temido jefe de la DINA— del siniestro plan Cóndor, que en combinación con militares de países vecinos tejieron una perfecta red que unificaba los servicios secretos del continente para asesinar en masa a los opositores políticos.

Mirarle a los ojos significaba asomarme al infierno.

Recuerdo que me acerqué todo lo que pude, pero sus matones me quitaron sin ostentación, sutilmente violentos y certeros. Resignada, tomé champaña y devoré un bocadito a la par que atisbaba sus movimientos desde un rincón. Ahí seguía agarrado del brazo de su mujer, escudriñando el paisaje de su gala de cumpleaños. En un instante, sus ojos azules se cruzaron con los míos y tuve la controvertida sensación de estar frente a un cándido abuelito. Ni en su rostro arrugado, en su actitud o en sus gestos quedaban huellas del horrible verdugo que marcó la vida de millones de hombres y mujeres durante más de 25 años.

Esa mañana de aniversario, una banda del Ejército lo había despertado como siempre frente a la mansión del barrio Las Condes de Santiago con su canción favorita: *Lili Marlene*. Este tema se había hecho popular en la Alemania de Hitler y al general le encantaba. A tal punto era su devoción, que sus nietos aprendieron a cantarla en alemán para homenajear al abuelo.

La alegría pinochetista de aquella noche de cumpleaños tenía otro motivo: el auditor general del ejército chileno, Fernando Torres Silva, le había comunicado al general que no tenía por qué preocuparse. En los expedientes judiciales concentrados en España, donde se le acusaba de genocidio, no había elementos que lo incriminasen. Podía viajar tranquilo por el mundo. Un divertimento que Pinochet practicaba con frecuencia en los últimos años, luego de su salida del poder.

Cada tanto, se daba una vueltita por Londres o Francia. Amaba a los ingleses y le gustaba mucho ir de compras a la tiendas Harrods. Recorría el museo de cera de Madame Toussaud, donde se fotografiaba frente a las celebridades políticas del mundo: Lenin, Mao Tse Tung, De Gaulle. Como un fanático bibliófilo, pasaba largas horas en una librería cercana a su hotel a la pesca de nuevas biografías de Napoleón —su personaje predilecto—, que los solícitos dependientes le conseguían en los lugares más remotos del planeta. En Londres también conversó extensamente con el periodista John Lee Anderson, quien luego escribió un fantástico y esclarecedor reportaje en el *New Yorker*, poco antes de terminar preso. La paranoica Lucía Pinochet reaccionó impulsivamente al telefonear a Anderson para preguntarle si estaba coludido con el juez español Baltasar Garzón en la detención de su padre.

"Inglaterra es como mi patria, el lugar ideal para vivir debido a su moderación, su civilidad y su respeto por las reglas", dijo varias veces. Ni bien llegaba corría a visitar a su amiga Margaret Thatcher. Llevaba flores y bombones y ella lo esperaba con un exquisito té con *scones*. Como dos vetustos dinosaurios, el dictador y la gélida baronesa desgranaban las horas recordando las glorias de sus guerras de antaño cuando fungían como reyes implacables de la historia.

Conocer y tener la certeza de que ningún aguijón del maldito marxismo podría clavarse en su apacible vida de "soldado más viejo del mundo" (así lo llamaban sus camaradas del ejército) alcanzó para estar feliz en su aniversario 82. Desde tiempos lejanos, era famoso por su malhumor, su carácter huraño y difícil, siempre al borde del estallido y el abismo. Sobre todo cuando traían a su presencia las polémicas por las violaciones a los derechos humanos de su gobierno, que detestaba escuchar y que en los últimos años se habían convertido en una desgracia de la que escapaba enceguecido. Cada vez que pasaba por esa situación, algo se descontrolaba en sus gestos, la voz se le volvía ronca y los ojos azules mutaban al negro noche. El veterano maestro de periodistas en México, Julio Scherer García, puede dar fe de este relato. Se encontró con Pinochet en la mañana del 4 de marzo de 1974, en el piso 11 de La Moneda. Y más que entrevista, la fugaz reunión fue un tenso y exasperante monólogo que Scherer recuerda muy bien en su libro *Pinochet. Vivir matando*.

En medio del brindis, Hernán Guiloff, vicepresidente de la fundación, recordó en voz alta una anécdota, referida a la noche anterior al golpe que derrocó a Salvador Allende, el 11 de septiembre de 1973, y que tiene entre los fanáticos la dimensión de una leyenda. Contó que Lucía Hiriart arrastró al general hasta el dormitorio, donde dormían sus hijos, y le dijo: "Augusto, ahí están sus hijos y ellos caerán en la tiranía comunista por su culpa, porque usted no se atreve a actuar. Por ellos tiene que salvar a Chile de la tiranía comunista. Sálvalos Augusto y serás venerado para siempre". Y según el relato de Guiloff, Pinochet le respondió a su mujer: "Me sorprende, señora, que después de tantos años de casados usted ahora dude de su marido".

Entre los aplausos, Pinochet acarició la medalla de oro que colgaba de su pecho y apretó fuerte la mano de su mujer. "Mi querido general, ahora puedes decirle a tu esposa: 'Mi querida Lucy, he cumplido mi deber contigo, con Chile y, lo más importante, tengo deseos de seguir cumpliendo con mi patria'", cuenta Guiloff. Los gritos de aprobación eran desbordantes. Comandantes militares, ex miembros del gabinete pinochetista, ejecutivos de empresas con sus elegantes esposas y hasta un ex jefe de custodia personal, el coronel Jorge Lepes, cuyo ascenso había sido desaprobado por estar implicado en el asesinato de un diplomático español (Carmelo Soria), desfilaban para saludar al anciano y a doña Lucía.

Desde la ventosa noche en Valparaíso, cuando atrapada por mi morbo lo vi de cerca por primera vez, se desvanecieron tres años. Algunos detalles cambiaron en la vida del dictador, devenido "cándido" y achacoso abuelito. Las fiestas, los rimbombantes festejos, las cenas de 150 dólares el plato, y en las que sus incondicionales pujaban por venerarlo como a un dios, son cosa del pasado.

A punto de cumplir 85 años, Augusto Pinochet Ugarte vive encerrado en su residencia de la calle Flamencos, del distrito de La Dehesa, en Las Condes. Un lujoso búnker —cuya construcción generó un escándalo en 1990—, protegido por árboles tupidos, enormes murallas y un portón negro de hierro, que hace imposible espiar la vida de sus habitantes desde la calle. Pasa días y noches custodiado por un doble cerco de médicos y militares, que sólo le permiten una visita por día. Y más que una casa normal, la residencia se asemeja a un hospital de campaña. Un grupo de élite del ejército chileno de más de cien hombres, la mitad vestido de civil y la otra mitad enfundados en traje de comandos, lo sigue a todas partes.

Alguien que lo conoce y lo visita me dice que cada día que pasa el general se siente más viejo y más decrépito. "Pasa horas sin hablar con nadie y justo él, que era un hombre cuidadoso con su imagen, muy coqueto, ahora no soporta que lo coloquen frente a su espejo. Odia los espejos..."

El 10 de agosto de 2000, la Corte Suprema de Chile lo dejó sin fueros parlamentarios por la existencia de indicios de que fue "autor, cómplice o encubridor" de 65 asesinatos, en octubre de 1973, y a partir de ese momento el dictador emprendió la cuesta abajo de su vida.

Sin una pizca del poder que detentó durante más de tres lustros, sin fueros parlamentarios que lo protejan, con poquísimos amigos y aliados políticos, amenazado por 174 causas penales por graves violaciones a los derechos humanos y con la posibilidad de que la justicia argentina solicite su extradición por el asesinato del general Carlos Prats, Augusto Pinochet se transformó en un espectro ambulante. Al borde de un abismo del que sólo vendrá a salvarlo la muerte.

El juicio en Buenos Aires por el asesinato del general Carlos Prats y su esposa le cayó como un baldazo de agua helada. Dicen que algunas veces pregunta a sus abogados por la marcha del juicio en Argentina y otras su mente se extravía en intrincados laberintos. Allí permanece largo tiempo, con los ojos azules perdidos en el vacío.

El 29 de septiembre de 1974, el matrimonio Prats fue destrozado por una bomba colocada en su auto, cuando se aprestaba a ingresar a la cochera del departamento que ocupaban en pleno centro de Buenos Aires. El artefacto fue de tal poder que hizo volar el techo del auto hasta la terraza de un edificio vecino de ocho pisos de altura. Prats era jefe del ejército chileno durante la presidencia de Salvador Allende, pero renunció en 1973.

Meses después, Pinochet asumía violentamente el gobierno de Chile. Según los resultados del juicio llevado a cabo en los tribunales argentinos, la bomba fue colocada por el ex agente de la DINA (la policía secreta del régimen pinochetista) Arancibia Clavel, quien recibió órdenes directas del mismísimo Pinochet.

Después que asesinaron a nuestro padre, pedimos una entrevista con Pinochet. Como su jefe del Estado Mayor del Ejército, era el oficial más cercano. La persona en la que papá confiaba y que decía sostener sus mismos principios. Quisimos saber por qué los militares estuvieron ausentes en el funeral y por qué muchos nos llamaban para darnos el pésame desde cabinas públicas, como si estuviesen vigilados. La reunión fue en noviembre de 1974 y recuerdo que Pinochet estaba muy nervioso. Sus respuestas fueron de tal ambigüedad que nos quedó claro que no era honesto y, menos aún, que nos decía la verdad,

me cuenta María Angélica Prats, la hija del militar asesinado en Buenos Aires, momentos después que el ex agente de inteligencia del viejo dictador, Arancibia Clavel, era sentenciado a cadena perpetua, acusado de "homicidio calificado y en calidad de miembro de una asociación ilícita".

Los espejos de la casona de Las Condes reflejan una figura hinchada con más de cien kilos. Esa imagen, lo mismo que las constantes y públicas peleas de abogados y familiares lo agobian. El viejo verdugo se escapa y las probables lagunas de su mente son su refugio más seguro. Allí, entre sus contradicciones, parece encontrar sosiego. Balbucea de vez en cuando sobre sus años de gloria; piensa en ellos, mientras Lucía, por compasión, le sigue los pasos, como si el tiempo se hubiera estancado. En su cabeza revive la época en que nadie osaba mirarlo a los ojos o levantarle la voz y, prepotente, se vanagloriaba de sus victorias y sus muertos.

Eso sí, se entusiasma como un niño con la idea de publicar sus memorias, un mamotreto ilegible que dejó inconcluso antes del fatídico viaje a Londres, donde lo detuvieron. Y habla mucho de su libro.

A las nueve y media de la mañana, un enfermero lo ayuda a levantarse, le alcanza *El Mercurio,* en el que lee todo lo que se escribe sobre él y las revistas *Cosas y Caras,* en las que sus hijas aparecen siempre y se pelean por defenderlo de los "comunistas" que lo atacan y los desagradecidos que lo traicionan. "La gente desaparece, qué se le va a hacer. No somos el único país donde la gente desapareció y nunca más la encontraron. ¿Qué quieren de mi padre? ¿Quieren verlo de rodillas haciendo un show, pidiendo perdón como en una telenovela?", dice Lucía. "Para Lagos la solución es que mi padre se muera, que se hubiera muerto en el viaje o que bajándose del avión le hubiera dado un infarto. Mientras tanto, le hacen una estatua a Allende", exclama Jacqueline.

Después de la sesión de kinesiología camina por el parque verdísimo, celosamente custodiado y tratando desesperadamente de recuperar la sensibilidad de sus piernas enfermas. Y vuelve una y otra vez a sus recuerdos. Come liviano y, después de la siesta, lee o sigue con la escritura de las memorias. O lo que todos en su casa suponen que son sus memorias, ya que él no revela a nadie sobre qué escribe. Cuando se aburre, cuentan que recurre a una prolija colección de revistas de historietas: *Condorito*, en las que un pájaro astuto y calentón hace chistes ingenuos y tontos.

Pero los momentos de lucidez del anciano general no son muchos. Y su estado real de salud se ha convertido en una cuestión de Estado, un secreto militar guardado bajo siete llaves. Cualquier elemento tiraría por tierra los argumentos de la defensa, que exigen al tribunal chileno un tratamiento humanitario, paradójicamente para quien en los 17 años en que ejerció el poder jamás mostró compasión por ningún ser humano.

Cuestiones judiciales al margen, los médicos dicen que su estado físico es caótico. Tiene una diabetes avanzada, que le ha hecho perder gran parte de la visión; su presión arterial es muy inestable; sus riñones no funcionan y su hija dice que en poco tiempo quizás tenga que someterse a un tratamiento de diálisis; sus piernas se han vuelto insensibles y están permanentemente hinchadas; la operación de columna que le realizaron en Londres le ha dejado como secuela dolores permanentes, por lo que no puede realizar los ejercicios prescritos; tiene problemas de próstata y pequeños infartos cerebrales empezaron a atacarlo mientras dormía en los últimos meses. Todos los días, el enfermero le inyecta dos ampollas de insulina, una dosis doble de lo habitual, ya que no encuentra manera de bajarle el azúcar que se le acumula en la sangre. Y cuando Lucía, su mujer, lo deja solo, el anciano se escapa y, como un niño, se esconde en la cocina a devorar compulsivamente todos los dulces que encuentra.

Augusto Pinochet Ugarte proviene de una familia de clase media baja de Valparaíso. Según los biógrafos, su madre, Avelina Ugarte Martínez, mujer enérgica y dominante, fue la que más influyó para que Augusto ingresara en el colegio militar. Ella le rogó para que fuera militar y él no pudo contradecirla, tenía con ella una relación simbiótica. Si la madre le hubiera pedido que se fuera caminando al Polo Norte, él lo hubiera hecho gustoso. Augusto Pinochet hizo lo imposible por ingresar al colegio militar, a pesar de que al principio fue rechazado por su débil complexión y porque no aprobó las materias básicas. Un año más tarde, en 1932, y después de dedicarse al boxeo y a los bailes, logró ingresar. Con el padre, Francisco Pinochet, un gris agente de Aduanas que abandonó a la familia (eran seis hermanos) para irse con otra mujer, la relación fue traumática. Antes de morir, meses después de cumplir 100 años, Avelina anticipó a sus hijos en su lecho de enferma que había tenido un sueño. Dijo que había visto a "Augustito" vestido con el traje de presidente. Que ese sueño se le repetía, pero nunca lo había contado por temor a que la tomaran por loca.

Una vez en el ejército, Pinochet ascendió rápido y eso que en la primaria no fue buen alumno: sus calificaciones eran bajísimas y sus amigos de las escuela le decían "burro". En 1971 fue nombrado comandante general. En agosto de 1973, Salvador Allende lo designó comandante en jefe de las Fuerzas Armadas. Tres semanas más tarde, en un país desangrado por el caos, un largo desabastecimiento y esa lapidaria huelga de camioneros, que provocó el derrumbe final del presidente socialista, estallaba el golpe militar con Augusto Pinochet al frente. Se consumaba la gran traición. Salvador Allende, encerrado en La Moneda, resistió como pudo y, al final, se voló la cabeza de un escopetazo, inflamado de una dignidad que lo inmortalizó.

Lucía Hiriart Rodríguez se casó con Augusto Pinochet cuando ambos eran jóvenes y él todavía estaba en el ejército. Mujer de carácter fuerte y dominante, Lucy ha sido su confidente y mano derecha en estos largos años. Temida y detestada en el entorno del dictador, sus apariciones en La Moneda, cuando su marido gobernaba, eran famosas. Lucy era capaz de ingresar a una reunión de gabinete e increpar a su marido con dureza y a la vista de todos, si no estaba de acuerdo con una medida de gobierno o con un nuevo nombramiento. Le decían "La Generala" por su estilo marcial y autoritario. La influencia de Lucía sobre la nomenclatura pinochetista era de tal magnitud que muchos temían separarse de sus esposas. Si esto ocurría y ella se enteraba, exigía a su marido la cabeza del pecador.

"¡Si yo fuera jefa de gobierno, sería mucho más dura que mi marido —dijo en medio de una ola de protestas y represión, en 1984—. Tendría a Chile entero en estado de sitio!"

Es curioso pero el militar duro, implacable y violento, la metáfora perfecta del *serial killer*, es un individuo dominado por las mujeres de carácter fuerte y prepotente. Primero vivió agarrado de la falda de su madre y luego dominado por la personalidad de su mujer. Ambas fueron determinantes en su vida.

El matrimonio tuvo cinco hijos: Lucía, Verónica, Jacqueline, Marco Antonio y Augusto. Los dos últimos tienen una relación conflictiva con su padre: Marco Antonio se dedica a los negocios y Augusto, desequilibrado emocionalmente y vinculado a negocios sucios, estafas y tráfico de armas, es el hijo que el dictador siempre imaginó como su heredero en el ejército. De las mujeres, Verónica cultiva un *low profile* que la hace inexistente, Lucía es una reproducción casi perfecta de su madre y Jacqueline es la niña mimada del general: una rubia despampanante y emocionalmente inestable, que posa en las revistas, canta loas a su padre y revela intimidades de sus varios matrimonios. Por ella, Augusto Pinochet es capaz de todo. A la periodista María Eugenia Oyarzún, Pinochet le confesó una vez que esta hija era su "regalona", porque cuando tenía un año estuvo a punto de morir por una bronconeumonía de la que se salvó de milagro. Él mismo la cuidó día y noche, y a partir de ese episodio la relación entre ambos es inquebrantable. Vale contar una anécdota familiar desconocida, que refleja los matices retorcidos de la relación.

Cuando Guillermo Martínez se enamoró de Jacqueline Pinochet Hiriart, en 1979, era un joven con una carrera promisoria en la cancillería chilena. Se casaron rápido y con toda la pompa que correspondía a la hija del mandamás del país. Una fiesta lujosa a la que asistió lo más selecto de la sociedad. Al poco tiempo de la boda, dos niñas llegaron al hogar.

Tres años después —según el relato de un familiar—, Jacqueline comenzó a manifestar hastío y cansancio de su matrimonio. Algunos, que la conocen bien, cuentan que en realidad otro hombre pululaba en el horizonte. Jacqueline le confió a su padre, llorando, sus problemas maritales y le rogó que la ayudara a "deshacerse de Guillermo". Martínez, hoy asignado en la embajada de Chile en Buenos Aires, cuenta —con leve temblor en la voz— que el general lo citó una mañana en su despacho de La Moneda. Colocó la pistola sobre el escritorio, sin despegar su mano del arma, y mirándolo fijamente, con sus helados ojos azules, le advirtió: "Aléjese de mi hija. No queremos verlo nunca más. Usted ya no pertenece a nuestra familia. Y mejor que lo haga rápido, porque de lo contrario va a ser peor".

Martínez, desesperado, le pidió una explicación. Preguntó por el destino de sus hijas, le pidió a quien hasta hacía un día atrás era su suegro tener por lo menos un régimen de visitas. Pinochet lo miró, levantó la pistola, golpeó el escritorio con ella y amenazante como un tigre regresó sobre la advertencia. Martínez, sin otra salida, se fue del lugar en estado de *shock*.

Todas sus pertenencias fueron depositadas en un hotel y, a pesar de sus muchos esfuerzos, nunca más pudo volver a ver a sus hijas. Cada vez que llamaba por teléfono a su ex mujer —que había contraído nuevo matrimonio— ella lo citaba en la casa, pero cuando él tocaba el timbre, una mucama salía y le decía que "la señora y sus hijas estaban de viaje en Europa".

En 1997, cerca del festejo de cumpleaños de Pinochet en Valparaíso, Martínez recibió una carta de Jacqueline en la que le decía que le iniciaba juicio por alimentos y abandono de hogar. Un absurdo. El hombre, enceguecido por los años de sufrimiento, le pidió que no lo hiciera porque él iba a contar, en una conferencia de prensa, todos los secretos de la familia Pinochet. A los pocos meses, el dictador era detenido en Londres y la temperamental Jacqueline, frente a la tragedia, desistió de su demanda.

Hoy, frente a la decadencia irreversible del padre, los cinco hijos prácticamente no se dirigen la palabra y están todos peleados entre sí. Celos, intrigas y ambición por la herencia incalculable de Augusto Pinochet serían los motivos verdaderos. Marco Antonio, que vive pegado a la mansión familiar y debe su nombre a un emperador romano (lo mismo que su otro hermano Augusto), dice que en realidad los hermanos "nunca fueron demasiado unidos". Marco Antonio y Lucía son los que tienen mejor imagen. Augusto y Jacqueline llevan una vida disipada y son protagonistas de permanentes escándalos públicos. Un libro de próxima aparición en Chile, *La delgada línea blanca,* de los periodistas Rodrigo de Castro y Juan Gasparini, desnudará las conexiones de los hijos y sobrinos de Pinochet con el tráfico de drogas y la venta de armas.

Acorralado por un destino adverso, cercado por la justicia, los fantasmas, los muertos que hizo y las enfermedades, el último dictador latinoamericano es prisionero de un destino que nunca imaginó.

El "macho más macho" de Paraguay

> A veces las obsesiones andan atrás de los
> hombres. Otras veces son los hombres
> los que atraen las luces de las obsesiones.
>
> TOMÁS ELOY MARTÍNEZ

—¿Alguna vez sintió miedo? —le pregunté una noche de primavera
de 1997 en el salón del primer piso del hotel Presidente de Buenos
Aires. "El Hombre" —como lo llaman a Oviedo sus acólitos— me
miró con aire arrogante y entre el murmullo de custodios y simpatizantes que se apretujaban en círculo a su alrededor, acomodó el
nudo de la corbata de estridente seda colorada, el Rolex de oro que
asomaba bajo el puño de su camisa celeste, estiró su cuerpo pequeño de un metro sesenta y exigió silencio con el brazo derecho en
alto. Mientras el tono de su voz subía poco a poco, dijo con sus
ojos fijos en los míos:

—¿Miedo yo? ¿Usted sabe quién soy yo? Le voy a contar una historia: cuando tuve que detener a Stroessner, entré a la residencia y
miré a los ojos de sus custodios. "¿Quién es el hijo de puta que se
me va a animar? ¿Quién carajo va a defender a este tirano?", grité. Y
todos bajaron la vista, nadie se me animó. Me abalancé sobre
Stroessner y lo arrastré a punta de pistola, mientras sostenía una
granada en la otra mano. Me subí a un auto custodiado por dos
tanquetas. Y les dije a los que me seguían: "Si el auto se desvía, dis-
paren". "Pero, general, usted está adentro y va a volar junto con el
Viejo", me contestaron mis hombres. Sólo tuve que recordarles que

213

era una orden y que las órdenes no se discutían. ¿Miedo yo? Yo soy el "macho más macho" de Paraguay. Yo tengo "huevos" y al único que le tengo miedo es a Dios, de ahí para abajo a nadie, ¿quedó claro?

Antes de terminar la última frase de una historia que repite hasta el cansancio y alimenta el mito de su virilidad, el salón estalló en aplausos, gritos enloquecidos y vivas. "El Hombre" levantó otra vez el brazo derecho y fijó sus ojos de reptil en los míos. Estábamos sentados el uno frente al otro y en aquel clima de tensión era muy difícil hacer un reportaje. Lino César Oviedo hablaba igual que cuando arengaba a sus partidarios colorados desde las tribunas: "¡¡Pena de muerte!! ¡¡Pena de muerte a los corruptos!! Cuando sea presidente voy a 'importat' de Estados Unidos sillas eléctricas para *achicharrar* (*sic*) a los delincuentes y a los violadores, y sus cenizas voy a enlatar y tirar al río Paraguay para asegurarme que nunca rebroten. Ésa será mi primera medida...", bramaba de golpe, al mismo tiempo que enfatizaba las palabras golpeando una y otra vez, sobre el brazo de la silla con el puño cerrado. "Seré presidente caiga quien caiga y le guste a quien le guste. *Per secula seculorum* (por los siglos de los siglos)."

Un mozo le alcanzó un vaso de agua y uno de sus laderos le entregó un papelito con un mensaje. Sonrió satisfecho y volvió a fijar sus ojos en los míos: "Como dice Menem, Castro es el dictador de un país pobre y hambriento; en cambio, Pinochet, mire, dejó un país moderno, soberano, rico..." Hizo unos segundos de silencio y agregó: "Ya sé lo que me va a decir, que los derechos humanos y esas pavadas. ¿Y eso a quién le importa?"

Y otra vez los aplausos y los vivas a su nombre, su mujer, sus hijos y a Paraguay. Lino Oviedo pidió silencio nuevamente y lanzó la pregunta, siempre con los ojos fijos: "¿Cómo cree que se hicieron las revoluciones en el mundo? ¡Con sangre se derrota al comunismo! ¿O usted es comunista?"

Entre la muchedumbre enfervorizada pude distinguir a ex integrantes argentinos de los servicios de inteligencia, matones de la ultraderecha peronista y ex militares "cara pintadas", protagonistas fracasados de golpes militares. Unos pasos atrás, su esposa, la argentina Raquel Marín, alias "La Leona", permanecía en silencio como una estatua. Sus labios, furiosamente rojos, daban marco a una sonrisa complaciente a todo lo que decía su marido. La mujer arrastraba el apodo desde 1996, cuando Lino Oviedo, "Toto" en la intimidad, fue detenido y enviado a la prisión militar de Itaguá, acusado de insurrección contra el gobierno del presidente Juan Carlos Wasmosy. Una mañana ella salía de la cárcel y un periodista le preguntó por su estado anímico. "Soy una leona herida a la que le quitaron el macho", contestó. A partir de ese momento, a Raquel Marín todos la llaman con tono reverencial "La Leona" o "Ña Raquel". Como su marido, a Raquel le fascina la mano dura, el riguroso poder del "macho" en el matrimonio y las personalidades fuertes. Admira a Lucía Pinochet, a Margaret Thatcher y a Eva Perón; es devota de las vírgenes, en especial la de Itatí, una provincia del norte de Argentina.

Es difícil entender a Lino Oviedo. Y es difícil entender lo que pasa en Paraguay, una pobre, desolada y desconocida geografía de $406\,752$ km^2, enclavada en el corazón de América del Sur, donde parece que sólo reinan el absurdo y el disparate. Rafael Barret, un célebre anarquista español que indagó como nadie la realidad social de este país, escribió a principios del siglo pasado que en Paraguay hay "una realidad que delira". Y si algo define con acierto a Paraguay es la palabra *delirio*. Un país con una democracia enclenque y en el que puede estudiarse a la perfección la correlación entre política, mafia y crimen. Un coctel de fraudes electorales, un partido hegemónico desde hace medio siglo, feroz represión política, fanatismo anticomunista y negocios ilícitos, que dejó profundas huellas en la psicología popular. Un territorio salvaje y exuberante donde se instaló a fines de 1800 la primera colonia de alemanes antisemitas. Bajo la dirección del cuñado del filósofo Friedrich Nietzsche, se fundó el primer partido nazi fuera de la Alemania de Hitler y encontraron protección política famosos criminales de guerra, traficantes, terroristas y dictadores.

Desde el fondo de los tiempos, la lucha por el poder estuvo protagonizada por una ristra de tenebrosos personajes que se enriquecieron haciendo negocios con el Estado. Son todos millonarios. Tienen lujosísimas mansiones en Asunción, en Buenos Aires y en Punta del Este. Son todos alumnos del dictador Alfredo Stroessner.

Y todos se complotaron para derrocarlo en 1989, encolumnados detrás del general Andrés Rodríguez, el consuegro de Stroessner, a quien luego también traicionarían. Todos cargan con sospechas de estar vinculados a actividades ilegales: corrupción, narcotráfico, contrabando. El general Lino Oviedo (en realidad ex general), ahora detenido en una prisión de Brasil; el general Alfredo Stroessner (exiliado en Brasil); el ex presidente Juan Carlos Wasmosy; el ex presidente Raúl Cubas (exiliado en Brasil); el vicepresidente asesinado Luis María Argaña, y el actual, Luis González Macchi, son los oscuros protagonistas de una intermitente guerra civil. La verdad es que parecen miembros de una familia desintegrada que se odian entre sí con la pasión de los conversos.

Es un tipo raro el general Oviedo: muchas veces en reuniones sociales o familiares empieza a arengar. Cada gesto, cada movimiento de su cuerpo, cada frase que sale de su boca, está marcado por la desmesura y una forma particular de representar la pompa castrense, que pesa como plomo sobre la conciencia de los paraguayos, eternos sumisos ante la autoridad militar. Y, por supuesto, "El Hombre" está siempre rodeado de una corte de fanáticos armados —en Paraguay o en Argentina— que le aplauden, se cuadran ante la mínima orden y le convalidan todo. En Paraguay algunos le dicen "El Loco", por su impulsividad, y en realidad casi todos creen que lo está, incluso muchos de los que lo siguen con devoción religiosa. Otros le apodan "El Jinete Bonsái", por su afición a la equitación, deporte que le dejó de recuerdo varios trofeos que ostenta en las paredes de su mansión paraguaya, junto a diversos óleos con imágenes de Cristos, vírgenes en tamaño natural y una curiosa colección de caballos de plata, oro, porcelana, mármol y piedras semipreciosas.

La casa de los Oviedo, una fortaleza de dos plantas de 700 000 dólares ubicada en el barrio más caro de Asunción, está rodeada por murallas de dos metros de alto, tiene puertas blindadas, pisos y paredes de mármol de Carrara, baños con jacuzzi y grifos recubiertos de oro, una piscina, un cobertizo para 100 personas y un helipuerto. Lino Oviedo jamás pudo explicar con qué dinero compró esta lujosa propiedad, ni cómo paga los movimientos de su gente y sus matones, los de su familia y los suyos propios, ni el origen de su fortuna, calculada por la CIA en mil millones de dólares. "No tengo ni dónde caerme muerto, no tengo casa, soy un general pobre", se quejó días antes de mudarse a la espectacular mansión.

Lino César Oviedo Silva nació el 23 de septiembre de 1943 en un miserable caserío conocido con el nombre de Juan de Mena, a más de 200 kilómetros de Asunción. Es el menor de tres hermanos varones, hijos de una maestra y un mayor del ejército analfabeto que combatió en la guerra del Chaco, con Bolivia, entre 1932 y 1935. Estudió en el Colegio Nacional de Asunción y luego ingresó en la Escuela Militar. Dice que de su padre heredó la obsesión por las armas, la disciplina y el orden. "Por eso no me gusta la gente que no cumple con la palabra. No me gusta la indisciplina, ni la irresponsabilidad, ni el desorden. Y odio que me toquen mis cosas sin permiso, que me cambien las cosas de lugar." Y de su bisabuelo, la lealtad al "glorioso e inmortal Partido Colorado", al que se afilió en 1958.

Mesiánico, demagogo, populista y autoritario, Lino Oviedo encarna con la perfección de la geometría la estirpe más prosaica de militares latinoamericanos, prohijada por la larga dictadura de Alfredo Stroessner, el tirano viejo y enfermo, sobre el que Oviedo se abalanzó, pistola y granada en manos, aquel 3 de febrero de 1989.

Ferviente lector de la revista norteamericana de ultraderecha y antisemita, *Executive Inteligence Review*, dirigida por Lyndon Larouch, un oscuro personaje vinculado al ala más retrógrada de la CIA, que estuvo preso por fraude y evasión de impuestos en Estados Unidos, Oviedo dice que admira al general Perón, que su modelo es Konrad Adenauer, que le gusta leer biografías sobre Dwight Eisenhower y que hay gente que lo compara con Charles de Gaulle. Realizó varios cursos de entrenamiento en Europa y Estados Unidos, habla siete idiomas —entre ellos el alemán, el chino y el guaraní— y es dueño de una costosa colección de más de 200 caballos de carreras.

El día del derrocamiento de Stroessner, Oviedo era un oficial del arma de caballería, que se destacaba en las pruebas hípicas y había estudiado en Alemania. Andrés Rodríguez, el mandamás del golpe, que antes de sentarse en el sillón presidencial se construyó un palacete inspirado en el Palacio de Versalles, atiborrado de alfombras persas y estatuas de oro puro, lo proyectó rápidamente como su sombra. El comandante de caballería Andrés Rodríguez, cuya hija Marta tenía un escandaloso matrimonio con Alfredo Stroessner Mora, hijo del dictador, y que según informes de la DEA de los años sesenta incrementó su fortuna con el contrabando de whisky y cigarrillos (luego, a gran escala, con el narcotráfico), ascendió a Oviedo a coronel y luego a general en el término de un año. Una vez ejecutado el golpe y en una reunión secreta, los negocios ilegales de Stroessner pasaron a manos de los hombres que lo derrocaron, la nueva *nomenklatura* militar, liderada por Rodríguez y Oviedo.

Aquella primavera de 1997 en Buenos Aires, Lino Oviedo era el flamante ganador de las votaciones internas presidenciales del Partido Colorado y, según todas las encuestas, tenía más del setenta por ciento de los votos asegurados. Había llegado de gira proselitista a Argentina, donde recorrió las villas pobres de Buenos Aires, que cobija a los más de 800 000 paraguayos que llegaron en los últimos 50 años, víctimas de la persecución política o de la miseria. Oviedo les habló en perfecto guaraní, la lengua madre de Paraguay, y despotricó contra el entonces presidente Wasmosy. Lo acusó de ser el jefe de la corrupción y de enriquecerse haciendo negocios con el Estado. En 1996, Wasmosy salió por televisión y con los ojos desorbitados lo acusó de intentar un golpe de Estado para derrocarlo. Oviedo negó la acusación y fue a parar a la cárcel, pero a los 54 días la justicia lo exculpó. Desde la celda hizo política y ganó la interna del Partido Colorado, con su agrupación Unión de Colorados Éticos.

Días después de la caótica entrevista en el hotel Presidente y de sus escandalosas acusaciones, Wasmosy le inició un juicio por desacato y pidió la cárcel para el militar. Oviedo suspendió la gira y pasó a la clandestinidad, desde donde lanzaba violentas acusaciones contra Wasmosy, mientras "La Leona" daba órdenes como cualquier oficial, en la fortaleza del barrio "Las Carmelitas".

Extraña relación es la que unió a Lino Oviedo con Juan Carlos Wasmosy. Los absurdos entretelones de la historia de este dúo desnudan aspectos de la personalidad del militar preso y del contexto político en el que creció su figura. Negocios turbios, sobornos, intrigas palaciegas disfrazadas de insurrección y una desesperada ambición de poder. Oviedo es un caudillo poderoso y multimillonario.

Es el hombre fuerte de Ciudad del Este, un lugar en la triple frontera con Paraguay, Argentina y Brasil, paraíso del contrabando, el terrorismo, el narcotráfico y el tráfico de armas. Un peligroso "Triángulo de las Bermudas" de 200 000 habitantes, azotado por sangrientas guerras entre la mafia china, la libanesa y la paraguaya, en el que se mueve por año la suma de 10 000 millones de dólares y aterrizan por día 150 vuelos clandestinos. Lino Oviedo siempre fue el amo y señor de la región.

Juan Carlos Wasmosy, un magnate de la construcción, descendiente de húngaros, perteneciente a la casta de los blancos de Paraguay, un "barón de Itaipú", la represa hidroeléctrica de Los Altos del Paraná que divide Paraguay y Brasil y en la que empresarios, políticos y militares amasaron inconmensurables fortunas durante la dictadura, fue un invento de Lino Oviedo.

Con la restauración de la democracia y ante la imposibilidad del general Andrés Rodríguez de presentarse a un nuevo periodo presidencial, el Partido Colorado estaba acéfalo y corría serio peligro de perder la hegemonía política de casi 50 años en el poder. Lino Oviedo se reunió en secreto con el millonario e influyente empresario Carlos "Tijerita" Papalardo —ex secretario privado de Alfredo Stroessner y hoy prófugo de la justicia, acusado de ser el autor intelectual del crimen del vicepresidente Luis María Argaña—, el general Andrés Rodríguez y los "barones de Itaipú" para armar una estrategia que les permitiera seguir manejando los hilos del palacio: lanzaron a la arena política al ignoto ingeniero civil, Juan Carlos Wasmosy. Oviedo recorrió las zonas rurales con encendidos discursos en guaraní a favor de su candidato, Wasmosy ganó la elección interna con fraude y posteriormente la elección presidencial. En 1993 se convirtió en el primer presidente civil de la historia de Paraguay. Dos anécdotas sirven para mostrar el poder de Oviedo en aquel momento y los giros más sobresalientes de su concepción política.

Casi a la medianoche del día de las elecciones, cuando ya se sabía que Wasmosy había ganado, imprevistamente los canales de televisión interrumpieron sus transmisiones. Un locutor anunció que el general Lino Oviedo iba a hablarle al país en cadena nacional. Ataviado con uniforme de gala azul con penachos dorados sobre los hombros, la exagerada gorra sobre su pequeña cabeza, con el pecho regado de medallas y sentado ante un escritorio de aspecto imponente, "El Hombre" remarcó, con un fuerte tono marcial, su disposición a apoyar al nuevo gobierno.

Con sus ojos de reptil clavados en la pantalla, lo único que Oviedo dejó en claro esa noche era dónde se encontraba el poder real en Paraguay el día de las elecciones y todos los demás días. En plena campaña electoral había jurado frente a miles de campesinos desarrapados que el Partido Colorado "gobernará con las fuerzas armadas hasta el fin de los tiempos".

El endeble Wasmosy ganó y Oviedo festejó el triunfo como propio. En un fastuoso festejo realizado en el Palacio Mburuvichá Roga (La Casa del Cacique, en guaraní), una mansión espectacular que se levanta en la avenida Mariscal López, brindaron con champagne Cristal y añejos vinos argentinos, los ricos más ricos de Paraguay —con sus esposas y sus amantes legales— y sus aliados en el saqueo, los jefes militares. "Wasmosy en el poder, Oviedo detrás del trono", era la consigna más escuchada.

Su ideario sexual provocaba ruidosos aplausos de las masas empobrecidas cuando Oviedo lo hacía público. Tiene básicamente dos puntos centrales: un buen paraguayo (casado o no) debe hacer el sacrificio de tener muchas mujeres. Un buen paraguayo debe emular al presidente del siglo pasado Bernardino Caballero, fundador del Partido Colorado y héroe de la guerra de la Triple Alianza, que tuvo 87 hijos.

Con "La Leona", su tercera mujer y la única que logró la legalidad del registro civil y de la Iglesia, Oviedo tiene tres hijos, a los que hay que sumar dos de anteriores relaciones.

Lino Oviedo ama las fiestas con la misma intensidad que ama los purasangre. En Paraguay muchos recuerdan aquel febrero de 1994, cuando en una fiesta realizada en el Regimiento de Caballería, el general ingresó al lugar montado en una carroza dorada, tirada por caballos y vestido como el emperador romano Julio César. O la otra vez, en 1995, cuando entró disfrazado de Al Capone, rodeado por sus hombres vestidos como gángsters, con pistolas al cinto, sombreros de paño ladeados en la cabeza y habanos entre los dedos, que gritaban "¡Lino presidente!" O la vez que en el "Linodromo", el estadio que se mandó construir con recursos del ejército para realizar sus saraos, desfilaron los oficiales con copas de champaña en la mano y vestidos de charleston. "¿Es que lo militares no tenemos derecho a divertirnos?", protestó Oviedo, molesto ante las preguntas de los periodistas.

Por esa época, a medida que crecía la popularidad de Oviedo entre la masa de campesinos pobres de Paraguay, crecían también las sospechas sobre sus innumerables transacciones y sus verdaderas intenciones políticas.

Pero como las cosas en el poder todavía transitaban por un lecho de rosas, a nadie le importaba un negocio más o menos de Lino Oviedo, el hombre que mejor encarnaba el trípode "Ejército, Partido, Estado", imperante en el país desde hace más de medio siglo. Sin embargo, al poco tiempo, la relación entre el presidente y su jefe del Ejército empezó a mostrar fisuras.

Wasmosy hablaba pestes de Oviedo en todas partes y éste amenazaba con sacarle los tanques a la calle. "Mirá, ni un milímetro de éstos me va a tocar ese ladrón, ni uno solo, porque lo reviento de un escopetazo", le dijo Oviedo a un amigo cuando regresaban de un viaje por el interior de Paraguay, al mismo tiempo que le enseñaba un par de pelos que le crecían entre los dedos.

Una mañana de abril de 1996, en el despacho presidencial del Palacio López, un palacete de estilo francés carcomido por el tiempo y el descuido, pegado a la villa miseria más grande de Asunción, los dos capangas se trenzaron a golpes de puño. Las sillas volaron por el aire y tuvo que intervenir la custodia para separarlos. ¿El motivo? Una feroz disputa de negocios por la construcción de un puente de 100 millones de dólares entre Paraguay y Brasil, que contemplaba una concesión de 30 años con cobro de peajes que arrojarían ganancias de mil millones de dólares. En una sospechosa licitación, un grupo de empresas en la que Wasmosy era accionista ganó el proyecto. Una semana antes de la insurrección, Oviedo impulsó a sus senadores para bloquear la iniciativa presidencial del puente, rabioso porque Wasmosy no le daba más ministerios a su gente.

Después de los golpes y los insultos, Wasmosy echó a Oviedo del despacho y le advirtió que sería relevado del cargo de jefe del Ejército. Una hora después, cuando la orden estaba firmada, Oviedo se encerró en el cuartel del regimiento de Caballería, llamó por teléfono a Wasmosy y le dijo con voz grave: "Te voy a liquidar". Wasmosy lo escuchó aterrorizado y se refugió en la embajada de Estados Unidos. Intervino directamente Robert Service, el embajador de Estados Unidos, la OEA y los países del MERCOSUR, y entonces Oviedo tuvo que guardar los tanques y aceptar el pase a retiro. Pero una vez en el llano, armó su línea política y salió a hacer campaña en las zonas más empobrecidas de Paraguay, presentándose como el enviado de Dios, armado con un discurso mesiánico.

Esa noche, antes de sentarnos a conversar rodeados por la turba de enloquecidos incondicionales que le decían "Señor presidente", Lino Oviedo había visitado con gran pompa a su amigo Carlos Menem, en la residencia de Olivos. "¡Lino, qué quilombo (lío) te mandaste!", exclamó Menem apenas lo vio, según el relato de un testigo. "¿Pero vos no me decías que siempre había que darle para adelante? Y bueno Carlos, le di nomás", contestó el militar. Ambos festejaron el comentario con una carcajada.

Se habían conocido en septiembre de 1987 cuando Menem, entonces el extravagante gobernador de una diminuta provincia del norte argentino, despuntaba su amor por el automovilismo corriendo el Rally Trans-Chaco. Fue entonces cuando el helicóptero que transportaba a su guardaespalda se precipitó a tierra y en el accidente murió el capitán Osvaldo Sandoval. Menem estaba desolado: se quedó sin custodia y no pudo continuar la carrera. Con el helicóptero en llamas como escenario de fondo, apareció un joven oficial del ejército paraguayo que se cuadró ante Menem y se presentó como jefe de la Seguridad del evento. "Gobernador, soy Lino Oviedo, no se preocupe por nada que yo me encargo de todo", dijo con gestos ampulosos. Esa noche, Oviedo y Menem comieron dorado a la parrilla en un lujoso restaurante de Asunción y, a partir de ahí, sus vidas se cruzaron para siempre y pasaron a ser "Lino" para uno y "Carlos" para el otro.

Una amistad alimentada por sospechas de negocios compartidos *non sanctos*, sobre todo los que crecieron alrededor de la represa de Yacyretá, la millonaria obra pública que une a Paraguay con Argentina y de la que se esfumaron miles de millones de dólares al término de 30 años.

Sin embargo, a Oviedo y Menem los unía no sólo la codicia, algunos amigos en común y la admiración ciega por Pinochet, sino también un elemento más frívolo: la desesperación por los estragos que el paso del tiempo dejaba sobre sus rostros.

El 23 de marzo de 1999, a la madrugada, inmediatamente después del asesinato del vicepresidente Luis María Argaña, furibundo opositor de Oviedo en las internas del partido, y acusado de ser el autor material del crimen, Oviedo armó cuatro valijas y un maletín con 500 000 dólares. Acompañado de "La Leona" —recién recuperada de una operación estética mal hecha— se treparon a un avión Beechcraft que aterrizó minutos después en el aeropuerto de Don Torcuato, al norte de Buenos Aires. Fueron recibidos por hombres de Menem y dos famosos abogados argentinos que se pelearon a trompadas para obtener la sabrosa defensa, alojados un tiempo en la estancia "La madrugada", del empresario menemista de los astilleros, Arnaldo Martinenghi. En medio de graves cruces de acusaciones entre el gobierno paraguayo y Carlos Menem, que le otorgó asilo político a Oviedo, la familia se mudó a una fastuosa residencia en las afueras de Buenos Aires, donde recibían a centenares de simpatizantes y conspiraban contra el gobierno paraguayo, sumergido en un caos de difícil solución.

Cuentan que una mañana Lino Oviedo se levantó, se miró en el espejo del dormitorio y con aire preocupado le dijo a "La Leona": "Mami, no aguanto más, mirá estas bolsas debajo de mis ojos, mirá cómo me estoy quedando pelado como una naranja". Al otro día se internó en la clínica de cirugía estética de su amigo José Jury, el cirujano que había rejuvenecido lo mismo a las hijas y mujeres de Stroessner que a las de Rodríguez, para someterse a un *lifting* parcial y a un implante capilar de 1 500 pelos naturales en el medio de su cabeza, ahí donde asomaba esa pronunciada calva que le quitaba el sueño.

Apenas recuperado de la operación y después de unas declaraciones escandalosas que hizo contra Luis González Macchi, el presidente paraguayo, Lino Oviedo fue desterrado de Buenos Aires y trasladado a una estancia de Tierra del Fuego, la ciudad más austral del mundo. El "Hombre" lloró, pataleó y argumentó que la inclemencia del clima no favorecería el crecimiento de los pelos recién implantados en su cabeza, lo que provocó una payasesca polémica pública entre plásticos y políticos sobre injertos y otras yerbas.

Vivió como un rey durante sus nueve meses de exilio argentino y dos días antes de la asunción de Fernando de la Rúa, gracias a una avioneta que le puso su amigo Carlos Menem, Oviedo se esfumó del país, iniciando la saga que marcaría su desgraciado final en Brasil.

Nadie mejor que Lino Oviedo para dibujar como una caricatura la triste realidad de una sociedad aislada, subdesarrollada y dominada siglos de siglos por una interminable gama de dictadores blancos antisemitas asociados en el delito con sus mucamos militares. El asesinado Luis María Argaña, al que en Paraguay venden como a un demócrata y cuyo libro de cabecera era *Mein Kampf*, había sido ministro de Justicia de Stroessner. Su padre fue, precisamente, quien otorgó el pasaporte al criminal de guerra nazi Joseph Mengele.

Encontré a "La Leona" hace pocos días en Buenos Aires. No la veía desde aquella noche en el hotel Presidente y me recibió rodeada de varios laderos con gestos marciales, dos abogados paraguayos y cinco celulares desparramados sobre la mesa. Tenía un trajecito estilo Chanel apretadísimo, que disimulaba apenas sus noventa kilos, las uñas pintadas de granate, un Cristo de oro blanco, brillantes en el cuello y un anillo de Versace con el sello del león en el dedo meñique, que, según ella, representa a su hombre enjaulado. Le pregunté si su marido tenía miedo y si ella también. "Ahora no, pero sí lo tuvimos y mucho. Mi *Papi* andaba casi sin dormir por miedo a que estos desgraciados lo manden matar."

Por piedad no le recordé la exaltada proclama que hizo su marido, rodeado de sus matones, durante aquella accidentada entrevista, cuando se presentó como "el macho más macho de Paraguay" y se envaneció de sus poderes. No valía la pena. Paraguay, como Lino Oviedo, es impredecible.

El cruel y decrépito dictador exiliado en Brasil, en una mansión ubicada a pocos minutos de la prisión que guarda los huesos del "Hombre" que lo echó del poder hace 11 años, relame sus garras sedientas de venganza. Ahora, por fin, mandan sus *tayras* (hijos en guaraní).

El "supremo" Alfredo Stroessner debe estar satisfecho.

224

HISTORIAS DE MUJERES

Las cartas secretas de Evita

Heroína dispuesta a la muerte para que
soplen los vientos en las velas de la nave,
donde va su marido, que es su padre espiritual como lo es de todo el pueblo, Eva
habla de su disposición a morir mucho antes de que la muerte estuviera tan próxima.

BEATRIZ SARLO, *La pasión y la excepción*

"Juancito querido perdoname estas confesiones pero las necesarias
en el momento que parto y estoy en manos de Dios y no se si no
me pasa ningún accidente (...) cuidate el gobierno es ingrato tiene
razon si Dios quiere terminamos este bien y nos retiramos a vivir
nuestra vida que yo tratare de hacerte lo mas feliz que pueda pues
tus alegrias son las mias Juan si yo muriera a mama cuidala por
favor esta sola y sufrio mucho dale 100 000$..."

Este párrafo, con errores de ortografía y sintaxis y sin signos de
puntuación, es transcripción fiel y descarnada de una de las cartas
que Eva Duarte le envío a Juan Domingo Perón el 6 de junio de
1947, casi al mismo tiempo que iniciaba aquel increíble y fastuoso
viaje a Europa como representante del gobierno argentino, en el
apogeo de su belleza y su popularidad y en pleno esplendor político del primer gobierno peronista. Se trata de una pieza única, que
jamás se hizo pública, y forma parte de un grupo de cartas desco-
nocidas que el empresario peronista Jorge Antonio —viejo amigo y
confidente de Perón— me entregó y permitió que yo las reprodujera

227

en la revista *Gente*, de Argentina, después de guardarlas celosamente durante años en la caja fuerte de su casa de Buenos Aires.

Pertenezco a una generación rebelde y contestataria que admiró la imagen de aquella Evita de batalla, caminadora incansable de barros y miserias, la intransigente revolucionaria que era capaz de dar la vida por sus ideales y su pueblo, temeraria e implacable frente a los poderosos. La guerrillera de todas las épocas, la que imaginábamos resucitando junto al *Che* Guevara en la selva boliviana o en Cuba o en cualquier villa miserable de Argentina. Ésa era la Eva que amé y de la que en realidad sabía poco, y de pronto, me encuentro sorpresivamente con estas cartas y una parte suya tan o más valiosa que la que alumbró mi adolescencia. Y ninguna de ellas tiene nada, pero nada que ver, con la Eva que trataron de emular Marta María Sahagún, Zulema Yoma de Menem, Cecilia Bolocco de Menem o la disparatada Isabelita Perón.

En primer lugar, porque las circunstancias políticas no son las mismas.

México no es hoy la Argentina de 1945, que renacía como el acorazado Potemkin, entre estruendosos reclamos sociales de los miles de obreros que industrializaban al país, inmigrantes europeos, anarquistas y socialistas, enfrentados a una clase dirigente conservadora, opulenta y elitista, que con su extremo narcisismo y su insolidaridad genética, empujó el nacimiento del movimiento político populista—el peronismo— que encumbró a un general conservador, pero inteligente y astuto, y una mala actriz, analfabeta, bella y revolucionaria ("la prostituta", como la llamaba la oligarquía nativa), y cuyas huellas permanecen desde hace 60 años en el gran panteón del intocable nacionalismo argentino.

Y en segundo lugar, porque está claro que más allá de los cuestionamientos que se le hacen al peronismo por su demagogia y el maniqueísmo de una estructura partidaria corporativa, con métodos mafiosos y clientelares (muy semejantes al PRI), la estatura política, la astucia y la increíble capacidad de Perón para construir poder está alejada de la inercia e ineficiencia política de Vicente Fox. Ni siquiera digo astucia, porque de astuto Vicente Fox tiene poco y nada.

Marta Sahagún no es Eva. Ni la austera y belicosa mujer de cabellera rubia despeinada y camisa de gabardina, que sonreía desde un afiche que idealicé en mis tiempos de partisana o la que conoció mi madre, la de peinado tirante y rodete en la nuca, con traje sastre, tacones altos y sombreros ligeros, que saludaba sonriente desde la ventanilla de un tren, que recorría Argentina entregando juguetes a los niños pobres. Tampoco la mujer que escribe estas cartas de amor que descubrí emocionada. Esas tantas Evas que convivieron en una y que la transformaron en un mito. Y los mitos, como se sabe, no se repiten.

Muchas mujeres políticas latinoamericanas quieren convertirse en Eva. Resucitar el cadáver embalsamado que duerme en una lujosa bóveda del cementerio de la Recoleta, el más *chic* de Buenos Aires, y meterse en él. No es un disparate. Isabel Perón se acostaba por las noches sobre la celebre momia porque el secretario privado de Perón, José "El Brujo" López Rega, le había asegurado que, de esa manera, la energía de la difunta pasaría a su cuerpo. Aunque suene necrofílico, algo de esto hay en cierta estúpida ansiedad femenina que incursiona en la política o aspira a ser alguien. Cecilia Bolocco de Menem, en plena campaña por la presidencia de 2003, alquilaba videos de películas sobre Evita y ensayaba los movimientos del mito frente a un espejo. Si hasta se atrevió a fotografiarse en la portada de una revista envuelta en la bandera argentina y peinada como la reina de los descamisados. No entiendo qué les pasa.

No sé si por el pasado de actriz de mala muerte de Eva, devenida de golpe en Primera Dama de Hierro de la poderosa Argentina peronista de los cincuenta, el Hada rubia que vestía trajes exclusivos de Dior y joyas de Cartier; ese fanatismo exacerbado —casi religioso, diría— que la caracterizaba y que alimentó el odio de las élites criollas; sus admirables obras de caridad o el notable manejo que tuvo con el poder y las masas, que la veneraban como a la madre de Cristo o una reina. Y esto último se advierte en la grabación del histórico discurso público de su renuncia a ser candidata a vicepresidenta —cargo que ella quería más que ninguna otra cosa y Perón la obligó a renunciar, por presiones de la casta militar— con la voz ronca y quebrada, el cáncer carcomiéndole las entrañas y millones de pobres —sus "cabecitas negras"— exigiendo a gritos que no renunciara, que daban la vida por ella, en una escena dramática y apasionada, que más de un político quisiera vivir y que a la distancia, admiradores o críticos sienten la conmoción única que provocan sus palabras y el fervor popular. O esa Eva frágil que habló por última vez desde el balcón, demacrada por la muerte que ya estaba en su cuerpo, temblando en sus 37 kilos de peso y con las manos de Perón sobre los huesos de su cintura, y ella que no aguanta y llora desconsolada en el pecho de su jefe, frente a la plaza de Mayo, que también llora con ella. O quizá puede ser ese fuerte culto a la personalidad, tan encarnado en los populismos latinoamericanos, marca estelar del peronismo, herencia de la España franquista, la Italia de Musollini y la Alemania nazi, y al que pocos dirigentes en la actualidad escapan ni desean escapar.

Marta Sahagún no fue la excepción entre las féminas que se inspiraron en Eva Perón para lograr reconocimiento, conseguir el amor de los pobres y algún día ser idolatradas por las masas en una plaza multitudinaria, lacrimógena y magnífica. La *First Lady* panista fue aún más allá que sus congéneres: extremadamente audaz y ambiciosa, construyó una fundación a imagen y semejanza de la estructura estatal *evista* de los años 50 y hasta envió asesores a Buenos Aires para que le consiguieran toda la documentación sobre el tema. La lanzó al ruedo con un festival en el que cantó Elthon John y donde ella —todavía siendo la vocera presidencial— asomó como la única protagonista. Aún hoy, del dinero recaudado esa noche en el esplendoroso castillo de Chapultepec se sabe poco. Las arcas de "Vamos México" son brumosas y sobre esto escribió la periodista Sara Silver, corresponsal del *Financial Times*, dos extensos artículos que desataron tormentas y demostraron anomalías varias de la fundación privadísima de la señora de Fox.

"El Estado de bienestar a la criolla" tenía uno de sus pilares en la institución dirigida por la mujer del presidente: la Fundación Eva Perón, que remplazó a todas las organizaciones de caridad y, sobre todo, a la oligárquica Sociedad de Beneficencia. Formalmente era una institución pública independiente del gobierno; en los hechos era una rama del Estado, financiada con sus recursos o por los obtenidos mediante presiones y chantajes a empresarios y sobre todo si éstos pertenecían a las filas de la oposición.

¿Le suena? ¿Le resulta conocido? Ésta es la caracterización que hace la investigadora Silvia Sigal, en el libro *Las plazas de Mayo*, sobre la Argentina peronista de mitad del siglo pasado. La fundación de Marta está hecha como un calco de la de Eva, con la diferencia de que es impensable y casi delictivo trasladar aquella experiencia a este siglo.

Como Eva, a Marta se le podía ver, al principio del sexenio, regalando bicicletas, computadoras (los tiempos cambian, Eva regalaba cuadernos, lápices y máquinas de coser), cuadernos con consejos para padres, visitando indígenas, enfermos y enterrando sus *stiletos* italianos en barrios miserables. Luego de la investigación del *Financial Times*, la dama bajó el perfil y las actividades de la fundación pasaron al olvido. Ya no concurre a las reuniones como antaño —en realidad, nunca asiste— y nadie sabe a dónde van a parar los millones de pesos que siguen ingresando a la misma. Una organización que recaudó mucho y repartió poco y que si algo le faltaba era que, cuando acabe el sexenio, quedará en manos de Marta y sus huestes.

"Vamos México" pretendió ser para los millones de pobres mexicanos lo que la Fundación Eva Perón significó para los millones de pobres argentinos. Es inútil, porque la historia no se repite y si lo hace, primero es una farsa y luego una tragedia.

Tomás Eloy Martínez, autor de *Santa Evita* y *La novela de Perón*, y el periodista que más sabe sobre el peronismo, menciona en sus escritos la existencia de una especie de maldición en la figura de Eva, que misteriosamente arrastró a la muerte a todos aquellos que manipularon su cadáver y se metieron en su vida.

La desesperación de algunas mujeres por mimetizarse con la reina de los desamparados argentinos es una muestra. Como ejemplos bastan los siguientes: Isabelita Perón, la segunda mujer del líder del peronismo, cuyo gobierno fue la antesala de la tragedia mayor de Argentina, fue detenida con el golpe militar y sufrió 30 simulacros de fusilamiento; Zulema Yoma, primera mujer de Menem, fue echada de la residencia oficial cuando fungía como primera dama y su único hijo varón se mató —o lo mataron— mientras volaba en su helicóptero; Cecilia Bolocco, la ex Miss Universo chilena hoy casada con Menem, nunca llegó a primera dama y vivió enclaustrada en Chile y con su marido prófugo de la justicia; Eliane Karp de Toledo, primera dama de Perú, a la que en un comienzo compararon con Eva, fue denunciada por manejos oscuros en relación con los indígenas; y María Isabel Rodríguez, ex esposa del comandante bolivariano Hugo Chávez, escapó de su marido envuelta en escándalos y la tildaron de esquizofrénica.

No es buena idea emular a Eva, a ninguna de ellas. Ni a la actriz que llegó a primera dama, ni a la revolucionaria que se entregó a la muerte y ni siquiera a la mujer amorosa, delicada y casi cursi, que reflejan estas misivas.

Muchas veces me pregunté si entre Eva y Perón hubo amor verdadero, quien amó más de los dos, si Perón la había usado políticamente, si tenían una relación normal de pareja, si se decían palabras cariñosas o tiernas o apasionadas. Un día le pregunté a Jorge Antonio —el personaje que me entregó las cartas— si Perón había amado a Eva tanto como ella a él, que hasta fue capaz de ignorar su enfermedad y dejarse morir. El general era un hombre formado en los cuarteles. Frío, parco, distante y aún hoy, nadie que lo haya conocido de cerca puede asegurar la dimensión real de sus sentimientos privados.

—Esa muchacha, pobrecita... —dijo cuando el cadáver de su mujer, profanado y violado, llegó desde Italia a su residencia madrileña, luego de 40 años de desaparición.

El descubrimiento de estas cartas y su lectura obsesiva —una y cien veces— me acercaron a la mujer en su faceta más íntima: la soledad, su necesidad de abrazos, un amor casi candoroso y fanático por Perón, la vulnerabilidad que ocultaba frente a sus muchos enemigos, el miedo a la muerte, pero, sobre todo, al olvido y ese pasado de bastarda miserable que la atormentaba y que la sociedad pacata e hipócrita de la época se empeñó en revelar con rumores y deformaciones para lastimar su enorme popularidad. Sentí algo extraño. Veinte años después, la reina inmortal de los descamisados, la Eva montonera e invencible, visitaba mi corazón como aquel huracán que arrasó mi adolescencia.

—Perón me las confió durante el exilio en España. Recuerdo que las llevaba como si fueran un tesoro en una diminuta valija de cuero negra. Nunca se separaba de ellas. Un día abrimos una caja de seguridad a mi nombre, en Madrid, y allí estuvieron durante muchos años. Me pidió especialmente que las guardara de Isabelita y del brujo López Rega —recuerda Antonio.

Todas las misivas de papel amarillento denotan el paso del tiempo. Todas, casi sin excepción, adolecen de los mismos errores formales. Como si Evita hubiera derramado sobre el papel, y sin la más elemental elaboración, sus más íntimos pensamientos. Sólo una sobrevive a ese estilo atropellado. Una carta escrita a máquina, pero con encabezamiento y rúbrica de puño y letra. Tal vez la fecha —4 de julio de 1952— señale las razones —un mes y medio antes de su muerte— de la diferencia. No era difícil suponer que, atormentada por el cáncer que la consumía día a día, algún colaborador cercano tuvo que redactarle los pensamientos susurrados. Todas reflejan un pedazo de historia argentina:

Quiero vivir eternamente con Perón y mi Pueblo. Esta es mi voluntad absoluta y permanente y por lo tanto mi última voluntad. Donde esté Perón y donde estén mis Descamisados allí estará siempre mi corazón para quererlo con todas las fuerzas de mi vida y con todo el fanatismo que me quema el alma. Si Dios lo llevase del mundo a Perón yo me iría con él porque no seria capaz de sobrevivir sin el, pero mi corazon se quedara con mis Descamisados y mis Mujeres y mis obreros…

Escribo en estas líneas mi ultima voluntad que quiero se cumpla todo lo que tengo o sea la Mayoria me regalaron en estos años que yo dedique al Pueblo y Peron con fanatismo, confieso ahora que yo no estoy que por los trabajadores y Peron siento un amor tan grande que amor tan grande que creo no se puede sentir, confieso sufrir mucho pero mucho ante la impotencia de que una pobre mujer por querer hacer el bien no la comprendieran, y también de ver que el pueblo y los humildes no consolidaban sus conquistas pues no solo los traidores del pueblo querían la explotación sino que lo despreciaban y quiero que el pueblo sepa cuanto lo quise y lo mismo a Perón y le pedí a Dios que haga el milagro de que llegue la Hora de los Pueblos y que el general sea feliz y olvide a los militares traidores y a los opositores pues ellos no ven el bien sino lo Material…

Yo que nunca calenté bancos en las iglesias pues me entendía con Dios sin intermediarios y al ayudar a un pobre, al curar a un enfermo al dar viviendas y hogares al luchar por la igualdad y dignificación de los trabajadores creía estar mas cerca de Dios le pido a El que haga pronto el Milagro de que llegue la hora de los Pueblos, pues el esfuerzo de un hombre que como Peron es un patriota honrado y con ansias de justicia, es poco ante la Maldad del dinero y los ya mencionados quiero que todo lo que tengo no hay otro heredero que Perón, pero le pido a Perón que la Fundación siga en manos de la CGT que representan a los trabajadores y que las alhajas que el general me regalo y los obreros las conserve el general a convenir de mis hermanos y a mamá de recuerdo le den una y las otras las entreguen a la Fundación para que lo que me regalaron con amor con ese mismo amor vaya a mitigar dolores y restañar heridas le pido al general que le pase a mamá mientras viva y Dios quiera mucho 3000 pesos mensuales que no se olvide de doña Juana, que yo no me puedo olvidar.

Viejito: esta noche quiero dejarte este perfume mas que todo para que sepas que te adoro y si es posible hoy mas que nunca pense en cuando sufría tanto te sentía tan cariñoso y bueno que hasta el ultimo momento de mi vida te lo agradeceré de cuerpo y alma pues sabes que estoy perdidamente enamorada de mi viejito querido, pues desde que te conosi fue Dia de Reyes soy tan feliz que tengo miedo de no merecerte, pero quiero que sepas que en mundo no puede haber una mujer que quiera tanto a su marido como yo a ti. Te deseo que seas muy feliz y mi regalo de esta noche como todas las que me quedan es este muchos besos pero muchos para mi viejito adorado.

Vele constantemente a tu lado y en mi afán de protegerte contra la infamia, la traición, y la maledicencia, me ofrecí yo misma como franco de dardos. Ellos no sabran nunca cuanta alegría me proporcionaban cada vez que me herían, porque no te herían a ti. Había soñado que algún dia —al igual que todos los hombres y mujeres buenos y sensillos— tuvieramos un hogar que fuera unicamente nuestro, para en la intimidad de su calor dedicarte solamente a ti todos mis minutos, rodeandote de todos mis cuidados y de todo mi amor de esposa y compañera. Para eso hice esta casa de Belgrano y fui con todo mi cariño ordenando y preparando hasta el ultimo rincón, hasta el más ínfimo detalle, para que en cada uno de ellos advirtiera la tibieza y la intimidad de hogar con que quería rodearte. Una vez mas no ha podido ser y otra vez has tenido que sacrificar todo lo que es nuestro a lo que es de todos: La Patria y el pueblo. Pero quiero que esta casa nos pertenezca a los dos —como es nuestra de espiritu— y sea tuya como todo lo que es mío. Que este a tu nombre porque tu eres el jefe y cabeza de nuestro hogar. Que no pueda pasar a otras manos que no sean las tuyas, porque asi será siempre única y absolutamente nuestra. Ella algún día será nuestro hogar, el hogar que siempre anhelamos y en ella será feliz mi corazón rodeandote de ternura y cuidados. Muchos besos pero muchos besos de mi corazón...

La siguiente carta es rosa y tiene grabado el escudo del Partido Justicialista y de la Fundación Eva Perón. Fue escrita el 6 de junio de 1947, momentos antes de su partida a Europa:

Querido Juan: salgo de viaje con una gran pena pues lejos de ti no puedo vivir, es tanto lo que te quiero que es idolatría yo también no se demostrarte todo lo que siento pero te aseguro que luché mucho en mi vida por la ambición de ser alguien, sufrí mucho pero llegaste tu y me hiciste tan feliz que pense que fuera un sueño y como no tenia mas que ofrecerte que mi corazón y alma te lo entregare por completo pero eso si en nuestros tres años de felicidad cada dia mayor no deje una hora de adorarte y bendecir al cielo por lo bueno que fue Dios al darme el premio de tu cariño que trate en todo instante de merecerlo haciendo todo lo posible por hacerte feliz y no se si lo logre (...) A Mabelita que te fue y es fiel dale 20 pesos y un mejor sueldo y yo desde las alturas velare por ti, mis alhajas quiero que las guardes tu lo mismo que San Vicente y Teodoro Garcia para que te acuerdes siempre de tu "Chinita" que tanto te quiso (...) Yo lo que quiero es que tu nombre quede limpio como tu eras además es doloroso pero debes saberlo lo que mande a hacer en Junín. Castro (Jefe de la Casa militar) lo sabe te juro es una infamia (mi pasado me pertenece) pero eso en la hora de mi muerte debes saberlo es mentira todo es doloroso querer a los amigos y que te paguen así, yo sali de Junin cuando tenia 13 años que canallada pensar de una chica esa bajeza es totalmente falso yo a ti no te puedo dejar engañado no lo dije al partir porque yo tenia bastante pena al separarme de ti para andar con esto pero puedes estar orgulloso de tu mujer pues cuide de tu nombre y te adore. Muchos besos pero muchos besos. Evita.

Reina Cristina (intimidades de la mujer más poderosa de Argentina)

> Personalmente, el poder me aburre. Para aspirar al poder absoluto es necesario que el espejo te devuelva una imagen de hierro, y eso, a las mujeres como yo, no les pasa nunca. Se requiere tener una dosis mucho más alta de narcisismo y soberbia. Y yo, en el fondo, soy una mujer de verdad.
>
> ROSSANA ROSSANDA

—No entiendo nada. Anoche, en la comida, Fox me dijo que todos en el PAN querían que Marta fuera la candidata a presidenta y ahora leo en los diarios que el partido no quiere saber nada con ella. ¿En qué quedamos? ¿Qué me dijo este hombre? ¿Me mintió?

Mientras platicábamos en el bar del hotel Quinta Real de Monterrey, que alojó a las principales delegaciones de la Cumbre de Presidentes, Cristina Fernández de Kirchner lanzó las frases con un gesto que la caracteriza: hablar mucho y no sólo con la boca, sino con las manos y el cabello. Porque así es ella: gesticula y sacude su abundante cabello rojizo a cada segundo. Su marido el presidente conversaba a su lado con el canciller Rafael Bielsa y el ministro de economía Roberto Lavagna. La noche anterior, la pareja presidencial argentina había compartido cena con el resto de los mandatarios y sus consortes. Y se sentaron —porque la próxima cumbre se hace en Argentina— en la cabecera de la mesa: Cristina pegada a Vicente Fox y Néstor Kirchner junto a Laura Bush. En tanto, Marta María Sahagún (embutida en un traje típico mexicano de colores

237

fuertes) tuvo el privilegio de deglutir un frugal plato de verduras al vapor (que compartió con la primera dama argentina, quien también se cuida obsesivamente en las comidas) con George W. Bush, el jefe del imperio del Norte.

Allí, entre bocaditos y tequilas, música patria y tonteras formales, se produjo la curiosa aseveración que el ranchero de Guanajuato hizo frente a la dama argentina. Tal vez Vicente Fox imaginó que la lejanía geográfica del país de origen de la atractiva señora sentada a su lado se prestaba para decir lo que decía. Y peor aún: apenas Marta escuchó a su marido, asintió a sabiendas de que lo que éste decía no era verdad. No en ese momento y en esa etapa de la política mexicana. A principios de 2004, el PAN en su conjunto no quería saber nada de nada con la candidatura presidencial de Marta, y su obligada y traumática renuncia posterior así lo confirmó. Pero esa noche de fiesta chispeante y poderes variados, el presidente mexicano, seguro de que no había ningún periodista husmeando en las cercanías, se desbocó y confesó su avidez de ser heredado por "La Jefa".

—Ella (señalando a Marta) quiere ser candidata y yo la apoyo. Aquí, lamentablemente, no hay reelección como en Argentina, yo me tengo que volver al rancho. Marta tiene a favor que todos en el partido quieren que se presente, porque los números de las encuestas le dan muy arriba, pero hay algunos políticos y sobre todo los medios que no quieren —anunció un orondo Vicente Fox, empujando y alentando las aspiraciones de su esposa.

—¡Ay, Vicente, cállate!, yo no necesito a nadie. Solita logré muchísimo en México. Los que me censuran son los machistas de siempre y nadie más. No pueden soportar que una mujer llegue al lugar donde llegué, solita y trabajando mucho. ¡Tú sí que te has sacado la lotería conmigo! —remató Marta María Sahagún.

* * *

Cristina Fernández puede no saber los detalles de la compleja cocina política mexicana, pero no tiene un pelo de tonta. Su tormentosa y activa militancia en el peronismo revolucionario de los años 70, en Argentina, la soledad de la clandestinidad y el áspero exilio en el sur más austral del continente sumaron a su personalidad una aguda intuición y la capacidad de supervivencia de una loba salvaje. Esa noche de Monterrey escuchó atentamente y, sin perder palabra, observó con avidez a la pareja presidencial de México, desde los trajes que llevaban, cada cosa que decían y el lenguaje del cuerpo, que a veces dice más que una frase. No tuvo que hacer demasiado esfuerzo para caer en la cuenta de que algo no coincidía con lo que le había expresado Vicente Fox.

¿Qué tienen en común Marta María y Cristina? Muy poco, salvo la pertenencia al género y el espacio dorado de ser acompañantes presidenciales. Son las primeras damas más poderosas de América Latina y las más audaces. Pero tan distintas entre sí como el agua y el aceite. Ni las ideas políticas, ni la formación intelectual, ni su relación con el poder y los medios, ni la concepción del mundo: en él la inserción de las mujeres los asemeja un milímetro.

Si de comparaciones de la actualidad se trata, Marta es lo más parecido a Nancy Reagan y Cristina a Hillary Clinton. Eso sí, comparten las trivialidades típicas de cualquier mujer: la pasión por el *shopping*, las joyas, los trajes, los zapatos y carteras de marca, un maquillaje algo recargado en los ojos y las dietas frugales. Pero nada más. Cuando participó en la Cumbre de Monterrey, por ejemplo, Cristina no asistió a la reunión de las consortes presidenciales convocada por Sahagún, pues detesta ese tipo de eventos femeninos.

"¡Por favor! ¡Ahí me muero! Odio esas reuniones de señoras, no sé de qué hablar… Parecen reuniones de nenas bobas del jardín de niños." Cristina, fiel a su pensamiento, no fue al evento y al otro día, en el bar del hotel, me contó que esgrimió una mentira piadosa para justificar su ausencia.

—Nunca imagino o planifico mi futuro político. Soy parte de una generación que no peleaba por un cargo, que detestaba los atributos del poder. Digan lo que digan, mantengo la misma línea de pensamiento, no me rasgo las vestiduras por estar en Olivos; es más, nunca antes estuve en Olivos. Una vez tenía una reunión con Menem y me arrepentí al llegar al portón de entrada. "¿Qué hago aquí? Yo me voy…" Y me fui nomás. En mi vida dejo que las cosas fluyan, no estoy sola, soy parte de un proyecto político. Y esto es lo que más me gusta: ser parte, pertenecer, pensar colectivamente.

Así se expresó la dama fuerte de las pampas y la sentí convincente.

Fue una noche de sábado de mayo de 2004 y estábamos solas en el elegante *living* de la residencia presidencial de Olivos, saboreando un té de flores con masitas caseras con dulce de leche. Afuera, un viento frío anunciaba que el invierno estaba en la puerta.

Había quedado atrás el huracán: la peligrosísima hemorragia digestiva que colocó al presidente al borde de la muerte y lo llevó a permanecer internado varios días en el hospital de la ciudad de Río Gallegos, en la Patagonia, con el país temeroso, pendiente y desinformado.

Néstor Kirchner había ganado una elección presidencial reñida, con el 22 por ciento de los votos y luego de que Carlos Menem, triunfador en primera vuelta, huyó de la batalla por la segunda. Cuando asumió, el 25 de mayo de 2003, con el único y frágil poder del bastón y la banda presidencial, todos los analistas decían que Kirchner era "un pato cojo" y que no tendría la fuerza ni el aval político suficiente para gobernar un país indómito, violento, destruido socialmente y en *default*. Una Argentina caníbal y arrogante, que a lo largo y ancho de su historia nunca se sintió parte de Latinoamérica, sino de Europa. Una tierra de caudillos de látigo y prebendas, de ídolos mártires y mujeres y hombres bellos, tan inteligentes como astutos. Un sitio donde el peronismo —siempre inexplicable para los gringos y los europeos— reinó a sangre y fuego por largos 60 años, salvo las sanguinarias interrupciones militares y algunas cortas experiencias democráticas de la oposición, que fracasaron estrepitosamente. Un pueblo desmemoriado que aplaudió loco de felicidad la llegada de los militares genocidas y pidió a gritos "mano dura" para los guerrilleros; que festejó la guerra de las Malvinas imaginando una victoria contra los ingleses que reivindicara a la patria y la bandera celeste y blanca y cuando irrumpió la derrota, renegó de las víctimas; un pueblo que miraba sin hacer nada cómo los militares secuestraban a sus vecinos y decía "por algo será" y apenas apareció la democracia y se enteró de las desapariciones, los asesinatos y las atroces torturas cometidas por los mismos a los que había aplaudido, los condenó sin la mínima autocrítica; un país mutante y disparatado, que aduló a Carlos Menem y su cortejo de despilfarradores del Estado, lo vieron rubio y de ojos celestes y creyó en serio que había ingresado al "Primer Mundo", y cuando a

Menem le empezó a ir mal, descubrieron que no era rubio y de ojos celestes sino "un turco ladrón" al que nadie había votado nunca; una Argentina que expulsó violentamente a dos presidentes democráticos y en un mes aguantó a cinco.

El país que votó y recibió a Néstor Kirchner no era —ni lo es— el mejor del mundo como creen sus habitantes. Era y es impredecible, prepotente, camaleónico, olvidadizo, autoritario, xenófobo, impaciente y asustadizo. Y al mismo tiempo era y es inteligente, culto, creativo, bello, audaz, transgresor, valiente y solidario. Nunca fue un territorio sencillo para el arado de la política y el poder. La pareja presidencial argentina sabía dónde se metía y no era adolescente en este terreno: él había gobernado con mano de hierro la provincia de Santa Cruz, al sur, durante 12 largos e ininterrumpidos años y ella cargaba con una extensa y agitada experiencia parlamentaria. Cuando Kirchner le confesó que se lanzaba a la carrera por la presidencia —una idea que venía trabajando para el 2007— ella le dijo: "¡Estás loco!" Pero, luego de meditarlo y discutirlo, actuaron en tándem, como siempre, y rodeados del equipo de cinco cuadros y operadores que los acompañan desde lejos.

Los Kirchner, más allá de las contradicciones de la dama, saben que lo que sueñan y quieren sólo lo pueden llevar a cabo si tienen poder, todo el poder.

Después de que una sobredosis de antiinflamatorios para un dolor de muelas le provocara una hemorragia interna que obligó a los médicos a suministrarle una transfusión de dos litros y medio de sangre, aquella noche Néstor Kirchner se recuperaba del mal trago.

Cuando ingresé por el portón principal de la residencia de Olivos y caminé por el extenso camino arbolado, apenas iluminado por algunos faroles, no había nadie, salvo algunos custodios y personal militar. Tenía una sensación rara y movilizadora: no era ésta la primera vez que me encontraba en el lugar. Antes de llegar a la casa donde Cristina me esperaba, caminé frente a un edificio donde funcionaba —y aún funciona— el famoso microcine que Carlos Menem se había hecho construir —que en los 90 provocó escándalos por su costo millonario a cargo del Estado— para disfrutar de las películas antes que llegaran al circuito comercial. El mismo sitio donde el ex mandatario, hoy asociado maritalmente a la ex Miss

Universo chilena, Cecilia Bolocco, invitaba a las damas y damiselas con las que quería tener un *affaire*. Frente al cine estaba el edificio donde se realizó el velatorio de Carlos Menem Junior, luego que el helicóptero que piloteaba se estrellara en las afueras de Buenos Aires, en un "accidente" demasiado sospechoso.

Esa noche, mientras avanzaba por el jardín, lo único que se escuchaba era el taconeo de mis botas. De lejos vi a un hombre alto y desgarbado que iba y venía en actitud solitaria y pensativa. En la penumbra, creí que se trataba de un militar o un funcionario. A medida que me acercaba reconocí al presidente.

Hola Olguita, qué tal —dijo sonriendo y visiblemente más delgado. Aquí estoy, pensando un poco, mientras comienza el segundo tiempo (no recuerdo ahora quiénes jugaban al futbol). Estoy más flaco, pero estoy bien. ¡Puta madre, la pasé mal…! Fueron unas pastillas de mierda que tomé para un dolor de muelas que me estaba dejando loco. Y me jodí. Ahora tengo que cuidarme mucho, pero te juro que estoy bien…

Tanta insistencia acerca de su buen estado no era ocasional. Durante el tiempo que Kirchner permaneció internado en el sur, Argentina era un infierno de rumores. Muchos de ellos malintencionados y otros disparatados, es verdad, pero en la transparencia no colaboró el estilo hermético y casi stalinista de la pareja presidencial, que no comprendió —y sigue sin comprender— que la salud del presidente no es algo que atañe a su vida privada, sino una cuestión de Estado y los ciudadanos tienen derecho a estar informados. Se habló de una úlcera perforada, una hemorragia de más de tres litros de sangre y el descubrimiento de un cáncer de colon. Luego de la operación quirúrgica, Kirchner llevaba la típica bolsita de plástico de aquellos que tienen el ano contra-natura. Esto último no es cierto, porque conozco al presidente, lo vi de cerca y no tiene la postura de alguien con esa grave problemática. Lo demás no lo puedo asegurar, pero me inclino a pensar que tiene poco que ver con la verdad. Sí hay un dato: Kirchner padre murió de cáncer de colon y, como se sabe, es una enfermedad con enormes probabilidades de herencia. No creo que el presidente tenga una enfermedad grave, pero la clandestinidad en el manejo de un tema que debe ser público alimenta cualquier hoguera.

Mientras circulaban —y continúan circulando— mil versiones sobre la salud del presidente, Cristina —a la defensiva— me confesó que después de la enfermedad de "Kirchner" (así le llama a su marido) había decidido no dar más entrevistas, que sentía fobia por los periodistas argentinos, que según ella, "deformaban y escribían mentiras" y que estaba cansada de desmentir. Percibí que ella estaba viviendo lo que otros políticos habían vivido y sufrido en todas partes del mundo: del embeleso inicial por los medios, que los miman y toleran sus tropiezos iniciales, pero que a medida que transcurre el tiempo y comienza el desgaste del poder, la luna de miel se trastoca y cualquier crítica resulta insoportable para sus egos.

Y Cristina, que es una mujer inteligente pero arrogante, no tolera con facilidad que la cuestionen en lo más mínimo, le cuesta aceptar el juego de la democracia cuando le toca a ella o a su marido, y quiere volar por encima de las opiniones adversas. Reacciona de manera visceral y casi autoritaria, coloca candados a todas las puertas de su vida pública y genera —ella, el presidente y algunos funcionarios del círculo rojo— una situación que agrava intermitentemente los lazos del gobierno con la prensa independiente y le genera demasiados enemigos al mismo tiempo.

La maniobra en soledad de los días aciagos de la internación de Kirchner la había dejado sin aliento y esa vez me confesó que necesitaba encontrar fuerzas en su interior más profundo. "Fue muy duro lo que viví, durísimo... No sé todavía cómo estoy aquí sentada contándote los detalles", me decía.

> ¡Imagínate el momento, con Néstor allí tan vulnerable y expuesto, nunca lo vi tan vulnerable! Y todos los periodistas y fotógrafos que se querían meter a la habitación, era horrible, parecían cuervos. Querían una foto de Kirchner hecho mierda, en la cama y con los cables de la sonda y de la transfusión de sangre que le estaban haciendo. En un momento, él me pidió que no dejara que le hicieran fotografías en ese estado. Yo lo miré y le dije: "¡Antes de que te saquen una foto, van a pasar sobre mi cadáver!! ¡Te juro que nunca lo van a lograr!

En la privacidad de una conversación informal, Cristina Fernández deja de lado su traje de acero y es cálida, extrovertida y muy inteligente. Habla fuerte y rápido, lanza carcajadas esplendorosas, frunce el ceño, abre grande los ojos siempre maquillados (demasiado, tal vez), se acomoda con los dedos —casi como un *tic*— los mechones de pelo color cobre que le caen hacia delante o acaricia un dije de plata que cuelga de su cuello. Las manos —en las muñecas tintinean dos pulseras de plata tailandesas— jamás están quietas y, sobre todo, subrayan a fuego sus pensamientos. Escucha atentamente al otro y le apasiona el debate de la "mesa chica", o sea, de pocos. Y, si es necesario, arrastra la discusión política durante horas, hasta alcanzar un punto de consenso. Si no está convencida, discute y discute y discute, hasta que los demás no dan más. Incluso con su marido. Han estado días sin dirigirse la palabra por una discusión política irresuelta o mal resuelta. Absorbe lo que le interesa y lo que le gusta de los demás, lo incorpora y luego lo experimenta. Tiene una luz especial cuando habla, es carismática. Desde Jaques Chirac, Hugo Chávez, Fidel Castro, George Bush o el rey Juan Carlos de Borbón quedaron prendados del aura que desprende su presencia y su discurso. "Aquí viene la senadora más linda del mundo", exclamó George Bush apenas la vio llegar junto a su marido a la cumbre de Naciones Unidas en Nueva York. Haciendo gala de su preparación intelectual y política, Cristina viajó sola a entrevistarse con varios jefes de Estado para hablar del tema que atormentó los días y las noches del gobierno argentino hasta hace muy poco: el problema de la deuda. Participa permanentemente en foros internacionales dedicados a la justicia y los derechos humanos. Y los resultados fueron más que halagadores.

Después de Eva Perón, ella es la primera dama con mayor personalidad y brillo propio. Y una cualidad destacable: se cuida mucho de no hacerle nunca sombra a su marido.

Cristina, cuando se siente cómoda frente a otra mujer, no tiene pudor en hablar de cuestiones femeninas: de su pánico a las arrugas y la posibilidad de hacerse una cirugía. Claro —lo recalca—, cuando su marido deje de ser presidente. "Por mí, me la haría ahora, pero los medios me van a matar...." Se levanta al amanecer, casi al mismo tiempo que Kirchner, y después de desayunar liviano —te y frutas— y comentar las noticias del día y enojarse por los artículos críticos de los diarios y revisar sus respectivas agendas, se dedica a dar largas caminatas por el inmenso jardín de la residencia, acompañada de una entrenadora personal que regula sus pasos y trotes rápidos. Tamara Di Tella, que trajo la técnica alemana del Pilates a Argentina (y que tiene gimnasios en México), le regaló los aparatos del famoso sistema que promete alargar brazos y piernas, para que la primera dama lo practicara en la residencia. Pero Cristina jamás los utilizó, detesta hacer gimnasia en sitios cerrados y no le gusta el Pilates, según ella misma me explicó. "Amo el aire libre y la naturaleza, estar encerrada me da claustrofobia. Me encanta ver cómo se me ponen rosadas las mejillas después de correr." El *footing*, los *rollers* y una dieta rigurosa la ayudaron a adelgazar seis kilos y recuperar el talle 38 de su juventud, lo que provocó una invasión de notas y especulaciones en las revistas del corazón, sobre los métodos de embellecimiento utilizados, las razones de su cambio de *look* y hasta se conjeturó sobre una cirugía estética de *refreshing* o un amante escondido. Es más, hasta circularon algunos nombres.

—¿Qué quieren? ¿Que hagamos el amor al aire libre y así se convenzan que no estamos separados? —dice y se ríe. Fuera de la imagen dura y fría que proyecta, la senadora Fernández de Kirchner está consciente de que vive en un país misógino, donde las mujeres que tienen éxito son las que se pliegan a los valores del *establishment*. Porque se subordinan o se mimetizan con los hombres. Y esta dama o esta "primera ciudadana" —odia el término "primera dama"— no es nada sumisa, no se pliega, rompe las estructuras, hace añicos las formalidades y los protocolos. Por ejemplo, a la reina Sofía de España le dice simplemente "Sofía", para espanto de los funcionarios del protocolo y los corresponsales españoles. Cuando Néstor Kirchner asumió, permaneció sentada en su banca de senadora, una actitud que causó buena impresión en un país acostumbrado a la frivolidad y a las peleas de las familias presidenciales por robar cámara en ese momento. "La gente me votó para que yo este aquí y a mi marido para ser presidente."

Este rasgo de su personalidad, sumado a su belleza, genera adhesiones y rechazos, sobre todo rechazos políticos. Y temores varios. No es nada sencillo para los integrantes del gabinete kirchnerista discutir con ella o rechazar sus pedidos o argumentos. Muy pocos se le animan. En voz baja, le dicen "La Bruja" o "El Sol". Este último apodo, según explican, porque hay que "estar cerca para que te caliente con el poder, pero no mucho porque te quema". Su marido, en la intimidad con sus hombres, también le dice "La Bruja" y hace chistes por su carácter de mujer mandona, fuerte y explosiva. En el Senado, en su búnker de trabajo donde permanece hasta las 10 u 11 de la noche, es más temida que amada. Igual entre sus empleados y asesores. Así como puede ser cálida con un par, con alguien al que no respeta intelectualmente puede ser impiadosa y casi cruel. Los que trabajan con ella le dicen "La Patrona", en referencia al estilo que imperó entre los ricos propietarios de las estancias o haciendas del campo argentino, en el siglo pasado.

Cuando le comento sobre los chismes del palacio, se ríe a carcajadas, pero no los desmiente. Es como si disfrutara con los aires de temeridad que genera a su alrededor, por aquello del *Príncipe*, de que es mejor "ser temida que amada".

—Me critican por estupideces, que si me maquillo o uso tal o cual vestido, si me coloco extensiones en el pelo o si estoy más flaca, si me enojo o grito, si tengo más o menos poder, si opino sobre el gobierno... Es absurdo, dicen tantas cosas absurdas... ¿Cómo no voy a opinar con mi marido sobre lo que me parece bien o no del gobierno? ¿Cómo él no me va a consultar si tal o cual medida me parece o si determinado funcionario hace esto o lo otro? Eso no quiere decir nada, somos una pareja de militantes, hace años que hacemos todo juntos, construimos el poder juntos, llegamos juntos, pero el que decide es "Kirchner". Él tiene la última palabra y lo tengo clarísimo. Pero algunos no debaten sobre cuestiones políticas, sobre los problemas del país o sobre lo que pienso, hablan pavadas que no tienen que ver y eso me enoja.

La dama en cuestión no tiene términos medios, en ella no hay medias tintas.

Oscila entre la pasión y la razón, como casi todas las mujeres. Va y viene como una tormenta de verano. Es ciclotímica, vehemente, generosa, difícil, arrogante, vanidosa, fóbica, implacable, compasiva y fiel. Muy fiel a Néstor Kirchner, su marido y compañero. Admira a Eva Perón, pero a la Eva "combativa y guerrera", a la Evita montonera de su adolescencia y a la de su infancia. Esa hada rubia de tules de Dior y joyas maravillosas, cuya fotografía en blanco y negro está enmarcada en un lugar especial de la casona familiar.

Pero odia utilizar su imagen como lo hacen las demás féminas del partido peronista. Es más: a Cristina no le interesa nada el sagrado folklore partidario ni —sobre todo— la malversación del mismo. No cree que la sola mención de Evita alcance para convencer y el canto de la marcha partidaria para demostrar devoción. Y así se la vio en el congreso peronista de Parque Norte, en las afueras de la ciudad de Buenos Aires, donde se exaltó y se enfrentó muy duro con Olga Ruitort, la primera dama de Córdoba, e Hilda "Chiche" González de Duhalde, esposa del hombre —ex presidente anterior a Kirchner— que posibilitó que el actual presidente argentino accediera a la candidatura y luego a la primera magistratura. Los insultos que soportó Cristina de las hordas salvajes de los caciques provinciales fueron unos cuantos y repugnantes, demasiado repugnantes. En ese ámbito ella no es querida, todo lo contrario. Es "inmanejable" para los mandamases y no pertenece al aparato; es más, detesta el poderoso aparato del partido peronista —lo más parecido al PRI en la política latinoamericana— y lo acusa de clientelista, demagógico y mafioso. Y la pasión y la indignación por los agravios la arrastró a gritar lo que no quería. Denunció a las mujeres que aprovechaban cargos por portación de apellido y terminó enredada en una discusión bizantina y retorcida con algunas de sus compañeras partidarias. Justo ella, que también "portaba apellido". Ahí, en el barro de la política, donde sabe que debe dar batalla, la dama aguantó el tropiezo con la boca cerrada y regresó a la Casa Rosada, con lágrimas de furia e impotencia, para darle detalles minuciosos al presidente sobre lo que había vivido.

"Cuiden a Cristina, por favor...", había dicho Néstor Kirchner a sus hombres, los que decidieron ir a la convención de los caciques peronistas, después que accedió a que su esposa acudiera. Pero todo salió mal.

Durante la última conversación que mantuvimos, mientras la observaba hablar de política sin parar y, al mismo tiempo, recalcarme que era "una mujer en todo el sentido de la palabra", que adoraba todo lo referente a las mujeres, la ropa, los perfumes, los zapatos de tacones altísimos, las joyas, recordé a Rossana Rossanda, la prestigiosa y simpatiquísima teórica italiana del marxismo y fundadora de *Il Manifesto*, analista inteligente del rol de las mujeres en esta sociedad.

"Quizás el poder que tengo ahora no lo quise nunca, no me interesa. La verdad es que no me creí capaz de hacer cosas sola. Para alcanzar el poder absoluto y que el espejo te devuelva una imagen de hierro, no quiero. Eso, a las mujeres como yo, no les pasa nunca. Se requiere una dosis alta de narcisismo y de soberbia, y yo soy una mujer de verdad", dijo la Rossanda en una entrevista, mientras era diputada.

Cristina Fernández de Kirchner tiene clarísimo que es la mujer más fuerte de Argentina, pero a la vez —como Rosanda— dice que siente contradicciones con ese poder, que rechaza los lujos y la magnificencia, la mimetización y la obediencia ciega de muchas de sus congéneres a los señores que mandan, y que ama su feminidad y su apacible vida familiar (¿apacible?). Compartir las noches con sus hijos, leer un buen libro, escaparse a un cine del centro de Buenos Aires para ver una película, caminar al aire libre y sentir cómo sus mejillas se ponen rosadas, cultivar sus rosales (tiene más de cien) y disfrutar su nueva y espléndida casona de El Calafate, un lugar paradisiaco ubicado frente a los glaciares, en la Patagonia, y donde ella siente que es su lugar en el mundo.

Pensándolo bien, mientras la miraba, aquella noche de mayo y otras muchas veces en que nos vimos, sentía que tal vez nunca pueda desandar esas contradicciones, que a esta altura son parte de la complejidad de su carácter. Aunque el término "primera dama" no exista en la constitución argentina —sí es parte de la constitución norteamericana— y a ella le disguste, Cristina Fernández es la primera dama argentina, la esposa del presidente, la presencia detrás del trono. O al costado del mismo. Y por primera vez, en muchos años, es la mujer que llega con espacio propio y sin portación de apellido. Porque aunque lo tenga y ella lo sobrelleve con elegancia, Cristina es Cristina Fernández.

Es la reina de un país sin monarquía y así se siente ella en la intimidad. "Una vez, Acevedo (actual gobernador de Santa Cruz) me dijo que yo tenía nombre de reina", me confesó feliz, cuando le pregunté si le gustaba que a veces las revistas titularan los reportajes sobre ella como "Reina Cristina".

De las primeras damas de la democracia, la dama es un lujo si miramos hacia atrás.

Pobre María Lorenza Barreneche de Alfonsín, que siempre odió la política y el poder, y terminó gravemente enferma luego de que su marido fue expulsado bajo la violencia; pobre Zulema Yoma de Menem, que fue echada por los militares y por orden de su marido; pobre Inés Pertine de De La Rúa, que siempre quiso ser y no pudo ser nada, apenas convertirse en suegra de Shakira y mujer de un ex mandatario que escapó en helicóptero de la terraza del Palacio, antes de que una muchedumbre exorbitada ingresara al lugar y lo destrozara a palos. Y eso que antes de mudarse a la residencia de Olivos, Inés Pertine de de La Rúa convocó a unos sacerdotes para que con un exorcismo de inciensos y crucifijos limpiaran las malas vibras que habían quedado en la casona, después de los 11 años de Menem.

Para que no queden dudas en el lector, aclaro que conozco a Cristina desde hace tiempo. Fue en la ciudad de La Plata, a mediados de la década de los 70, cuando llegué a la universidad con la ilusión de cambiar el mundo. Eran años de utopías y sueños, de sangre, locura y muerte. La recuerdo con su andar garboso, su cabello abundante castaño oscuro, lacio y largo, las botas altas y sus infaltables minifaldas, taconeando los angostos pasillos de la Facultad de Derecho de la calle siete. No había un tipo que no diera vuelta la cabeza para mirarla o decirle un piropo.

Era altiva, coqueta, bellísima y batalladora. Una típica chica de clase media trabajadora de la ciudad: su madre, Ofelia, era empleada estatal, sindicalista peronista y su padre Antonio (radical hasta la médula) pequeño empresario del transporte de una línea de autobuses urbana. Ya en ese tiempo no le gustaba que le dieran instrucciones y le dijeran lo que debía hacer. Igual que ahora, era pura rebeldía. En una época en que la austeridad monacal militante marcaba tendencia, Cristina aparecía impecable, maquillada como una modelo y vestida a la última moda. Participó apasionadamente en la etapa abierta en mayo de 1973, de las movilizaciones, los actos y las larguísimas reuniones de discusión política: las mesas de Reconstrucción Nacional. Y al mismo tiempo era una estudiante casi perfecta. Desde marzo del 73 hasta julio del 76, mes en el que emigró a Santa Cruz con Néstor Kirchner, aprobó 23 materias; le faltaban tres para recibirse. En cambio, su marido debía 18 materias cuando se casaron.

"Qué mujer no tiene pasión por las joyas, la ropa, las carteras y los zapatos. A quién de nosotras no le gusta estar linda, seducir al marido, al amante o al novio. Siempre fui así: me pinté como una puerta, nunca salí a la calle sin arreglarme, soy una mujer, ¿no? Puedo bañarme, vestirme, estar divina y no por eso ser menos eficiente en mi vocación: la política. Si a una modelo no le preguntan por la guerra de Irak, por qué a mí me tienen que preguntar si me cambié el peinado o dónde me compro la ropa", afirma cada vez que alguien hace mención de su *look*. O de sus cambios. Cuando confía en quien tiene enfrente, Cristina se suelta y habla normalmente de temas femeninos. Como cualquier mujer. De lo contrario, si no confía —la mayoría de las veces— se le observa incómoda, se vuelve cortante, detesta que le pregunten por su ropa o el maquillaje.

¿Qué rol juega Cristina al lado de Néstor Kirchner? ¿Hasta qué punto influye? ¿Es capaz de hacerlo cambiar de opinión? ¿Los hombres del gabinete le temen? ¿Es cierto que tiene tan mal carácter? ¿Tienen un matrimonio arreglado? Son por lo general las preguntas de la calle, en Buenos Aires y en la mismísima Santa Cruz.

—Es la socia, la pieza más importante del ajedrez político de Néstor, la persona en quien él más confía —dice un funcionario, de los poquitos que ingresan a la intimidad de Olivos.

—Cuando están juntos, Cristina escucha y discute si no está de acuerdo. Puede discutir mucho tiempo y hasta enojarse: es observadora y crítica. Néstor le pide consejos, la escucha, pero después saca sus conclusiones y hace lo que cree conveniente. El que tiene la última palabra es Néstor —dice otro.

—Algunos la temen porque es explosiva y frontal. Pero Néstor, que la conoce, se ríe y sabe que al ratito se le pasa y sigue como si nada. Él manda y Cristina lo tiene clarísimo —señala un tercero, oriundo de Santa Cruz.

Eso sí, jamás dejaron de estar juntos en casi 30 años.

Respecto a su carácter, ella misma se define: "No soy tan terrible como parezco. Soy buena mina y tengo muy buen humor. Enérgica y obsesiva, sí. Exijo mucho de los demás, lo mismo que me exigen a mí. Creo en los principios y en las convicciones. No es posible vivir sin ellos, como no es posible vivir sin creer en algo. Aborrezco tanto el dogmatismo como la carencia de convicciones y de ideas, los extremos. Ni el vacío, ni la locura idealista".

Para comprender la relación que Cristina Fernández mantiene con el presidente argentino, hay que remontarse lejos, casi 30 años atrás.

Se conocieron en La Plata, en la casa de una amiga en común, Ofelia "Pipa" Cédola, hoy funcionaria, con despacho ubicado muy cerca del presidente. En ese entonces, Néstor era un conocido militante de la Juventud Universitaria Peronista, ligada estrechamente a la organización guerrillera Montoneros: muy, pero muy feo, desgarbado, con anteojos de vidrio grueso, vestido con pantalones de gabardina gastada gris y una cazadora verde oliva que le llegaba a las rodillas. Se conocían de los pasillos de la facultad, pero el flechazo fue una noche, cuando se quedaron solos para estudiar "Reales". Él me cuenta que estaba medio borracho y ella dice que estaba furiosa por ese motivo y porque sentía que él "le tomaba el pelo", que se burlaba de ella. "La verdad, ni me acuerdo cómo fue que empezamos, yo venía de una fiesta con los compañeros por el Día de la Primavera y estaba muy borracho y ella sólo quería estudiar. Y después de bromearla un largo rato, al final se aflojó y no sé qué pasó..."

A los seis meses, el 9 de mayo de 1975, se casaron por lo civil en la misma ciudad de La Plata, que vio nacer el romance. Eran algo así como la Bella y la Bestia. "¿Cómo hizo este flaco para engancharse este minón?", murmuraban los compañeros de militancia.

Cristina confiesa hoy que sigue tan feliz y enamorada de Néstor, como hace 30 años. "No podría seguir a su lado si no fuera así. Lo admiro, es un hombre especial, luchador, talentoso, digno... Lo admiro mucho..." Los amigos aseguran que son parte el uno del otro, como si fueran ramas de un mismo árbol. En política se consultan todo —lo cotidiano y, sobre todo, lo político—, cinco o más veces por día y más, cuando Cristina tiene una sesión complicada en el Senado.

Sé que es difícil para muchos entendernos, porque pertenecemos a otra época y tenemos otros códigos. Hicimos todo juntos y pasamos cosas terribles y maravillosas. Néstor es diferente a mí, siempre va hacia adelante, tiene otra manera de entender la vida y su devenir. Nos peleamos cuando no estamos de acuerdo en algo, como cualquier pareja. Pero después nos reconciliamos y no pasó nada. Y así seguiremos siempre.

La fiesta de casamiento de los Fernández-Kirchner se hizo en la casa de una tía de Cristina, en City Bell. Hubo pastel de bodas, ella tenía un vestido azul de *georgette* confeccionado por su madre, bailaron y cantaron —a pesar del padre de Cristina, que era radical— la marcha peronista y las consignas políticas que identificaban a los militantes montoneros. Pero la situación en La Plata, en ese entonces, era mucho más que grave. La Triple A, la organización paramilitar solventada por el gobierno de Isabel Perón, azotaba día y noche con su tendal de muertos y fusilados. Entre ellos, se encontraban amigos entrañables de la pareja. Juan "Tatú" Basile, Juan Carlos Labollita, "La Negrita" Aguilar, "El Ruso" Ivanovich son algunos de los nombres que quedaron clavados en la memoria de la pareja presidencial, como una cruz en el camino.

—Sentí miedo, un miedo atroz. Al revés de algunos compañeros que veían las cosas de otra manera, intuí que todo se había terminado, que nos iban a destruir con una topadora, que llegaba una tragedia imposible de definir. Y no me equivoqué —recuerda Cristina.

El pasado y su carga de fantasmas queridos y añorados la acechan incansable. La Plata es una ciudad que se le enterró en el cuerpo y le produce un dolor agudo cada vez que tiene que ir. Una calle, un bar, una plaza, una lejana fotografía en blanco y negro de alguien querido, colgada en la pared de la Facultad de Derecho, cruzan su cielo privado como relámpagos. Por eso casi nunca va.

"Mi madre y mi hermana vienen a verme, saben que prefiero no ir, es mucho dolor." Sin embargo, detesta el resentimiento, la venganza o la melancolía. Jura que es optimista y que apuesta a la vida, "con memoria".

El acto en la Escuela de Mecánica de la Armada, uno de los campos de concentración más abominables de la dictadura militar argentina y donde desaparecieron miles de personas y bebés, dejó surcos en su corazón, al punto tal que en la noche del mismo día regresó al lugar acompañada de su hijo Máximo y la novia de éste, Tamara, para mostrarles en soledad los resabios del horror y para que no olviden.

Aquella mañana, Néstor Kirchner pronunció un discurso fuerte, que generó un mar de polémicas y críticas en varios sectores, incluido el progresista. Porque, de alguna manera, negó el trabajo realizado por Raúl Alfonsín y los organismos de derechos humanos. Néstor Kirchner se equivocó en el lugar más sensible de la sociedad política.

"No desconozco los esfuerzos realizados por otros. No tengo una idea mesiánica, fundamentalista de la historia, no creo que la historia empieza en mí y termine en mí. Eso se puede haber interpretado en mi discurso en el acto de la ESMA. Cristina me lo dijo. Ella es una crítica permanente mía, se pueden imaginar, ¿no?...", dijo Néstor Kirchner, durante una entrevista. Algo parecido le había dicho a Eduardo Van del Kooy, columnista político del diario *Clarín*.

Y es cierto. Cristina no quería que su marido hablara en el acto.

> Con la presencia nuestra era más que suficiente para el respaldo del Estado. La noche anterior estábamos comiendo con Joan Manuel Serrat en la residencia y él le insistió a Kirchner para que hablara: le dijo que era imprescindible que lo hiciera como jefe de Estado. Y él lo escuchó y decidió hablar. Pero bueno, ya está, pasó y tampoco es para que algunos sectores digan lo que dicen ahora. Como si la derecha se aprovechara de esto para despedazarnos.

Después del casamiento y una corta estadía en La Plata, Cristina y Néstor decidieron irse a vivir a Santa Cruz, lejos del terror, las balas y la muerte. Armaron un estudio jurídico y trabajaron como locos, en medio de una gran austeridad. Con la ayuda de la familia Kirchner, se hicieron un lugar en la sociedad y antes de la llegada de la democracia, empezaron a hacer política. Corría 1980 y tenían un hijo —Máximo, hoy de 27—, bastante dinero, ambiciones de alto perfil y un futuro cargado de interrogantes. Años más tarde —y después de un embarazo frustrado a los seis meses, que dejó en el corazón de la senadora un agujero negro— llegó Florencia, ahora de 15 años y la niña mimada del presidente. Cristina Fernández se define como "una madre obsesiva y recta", la que pone los límites en la pareja. "Después llega Néstor y ellos hacen lo que quieren y yo aparezco como la mala." Máximo vive en Santa Cruz y administra el alquiler de las 22 propiedades de la familia y Flor vive con sus padres en la residencia de Olivos.

Desde aquel lejano día de estudiantes, pasaron algunos años. Cristina Fernández es más que la chica bonita e insolente que hacía sonar los tacones de sus botas de media caña en los pasillos de la universidad y los compañeros morían de amor por ella: el "minón" que se "robó" el "Lupo" (así le llaman a Kirchner). Tampoco es aquella mujer desvalida y vulnerable, que aterrizó en el sur más austral de Argentina, buscando un refugio para sobrevivir.

Es la dirigente política más poderosa del país. Símil local de Hillary Clinton —a la que admira y visitó en su despacho en Nueva York—, a poco más de dos años de que su marido asumió el cargo, no le ha ido nada mal. Más allá de sus contradicciones y complejidades, del machismo atroz del Partido Justicialista que no la puede domesticar y sólo desea aplastarla, tiene la puerta de su futuro abierta. De ella depende y también de las circunstancias políticas que le toque transitar con su marido. Para Kirchner es una carta, la más importante que tiene y al margen de las intrigas y conspiraciones internas del peronismo, no la puede arriesgar sin tener la seguridad de que van a ganar. Porque cuando él juega, no lo hace solo, lo hacen juntos.

"¿No quiere ser presidente? ¿Por qué no quiere ser presidente? ¿Por qué no?", la interrogó insistentemente Patricia Derián, ex funcionaria del Departamento de Estado durante la presidencia de Jimmy Carter, en una de las últimas visitas de la dama a Nueva York. Cristina, colorada por la pregunta realizada frente a los periodistas, contestó "no" con un movimiento de cabeza. "No, no quiero ser presidenta, no... por favor."

Y aunque nadie crea lo que dice, en honor a la verdad, debo decir que yo le creo. A medias, le creo a medias, claro. Cristina Fernández es una mujer política y es ambiciosa. Y aunque no lo admita abiertamente, en Argentina —y en cualquier otro sitio de Latinoamérica— confesar que una mujer tiene ambiciones es pecado mortal. "Una persona sin ambiciones es un ser mediocre", le comenté la última vez que nos encontramos para conversar. Le gustó la frase y me dio la razón. Y, por supuesto, luego la incorporó. La dama tiene ambiciones y muchas, pero por ahora no las va a decir.

Lejos de Marta Sahagún de Fox y de Eva Perón, la dama tiene su estilo. Temida o querida, no le interesa nada el qué dirán. Le encanta sentirse una reina. Eso sí, como Rossana Rossanda, la feminista italiana, Cristina detesta mirarse al espejo y ver ahí el rostro de una mujer de hierro. Lamentablemente para ella, esa contradicción la tendrá que decidir en absoluta soledad.

Cecilia, la malquerida del harem

> Todavía instalada en el país del Nunca
> Jamás —Neverland, para que me entien-
> da— sonríe ante las cámaras con esa su-
> ficiencia de domadora estrella que le
> truena el chicote al tigre más feroz. Y
> uno, que vive lejos del hechizo, no pue-
> de menos que compadecerla. Sonría,
> pues, señora Menem, disfrute la victoria
> de este romanticismo truculento antes de
> que un mesero majadero se encargue
> de sacarla del pastel.
>
> XAVIER VELASCO, *La chica del muñeco*

—Me siento muy triste, muy apenada, po... Ésta no es manera de
expresarse, aunque veo el dolor en sus ojos. Carlos (Menem) siempre ha dado la cara y siempre tiene una respuesta. No puedo creer
que los argentinos demuestren sus sentimientos de manera tan gro-
tesca... —quien habla es Cecilia Carolina Bolocco Fonck, la reina
virtual de Chile, con el rostro compungido.

Claro que la tristeza de la ex Miss Universo aquel día en Nueva
York tenía que ver también con su propia frustración, con los sueños
dorados que se esfuman como burbujas en el aire. Desde que se casó con el otoñal ex mandatario argentino, el 26 de mayo de 2001, las
cosas no van bien para la susodicha majestad. Nada bien. A los pocos
días de la boda en Anillaco, tierra natal del novio, Carlos Menem fue
detenido por la justicia argentina, acusado de asociación ilícita por el
tráfico de armas a Perú y Ecuador, un escándalo que estalló a media-

255

dos de su mandato y por el que también fue preso su cuñado Emir Yoma, además de otros ex funcionarios de su gobierno.

La *"Chechi"*, como la llaman a un lado y otro de la cordillera andina, jamás imaginó pasar la luna de miel encerrada en una casa vieja y llena de ratas y cucarachas que un amigo de Menem les había prestado, ya que por la edad (mayor de 70 años), al ex presidente le permitían la prisión domiciliaria. Por esas casualidades de la vida, tenían en el sótano un mural de Siqueiros, que el pintor realizó en una oportunidad que pasó por Buenos Aires: la casona, además de la antigüedad y el mal estado, conservaba un descuidado y elegante *style*. Había pertenecido al mítico dueño del diario argentino *Crítica*, Natalio Botana, un *bont vivant*, súper culto, mujeriego e inteligente, amigo de la intelectualidad latinoamericana de los años 40 —entre ellos, Siqueiros—, cosa que a los tórtolos recién casados, adoradores de Donald Trump y de las baratijas de alto precio, no les interesaba un ápice.

Meses antes del desastre, Cecilia —acompañada por su madre y su asistente personal— se había gastado miles de dólares en los *shopping* de Buenos Aires, comprando artículos para decorar la mansión espectacular, de 1 500 m^2 con parque, que se habían comprado en la zona norte de Buenos Aires, donde pensaban vivir como reyes. Y no sólo eso. Estaba el vestido de seda natural encargado especialmente a la colombiana Silvia Tcherassi y los zapatos a medida, mandados a hacer en la zapatería argentina más exclusiva. Ni qué decir del prendedor mariposa de brillantes, que retenía sus apliques de cabello natural, comprado en Van Cleef, de Bal Harbour, en Miami. Y mucho, mucho más.

"¿Y todo para qué? Para nada. Pobre *Chechi*, parece una fugitiva...", señala una de sus mejores amigas en Santiago, quien prefiere permanecer en el anonimato. La boda fue celebrada de apuro y en un sucio estadio de básquet con piso de tierra, porque Zulemita Menem —que odia a Cecilia más que a nadie en el mundo— expulsó violentamente a su padre de la casona de Anillaco, el día anterior a la ceremonia, presa de un fuerte ataque de celos.

Desde hace tiempo que Cecilia Carolina Bolocco viene a los tumbos. Primero fue la gran fiesta de casamiento abortada por los escándalos familiares; después, los cinco meses en cautiverio junto a su marido preso (y sin luna de miel); luego, el obligatorio bajo perfil por los odios sociales argentinos, que cacerola en mano persiguen a Menem por todas partes. Cuando al fin había conseguido regresar a la televisión chilena, donde reinó por años sin competencia, los números no la acompañaron y fue remplazada por una conductora más joven a la semana de la primera emisión, dedicada a transmitir el Mundial de Futbol. Y ahora, cuando tenía la posibilidad de viajar, de lucirse rubia y elegante junto a los Bush y a Bill Clinton, una banda de impetuosos estudiantes argentinos irrumpe en su vida tirando todo por la ventana.

—¡Por tu culpa mi familia se muere de hambre! ¡Delincuente, devolvé la plata que te robaste! —fue el grito de una joven mientras ellos escapaban por la puerta de atrás. El ex presidente estaba furioso, pero aún así tomó por la cintura a su esposa y juntos se alejaron del lugar casi corriendo.

Habían llegado a Nueva York el fin de semana del 15 de junio de 2002, procedentes de la residencia de George Bush padre ("mi amigo George") en Maine. Carlos Menem tenía previsto dar una conferencia sobre la "realidad económica argentina" en la Universidad de Fordham, en Nueva York. Era su primera exposición pública en el exterior después de los meses de prisión, pero las cosas salieron mal: un grupo de estudiantes comenzó a abuchearlo apenas empezó a hablar y, al terminar, en medio de gritos e insultos, la pareja debió esperar dos horas en una habitación interna hasta que la muchedumbre se disolvió.

Los que vieron a Cecilia ese día en Nueva York aseguran que la chilena enjugaba sus lágrimas con un pañuelo, mientras acariciaba la prominente calvicie de su marido, al que llama cariñosamente "Caramelito". Y peor aún: los medios latinos que cubrieron la visita trataron al ex mandatario con crudeza: "un hombre de edad, con dificultades para entender lo que le preguntaban". Más o menos lo mismo que decirle "viejo decrépito". Por todos es sabido lo insoportable que para Carlos Menem resulta la vejez, que combate desesperadamente con innumerables cocteles de colágeno, cremas revitalizantes y masajes.

Después de la fracasada gira, dicen que la diva chilena se hundió en una depresión alarmante para amigos y familiares. Las chispas del famoso romance comenzaban a quedar lejos.

—Felipe Izquierdo me dice Forrest Gump... —confesó de repente Cecilia Bolocco. La periodista del diario *El Mercurio* que la entrevistaba abrió los ojos, incrédula, mientras se preguntaba qué llevaría a Izquierdo, un actor que se disfraza de mujer y es mejor conocido como Elvira, íntimo amigo de la ex reina de belleza, a llamarla como el personaje de la conocida película interpretada por Tom Hanks, si ella no tiene un pelo de tonta.

—Nunca estoy pensando en qué haré. Cuando llega el momento, decido —aclaró la diva, y entonces la reportera comprendió. Le faltó agregar que tal como le ocurría a aquel personaje "tonto", ignorante de todo, Cecilia pone tanto empeño en lo que hace y piensa tanto en positivo, que todo lo que emprende se convierte en oro.

—¿Nunca te parece mucho?

—Nunca cierro la puerta. Nunca. Este negocio está lleno de sueños y de planes, y también lleno de situaciones que nunca se cumplen. ¿Para qué ponerse el parche antes de la herida? Siempre contesto: "Sí, sí, sí", feliz. "¿Cómo no?" "Estupendo" "Me parece *top...*" y cuando llegue el momento de cortar el queque y no pueda, porque no tengo cuchillo, digo no. "No. Estoy Ommm... (sonido emitido por los yoguis)."

Corría entonces octubre de 1999.

El programa de los sueños, *La noche de Cecilia*, recién comenzaba. Ella leía y releía a Paulo Coelho: "Cuando el discípulo está preparado, el maestro llega", recitaba. Su pública devoción hacia el autor brasileño le había valido en Chile el mote de "La Predicadora". Adoraba todo lo oriental, desde un Buda hasta las flores de loto, pero, sobre todo, el budismo Zen. Hablaba de energías, de espíritus, de respiración, de trabajo mental. Era una auténtica chica zen. Fue cuando Carlos Menem comenzó a estar en su mira. El ahora prófugo Alberto Fujimori, en cambio, acababa de escapársele como la serpiente emplumada, el adorado Quetzalcóatl de los teotihuacanos, reptando por las escalinatas de una pirámide o, lo que es parecido, huyendo hacia Japón antes de que lo metieran preso. Y eso que ella lo había entrevistado e invitado a un concierto, tras lo cual organizó una cena a la luz de las velas. Sin dudas, su filosofía de no cerrar nunca la puerta le ofrecía esta vez a Cecilia la posibilidad de probar frutas maduras, maceradas en el elíxir del poder.

Según la definió su astróloga, ella había nacido bajo el signo de Tauro y, por lo tanto, era obcecada, sensual, enamoradiza, sentimental, metódica, perseverante y ávida de poder lo mismo que de seguridad económica.

Cecilia Carolina Bolocco Fonck nació el 19 de mayo de 1965 a las 8:05 de la mañana, según se lee en su página de Internet, o a las 7 de la mañana, de acuerdo con lo que consigna una nota que la revista chilena *Somos* le hizo a su madre, Rose Marie Fonck, en junio de 1987. Hoy, por más que muchos crean que se quita años —Zulemita la llamó "vieja arrugada"—, nada está más lejos de ser cierto. Por el lado estético, la *Chechi* acusa algunos defectos que la acomplejan obsesivamente: tiene poco pelo, razón por la cual usa apliques, y luce una piel tremendamente seca, con grandes ojeras (que la hacen mayor), además de mostrar visibles lunares y pecas, detestados por ella.

—¡Son manchas! ¿No ves que son manchas? ¡Qué horror...! —exclamó, con una mueca de asco, a una periodista que la entrevistaba.

A la hora de ser coronada Miss Universo en Singapur, el 27 de mayo de 1987, sus medidas eran 90-60-90, perfección que no la ha abandonado a pesar de las decepciones y tristezas de la vida actual. Aquel día, que ella recuerda como "el más maravilloso de su vida", llevaba un vestido blanco del diseñador chileno Rubén Campos, un regalo del empresario Víctor Figueroa y una imagen de Santa Gemita, que llevaba abrochada en la etiqueta del vestido.

"¡Ganamos! ¡Mierda!", gritaron todos, entre ellos un ministro y un hijo del dictador Pinochet, abrazados en el *living* de la casa de los Bolocco en Santiago, cuando el locutor anunció el nombre de Cecilia como la ganadora. Un jurado compuesto por David Niven, Peter Graves, el *bailaor* español José Greco y el productor de la película *Pelotón*, Arnold Kopelson, la habían elegido entre 68 bellas mujeres de los cinco continentes como la más linda del mundo.

Cecilia tiene un carácter difícil. La veta italiana de los Bolocco le aflora cuando se enoja: llora, grita, clama o tiene arranques de mal genio, y hasta es capaz de arrojar ceniceros, jarrones y otros glamorosos enseres a quien se le cruce por delante. "Es temperamental", la calificó en un reportaje su primer marido, el periodista estadounidense de deportes, Michael Young, con el que Cecilia convivió largos cinco años en Estados Unidos y del que un día se divorció bajo fuertes rumores que señalaban que la diva había encontrado a su marido en la cama con otra persona, y no precisamente una chica.

"Soy intrínsecamente intensa, he vivido muchas emociones y por eso las distingo bien. De repente tengo muchas energías y de repente se me olvida hasta hablar. Muchas veces me cuestiono ser tan intensa para todo y he tratado de alcanzar el término medio, pero no puedo", se define ella. No tiene muchas amigas, ni siquiera conserva a aquellas con las que compartió los mejores años de la adolescencia.

Su ex modisto, el conocido diseñador chileno Luciano Brancoli, quien fue uno de los jueces que la catapultó como *Miss* Chile y también quien la lanzó a la pasarela cuando ella tenía apenas 14 años, autor del vestido de novia de 35 kilos de piedras y perlas, fue taxativo:

> Cecilia no se portó bien conmigo y por eso estamos distanciados. Yo trabajaba día y noche por sus caprichos, pero tiene mal carácter, maltrataba a la gente que trabajaba conmigo y yo no lo podía permitir. Una vez, como no le gustó cómo le quedaba un vestido que tenía que llevar al festival de Viña del Mar, lo tiró al suelo, lo pisoteó y lo rompió. Yo estaba presente, ésa es la Cecilia de la intimidad, no la de las revistas… Eso es puro *show*.

La carrera televisiva de Bolocco empezó como locutora del noticiero internacional de la CNN, a mediados de 1990, apenas casada con Young. No era una periodista consumada, ni siquiera una aprendiz, pero no se amilanó en absoluto: cubrió la guerra del Golfo sin acomplejarse por confundir Irak con Irán y tampoco a los persas con los árabes.

—Me tocó vivir algo que muchos periodistas tal vez más preparados que yo no han tenido la oportunidad. Encima, cubrir una guerra del país que está en guerra es tan impactante. Yo tenía compañeros de trabajo que tenían familiares en el frente de batalla y eso… ¡¡era terrible!! —contó hace poco en un reportaje.

Pero un día todo se acabó, hizo las maletas y partió a Miami. Dejó la CNN y se pasó a la cadena Telemundo, porque según ella "estaba cansada de hablar en inglés todo el día como una *bipper*". En Telemundo ganó dos premios por su *talk show*, *La noche de Cecilia*, uno como la mejor productora y otro por ser la mejor conductora de la televisión latina. Cuando parecía que le iba fantástico, descarriló de nuevo. Un día se levantó con ganas de ser actriz y se transformó en la rubia, mala y sensual Karina Lafontaine, famoso personaje de la telenovela *Morelia*, que emitía la cadena Televisa.

Pero a la *Chechi*, tan intensa, todo la aburría rápidamente. Hasta su matrimonio. En 1995, mientras su pareja se venía barranca abajo, volvió a hacer las maletas y regresó a casa, donde la recibieron como a la hija pródiga. Tenía su propio programa de televisión por el que pasaban todos los famosos, desde Julio Iglesias hasta Maradona. Y su tormentosa vida amorosa empezó a llenar páginas y páginas de las revistas del corazón. Se habló de muchos hombres, desde el famoso periodista chileno Kike Morandé hasta el cantante mexicano Manuel Mijares; desde un millonario empresario chileno hasta un primo de Emilio Azcárraga Jean, presidente de Televisa. "Siempre cerca del dinero, siempre al lado del poder", aseguran los que la conocen.

Después que fue elegida *Miss* Universo, Cecilia llegó a Santiago el 11 de agosto de 1987. Acompañada de sus padres Enzo Bolocco y Rose Marie y sus tres hermanos, corrió a encontrarse con el dictador Augusto Pinochet y su esposa Lucía Hiriart, quienes la esperaban a comer en la Casa de la Moneda. Ese día vestía un elegante traje color beige de chaqueta y falda; se había puesto en la cabeza una mantilla blanca de seda bordada. Cualquiera hubiera supuesto que iba a entrevistarse con el papa en el Vaticano. Fue condecorada en nombre de la nación chilena con el premio Héroes de la Concepción, que el mismo Pinochet se lo colocó en el pecho, entre la emoción y la algarabía familiar, mientras en las calles los militares continuaban con su política de muerte y desapariciones ininterrumpidas desde septiembre de 1973. Los asesores del tirano contaban que nunca habían visto a su jefe tan reluciente, tan feliz y tan sonriente ante una visita femenina. Un "verdadero encuentro de almas", diría ella años después tras recordar esta visita y ya compenetrada con el budismo zen. Luego de una rueda de prensa, la *Chechi* dijo estas frases para la posteridad:

—El sida es un castigo de Dios, pero no todo el que lo merece lo recibe. Es solamente la ley de Dios, por eso hay que portarse bien.

—Siempre buscamos las cosas negativas, en vez de darnos cuenta de que hoy día llueve y... es maravilloso. ¡Porque Dios existe!

—Para ser bueno uno tiene que luchar contra sí mismo, no contra la corriente, o si no, no se saca nada. La paz no se logra yendo contra las leyes ni contra la gente que está arriba. A la gente que está arriba hay que respetarla. Tú no sabes lo difícil que es estar arriba.

Para Cecilia, Pinochet tenía la imagen de un viejito de ojos azules como los de un abuelito. A Salvador Allende, en cambio, lo detestaba profundamente, porque el derrocado presidente constitucional chileno que se pegó un escopetazo en la boca antes de entregarse al dictador le recordaba sus años de pobreza.

Mi padre decía que hay que tratar de guardar siempre algo de dinero para después no tener que preocuparse. Con el gobierno de Allende, él perdió todo de golpe. Ésa fue una lección que todos aprendimos en mi familia", confesó en 1999 a la revista argentina *Noticias* cuando ya había comenzado a flirtear con Carlos Menem. Sin duda, las convicciones políticas de la ex *Miss* Universo nunca comulgaron con la izquierda, ni con el progresismo; peor aún, suenan muy lejos de la democracia. Ex integrantes de su entorno durante los primeros años de su encumbramiento aseguran que, en realidad, más que convicción política, a Cecilia siempre la sedujo el poder. "Venga de donde venga, ella muere por los poderosos. Ama el poder —confiesa alguien que la conoce mucho— y por eso apoyaba al Pinocho. Por estúpida, no por otra cosa. En esa época él era el más poderoso de este país. También habló maravillas de Aylwin y de Frei (ex presidentes chilenos). Ella no está con alguien por amor, está porque le puede sacar algo.

Esta concepción la llevó a colocar sus ojos almendrados en "El Chino" Fujimori primero y luego procurar a Menem. Aunque en las cercanías de la diva me dijeron que ella moría de ganas por conquistar el corazón del colombiano Andrés Pastrana o del ranchero de Guanajuato, Vicente Fox (y *porfa*, que no se entere "La Jefa"), quien entonces apenas iniciaba su mandato y estaba separado.

Claro, Carlos Menem estaba solo y disponible. Pidió una entrevista a solas con el hombre que todavía gobernaba Argentina —y lo siguió durante varios días—, para su programa de reportajes complacientes a presidentes latinoamericanos. Aquel día ingresó al despacho presidencial con un rutilante traje colorado de minifalda y zapatos *stiletos*, que estilizaban sus piernas de *miss*. "Dicen que usted es seductor…", le preguntó a Menem con un mohín. "Si tú lo dices, debe ser así…", respondió el viejo mandatario, mirándola fijo a los ojos. Esa misma noche, cenaban a la luz de las velas en la residencia presidencial y la revista *Caras*, al día siguiente, le hizo una inquietante entrevista a la *Chechi*. Ella apareció tirada en la cama de la suite del hotel donde se alojaba, habló de la "dulzura y seducción" de Carlos Menem, mostró sus maravillosos trajes de Gucci (su marca preferida), sus joyas y se animó a posar con un *trench* de piel de leopardo y sin nada debajo. "Carlos Menem es el hombre más increíble, dulce y seductor que he conocido en mi vida. Sabe cómo tratar a una mujer, tiene estilo y unos ojos que me fascinan", dijo en la revista del corazón. A partir de aquí, todo fue vertiginoso. Viajes por el mundo, entrevistas en el semanario español *Hola*, casamiento, política y poder. Hablaban cinco o seis veces por día, Menem le mandaba flores y hasta le regaló un anillo con un diamante, a pesar de su legendaria tacañería. Cecilia le daba de comer en la boca, se sentaba en sus rodillas y se pasaban horas tomados de la mano mirando una puesta de sol, sin hablar, o platicando sobre filosofía oriental y diferentes técnicas de control mental, que a los dos les apasionaba.

Pero la vida da sorpresas y el presente no fue como ella imaginó: convertirse en la primera dama argentina cuando su marido regresara al poder para poder pasearse entre los miserables y desarrapados, convertida en la Evita del nuevo milenio. Éstos son los sueños y nada tienen que ver con la cruda realidad que le aguardaba. Y ante la cruel disyuntiva de perder el poder, tenía que amarrar la fortuna, una parte de la mítica fortuna que decían todos que Menem poseía. Y Cecilia es una mujer que no da puntada sin hilo. En la intimidad menemista juran que la diva firmó un contrato prenupcial millonario, a cambio de permanecer a *full* junto al ex mandatario, quien sufre los terribles avatares del despoder.

Sin embargo, cada vez que le preguntan, ella misma explica: "Siempre me he llevado mejor con la gente grande. Mi mamá siempre pensó que me iba a hacer monja, porque me gusta bordar y soy tan prolija, y porque me gusta la gente mayor…"

Hoy, Cecilia Bolocco Fonck vive en Chile con su geronte marido, Carlos Menem, y su hijo Máximo. Con el ex mandatario argentino logró lo que siempre soñó: un hijo. Y una abultada cuenta bancaria, cuyo origen espurio no le quita el sueño y le permite mantener el alegre y dicharachero tren de vida al que está acostumbrada. La verdad es que la blonda ex reina de belleza universal hoy pasa más tiempo en su mansión de Miami que junto al padre de su hijo. "¿Por qué se empecinan en separarnos po...? Somos un matrimonio moderno, en el que cada uno hace su vida y así somos dichosos. ¿Por qué la gente es tan mala?...", se preguntó sufriente frente a una periodista que la encontró en Miami, en una fiesta donde se entregaron premios musicales a latinos. Largo y ajustadísimo vestido blanco de seda, estilo sirena, como marca la moda, y el rostro perfectamente maquillado de tal manera que no se adviertan las manchas y pecas, que tanto detesta. Sola y siempre sonriente, mostrando una felicidad que no puede alcanzar y que se le escapa hasta en su amada tierra, ni con el control mental, los libros de Coelho y Osho y los maestros del Feng Shui, que acuden a diario a la casa de Miami.

La gente no la quiere como antes, no regresó a la televisión de Chile, no duerme en la misma cama que su marido, hacen vidas separadas, simulan ante la prensa y en la clínica experta en fertilidad donde concibió a su hijo Máximo confiesan que guardan los espermatozoides y el óvulo de una niña, futura hermanita de Máximo, para cuando la reina de los corazones de Chile decida embarazarse. Después de todo y desde que se casó con Menem, siempre quiso tener "la parejita". "Una guaguita sería un regalo de Dios, ¿no?"

La mucama de Borges

De las agonías y luces de la guerra no diré nada: mi propósito es referir la historia de esta cicatriz que me afrenta.

Jorge Luis Borges, *La muerte y la brújula*

—Estoy vieja, ya voy a cumplir 80 años, sabe. Dentro de poco me voy a morir. No sé por qué, pero últimamente pienso mucho en la muerte. Y me pone contenta, porque me voy a encontrar con el señor. Me acuerdo siempre del señor, sabe. Cuarenta años que estuve en esa casa, toda mi vida. Cuando yo llegué no había nada: ni aspiradora, ni radio, ni televisión. Nada, era tan triste y oscura… Todavía sueño con el señor. Lo veo en el sillón del living, sentado con su gato Beppo, y entonces yo le digo: "Señor, ¿vio lo que me hicieron? ¿Vio qué pobre estoy? Me dejaron sin nada… ni siquiera tengo mis plantas, sabe…" Y él me mira y me dice: "Fanny, no se haga problemas, vaya a la casa, que allí la esperan sus plantas".

Afuera llueve torrencialmente y adentro Epifania Ubeda de Robledo, la mujer que compartió cuarenta años con Jorge Luis Borges, juguetea con la punta de su delantal de cocina. Tiene la mirada dulce y el cabello encanecido, recogido en la nuca. Ya no hay plantas que la esperen y tampoco departamento. De la casa del escritor, Fanny —como la conocen todos y como la llamaba su patrón— fue expulsada violentamente por indicación de María Kodama, la viuda. Hace exactamente quince años.

Entrevisté a Fanny hace cinco años y quedé prendada de su ternura y su candor. Mientras la escuchaba hablar, me hacía recordar a

Ángela, mi abuela materna. Había nacido en la misma provincia del norte argentino, de donde era oriunda mi abuela. Al principio se mostró reacia a conversar de sus años junto al "Señor Borges", como todavía lo llama, y fueron necesarias varias visitas para que entrara en confianza y, despacito, comenzara a desovillar la madeja de sus recuerdos. Su hija Stella fue de gran ayuda para mí. Nos acompañó durante las entrevistas, impulsó a su madre, con anécdotas pequeñas, a soltar los recuerdos. Inmediatamente advertí el gran amor que las une, son mujeres sencillas, buenas y fuertes. Stella vivía a veces con Fanny, en la casa de la familia Borges. Ella fue la que un día llevó el gato blanco a la casa del escritor, que al principio lo rechazó y luego le tomó un enorme cariño. Es curioso: Fanny nunca leyó nada de lo que escribió su patrón, ni un cuento o un poema. Pero lo conoció tanto como su madre y muchísimo más que María Kodama, la mujer que lo arrastró muy enfermo a Suiza, lo separó de sus amigos, se casó con él y se quedó con todos sus bienes. La misma que luego de morir Borges regresó a Argentina y en el invierno de 1986 echó a Fanny del departamento y la dejó en la calle, sin nada. Todo lo contrario a lo que había dispuesto Borges en un testamento que Kodama hizo desaparecer. Hablamos mucho de la viuda de Borges. Y me quedó grabada una frase que ella me dijo la última tarde que la vi: "Doña Leonor, pobrecita, desde que vio a María en el departamento no le gustó. Y a ella no se le escapaba nada. Un día le preguntó a María si estaba enamorada de su hijos. Ella le dijo. "Yo estoy enamorada de su literatura". Cuando se fue, la madre del señor dijo en voz alta: "Esa piel amarilla se va a quedar con todo".

Hoy, la ex mucama del célebre escritor vive pobremente en una casa antigua y húmeda que le presta un amigo, frente a la cancha del club de futbol Boca Juniors, en Buenos Aires. En un rincón de la sala hay un pequeño altar: fotos amarillentas del escritor recortadas de revistas, flores de plástico, velas y vírgenes. Fanny sonríe y, a veces, se queda suspendida en el aire, con cierta tristeza. Recuerda todo con lujo de detalles. Fue la mujer que le cocinó al escritor sus platos preferidos, la que lo vistió, la que lo cuidó cuando estaba enfermo. La que revisaba su correspondencia y sus compromisos; depositaba los cheques; manejaba la agenda y hasta le cobraba la jubilación a través de un poder que Borges había hecho para ella.

Y más que ninguna, la que miró la vida por él: "Borges nunca vio a María (Kodama). Ya era ciego cuando la conoció. Un día me preguntó: 'Dígame Fanny, ¿cómo es María?'. 'Bueno, no es linda, tampoco es fea. Ahí...' le dije yo". Y acompaña la última palabra con un gesto inequívoco de sus manos. La vida de Fanny es extraña. Llegó a la casa de la familia Borges cuando tenía 31 años. Su marido la había abandonado y tenía una hija de meses.

Primero trabajaba por horas. Hasta que un día la señora Leonor (la madre de Borges) me pidió que me quedara, porque se había muerto la cocinera. Y me quedé. En ese entonces, el señor todavía veía, usaba anteojos de marcos anchos, esos que le dicen de 'culo de botella' (se ríe). Y me decía que veía puntitos amarillos. Qué raro, ¿no? Todas las cortinas de la casa y la colcha de su cama eran amarillas. En el último tiempo, pobrecito, ya no veía ni siquiera los puntitos.

Después de la muerte de Leonor Acevedo, la madre de Borges, la confianza que le otorgó el escritor a Fanny fue infinita. Cada vez que llegaba de alguna conferencia en el exterior, le entregaba un fajo de dólares y ella los guardaba entre las páginas de los libros de la biblioteca, que él reconocía con sólo olerlos. Después que Borges murió en Suiza, el abogado de María Kodama apareció en el departamento y le pidió a Fanny toda la plata que el escritor guardaba entre los libros.

Le dije: Mire, ahí esta toda la plata del señor, en esa biblioteca. En el estante de arriba están los billetes de 50 dólares, allá los de 20, en aquel otro los de 10. Tenía tanta bronca, me sentía tan humillada. Bajé todos los libros, puse la plata en una bolsa de residuos y se la di. Pero me dejaron encerrada con llave quince días. Ella, la Kodama, pensaba que yo me había quedado con algo del señor. Nunca tuve nada y vivo en una casa prestada...

—¿Cómo era vivir con Borges?
—Era un hombre muy especial, muy pegado a la madre. Ay, cuando vivía doña Leonor, él no hacía nada sin pedirle permiso. Ella era una autoritaria, pero él la adoraba. El señor tenía sentido del humor, pero no como cualquiera, sabe. Era muy especial y muchas veces se ponía triste. Cuando estaba con Adolfito (Bioy Casares), se reía todo el tiempo. O con la señora Silvina (Ocampo)

también. Después se separaron porque María le tenía prohibido que los visitara.

—Borges era ateo y veo que usted lo tiene en un altar con imágenes religiosas. ¿Por qué?

—(Se ríe) Bueno, eso decía él. Pero cada vez que se iba a dormir se arrodillaba al costado de la cama y rezaba un Padrenuestro. Y cada vez que íbamos a visitar la tumba de su madre, en la Recoleta, se persignaba. En público él decía que no sabía rezar, pero ahí en el cementerio rezaba siempre. Le hablaba a doña Leonor como si estuviera viva. Y lloraba abrazado al cajón... ¡Pobre Borges, cómo lloraba! Él odiaba a Perón, pero un día, en 1974, lo encontré rezando en un rincón de la casa, parecía triste. "¿Qué hace señor?", le pregunté. "Rezo por Perón. ¿No sabe que se está muriendo?"

—La relación con su madre era muy fuerte...

—No hacía nada que a ella le pudiera molestar. Pero había que aguantarla, tenía un carácter espantoso. Yo la cuidé a doña Leonor hasta que se murió. Tenía 99 años y yo nunca había visto muertos, imagínese el susto que tenía. La noche que ella se murió estaban sus amigas; yo le serví la sopa, le di de comer en la boca y la acosté. Entonces ella empezó a roncar. La hija, Norah, dijo: "Vamos porque mamá ya está durmiendo". A la una yo me fui a dormir y ella seguía con el ronquido. Pensé que dormía. A las cuatro me desperté y dije: "Ay, me olvidé de la señora". Fui corriendo y seguía con los ronquidos, pero más bajos. La senté en la cama porque pensé que se estaba ahogando, y entonces su cuerpo, adentro, hizo un ruido terrible. Después el médico me explicó que cuando una persona se muere, las vísceras, adentro, se desprenden. Y ése era el ruido que yo escuché. Le avisé al señor que dormía en su cuarto que su madre se había muerto. Vino corriendo, desesperado y la agarró de los pies y comenzó a sacudirla. Pero ella estaba muerta. Fue el día de mayor sufrimiento de su vida. Lloraba agarrado a los barrotes de la cama y decía: "Madre, acá estoy, ya volví". Entre los dos le preparamos la mortaja, le pusimos monedas en los ojos para que no los abriera y un pañuelito atado a la cara. Los primeros que vinieron fueron el señor Adolfito y la señora Silvina...

—¿Bioy Casares lo acompañó mucho en ese tiempo?

—Eran como hermanos. Casi todas las noches lo venía a buscar para comer y hablar de literatura. Cuando volvía, él se iba al dormitorio de la madre, se sentaba en la cama y hablaba con ella. "Madre, hoy comí arroz...", le decía. Como si ella estuviera viva, pobre... Antes de irse a Ginebra definitivamente, me acuerdo que entré en el cuarto y lo encontré acostado en la cama, con la mirada perdida en el techo. Era muy triste verlo así. Bueno, ahora deben estar juntos en el cielo...

En su casa, Fanny revuelve recortes amarillentos de diarios y revistas. En la pared, sobresale un cuadro con marco de plástico, sin vidrios. La imagen está prendida con cinta adhesiva. Ahí esta Borges y se anuncia un seminario que se dictó en Estados Unidos, en 1983. Fanny dice que ese cuadro es lo único que conserva de Borges: "Durante años estuvo secuestrado en tribunales, por pedido de María. Ella decía que valía mucha plata y que era de ella. Finalmente el juzgado me lo devolvió".

Fanny se enteró de la muerte de Borges por la radio. Dice que lloró mucho y que rezó por su patrón. "Él siempre me decía que quería ser enterrado junto a su madre y que tenía pánico a que le saquen fotos a su cadáver. Y mire dónde se fue a morir. El día que se fue estaba tan enfermo que apenas podía caminar. Cuando volvió de comer, lo desvestí y se acostó. Lo desperté a las cinco. Se levantó, se agarró a la cama de hierro y me dijo: 'Fanny, yo no quiero ir. Si voy, me voy a morir lejos'. Y lloraba desconsolado, el pobrecillo. Y ahí llegó María y empezó a gritarle, le amenazó que ella se iba sola..."

—¿Cómo era la relación con Kodama?

—Ella primero venía y se quedaba dos horas, en las clases de anglosajón. Después, empezó a tener más poder sobre él. Sobre todo después de la muerte de doña Leonor, cuando ella empezó a acompañarlo por el mundo. Borges era muy vulnerable y tenía las defensas bajas, debido a su ceguera. Y ella lo amenazaba con que lo abandonaba. Le hablaba mal de sus amigos, de su familia, de mí: le decía que eran todos unos delincuentes que le querían sacar plata. El señor siempre me contaba lo que María le decía: 'Fanny, ¿usted que piensa?', me preguntaba mientras yo lo vestía. María usaba una cadenita con una calavera colgada del cuello; Borges me contaba que a ella le gustaban las brujerías. '¡Ay Fanny, si supiera los lugares a donde me lleva María! Hay gente tan rara, animales muertos, sapos'..."

—María Kodama dice que ella y Borges vivieron un gran amor...

—¿Amor? Eso nunca fue amor, lo que pasa es que él estaba muy solo. María maltrataba al señor, yo fui testigo. Le gritaba y un día lo empujó en la puerta del ascensor. El señor estuvo muy enamorado de Estela Canto. La adoraba y guardaba su fotografía entre sus libros. Ella fue su novia desde los 17 años, pero nunca tuvieron relaciones sexuales. Bueno, pobrecillo, no las tuvo con ninguna de sus mujeres. Menos con María. No era algo que le interesara, le tenía pánico. Yo siempre digo que el pobre señor se murió virgen.

—Pero Borges estuvo casado con Elsa Astete Millán, durante dos años y medio...

—Ella vive y tiene más de 90 años. Está internada en un geriátrico. Yo hablaba mucho con Elsa y ella me contó que un día la rodilla de ella rozó con la de él y el señor se puso a temblar. Raro, ¿no? Me acuerdo cuando se casaron. 'Georgie, ¿por qué no te casás? Así no te quedás solo cuando yo me muera', le dijo la madre. Y así, decidió casarse por Iglesia y por civil. Antes de la ceremonia, doña Leonor le dijo a Elsa: 'Mirá que Georgie no quiere compartir la cama'. Y ella aceptó igual. 'Yo sé cómo llevar un hombre a mi cama', me dijo Elsa. Pero Borges no estaba enamorado. La noche de bodas, cuando ya se habían ido los invitados, Borges se preparó para ir a dormir. '¿Por qué no van al hotel Dorá?', dijo la madre. '¡No, no y no! Yo me quedo acá en mi casa, en mi cama y con mi madre'. Y la pobre Elsa se fue sola esa noche hasta su casa, en ómnibus. Vivieron juntos, pero en camas separadas.

—¿Borges era depresivo? ¿A qué le tenía miedo?

—A veces se deprimía. Y le tenía terror a la soledad. Una vez en un viaje a Madrid, se quemó el pie derecho. Estuvo veinte días sin salir del hotel, en reposo, sin poder ponerse medias ni zapatos. Lo cuidó un amigo. Cuando volvió le pregunté qué había pasado. 'María me dejó solo. Estaba tan solo, Fanny, que lo único que quería era suicidarme.' '¿Y qué pensaba hacer?', le pregunté. 'Llené la bañera con agua bien caliente para meterme y ahogarme, pero soy un cobarde y no aguanté.' Otra vez me dijo que una vez fue a las vías del tren para matarse porque una novia lo había abandonado. El tren venía y le tocaba bocina. De repente vio que su perrito lo había seguido y estaba acostado en las vías. 'Me dio tanta lástima, lo recogí y me fui. Soy un cobarde, Fanny.'

—¿Dormía bien o tenía pesadillas?

—Sufría de insomnio. Pero también era caprichoso, como un niño. Cuando llegaba la noche, yo abría la cama y empapaba un pañuelo con colonia que le colocaba en la almohada. Él se sentaba y me extendía la mano abierta. Yo le ponía dos caramelos y le daba la pastilla para dormir. Un día el señor estaba ansioso para que le llevara el Rohipnol (somnífero) y me di cuenta de que se había terminado. Entonces agarré una aspirina y se la di. Al otro día, me dijo que había sido su mejor noche. Tenía capricho con la pastilla. Tenía miedo a la noche. Decía que debajo de su cama había unos enanitos malignos de color plateado, que se lo querían llevar. Otro día me dijo llorando que en su cama había dos mujeres que lo querían ahorcar.

—¿Qué hay de cierto en su rechazo a la gente negra?

—Un día me acuerdo que llegaron unas chicas brasileñas; hablaron mucho con él y se quedaron toda la tarde. Cuando ellas se fueron, él vino a la cocina y me preguntó cómo eran físicamente. Le dije que eran negras. "¡¿Cómo negras?! ¿Por qué no me lo dijo antes? ¡Que horror, las hubiera echado! Salga usted también de acá. ¡Salga!." Y después se le pasaba…

—¿Qué decía sobre los desaparecidos?

—Algunos familiares venían a la casa y le contaban las cosas que le hacían los militares. Me acuerdo de una chica, muy linda, que habían agarrado los militares y la habían torturado con la picana. La chica lloraba en el living y él se angustiaba muchísimo. Me decía que guardara bien todas las carpetas con los nombres y las fotos de los desaparecidos. "¿Qué puedo hacer Fanny? Soy ciego… Pobre gente, las cosas que le han hecho estos militares", me dijo cuando la chica se fue.

—¿Cómo es su vida, Fanny?

—¿Sabe una cosa? No me gusta nada quedarme sola, como el señor Georgie. Y vivo de recuerdos. Era tan bueno, si estuviera vivo no hubiera permitido nada de lo que me hicieron. En su testamento él me había dejado la casa, pero después María lo cambió en

Suiza. No me importa, total: pronto me voy a morir. Acá no pago alquiler y vivo tranquila con mi hija. Todo está tan caro, ¿vio? Me acuerdo que un día le dije a doña Leonor que la plata no me alcanzaba. Me había dado veinte centavos. "¿No te alcanza esto que te doy? Lo que va a venir va a ser peor." Qué razón tenía, ¿no?

HISTORIAS PELIGROSAS

Diario en el país de la montaña blanca, los muertos y la mujer que leía en el agua

> Y así seguimos, luchando como barcos contra la corriente, atraídos incesantemente hacia el pasado.
>
> FRANCIS SCOTT FIZTGERALD

Fue un viaje raro, tan raro que se planificó en un cementerio. El mismo día, por la noche, un anciano murió de un infarto al lado mío y en pleno vuelo, y cuando creí que la muerte dejaría de rondarme, como un ave de mal agüero, y regresaría a casa sin mayores problemas que un cansancio atroz y normal, un refugiado chiíta se lanzó al vacío desde la terraza del hotel Riviera, de Beirut —donde me alojaba para cubrir la guerra— y se estrelló como un muñeco de trapo, debajo de mi ventana.

El mediodía del viernes 19 de abril de 1996 caminaba entre los alucinantes panteones del cementerio de la Recoleta, en espera de que Martín Balza, jefe del ejército argentino, diera término al homenaje a un muerto ilustre cuyo nombre no recuerdo.

Habíamos programado una entrevista y como detesto las ceremonias patrias, hice tiempo entre los pasillos del camposanto más famoso y absurdo de Buenos Aires. Necrofílica que soy, me sumergí en la apasionante lectura de los epitafios. En ese momento sonó mi celular. Era Jorge Fernández Díaz, editor —y querido amigo— de la revista *Gente*, que llamaba para preguntarme por mi visado al Líbano. Aviones israelíes acababan de bombardear el campo de refugiados chiítas de Quana, en el sur, y ya había más de cien muertos. "Necesitamos que viajes, es una nota ideal para vos..."

275

Corté y abandoné todo: mi fascinación por los muertos y el reportaje con el general, y corrí a la embajada. Por medio de un amigo libanés, conseguí que el embajador me recibiera y, en una hora, mi visado y el del fotógrafo estuvieron listos. Destrabó esta situación burocrática, que en cualquier otro lugar sería un trámite normal, porque en ese momento el gobierno argentino mantenía una durísima relación con los países árabes, a raíz de los atentados a la embajada de Israel y la Asociación Mutual Israelita de Argentina. Menem —en relaciones carnales con Estados Unidos e Israel— acusó de la tragedia a grupos fundamentalistas árabes y a Irán (algo que nunca se comprobó). En represalia, las embajadas se negaban a dar visas a los corresponsales argentinos. Con el sello pintado en mi pasaporte, fui a casa a preparar la maleta y avisé a mis hijos que salía para Beirut en dos horas.

Llamé también al desgraciado (un vulgar psicópata, ¡bah...!) con el que hacía cuatro meses tenía un *affaire*. Nada importante, un enamoramiento fugaz. Desde que empezamos a salir, tenía sensaciones encontradas, el tipo me daba mala espina. Como muchas mujeres experimenté esas rachas de malas compañías masculinas y ésta era una. Ni siquiera era mi tipo, no leía ni le interesaba nada que tuviera que ver con el arte o la cultura, adoraba las películas de tiros, practicaba artes marciales y se vanagloriaba de sus violentas destrezas lo mismo que de sus innumerables conquistas femeninas. El sujeto nunca salía a la calle sin dos pistolas 9 milímetros y un fajo abultado de dólares que escondía en los calcetines. Era curioso, porque cada vez que me enredaba en amoríos descarriados, una guerra me rescataba y me llevaba lejos. Cuando regresaba, el tipo se había cansado de esperar o estaba con otra. A la distancia y mientras recorro este diario de viaje, no entiendo qué hice al lado de este malandrín. Alguien me dijo una vez que la base de la dicha plena radica muchas veces en la inconsciencia, y en esa época yo era una inconsciente entusiasmada y feliz que perseguía a decrépitos dictadores y los hacía confesarse frente al grabador, investigaba las mafias y crímenes de un menemismo en pleno apogeo, exhumaba expedientes sobre bancos y banqueros lavadores de dinero, averiguaba sobre secuestradores paramilitares, cubría las peores guerras del mundo y muchas madrugadas me encontré sola en la redacción cerrando un reportaje al filo de la navaja. Nunca estaba cansada, ni tenía miedo.

Mi mundo estaba compuesto por una fauna variada y extravagante, en donde se mezclaban prostitutas de alto vuelo y ministros, ex guerrilleros reconvertidos en empleados de los servicios de inteligencia y señoras de la alta sociedad, editores resentidos y periodistas cínicos, asesinos, traficantes y ladrones con códigos de ética. Nada era casual.

Este señor tenía un costado perverso que se filtraba en su mirada y en los gestos y que para mí era su principal atracción y mi punto débil. Mi conocida fascinación por la maldad y por los malos. Me enviaba rosas todos los días, preparaba exquisitas comidas y tragos exóticos y era un gran contador de tumultuosas aventuras (ajenas, creo).

Un día, por ejemplo, me dijo que había participado en la guerra de Angola y otro que convivió en Irlanda con una militante del IRA. Era cierto que pasó varios años en Estados Unidos y también en Europa. Según él, trabajando para la ITT. Estaba divorciado de una mujer muy rica perteneciente a una familia de la alta burguesía del Partido Comunista. Después me enteré de que la golpeaba física y psicológicamente, al punto que una vez ella terminó en el hospital con el hígado reventado de un puñetazo y que se había quedado con casi toda la fortuna. Tenía la costumbre de desaparecer durante varios días y sorpresivamente llegaba sin avisar con un gran regalo. Practicaba caza mayor y se deleitaba contándome detalles de la agonía de ciervos y jabalíes. Sobre todo, ponía especial atención en las escenas más escabrosas. Durante esos cuatro meses me volví tan obsesiva por saber más —porque justamente no me mostraba nada—, que observaba cada movimiento que realizaba. No era muy difícil darse cuenta de que andaba en algo ilegal y mis amigas, asustadas, me advertían todo el tiempo. Una mañana —días antes de viajar a Líbano— me quedé sola en su casa y revisé los placares y cajoneras. Abrí un ropero inglés antiguo (que en la puerta tenía un cartel que decía 'Prohibido abrir') y estaba repleto de armas de guerra: fusiles, ametralladoras israelíes de todos los tamaños, pistolas, granadas, municiones y equipos de alta tecnología. En un cajón, dentro de un sobre, aparecieron tres pasaportes con su foto y nombres cambiados con sellos de distintos países. Con la cabeza a mil revoluciones, salí corriendo. No le dije lo que había visto, pero supe que me había descubierto. A los dos días me mostró unas camaritas de video que tenía escondidas en lugares clave de su casa, tranquilo, con la sonrisa de siempre y mientras tomábamos una copa de Kiri Royal. Supe que sabía que yo había encontrado el arsenal y los documentos falsos. Como loca comencé a averiguar más y más. Hablé con fuentes de todos lados y conseguí poco y nada. Era una sombra, nadie lo conocía. Lo único que comprobé eran sus aceitadas relaciones con funcionarios de la embajada de Israel. ¿Sería un espía, un loco o un mitómano? ¿Quién era? ¿Por qué la relación con los israelíes? ¿Tenía negocios con ellos? ¿Y las armas? El embajador de Israel en la Argentina de esa época nunca se destacó por la transparencia y fue incriminado posteriormente.

Cuando volví de Beirut, fui una noche a su casa —de sorpresa— y terminé con la relación, no aguantaba más esa situación de sospecha y locura. No dijo una palabra y me miró raro. Sentí repulsión y temor. Durante varios meses y, no sé por qué, tuve la intuición —casi certera— de que me seguía o escuchaba mis conversaciones telefónicas. A veces dejaba un mensaje amoroso en mi celular o enviaba flores para mi cumpleaños, pero nunca más nos vimos.

Años después me enteré de que el aprendiz criollo de Joe Pesci se dedicaba al tráfico de armas y que al mismo tiempo que salía conmigo tenía tres mujeres, una de ellas embarazada.

En ese tiempo mi vida era la metáfora de la insensatez. Separada desde 1987, a veces me sentía como una rama arrastrada por el viento, tratando de encontrar un refugio temporal. Pero el ventarrón podía más. Los hombres con los que me enredaba eran por lo general tipos de mierda, apestosos egoístas y manipuladores, locos o pendejos que se me colgaban y pretendían vivir a mis costillas. Mientras releo esta crónica de guerra libanesa, vuelve esta sección del pasado como en una película de Ripstein. Los personajes y el paisaje brumoso y húmedo, las situaciones ambiguas, las muertes cercanas, los contrastes de mis excesos. No sabía bien qué buscaba y era insoportablemente fóbica a cualquier tipo de atadura. Eso, sumado a mi neurosis y temeridad, era gozoso sentimiento de inconsciencia, un coctel explosivo. Trabajaba 24 horas sin parar y mi profesión era mi refugio, mi pasión y el sitio que me dejaba ser yo misma, sin máscaras ni simulaciones. Mis hijos, acostumbrados a transitar la vida como gitanos desde chiquitos —con sobresaltos y violentos cambios de casa, de colegio y de amigos—, nunca me exigían nada, pero yo sabía que estaban hartos. Después de no tenerme cuando eran bebés, producto de la peligrosa clandestinidad a la que me obligó la dictadura, y cuando por fin la vida les dio estabilidad, odiaban que su mamá les dijera que en dos horas partía a Bosnia, Gaza o Líbano. Nunca olvido sus caritas desoladas detrás de los vidrios de la puerta de la calle mientras miraban el taxi que me llevaba de nuevo al aeropuerto.

No era la primera vez que viajaba al Líbano. Había llegado al país de los cedros milenarios y las montañas blancas en 1994, en un azaroso viaje en carretera desde Damasco, con un robusto e impasible conductor, inocultable integrante de los servicios de inteligencia sirios. Y me enamoré del Líbano apasionadamente. Siento que el mundo árabe tiene sobre mí una fuerte influencia, que seguramente viene de alguna vida pasada o algún ancestro moro. Sólo hay tres lugares en el mundo donde me siento como en casa, donde no extraño: México, España y el Líbano.

Esta nueva travesía en medio de un feroz bombardeo me provocaba contradicciones. No sentía miedo, aunque olía la gravedad en el aire. Las noticias de la radio y la televisión eran espantosas. Desde la invasión de 1982, la operación "Uvas de Ira" era el ataque más feroz de la nomenclatura israelí contra los árabes, convencidos otra vez de que el asesinato de uno de ellos se cobraba con la matanza de miles de musulmanes, no importara si eran niños, mujeres y hombres desarmados de un campamento civil. El campo de refugiados de Quana era un gran agujero de sangre y cuerpos despedazados, mientras miles de libaneses abandonaban sus casas en el sur, en lenta y mortal caminata hacia Beirut en desafío a las bombas que caían del cielo.

Cada vez que iba a una guerra, algo en mi cabeza hacía *click* y me convertía en una máquina perfecta, un reloj suizo, un acorazado. No sabía lo que era el miedo. Nunca me pasó nada grave, aunque pasé por situaciones difíciles. Algunos colegas me decían que era mi buena suerte, y yo, que era intuición, espíritu de sobreviviente. Podía sentir de muy lejos la aparición de los aviones, la llegada de un bombardeo y la presencia de los francotiradores. El olor ácido de la muerte que venía encima. Una vez, en la ex Yugoslavia, volvíamos a Belgrado desde Sarajevo, a 180 km por hora en un auto robado, con el fotógrafo y la traductora, y como no conocíamos bien el camino, nos metimos en territorio bosnio-musulmán. Me di cuenta de que algo estaba mal por el espantoso silencio que nos rodeaba y unos pequeños bultos negros que sobresalían en el camino a lo lejos. Le grité a Jorge Bosch, el fotógrafo, que algo pasaba y él frenó de golpe. Bajamos y descubrimos que los bultos negros que yo había visto eran cinco minas antitanque que cruzaban la carretera, que si las tocábamos, de nosotros no quedarían ni las astillas de los huesos. Habíamos frenado a cuatro metros.

En esta nueva travesía sentía como si una parte de mí flotara desdoblada.

En Beirut tenía amigos y compañeros de trabajo y aventuras, a los que quería ver de nuevo. Y mis lugares preferidos: el hotel de la calle Hamra, el antiguo distrito comercial judío que estaban restaurando, Bir El Abed y Dahhi, los barrios chiítas, la avenida de los mártires, Sidón y el zoco del oro, sus callejuelas tan angostas donde sólo cabía una persona, los hombres sentados en los pórticos, discutiendo en medio de gritos y fumando narguile, los vendedores que me jalaban al interior de las tiendas de tapices y sedas, el olor intenso de las especias, el café con semillas de cardamomo... El Líbano era un territorio disgregado y en ruinas por una estúpida y asesina guerra civil que se extendió 15 años. Una torre de Babel donde la cultura, el glamour y la miseria se mezclan con un solapado fanatismo religioso que crece como hierba salvaje en las barriadas chiítas donde reinan los guerrilleros de Hezbollah. Y donde es mejor entrar con un guía del lugar y no hacer ningún movimiento extraño, como sacar fotos o mirar a los ojos de los hombres.

Deseaba intensamente regresar a las maderas, las piedras y los olivares; a las poesías de Gibrán Jahlil Gibrán y al canto quebrado de Fairuz; al perfumado y vulnerable paisito que inspiró a Zenón y Pitágoras, arameos, babilonios, persas y fenicios; cuna del primer alfabeto y los primeros milagros de Cristo; corazón de turcos y mongoles, musulmanes, drusos y cristianos; la otrora esplendorosa

Miami de los franceses de los años 50 y 60; refugio de los palestinos de Al-Fatah y los guerreros chiítas del Hezbollah, aliados de Irán y Siria.

Lo primero que metí en la maleta fue mi *hijab* (pañoleta musulmana negra que cubre mi cabello, orejas y cuello), para desplazarme a través de las zonas controladas por Hezbollah, la túnica cerrada negra —que compré en el zoco de Damasco— y pocas cosas más: un par de *jeans*, cuatro camisetas, dos *sweaters*, varios pares de medias, zapatillas negras de cuero, lencería sensual, cremas y *make up, of course* (por ahí, quién puede saberlo, una encuentra al hombre de su vida…), dos libros, varias agendas y mi *laptop*. Y mis fetiches: dos vírgenes en miniatura, las estampitas de dos santos en mi billetera y el talismán chino de la buena suerte preparado especialmente para mí por una maestra oriental. Me comuniqué con Assad, mi traductor en Beirut, para avisarle que nos esperara. El hombre estaba desesperado por el bombardeo, pero contento de volver a vernos. Luego taxi al aeropuerto, pasaporte y pasaje en mano, y *check in*.

Subimos al avión con Julio Giustozzi, que viajaba nuevamente al Líbano, pero a su primera guerra y se sentía un poco nervioso. Un equipo del canal 13 de Buenos Aires abordó con nosotros el vuelo de Alitalia, con escala en Roma, paso previo a Beirut. A la hora de salir crucé algunas palabras con un señor muy mayor que viajaba a mi lado. Me contó que tenía 78 años y que iba a Italia a votar, y como le habían regalado el pasaje aprovecharía para visitar a su familia, a la que hace años no veía. Cruzamos algunas frases más y de repente escuché un ronquido ahogado. Lo miré y el viejo estaba rígido, pálido, casi azul. Me hizo una seña con la mano y el ronquido se hizo más fuerte. Julio, desesperado, gritó a la azafata, ella lo vio y pidió un médico con un altavoz. Salí de mi asiento y al pobre tipo lo acostaron a lo largo de la fila del medio. Seguía roncando, cada vez menos. Apareció un médico que le tomó el pulso y le hizo masajes en el pecho. A los cinco minutos se paró y dijo que había muerto. Fue un infarto fulminante.

Casi al mismo tiempo, otra azafata me vino a buscar porque Juan Micheli, el periodista enviado por canal 13, se sentía mal. Fui a verlo y lo encontré en estado de pánico, incontrolable y transpirando, no paraba de hablar, quería regresar a Buenos Aires, temblaba y repetía que tenía miedo, que algo malo nos iba a pasar, que la muerte del viejo era un mal presagio. "¿Qué va a ser de mi hija si me matan? ¿No te das cuenta de que vamos a una guerra? Quiero bajarme, quiero bajarme, quiero bajarme...". No le contesté. Era una locura entablar una conversación razonable. Sólo me quedaba cortar el tema de una manera sabia. Busqué en mi cartera una caja de Alplax, los ansiolíticos que tomaba para dormir y relajarme y le metí dos en la boca. Al rato, Juan dormía como un angelito, mientras dos auxiliares de Alitalia envolvían al viejo en una manta como a un fiambre y lo arrastraron de los pies por el pasillo hasta el baño. La escena era tan increíble que no podíamos reaccionar. Miré hacia el fondo un segundo y vi que las piernas del viejo asomaban del baño. La azafata me dijo que lo colocaban así porque cuando le llegara el *rigor mortis* no podrían enderezarlo y no tenían un lugar adecuado donde meterlo. Le conté a Julio y nos dio un ataque de risa, que no podíamos parar. Lo único que nos importaba era que el avión no hiciera escala en Río para dejar el cadáver, porque perdíamos la conexión a Beirut y, al otro día, el aeropuerto estaría cerrado por los bombardeos. Por suerte el muerto siguió con nosotros directo a Italia y pudimos hacer la conexión al Líbano en tiempo. Assad y uno de sus hijos nos esperaba.

El Líbano distaba bastante del que había visitado en 1994.

"*Haram Lubnan, haram Lubnan*" (Pobre Líbano) decía el puñado de taxistas que peleaban por ganar unos dólares, a la salida del aeropuerto. El regateo es un rito ancestral. Llovía y hacia frío en el país de los cedros de cuatro mil años. Porque un cedro, el árbol nacional pintado en la bandera libanesa, vive cuatro mil años. Varias mujeres se colocaron las pañoletas al bajar del avión y también las azafatas, a pesar de que Beirut es una ciudad muy occidentalizada. Pero esta vez era diferente: había llegado la guerra de nuevo. Assad, con un *sebha* o rosario musulmán en la mano, también se compadecía de su pobre y compleja patria. Me dio alegría verlo y lo abracé fuerte. Tenía miedo a perder todo otra vez, los 15 años de guerra civil quedaron marcados en sus entrañas. Su mujer estaba aterrorizada y sus nueve hijos también. Durante la guerra vivieron en el sótano de la casa, entre ratas y cucarachas. Nunca la abandonaron y cuando todo terminó, se mató trabajando de cualquier cosa para reconstruirla. Esta vez el detonante de la tragedia fue una precaria Katiusha —un cohete de fabricación rusa— que los guerrilleros islámicos lanzaron al norte de Israel. Ésa fue la chispa que desencadenó la carnicería en Quana. Fuimos con Assad al hotel y planificamos el viaje al sur para la madrugada del día siguiente. Esa noche, antes de salir, fui a la casa de Assad para visitar a su mujer, una experta en la lectura de la borra del café. Leila acertaba con sus predicciones y me acosté algo perturbada mientras escuchaba los relámpagos y la lluvia que golpeaba contra los ventanales.

A las cuatro de la mañana seguía lloviendo como en el fin del mundo y se había cortado la luz. Desayunamos café negro con un par de galletas rociadas con tomillo y bajamos a buscar al chofer y al traductor. El hotel Riviera no era malo, pero yo prefería el Cavaliere, el antiguo hotel del centro, famoso refugio de los corresponsales que llegaban a cubrir la guerra civil. Era moderno y desde mi ventana del primer piso se veían el mar y el cuartel del ejército sirio, enfrente. Buen lugar para estar en tiempos de guerra, pensé. Pero optamos por él porque el Cavaliere estaba repleto. Assad nos esperaba desde hacía una hora en el lobby. Tenía la tensión de una noche sin dormir reflejada en la cara. Y el rosario en las manos.

La carretera que une Beirut con el puerto de Sidón era una ruleta rusa. Certera y mortal. A pocos kilómetros del malecón de la costa del mediterráneo oriental, dos cañoneras navales israelíes se dibujaban contra la bruma de la madrugada. Llevaban doce días apuntando y disparando contra cualquier cosa que circulaba enfrente. Jugaban al tiro al blanco. La ciudad de las cicatrices estaba desierta y el clima que se vivía era agobiante. Había furia y mucho miedo. En la boca del estomago sentí el vacío, la nada que es peor que el miedo o el llanto, y en mi cabeza regresó el *click* de siempre, potenciado, cuando la trompa del Mercedes Benz 81 gris perla, tapado con carteles blancos de prensa que conducía Hussein, se asomó en el extremo norte del boulevard Cornishe, rumbo al sur.

"No viajen de noche, nunca enciendan las luces del auto y coloquen en todas las puertas los papeles blancos de prensa que los identifique. No los va a salvar de los disparos, pero ayuda", nos aconseja Cathy Salemi, veterana corresponsal de la agencia EFE en la zona. Conocí a Cathy en el viaje anterior y nos hicimos amigas. Es solidaria, cálida y siempre está de buen humor. Gracias a ella y sus contactos, en el 94 pude entrevistar a un alto jefe militar de Hezbollah, el jeque Ammar El Musaawi, líder del ala dura del partido de Dios. La sola mención de su nombre provoca admiración entre los musulmanes chiítas libaneses: es primo hermano de Awas Musaawi, asesinado —con su mujer y su hijo— por un comando israelí un mes antes del atentado a la embajada de Israel en Buenos Aires. Recuerdo que Musaawi me recibió en un discreto y acorazado departamento del barrio "Bir El Abed" (agujero negro), en pleno corazón del fundamentalismo islámico. Esa tarde me cubrí de la cabeza a los pies como una monja preconciliar, no podía mostrarle una hebra de mi cabello, que sólo está permitido mostrar a los maridos, y tampoco podía llevar reloj. Antes de ingresar, varios custodios barbados, armados con ametralladoras, pistolas y granadas, me hicieron pasar por un detector de metales —ahí fue cuando me quitaron el reloj— y me avisaron que no podía darle la mano a Musaawi. El saludo correcto consistía en colocar mi mano derecha sobre el corazón y hacer un gesto hacia abajo, con la cabeza.

Awas Musaawi era bello, alto y delgado, de piel cetrina y ojos oscuros penetrantes. Un guerrero gélido que no conocía otra forma de vida que la guerra permanente. A sus espaldas había un óleo inmenso del ayatollah Komeini, de su heredero Jameini y del jeque Nasralá, número uno de Hezbollah y uno de los hombres más buscados por Israel. Durante la hora que duró la conversación —traductor mediante— sentí todo el tiempo que en cualquier momento estallábamos en mil pedazos. Cada sonido, cada avión o helicóptero que se escuchaba, era una puntada de acero en mi estómago. Varios jeques del Hezbollah fueron secuestrados en el Líbano, en secretas y veloces incursiones del Mossad y sus integrantes viven en alerta constante. Los miembros de Hezbollah son autoritarios, inflexibles, impiadosos, religiosos y muy desconfiados. No es extraño que crean que el periodista que tienen enfrente es un espía israelí. La verdad es que lo piensan todo el tiempo, toman precauciones y muchas veces se extralimitan.

Como aquella tarde de febrero de 1994, que invitados por Musaawi fuimos a la conmemoración del Achoura, fecha en que los musulmanes chiítas recuerdan la matanza de Hussein, el nieto de Mahoma. Nasralah en persona, acompañado de la plana mayor del Partido de Dios, dirigía las plegarias en la mezquita. Los hombres se amontonaban en el salón principal y las mujeres en una sala contigua seguían la ceremonia por una pantalla de televisión. No me gustó ir a otra sala porque imaginé volver a ver a Musaawi en la mezquita. El traductor decía que me había vuelto loca, y seguramente tenía razón, pero yo moría de amor pensando en los ojos negros y en aquella inalcanzable postura de valiente cruzado. Me sentía Kit Moresly (Debra Winger) en *El cielo protector*, el filme de Bertolucci basado en la novela de Paul Bowles, cuando con sus emociones totalmente extraviadas se enamora de Ahmed, un cacique tuareg, y se escapa con él al desierto del Sahara. *Anyway*, lo mío con los hombres era parte de un trastorno incurable que trataba de resolver con mi psicoanalista, inútilmente.

Varios Mercedes Benz blindados y camionetas Honda último modelo cargadas de armas y explosivos rodeaban la manzana de la mezquita. Hombres, mujeres y niños vestían de negro noche. El templo y sus alrededores eran una bomba de tiempo. Cuando todo terminó, dos horas más tarde, busqué a Julio y al traductor mientras sentía que unos hombres me tomaban del brazo: me arrastraron a una habitación. Eran más de 15 tipos fornidos que vociferaban en árabe y rodeaban a Julio, quien desesperado me decía que él no había hecho nada. El traductor me explicó que los guerrilleros querían el carrete de fotos porque vieron a Julio asomarse a las ventanas con la cámara. A punta de pistola nos obligaron a entregarles el material. Nos advirtieron que si encontraban entre las fotografías alguna de los coches y las patentes de sus jefes estábamos liquidados: nos acusarían de espías y sería muy complicado explicarles que simplemente éramos un par de imbéciles periodistas que necesitábamos una buena foto, para cumplir con el editor y con nuestra autoestima profesional. Por algo parecido, un famoso corresponsal de *Paris Match* permaneció un año secuestrado en las garras de Hezbollah. No son gente compasiva ni comprensiva con los extranjeros.

Nos encerraron en una habitación y como yo no debía estar junto a los hombres, me separaron de ellos con un estandarte colorado gigante con la cara de Komeini pintada. De nada sirvió explicarles que éramos invitados especiales del jeque Musaawi, y tontamente me ufané de la entrevista que me había dado y lo bien que me trató. "Estos tipos nos van a matar, ¡ay Alah!...", repetía en voz baja el traductor. Y lo volvía a decir, una y otra vez como una calesita. El pobre hombre estaba apanicado y yo estaba harta de sus quejas. Era tan disparatada la situación en la que nos encontrábamos, tan estúpidamente peligrosa que me atacaba la risa y no la podía disimular. Morir por una foto era ridículo. A las cuatro horas, cuando comenzaba a preocuparme por nuestro destino, llegaron tres hombres robustos vestidos de negro y nos dijeron que todo había salido bien. Nos dejaron ir y nos pidieron disculpas. Muertos de hambre y sed, regresamos al hotel. Una copa de delicioso champagne francés hizo que olvidara al jeque Musaawi y sus violentos muchachos.

Desde esa aventura habían pasado dos años y ahí estaba de nuevo bajo el cielo encapotado de un Beirut en guerra.

La técnica de los corresponsales extranjeros en el Líbano que querían llegar a la devastada zona sur era aguardar unos minutos a la entrada del camino cuando apenas comenzaba el día y las explosiones se detenían, para después, en una carrera loca, lanzarse con el auto a toda velocidad por la carretera costera, desafiando la muerte y la puntería de las cañoneras. Esa mañana crucé los dedos como hago siempre que estoy frente al peligro y miré por la ventanilla. Los vidrios del auto chorreaban con una fina llovizna. Era la primavera en Líbano, pero a nadie le importaba el detalle. El sonido de los obuses, los gritos y los cuerpos despedazados por las explosiones habían quebrado el alma de las montañas blancas. En medio de la feroz adrenalina ni me acordaba del malandrín que había dejado en Buenos Aires y al que despaché de mi vida poco después. Dos triángulos negros como inocentes barquitos de juguete se movían apenas en el horizonte marino. No eran de juguetes, eran cañoneras israelíes que escupían su arsenal contra la costa. En el interior del auto no se oía una palabra, sólo el sonido del motor y las respiraciones. A los costados de la carretera había restos de vehículos alcanzados por las bombas. Algunos, en su desesperación por escapar, terminaron incrustados contra otros que venían en sentido contrario. Carrocerías quemadas, ropas y grandes manchas de sangre permanecían como espectros sobre el asfalto mojado.

Hussein tenía miedo, pero lo ocultaba. A veces murmuraba en árabe y Assad se negaba a traducir lo que decía. La noche anterior, en la casa familiar, Leila me dijo que en la borra de mi café había mucha muerte. "Cerca, no a ti, cerca, otra gente", dijo con su precario español. Leila era una mujer muy dulce y corajuda, fuerte como todas las mujeres musulmanas, que crecen en la resignación y la dureza de la vida cotidiana. Practicaba con su oráculo solamente con los amigos. Pensaba en ella mientras el auto volaba como un águila sobre el camino.

De repente, dos explosiones. Dos segundos después —que parecían un siglo— tres más. Tocaron tierra en la ladera de la montaña al lado nuestro. Respiré hondo y traté de pensar en otra cosa. Era imposible. Como en un juego llevaba la cuenta de la cantidad de disparos que escuchábamos y media hora duraría el camino. Fueron diez con precisión matemática. Julio hizo un chiste malo para aflojar. Hussein y Assad estaban aterrorizados y ya no disimulaban. Assad oraba cuenta a cuenta del rosario. Miré la lluvia y pensé en mis hijos tan lejos. Miré cada detalle de mis manos, mis piernas cubiertas por la túnica negra, el paisaje lluvioso. En silencio recorrimos los 50 kilómetros que separan a Beirut de Sidón. Llegamos con el cielo claro y un paisaje desolador frente a los ojos. Ambulancias de la Cruz Roja, heridos, mutilados, refugiados miserables y camiones cargados con soldados libaneses eran los únicos habitantes de la pequeña ciudad de 7000 años de antigüedad.

"Tengo miedo. ¿Usted no?" —me preguntó Assad, casi enojado consigo mismo por haber aceptado venir. Necesitaba los dólares que le pagaba por el trabajo y a sus 70 años sentía que ya no estaba para estos trotes, estaba cansado y viejo. "¿Qué será de mi familia si nos matan ahora? Escuche los aviones, escuche las bombas. ¿Por qué nos atacan y nos matan de esta manera? Pobres de nosotros los libaneses. Siempre pobres y siempre en medio de la guerra…"

A medida que avanzábamos más hacia el sur, se aceleraba el zumbido de las bombas. Esta vez desde arriba. Caía una atrás de otra, como una catarata. Era la maldita aviación israelí, sobrevolando como moscones arriba nuestro. Ese día ingresamos al territorio controlado por Hezbollah. En el cordón montañoso se esconden sus milicianos de barba, armados hasta los dientes. Desde ahí resisten y disparan los cohetes Katiushas sobre el norte de Israel. En cada calle, en cada esquina de los villorrios cuelgan retratos pintados a mano de sus jeques y sus kamikazes, venerados como héroes. En plena recorrida, nos cruzamos con el funeral de un guerrillero muerto en la frontera. Hombres y mujeres vestidos de negro lloraban y gritaban consignas golpeándose el pecho. El cadáver se balanceaba sobre una tabla envuelto sólo con una bandera de Hezbollah. Julio quiso hacer fotos y nos sacaron a punta de ametralladora. A los gritos. La escena era sobrecogedora, el pueblo vacío y apenas un puñado de gente caminando en procesión por las calles, un muchachito de 17 años muerto y sus compañeros agitando los fusiles al cielo.

Esquivando boquetes todavía humeantes que inundaban la carretera, llegamos a Quana.

En el campo de la ONU, la guerra alcanzó su punto máximo el jueves 18 de abril a las 3 de la tarde del Líbano, cuando aviones israelíes dejaron caer racimos de bombas *con napalm* sobre 150 civiles indefensos. Nadie circulaba por las calles. Había vidrios rotos y autos destrozados en todas partes. El aire continuaba impregnado de un horrible olor a carne quemada que no abandonó mi cerebro el mes que permanecí en el Líbano. Los militares de Naciones Unidas trataban de borrar los restos de la carnicería. A pocos metros, en un poblado abandonado, cayeron varios obuses mientras caminábamos entre las ruinas. Las explosiones retumbaban y la bruma de las bombas se mezclaba con las nubes. Aunque cueste creer, una se acostumbra a esa música de fondo. La tristeza y el vacío conmovía a todos, menos a mí. Seguía acorazada, peor que antes. Lo sentía como un paisaje conocido. Eran todos los lugares anteriores juntos en uno solo: la misma injusticia, la misma guerra de mierda destruyendo inocentes. Al fondo del edificio que había sido la sede central del campo estaban los despojos calcinados y salpicados de sangre de lo que fue la casa en la que trataron de cobijarse de la muerte. Retazos de una blusa bordada de flores, una túnica azul, la cabeza de una muñeca sin ojos, los zapatitos de un bebé, platos, cacerolas.

Halami y su marido Husein son iraquíes chiítas que llegaron al campo de Quana con la ilusión de reconstruir la vida castigada por otras guerras y por la persecución de Saddam. Pero se quedaron sin nada, sin casa, sin amigos y sin parientes. Vivos en la diáspora, pero solos. Ella tenía la mirada extraviada, arrodillada sobre las ruinas de lo que había sido su hogar. Acomodaba un ramo de flores de plástico entre los escombros calcinados y rezaba. "Me salvé porque Dios quiso. Hoy sólo tengo a mi marido y a mis hijos. Y por ellos voy a tratar de olvidar lo que pasó. Después de la explosión había restos humanos y niños decapitados..."

El Najem Hospital estaba desbordado de heridos y sobrevivientes de la explosión. Los lamentos se escuchaban desde la puerta de entrada. Algunas mujeres, cubiertas con la pañoleta negra, lloraban en el suelo abrazadas al Corán. Hamida Dib tenía 27 años cuando sintió el terrible estruendo y un dolor espantoso en sus extremidades. Perdió el sentido y despertó en la cama del hospital. Sus padres y cuatro hermanos murieron en el bombardeo. Ella sobrevivió, pero sin brazos y sin piernas.

"¿Qué haría usted si le pasara esto? ¿No sentiría furia y ganas de vengarse? ¿Tendría ganas de vivir?", me preguntó Karim, hermano de la mutilada. En la habitación de al lado lloraba una mujer. Entré y en la cama había un niño de cuatro años con los ojos muy abiertos y el rostro cubierto de llagas supurantes. Fátima, su madre, era la mujer que lloraba y, desde el ataque, permanecía en estado de *shock*. Al final del pasillo, un hombre rogaba a Dios con gritos por que salvara la vida de su único hijo de 18 años. El muchacho agonizaba en la sala con un agujero enorme en el pecho. Me contó que tenía siete niños más que murieron junto a su madre en el refugio de Naciones Unidas.

"¿Qué otra cosa podemos hacer más que aferrarnos a Hezbollah para resistir los crímenes de los israelíes?", dijo Assad en el viaje de regreso. Los bombardeos continuaban y los especialistas y la gente del lugar decían que el ataque de Israel había provocado en la población civil más adhesiones que nunca a la guerrilla fundamentalista islámica de Hezbollah. Mane, un acomodado comerciante de Sidón, la consideraba la "única resistencia civil al invasor". Zoraida, una libanesa argentina, profesora de historia y esposa de un médico, también consideraba a Hezbollah como los héroes que protegían al pueblo de las invasiones y ataques "de los judíos".

Nos quedaban muchos días por delante en la tierra de los cedros y la montaña blanca. Más guerra, más dolor, más muertes. Desde

Buenos Aires los editores nos pedían buenas fotos y buenas entrevistas. "Notas que no tengan otros medios." La televisión privada y estatal libanesa y Al Manar-el, canal donde Hezbollah emite sus proclamas, sus incomprensibles películas censuradas y el mensaje de sus jeques, mostraban las escenas más impresionantes de los bombardeos, los heridos de los hospitales y los funerales de las víctimas y los guerreros.

Así como me acostumbré al estruendo de las bombas como música de fondo, en las calles no escucho otra cosa que hablar de venganzas. La misma historia de odios y resentimientos. Había dejado de llover y soplaba un viento con olor a pescado y a primavera. En el cielo seguían los cazabombarderos y desde el mar nos apuntaban los cañones de los barcos. El ejército libanés cerró por dos horas la carretera de la entrada a Beirut por la intensidad de los ataques. La ruleta rusa costera dejó esta mañana cinco civiles muertos y dos coches destrozados. Yo seguía sin sentir nada, ni miedo, ni angustia, nada. Recuerdo que en la noche, cuando por fin llegamos, le conté a Julio lo que me pasaba en el restaurante francés del hotel. "Se me agotaron los sentimientos, soy una máquina."

Tres días después dejamos Beirut y con la ayuda de un contacto nos metimos en el prohibidísimo Valle de la Bekaa. Llegamos a Baalbeck, allí donde los guerrilleros de Dios tienen su cuartel principal, refugio de terroristas, traficantes de armas y sitio de codiciadas plantaciones de opio custodiadas por soldados sirios. Era de noche y las tenues luces de las casas y palacios de la montaña se esfumaban frente a las ruinas de los templos majestuosamente iluminados en medio del pueblo a oscuras. La escena era atemorizante y los autores de este escenario tenían una finalidad clara: generar respeto e infundir miedo. Ahí estaban los desmesurados templos de piedra —las columnas más altas de la historia romana— consagrados a Júpiter, Venus, Baco y Zeus. El paraíso preferido de los emperadores Augusto, Adriano y Constantino.

Cuenta la leyenda que hasta el mismísimo Adán vivió en Baalbeck, cuando era un vergel de cedros, agua cristalina y olorosas especias, y que Abraham estuvo allí hasta que una noche lo vieron escapar en un caballo de fuego y desaparecer en el cielo estrellado de Oriente. Esa noche sentí que los espíritus de los guerreros, de los conquistadores y de los mercaderes de las caravanas que cruzaban el territorio rumbo a Egipto y Siria se escondían en la oscuridad de las angostas callejuelas, mezclados con los partisanos de Hezbollah, amos y señores del lugar, y a quienes pedimos permiso para ingresar. Baalbeck era —y sigue siendo— un bastión que mantienen con ayuda de los sirios e iraníes, quienes los abastecen de armas y dinero en la larga lucha contra Israel.

Omar, nuestro contacto en el lugar, me llevó a visitar a una vidente, la "Madre de Mohamed", una anciana que vivía recluida en la montaña y que leía en el agua. Su fama había llegado a Argentina y uno de los motivos de mi viaje a Baalbeck era visitarla para escrutar lo que le deparaba a mi ajetreada vida. Omar hizo de traductor y la vieja sibila desgranó lentamente su oráculo. Regresamos a Beirut y los bombardeos seguían en el sur. Ya estaba cansada de la guerra, quería volver a casa. La bruja de la montaña blanca, igual que Leila, habló de los muertos cercanos, de todos los muertos de mi vida, de mis oscuridades y de la luz que según ella iba a descubrir sola. En fin, no vivía apegada a lo esotérico, pero me gustaba consultarlos de vez en cuando. La última noche, mientras escribía, ya al borde del cierre, con el editor presionándome por teléfono, sentí de golpe un grito gutural que venía de la calle, un grito que me cortó la respiración. Al mismo tiempo el hotel se quedaba sin luz. Escuché una sirena y gente que gritaba en árabe. Sentí un golpe debajo de mi ventana como si se hubiera caído una bolsa de plomo. Le conté a mi editor que había pasado algo grave y corté la comunicación. Estaban bombardeando el aeropuerto, el hotel cortó la luz por prevención y, cuando me asomé por la ventana, vi en el patio de abajo una maza destrozada y ensangrentada y unos hombres que corrían y lloraban en la calle. No sabía qué había pasado y empecé a llorar yo también, no podía parar. Pude soltar las amarras y descorrer el velo. El acorazado era una persona vulnerable y asustada. Lloré veinte minutos mientras mi editor esperaba en Buenos Aires. Lloré por la mutilada de 27 años, por el niño decapitado, por mis hijos y por mí. Sobre todo por mí, no entendía qué carajo hacía tan lejos de casa.

A la mañana siguiente, el conserje del hotel me contó que el infeliz que se mató debajo de mi ventana era un iraquí chiíta refugiado en Quana al que le habían asesinado a toda la familia.

Diario de una periodista en Paquistán

Vi las serpentinas rojas
del último carnaval y eran blancas.

Paul Groussac

—En cualquier momento caen los misiles... —sentencia Farooq, uno de los mucamos de la Guest House donde vivimos y en la que nunca antes se había alojado una mujer. Sonríe, Farooq es amable y siempre sonríe. Viste de blanco, con el uniforme obligatorio de los paquistaníes. Un pijama de lino al que llaman *shalwar kameez*: combinación de camisa larga hasta la mitad de la pierna con pantalones anchos.

—En 1998, durante el bombardeo a Kabul, dos misiles cayeron sobre Peshawar y mataron a unos cuantos —agrega, en un entrecortado inglés, mientras me sirve té verde. Dicho esto se aleja, algo perturbado, por los pasillos alfombrados de rojo. Días más tarde, pude comprobar que nunca cayeron esos misiles en Peshawar, pero Farooq logró impresionarme. Una tradición popular dice que los hombres de aquí siempre cuentan al extranjero lo que éste desea escuchar como muestra de cortesía. Y es que la verdad —para ellos— se asemeja a dos sacos de harina que se balancean a los costados de un camello. En otras palabras, la verdad es relativa e imprecisa. Con el paso de los días sabré que, aunque permanezca años aquí, será difícil descubrir el fondo profundo de las cosas. Si es que existe...

En Peshawar esperan que caigan las bombas. La guerra se huele en el aire turbio y pegajoso como el hollín. Hay guardias con ame-

293

tralladoras en todas partes y la sensación persistente de que algo va a estallar. Estoy en una antiquísima ciudad en la frontera con Afganistán, a escasos 200 kilómetros de Kabul, que ha enamorado a tártaros y mongoles, a Alejandro Magno y Marco Polo, a Rudyard Kipling y a Gengis Khan.

Las voces de los hombres que discuten en pashtun, el idioma de la etnia de los talibanes, suben desde el *living* del hotel y se mezclan con el sonido del televisor. En la pantalla, Al Jazeera, el canal estrella del emirato árabe de Qatar, muestra el rostro de Osama Bin Laden hablándole a los suyos. El ruido seco de un avión paraliza los sentidos un segundo y luego todo sigue como si nada. Intento adivinar qué hablan. No puedo. Esa mañana, mi traductor me contó que hablaban de mí. "¿De mí?", pregunté. "Miran la ropa interior que deja colgada en el baño. No están acostumbrados a ver de cerca a una mujer occidental", respondió con una sonrisa. A partir de ahí confieso que me intriga escucharlos e imagino que murmuran sobre el tamaño y los encajes de mi lencería mientras siguen las noticias de la guerra.

Ser mujer en un país islámico no es fácil.

Las ciudades y los pueblos parecen habitados únicamente por hombres. Ellas no tienen rostro ni voz, menos aún presencia. Y los contrastes impactan. Es habitual ver dos hombres tomados de la mano en una actitud andrógina y casi todos se pintan los ojos —de negro, verde o azul— con *khol*, el milenario delineador hecho con polvo de piedras del desierto. Es el mismo que —según cuentan— usaba el profeta Mahoma.

Esa mañana fui al bazar de Saddar con la cabeza descubierta y se produjo una pequeña aglomeración, que preocupó a mis compañeros. Y a mí. Dos afganos se acercaron, tocaron y olieron mi pelo con desesperación animal. El cabello femenino es una señal de erotismo y sólo está permitido mostrárselo al marido. Por eso, cada vez que Farooq entra a mi habitación se siente perturbado. Es la primera vez que está frente a una mujer occidental y puede ver su cara y su pelo. Y una mujer occidental, según le enseñaron sus mayores, es una prostituta.

Me asomo a la ventana y escucho el llamado a la oración del muecín de la mezquita. Su lamento quebrado me abraza. La tempe-

294

ratura es mayor a los 40 grados y un viento áspero, polvoriento, me seca la garganta. Es otoño en el país de la media luna de oro, pero el calor es sofocante. Alguien golpea a mi puerta. Es Abdullah, el dueño de la casa. Me pregunta si quiero tomar alcohol. Tiene los ojos enrojecidos y la voz ronca. Me asegura que consigue cualquier bebida en el mercado negro y por pocos dólares. Lo cierto es que muero por una copa de champaña o un vodka tonic, pero algo en él no me gusta. Se dice que Abdullah está bien protegido en la república de las prohibiciones: es íntimo amigo del jefe de la policía de Peshawar, con el que, además, tiene negocios.

En el cielo sobrevuelan decenas de cuervos y en la calle de tierra, un piso más abajo, tres hombres con túnicas y turbantes caminan a dar el cuarto rezo del día. El cielo y los árboles de Peshawar están llenos de cuervos y nadie sabe explicarme por qué.

Todo es ambiguo, irreal.

En una plaza de Karachi, antes de salir hacia Peshawar, tuve una larguísima y agotadora despedida de un viejo amante. Conocí a Tim en Buenos Aires años atrás y mantuvimos un romance tumultuoso, algo perverso y loco. Él vivía en México, en una casa preciosa de San Ángel y era corresponsal de una revista gringa. El cielo bruno estaba cubierto de cuervos y los eunucos nos miraban con los ojos fijos muy abiertos. Los hombres y muchachos que pasaban también se paraban a mirar. A cada segundo los teníamos que echar como si fueran moscas de baño. Tim intentó besarme y abrazarme varias veces; yo me resistí como pude. No quería cortar conmigo, pero tampoco quería separarse de su mujer. Le dije cosas horribles, quería lastimarlo y sabía que en eso, cuando me proponía, era buena. Tampoco me importaba herirlo, porque ya estaba en otra relación. El otro era el hombre más complejo, atractivo y misterioso que conocí en mi vida. Me gustaba mucho y el *affaire* con Tim estaba acabado, agotado por las frustraciones y las constantes batallas. Esa noche dormimos en mi hotel y probé por primera vez hachís afgano, que dicen es el mejor del mundo, y abrimos una botella de champaña que yo había traído escondida en mi maleta. Sentí que era como escapar del infierno que se vivía en la calle y en todas partes. Por primera vez no peleamos, no sé si por efecto del cigarro o del alcohol, o de esa sensación del fin del mundo que se respiraba todo el tiempo.

Ayer hubo una marcha de integristas que salió desde el bazar donde los afganos se abalanzaron sobre mi cabello. De las sombrías y estrechas callejuelas surgieron miles y miles que cargaban fusiles y palos. Tenían los ojos pintados con *khol*. Algunos eran bellos y muy sensuales; confieso sin pudor que estos hombres me atraen. No sé por qué, serán los ojos pintados o su salvajismo casi medieval o la fascinación por lo prohibido. Casi todos eran violentos y ocultaban su rostro con un pañuelo. El mullah Sami Ul-Haq me dijo hace dos días que si continuaban los bombardeos habría guerra civil en Paquistán y que sus mujahidines tomarían el poder en el nombre de Dios.

La Ilaha Iella Allah Owa Mohammad Rasul Allah (Dios es único y Mahoma es su profeta), la frase universal del Islam en todas las mezquitas de los países musulmanes, es recitada por el muecín desde el minarete, quien continúa durante varios minutos. No entiendo otra cosa, salvo algunas palabras: "Afganistán, Talibán, Osama". Llamo a Farooq y le pido que me traduzca las palabras del *mullah*. Farooq abre las manos en señal de oración y dice, primero en pashtun y luego en inglés: "Que Dios proteja a Osama, Inchallah...". Mi intérprete se retira en silencio por los pasillos de la casa.

Peshawar es ruidosa, colorida y el aire huele a carne quemada, hachís y tabaco. El agua no es potable y no se recomienda comer vegetales. Muchos periodistas sufren de diarrea y vómitos, incluidos el fotógrafo y yo. Me pasé la noche en el baño de la habitación; creí que iba a morir tragada por el inodoro. Transpiré, lloré de impotencia y rabia y me bajó la presión al punto del desmayo.

El tráfico en las calles de Peshawar es un infierno y, en las orillas, los hombres agachados orinan o defecan, se limpian el culo con tierra. Camiones cargados con melones se cruzan a gran velocidad con autobuses multicolores, donde la gente viaja colgada como animales. Los hombres adelante y las mujeres —tapadas como fantasmas— atrás. En cada semáforo, una nube de niños afganos golpea los vidrios del auto. Uno lleva entre sus brazos un enorme mono que ríe. Parecen moscas revoloteando sobre la gente mientras los carros son arrastrados por esqueléticos caballos. Los pequeños exhiben el rostro de la desolación y la tragedia, sólo saben decir: "Thank you", con la mano tendida en espera de limosna.

Paquistán alberga más de tres millones de afganos que, durante veinte años, llegaron escapando de las guerras y la miseria. En este país no hay diferencias considerables entre sus habitantes y vecinos afganos: todos pertenecen a las mismas tribus y comulgan con las mismas ideas. Toda la línea de frontera —2500 kilómetros— es un complejo laberinto de tribus que viven como en sus orígenes, antes de la llegada de los ingleses. Todos son muy religiosos, puristas del Islam, adoradores de la guerra santa.

Peshawar es inmensamente pobre y los ricos viven en la zona alta de la ciudad, en imponentes palacios de mármol, rodeados de guardias armados y altas rejas. La mayoría hizo su fortuna con la corrupción, el tráfico de armas y el tráfico de drogas.

Afganistán es el mayor proveedor de opio del mundo, base de la fabricación de la heroína: el 60 por ciento de esta droga que se consume en Europa y el sureste asiático procede de la tierra de los castos guerreros del Islam.

Durante la guerra entre Afganistán y los soviéticos, la CIA y el ISI (Servicio de Inteligencia Militar de Paquistán) apoyaron a los líderes afganos que se instalaron en Peshawar y en otras ciudades para crear cientos de laboratorios. Todos miraron para el costado, sumergidos en su feroz cruzada contra el comunismo, y alentando la política del dictador Zia Ul-Haq, el ultrarreligioso general que obtuvo en esos años más de 200 millones de dólares de beneficios por tráfico de heroína. Antes de morir en un extraño accidente de aviación, Ul-Haq usó el dinero ganado para la formación de miles de luchadores de Dios —que hoy conforman los partidos extremistas islámicos paquistaníes—, los asesinatos de opositores, las operaciones encubiertas en Cachemira (zona fronteriza con la India) y un poderoso arsenal nuclear.

Instalados en el poder, los talibanes intentaron prohibir el cultivo de opio, pero se dieron cuenta de que los bellísimos campos de amapolas eran una segura fuente de ingresos para abastecerse de armas: su objetivo primordial. El opio podía cultivarse mientras no fuera consumido por los afganos. Entre 1992 y 1995, Afganistán produjo entre 2200 y 2400 toneladas métricas de opio por año, desplazando a Burma del primer puesto de la producción mundial. A las arcas talibanas ingresaron 3000 millones de dólares en impuestos.

Hoy la historia no ha cambiado, aunque el cultivo del opio está "oficialmente prohibido" en Paquistán y Afganistán. La severa medida del *mullah* Mohammed Omar, el tuerto cacique fundador del emirato talibán, motivó que miles de campesinos quebrados emigraran. Familias enteras se instalaron en las áreas tribales y —según pude comprobar— continúan con sus viejas prácticas. Eso sí, devaluadas. La guerra derrumbó el precio del opio, que antes de los atentados costaba 700 dólares el kilo y ahora se consigue por 90 dólares. La carretera que une Peshawar con Jalalabad, del otro lado, está congestionada de camiones herméticamente cerrados, que vienen y van. Unos traen drogas y otros llevan armas que Paquistán provee a sus aliados talibanes bajo la tutela del ISI, adiestrado por la CIA y los franceses, verdaderos dueños del poder.

Rahim es moreno, tiene ojos negros como la noche y espesos bigotes. Es pashtún y aunque le simpatizan los talibanes, no es un fanático. Lo desespera emigrar a cualquier país occidental y no sigue demasiado las reglas del Islam. Le gusta el alcohol y, cuando lo consigue, fuma hachís. Lo conocí en la puerta del hotel Pearl Continental de Karachi, mientras aguardaba a Piero Pomponi, el fotógrafo italiano con quien compartiría esta aventura. Manejaba un taxi destartalado y a los cinco minutos estaba contándome su vida. Rahim habla inglés, francés y ruso, además de pashtún y urdu, el idioma oficial de Paquistán, pero no sabe leer ni escribir. Su mujer y tres hijos viven al norte, en una aldea de la montaña. Le pregunté cómo había aprendido a hablar ruso. Dijo que trabajó como guía de turistas rusos que venían a pasear a Paquistán. La historia me sonó extraña y se lo dije. Después supe que Rahim, durante la ocupación soviética en Afganistán, como muchos, se ganó la vida llevando y trayendo mercaderías *non sanctas* de un lado a otro, intercambiando información a cambio de dinero. Rahim, a partir de ese día, se convirtió en nuestro traductor durante todo el viaje. Reconozco que me gusta: tiene gracia, conoce los códigos de las tribus y parece honesto.

Nuestro guía gana un dólar por día y vive en una habitación miserable del barrio afgano, en los suburbios de la ciudad de Karachi, zona peligrosa y nido de miles de integristas islámicos. Una tarde nos mezclamos con la gente; necesitaba tantear el clima de la zona.

En cada esquina, grupos de muchachos vendían camisetas y afiches con el rostro de Bin Laden. Quería hablar con ellos. Me parecía muy loco que las camisetas con el idolatrado mujahidín de turbante y barba llevaran en el cuello etiquetas con la firma "Adidas" o "Nike". ¿No representaba todo lo occidental al diablo?

Me cubrí la cabeza con un inmenso pañuelo negro y me vestí con discreción. Casi no había mujeres por las calles y las pocas que vi caminaban envueltas en la burkha: un vestido cerrado que cubre completamente el cuerpo y el rostro con un triángulo de agujeritos bordados para respirar y ver algo —sólo algo— de lo que ocurre afuera. Ninguna iba sola. Lo hacen acompañadas de otras mujeres o detrás del marido. Porque las mujeres en Paquistán y Afganistán, una vez que se casan, son propiedad del marido.

—¡USA *Crash*! —gritó un barbudo de turbante que salió de un edificio semidestruido.

El aire se había enrarecido y varios perros ladraban encima de los insultos. Tenía en mis manos una pequeña cámara fotográfica y expliqué como pude que era argentina, no estadounidense, pero el barbudo seguía gritando con los ojos desorbitados. Algunos me miraban con odio, otros sonreían y se burlaban. Rahim me tomó de un brazo y me arrastró hasta el auto. Algunas piedras pegaron contra la carrocería y los vidrios. Salimos de ahí, en medio de una pequeña turba de enfervorizados que agitaban afiches con el rostro de Bin Laden, el millonario saudí acusado por los atentados del 11 de septiembre, que hoy lidera la cruzada del integrismo contra Estados Unidos.

Rahim me explicó que el barrio estaba de duelo y que por eso los ánimos estaban caldeados. Tres afganos habían sido asesinados en la calle por la policía paquistaní dos días atrás, cuando participaban en una marcha. El odio hacia todo lo occidental había recrudecido. Ya no importaba si era norteamericana, japonesa o argentina. El peligro residía en ser blanca. Los ojos desorbitados del barbudo se pegaron en mis retinas. Y, desde ahí, tuve la sensación de caminar al filo del abismo.

A Fallas, mi chofer, lo conocí en el aeropuerto de Peshawar, entre cientos de miserables paquistaníes que se nos tiraban encima ofreciendo un taxi o cualquier cosa. Es pashtún y el polo opuesto de Rahim: es estrictamente religioso y fanático del talibán. Cuando vamos por las calles y llega la hora de la oración, Fayyaz me deja sola en el auto, se coloca un pañuelo en la cabeza, se quita los zapatos y se arrodilla a orar mirando a La Meca. Tiene 26 años, está casado y es padre de dos niños. Conoce el Corán de memoria. Fayyaz asistió por años a una *madrassa*, una de las tantas escuelas coránicas en las que se formaron los talibanes y los mujhaidines paquistaníes. Su hijo de dos años también asistirá a una de ellas y se siente feliz por ello. "Abdurraman va a ser un buen musulmán, como los talibanes."

Varias veces intenté discutir con él, pero todo gira estrictamente alrededor de lo que dice el Corán y es muy difícil para mí sacarlo de su mundo, mostrarle otras cosas, otra realidad. Pero Fayyaz es encantador y me cuida como si fuera su hermana. Una mañana fuimos a su casa, en Abddara, una villa donde viven doscientas cincuenta mil personas. Casas bajas de barro, callejuelas de tierra, un cementerio y cuatro mezquitas. Sentí que ingresaba en el túnel del tiempo, allá lejos, en los comienzos de la civilización.

Es una familia de treinta personas donde viven separados los hombres de las mujeres. Fue complicado, pues ellas se retraían; cuando pregunté por sus vidas, respondieron —mirando de reojo a Fallas—: "very happy, very happy", lo único que sabían decir en inglés. Pari, su mujer, no llevaba burkha, pero nunca escuché su voz. Cada vez que iba a decir algo, Fayyaz respondía por ella. No las vi infelices con la situación. Son muy hospitalarias y algunas cantaban. Me invitaron té verde con leche y *halwua*: una pasta hecha de arroz molido, azúcar y semillas de té verde. Como Fayyaz, sus vecinos son muy religiosos y adoran las armas. En cada casa hay una *kalahnicov* o más, según la cantidad de hombres que la habiten. Los talibanes son sus referentes y Osama, el mesías. "Los talibanes son los únicos que aplican el Islam como se debe. Hay respeto entre padres e hijos, la mujer se queda en la casa y nunca es mirada por otros hombres. Ellos trajeron la paz a Afganistán. Cuando gobernaban los del norte, había mucha muerte. Esos locos asesinaban gente y se permitía la prostitución y el alcohol", dice Fayyaz.

En Paquistán hay diez mil *madrassas* y más de un millón de alumnos. Todos son militantes del integrismo y fanáticos de la

Jihad. Pasan entre cinco y ocho horas diarias sentados en el suelo, memorizando el Corán e interpretando el *hadhit*, las enseñanzas del profeta Mahomma. Los jefes religiosos o *mullah* tienen línea directa con Kabul y cada viernes encabezan violentas marchas, donde descargan su odio contra Estados Unidos. Para ellos —incluso para Fayyaz y su familia—, los atentados a las Torres Gemelas son parte de una conspiración de la CIA y los judíos, aunque no hayan visto uno de éstos en su vida.

Fui con Fayyaz a comprarme una burkha. Le gustó que quisiera vestirme como las mujeres de su familia, lo vi especialmente contento y me llevó a una tienda donde se viste su esposa. El vestido es brutalmente asfixiante y pesado, de brillante y bella seda azul. Me agradó cómo escondía mi cuerpo.

Fuimos a Darrah, uno de los reductos claves para la fabricación de armas y la venta de drogas. Un área tribal con autonomía reconocida por el gobierno paquistaní y dependiente del talibán. Tierra de nadie donde el orden es impartido por los jefes de tribus, como en la época feudal. Para llegar hay que atravesar varios retenes de militares paquistaníes. La visita está vedada a periodistas occidentales y, por eso, ingresé vestida como una mujer afgana.

Darrah es peligrosa y deslumbrante, un gigantesco mercado con casas de adobe y sucios laberintos. En cada casa —o cueva— hay viejos y adolescentes fabricando *kalahnicov*, AK47, pistolas, lanzamorteros, lanzacohetes y granadas. Hay pipas y lapiceras que, en realidad, son pistolas. Venden opio y hachís. A cada paso hay que pagar un "derecho" para seguir circulando que va a las arcas de los caciques. Las armas son para los talibanes y los guerreros paquistaníes, que luchan en Cachemira. Debajo de la *burkha* fue difícil no llamar la atención: el color de mis manos me delataba. Mis gestos y mis movimientos no correspondían con los de una islámica. Al segundo día, todo se puso repentinamente mal. Disparaban al aire sus *kalahnicov* y nos llevaron al fondo de una cueva. Ahí nos encerraron durante tres horas y media, discutían en pashtún con Rahim y Fayyaz a gritos. Por un segundo pensé que no saldríamos de allí con vida. Sin embargo, fueron amables: nos sirvieron té verde mientras entonaban consignas contra Estados Unidos. Se escuchaba el tableteo de las ametralladoras y el ruido de las explosiones. Ellos nos miraban y se reían. Decían que éramos espías, pero en el fondo sólo querían plata. Finalmente, pagamos 150 dólares y nos dejaron ir. Fayyaz me advirtió que si yo era paquistaní me habrían matado. Sólo por ser mujer.

Esa noche no pude dormir. Había rumores de golpe militar, de ataques, de guerra civil. Para completar el panorama, Tim me llamaba por teléfono todo el día, se había vuelto obsesivo y esgrimía argumentos tontos con tal de mantener una relación que hace tiempo se había muerto. Todo era muy loco. Me proponía seguir en la clandestinidad amorosa a cualquier precio. Decía que me amaba pero que también amaba a su mujer, que mis amigas habían bautizado como Linda Blair porque tenía abruptos y violentos estallidos cuando discutía con su marido, a tal punto que una vez, furiosa con Tim, rompió a patadas el portón de la casona de San Ángel porque él se demoró en abrirle y ella había perdido las llaves. Escucharlo esa noche me sacó de quicio. Decía que le gustaba hacer el amor con Jan, pero pensando en mí. Sentí repulsión por él y pena por ella.

La relación patológica entre ellos, sus batallas campales y los pormenores tortuosos y crueles de su matrimonio me tenían podrida. No sé por qué las mujeres nos enredamos a veces en estos cuentos sin futuro. Mil veces le había escuchado la misma cantaleta, lo perdoné otras tantas, pero esa noche mi paciencia se acabó. Él sacaba lo peor de mí, ya no me excitaba ni me apasionaba como antes. Se lo dije a gritos. Piero, el fotógrafo, asustado por mi elevado tono de voz, golpeó a mi puerta preguntándome si estaba bien. Le conté a Tim que me había enamorado de otro tipo, que me trataba mejor y que, sobre todo, era más hábil en la cama. Igual insistía. Habíamos estado juntos en Hong Kong seis meses atrás, tratando de ver qué resolvíamos con la relación —si se separaba de su mujer o no era el tema. Vivíamos en un sampán antiguo, muy bello, ya que era imposible rentar algo decente en la zona. Era exótico vivir en una casa flotante y dormir con los movimientos de las olas. La revista para la que trabajaba lo había sacado de Latinoamérica y lo había trasladado a China, pero mi estadía ahí fue un espanto. Las peleas eran cotidianas y por detalles estúpidos.

En la cama del barco lo mandé a la mierda una noche, cuando me confesó —de repente y casi con crueldad— que no podía divorciarse de Jan, porque así como la odiaba y le había sido infiel durante 22 años, sentía que la amaba. Me levanté y estallé al más puro estilo latino. Mis gritos llamaban la atención de otros sampanes cargados de chinos, que pasaban cerca y nos miraban espantados (ellos que son tan apacibles y reservados). Arrojaba por los aires parte de su vajilla. Él también me insultó y ordenó que me fuera del barco, no quería verme nunca más. Enfurecida preparé mi valija y cuando me disponía a salir arrastrando la maleta enorme cargada de vestidos divinos que había llevado para lucir junto a este desgraciado, me pidió llorando que no me fuera, que estaba arrepentido. La escena era más que patética. Yo también me sentía patética y, en realidad, quería asesinarlo.

En Paquistán decidí acabar con esa relación y borrarlo de mi vida. Nunca se había jugado por nada, era un miserable y un cobarde. Los hombres no se dan cuenta cómo pueden volverse tan estúpidos algunas veces. Abrí el refrigerador en busca de agua y descubrí dos cervezas paquistaníes, regalo de Abdullah. Destapé una para olvidarme de mis escarceos amorosos y del caótico mundo que me rodeaba. Tomé un trago ansiosa y la bebida tenía un asqueroso sabor a formol. "Puta mala suerte", dije. Los cuervos, mi ex amante y la mala cerveza me habían arruinado la noche.

Hazzara tiene 26 años y huyó de Kabul escondida en un camión de frutas. Marido e hijo de 11 años fueron asesinados por los talibanes frente a sus ojos. Los acusaron de traición y de espiar para la Alianza del Norte. Hazzara no entiende por qué, esa noche, le perdonaron la vida. "Hoy no me importa nada, vivo como si estuviera muerta..." Hazzara es prostituta en el bazar de Peshawar, donde cobra 30 dólares la noche. Eso aquí es una fortuna. Un velo de seda color naranja cubre su cabeza completamente, pero me permitió ver su rostro. Tiene grandes ojos verdes y la piel oscura. Fue complicado tener una cita con ella para que me contara su vida, que es la de todas las mujeres que sufren la crueldad del integrismo islámico. Hazzara tiene miedo a los talibanes y militares paquistaníes. Si la descubren, lo más probable es que la maten.

Por ella supe que en la intimidad con el marido tienen prohibido manifestar un orgasmo: las acusan de putas y las matan. Repito: las matan sin piedad. Así me enteré de los "códigos de honor", la diabólica ley que permite a un hombre asesinar a una mujer. Los *honour killing* sobre los que nadie en Paquistán quiere hablar: una *fatwa* u orden religiosa que autoriza a quitar la vida a una mujer en defensa del honor familiar. Un hombre puede despreciar a su esposa —para irse con otra— y desfigurarla para siempre arrojándole ácido a la cara. O puede también internarla en un hospicio, acusándola de loca, sin otro testimonio que el suyo. Hay pueblos donde las descuartizan o les prenden fuego, tras lo cual el cuerpo inerte desaparece sin que algún familiar pregunte. Y nadie va preso, porque la ley protege siempre al hombre. ¿La razón? Un supuesto adulterio, un rumor sin pruebas, la familia de él que no la quiere, ella que se puso gorda y vieja o, simplemente, porque no le da hijos varones.

Estoy en un mundo incomprensible, hipócrita y muy, muy violento. Siento por él más curiosidad que rechazo, más fascinación que ganas de irme. O las dos cosas juntas. Es más, quiero quedarme. Caminar sobre el filo de la navaja puede resultar extraño y difícil, pero, al mismo tiempo, excitante y atrayente. Es como una historia de amor clandestina, perversa y lujuriosa. El mundo es más infinito de lo que cualquiera jamás haya podido imaginar. Y la verdad es tan ambivalente como los sacos de harina que se balancean al costado de un camello...

HISTORIAS DE CRÍMENES Y PECADOS

De amores, celos y pasiones locas...
La historia de amor de Elena Garro
y Adolfo Bioy Casares

> A Bioy le falta saberse malo y saberse
> viejo y saberse feo y vulgar.
>
> ELENA GARRO

> Verte era como si tuviera fiebre, vivir en
> el mundo de la locura, de la fiebre...
>
> BIOY CASARES

—Lo conocí a finales de los 40 en el hotel George V, el más elegante de París, con su esposa Silvina Ocampo. Él llego atribulado con la fama de ser un hombre rico, amable, risueño, encantador. Mantuvimos una amistad que se prolongó durante veinte años, pero de repente se acabó. Fue un gran amor y creo que yo fui el gran amor de su vida. Cuando me fui de México después de 1968, tenía cuatro gatos y no los quería dejar aquí. Me vino a la mente recurrir a Bioy, entonces le mandé a mis bichitos en una caja por avión a Buenos Aires, porque sabía que era muy rico y tenía grandes casas donde acogerlos. Aceptó y dijo: "Los recojo a todos." Los tuvo un tiempo en su casa. Sin embargo, Pepe Bianco, de quien era muy amiga, me escribió luego contándome que se los había llevado a una casa de campo, a una quinta alejada, y los había dejado allí abandonados. Me dio coraje y se lo dije. Él adujo que lo había hecho para darles más libertad. Yo, en cambio, me dije: "Pobrecitos de mis gatos". Y el amor que sentía por él se secó. Haga de cuenta entonces que nunca estuve enamorada...

Cuando Elena Garro concedió esta entrevista a la revista *Proceso*, en marzo de 1997, estaba recién llegada de París, donde había vivido desde 1968, después de la sangrienta revuelta estudiantil reprimida en Tlatelolco, en la que participó y por la que fue amenazada de muerte y marchó al exilio. Elena estuvo casada veinticinco tumultuosos años con el Nobel Octavio Paz, con quien tuvo una hija, Helena ("La Chata"), que vivió con su madre en una relación simbiótica hasta el día de su muerte. Pero cultivó, paralelamente y durante veinte años, un intensísimo y excéntrico *affaire* con el escritor argentino Adolfo Bioy Casares. Una "amistad" —como ella dice— cargada de idas y vueltas, de encuentros furtivos y escandalosos, de extensas separaciones, a escondidas de Octavio y Silvina (Ocampo), los respectivos y engañados cónyuges.

—Guardé la novela (*Recuerdos del porvenir*) en un baúl, junto a algunos de los poemas que le escribía a Bioy, el amor loco de mi vida y por el cual casi muero, aunque ahora reconozca que todo fue un mal sueño que duró muchos años —decía Elena recostada en una cama. La fotografía la muestra desgreñada y sucia, pesaba treinta y cinco kilos, carcomida por el paso de los años —justo ella que había sido brutalmente bella—, con la pipeta de un tubo de oxígeno para ayudarla a respirar y padeciendo el avance despiadado de un cáncer de pulmón que meses después se la llevó. Entre los dedos largos, los infaltables cigarros mentolados que impregnaban su ropa y la casa, y en los brazos y en las piernas, las marcas de los arañazos de los ocho gatos franceses y mexicanos con los que convivía en el pequeño y hediondo departamento de Cuernavaca, amados parientes de aquellos felinos abandonados en la desolada pampa argentina, a los que su amante descuidó y que detonaron el abrupto final de su historia de amor. Su prohibido y loco amor.

Este artículo trata de una pasión secreta, de un amor loco y obsesivo; de los celos e intimidades de tres *celebrities* literarias latinoamericanas. Dos hombres y una mujer — increíbles, delirantes, adorados—, con los que una ha llorado o vibrado en muchos momentos de la vida. Nos identificamos con ellos y, sin querer, los hemos colocado en pedestales en los que nunca pidieron estar. Ellos esconden un mundo privado, a veces oscuro y otras luminoso, que los muestra como seres vulnerables, mucho menos rígidos que en la vida pública. Algunos momentos decepcionan y, en otros, invaden el alma de ternura, pero al fin y al cabo los exhibe humanos, con miserias y virtudes que existen más allá de sus talentos:

* * *

"Helena adorada: no te asustes de que te quiera tanto. Tú me dijiste que lloraría por ti. Solamente te equivocaste en una carta en la que me reprochaste mis lágrimas fáciles. Tal vez si pudiera dar un buen llanto mejoraría, pero no, eso me está negado. Debo seguir con esta pena y con los ojos secos...

"Te digo esto y enseguida me asusto: en los últimos días estuviste no solamente muy tierna conmigo, sino también benévola e indulgente, pero no debo irritarte con melancolía, de todos modos cuando abra el sobre de tu carta (espero por favor que me escribas) temblaré un poco. Ojalá que no me escribas diciéndome que todo se acabó y que es inútil seguir la correspondencia. Tú sabes que hay muchas cosas que no hicimos y que nos gustaría hacer juntos. Además, recuerda lo bien que nos entendemos cuando estamos juntos... recuerda cómo nos hemos divertido, cómo nos queremos. Y si a veces me pongo un poco sentimental, no te enojes demasiado...

"Me gustaría ser más inteligente y más certero; escribirte cartas maravillosas. Debo resignarme a conjugar el verbo amar, a repetir por milésima vez que nunca quise a nadie como te quiero a ti, que te admiro, que te respeto, que me gustas, que me diviertes, que me emocionas, que te adoro. Que el mundo sin ti, que ahora me toca, me deprime y que sería muy desdichado de no encontrarnos en el futuro. Te beso, mi amor; te pido perdón por mis limitaciones y mis necesidades...

"Mi querida, aquí estoy recorriendo desorientado las tristes galerías del barco y no volví a Víctor Hugo (casa de Elena). Sin embargo, te quiero más que a nadie. Desconsolado, canto fuera de tono Juan Charrasqueado (pensando que no merezco esa letra, que no soy un buen gallo, ni siquiera parrandero y jugador) y visito de vez en cuando tu fotografía y tu firma en el pasaporte (Elena se lo había regalado). Extraño las tardes de Victor Hugo, el té de las seis y con adoración a Helena. Has poblado mi vida en estos tiempos que si cierro mis ojos y no pienso en nada, aparecen tu imagen y tu voz. Ayer cuando me dormía así te vi y te oí de pronto: desperté sobresaltado y quedé muy acongojado, pensando en ti con mucha ternura y también en mí y en cómo vamos perdiendo todo..."

* * *

Así se expresó Adolfo Bioy Casares en algunas de las cien cartas que escribió a su amante durante veinte años. A ellas hay que sumar trece telegramas y tres postales.

Ésta era una historia que yo desesperaba por contar, con anécdotas que recogí por medio de amigos, secretarios y mucamas, metida en archivos olvidados o sumergida en conversaciones interminables con alguna amante abandonada o en una larga entrevista que mantuve —poco antes de su muerte— con uno de los protagonistas del triángulo amoroso, el argentino Adolfo Bioy Casares. Por una u otra razón, el relato de la historia se postergaba.

En el mes de marzo, una noticia que me llegó desde México me hizo volver sobre aquel largo anhelo acariciado: escribir sobre la relación de Bioy con Garro. En esa fecha, un coleccionista desconocido, con 23 cartas de amor inéditas que Paz le había enviado a Elena cuando eran novios y que había ofrecido infructuosamente a la Fundación Paz, originó una polémica familiar por la pertenencia de las misivas. El diario *Reforma* publicó extractos —increíbles— de los textos de estas cartas y Helenita Paz acusó a Jesús Garro, su primo, de "robar" el material cuando convivía con ella y su madre en Cuernavaca. Jesús se defendió: "Helena estaba vendiendo las cosas de mi tía a lo loco, a Princeton (la Universidad) y mientras revisábamos las cajas, apareció un sobre manila con las 23 cartas. Le ofrecí dinero y ella aceptó, y además establecimos que se iba a quedar con el nueve del diez por ciento de las regalías sobre la venta del libro que yo quería hacer". Helena lo acusó de "mentiroso, ladrón y golpeador de mujeres". Jesús no se quedó atrás. "Una vez vi que Helena le aventó un vaso de agua a mi tía, por lo que la sujeté y la fui retirando. Pero ella gritaba que la estaba golpeando, así que la solté y se cayó, pero yo no la golpeaba. Mi esposa y yo cuidamos a mi tía, pero el problema es que Helena mezcla el alcohol con un calmante, Ativán, y unas anfetaminas, que primero la ponen muy alegre y luego bastante irritable", reveló el primo:

"No quiero que pienses en mí con repulsión, como pecado. Hay que amar nuestros pecados, que ésa es la única manera de salvarnos, reconociéndonos en ellos, ennobleciéndolos.

"El día del concierto de Beethoven oí el Claro de Luna estremecido: te sabía allí, en medio de la danza de llamas de la música, y sabía que llorabas. Estabas cerca de mí embriagándome de tu embriaguez, lejos de tus manos que se retorcían y de tu pañuelo convulso.

"Tú me iluminas y me engrandeces la vida y estoy alegre y orgulloso de amarte y de que tú me quieras. Porque me quieres un poco. Eso me gustaría que me digas: que me quieres.

"El amor ha ido devastando mi alma de tal modo que yo ya no soy sino tu amor —mi amor mejor dicho—, todo lo demás es mentira, cáscara. Prefiero morir a que no me ames, estoy loco....

"Alma mía, ¿quieres ser mi alma, mi conciencia? Si tú quieres te arranco de tu casa, te arrebato y luego de vivir un día nos matamos..."

Así se expresaba Octavio Paz en las cartas que envió a Elena en 1935.

Elena Garro era (y es) una de las mejores novelistas de México; su obra cumbre *Recuerdos del porvenir*, llevada al cine en 1968 por Arturo Ripstein, fue casi el prolegómeno del realismo mágico. Su espíritu exuberante, belicoso y transgresor le generó aislamiento y rechazo en los altos círculos de un país hipócrita y moralista en el que Elena, como Frida Kahlo y tantas otras mujeres brillantes, dejó sus huellas a pesar de los impedimentos. Periodista, fotógrafa y actriz, conoció a Octavio Paz cuando tenía dieciséis años y estudiaba literatura en la Universidad de México. Se enamoraron locamente, se casaron y vivieron en varios países del mundo, entre ellos España, donde fueron testigos de la guerra civil del lado republicano. "Yo lo llamaba el Centurión, porque entraba a la casa pisando fuerte. Él era zapatista y yo villista", contaba Elena. Octavio Paz era progresista, pero Elena fue la que lo arrastró a participar en las manifestaciones. "Ella radicalizó a Octavio —dice Juan Villoro—, lo empujó a comprometerse y a visitar a los indígenas de Yucatán. Era la más práctica y curiosa de los dos."

A pesar de que la famosa pareja sobrevivió tantos años, se sabe que ambos eran infieles y que Elena se quejaba de los maltratos psicológicos a los que la sometía Paz. Fue amiga de Luis Buñuel,

Régis Debray, García Márquez y de la pintora surrealista Eleonor Fini. Como autora destacó sólo después de su separación de Octavio, en 1967. Dicen que cada vez que podía, se escapaba a alguna fiesta donde se convertía en la reina, por su gran belleza y sensualidad. "Fui amiga de Buñuel mientras Octavio me lo permitía. Yo fui muy alegre. Bailé *rock and roll* con Gabriel García Márquez. Siempre quise ser bailarina, pero mi vocación se quedó en el juzgado donde me casé, porque Octavio nunca quiso que bailara."

Helena, la hija, enfrentó a su padre varias veces, colocándose en la disputa, del lado de su madre: "Durante mi infancia, mi padre impedía que mami publicara sus libros. Cuando tuve suficiente edad, lo enfrenté, le dije: padre, tú eres un canalla, no dejas que mami tenga una vida literaria propia. Él lo aceptó, no sé cómo. Y así mami empezó a publicar, aunque nunca fue tan famosa como él." En 1956, Bioy y Elena se encontraron en Estados Unidos, pero ella no quiso irse con él. "Me daba flojera. Insistía en hablarme de lo cruel que había sido y se hacía el abandonado, cuando había sido él quien me dejó plantada", decía Elena. Y el motivo fue el abandono de los felinos, a los que Elena adoraba más que a nadie en el mundo. Cuentan los que la conocen que una vez se fue con los gatos a París, se alojó en el Ritz y los escondió en el clóset durante una semana. "Después que se los mandé porque no podía llevármelos, me contaron que había mandado castrar uno, que me había mentido, y a los otros los había abandonado en una hacienda. Imagínese, esos gatos de departamento entre los gauchos salvajes. ¡Los habrán pateado hasta hacerlos reventar! No podía perdonarle. Se me murió el amor", aclaraba Elena al recordar la delirante ruptura.

El matrimonio Paz-Garro se separó en medio de grandes batallas públicas por temas políticos. En 1964, cuando era embajador en la India, Paz se enamoró de la francesa Marie José Traminí, quien lo acompañó hasta su muerte. Elena Garro murió en la miseria —aunque Paz nunca dejó de pasarle dinero para todos sus gastos— en agosto de 1998, seis meses después de la muerte de Octavio Paz y un año antes de la muerte de su amante, Adolfo Bioy Casares, al que nunca quiso volver a ver. Antes de morir vendió a la Universidad de Princeton una caja con sus papeles privados y las cien cartas que Bioy le escribió.

Sólo una vez entrevisté a Adolfo Bioy Casares, de quien me fascinaba su estilo de dandy seductor, elegante y con cierto toque de fina perversión. Devoraba cuanta entrevista suya encontraba y alguna vez lo observé comiendo solo en el restaurante Lola del barrio de Recoleta —su favorito—; reprimí apenas mis ganas de acercarme y acompañarlo. Mientras lo espiaba, pensaba obsesivamente en los detalles de su romance con Elena o en su particular matrimonio con Silvina Ocampo, una mujer que le llevaba once años. Compartíamos algo trivial: Isidoro, su sastre y uno de sus mejores amigos fuera de la literatura.

> Elena fue su gran amor y él lloró como un niño cuando ella lo abandonó por culpa de esos gatos de mierda. Fue por la única que Silvina sintió que su matrimonio peligraba, aunque todos sabíamos que entre ellos no había una relación convencional. Él siempre fue muy mujeriego, a tal punto que en los últimos años, antes de enfermarse, tuvo un *affaire* con una niña de 15 años...

En el ambiente literario de Buenos Aires siempre se habló del tipo de relación que unía a Bioy con Silvina. Eran una "pareja abierta". Cada uno hacía su vida y Silvina, también escritora y hermana de la famosísima Victoria Ocampo, había sido "íntima" amiga de la madre de Bioy. Amigos de la pareja aseguran que la madre de Bioy y Silvina fueron amantes. "Andá a visitarla, ella es la más inteligente de las Ocampo", le dijo su madre cuando el escritor tenía veinte años. No tuvieron hijos, pero cuando la joven mucama que los atendía quedó embarazada, Silvina le pidió a Bioy adoptar a la niña, a la que bautizaron Marta y que murió atropellada por un colectivo. Si bien esta tragedia lo devastó, Bioy fue padre de un hijo, herencia de una noche de pasión con una señora de la alta sociedad porteña: Finita Ayerza.

Después de estar muchos años alejados, padre e hijo se reencontraron en París y reconstruyeron sus afectos. Cuando su padre murió, Fabián Ayerza llegó a Buenos Aires y descubrió que debía compartir la herencia. Un ochenta por ciento con los hijos de Marta y —aquí su sorpresa— el veinte por ciento restante con Lidia Benítez, una enfermera de cuarenta años que cuidó del escritor cuando éste ya no podía levantarse de la cama. Lidia cubrió las necesidades de su patrón como una mujer sabe hacerlo y él fue muy agradecido con ella. "Se encerraban en el dormitorio durante horas. Decían que hacían ejercicios, pero hasta la cocina llegaban los gemidos del señor... Bueno, usted me entiende", me confesó Jovita, la fiel mucama de Bioy. "Fui el amor secreto de Bioy", dijo Lidia en un reportaje de la revista *Gente*, cuando habían pasado varios meses de la muerte de su amante.

La única vez que fui a ver a Bioy le pregunté por Elena. "Fue el amor de mi vida. Una mujer mágica, extraordinaria, inteligente, lindísima. Siempre la extraño, todos los minutos del día la echo mucho de menos. Siempre, siempre la voy a amar..."

Tenía los ojos empañados de lágrimas.

El escritor loco que pinta a Kafka
y se quiere casar

De un sueño se puede decir cualquier
cosa menos que sea mentira.

ERNESTO SÁBATO

No debe haber sido nada fácil ser Matilde, pienso en voz baja mientras estoy sentada frente a Ernesto Sábato, único icono vivo de la literatura hispana, quien con sus 93 años recién estrenados habla acongojado (o quizá sólo quiera impresionarme) de la culpa que lo persigue día y noche por las traiciones infligidas a su mujer. "El Maestro" (así le dicen sus amigos) me mira a través de sus anteojos gruesos y llora. Me apeno de ver a un hombre llorar, pero más todavía a un hombre viejo, que podría ser mi abuelo. Y me dan ganas de abrazarlo y consolarlo. "Nunca fui fiel, en realidad los hombres no somos monógamos, yo no, y entonces la pobre Matilde sufría conmigo…Y las miserias de los primeros años, ella pobrecita aguantó todo sin decir nada."

Para aflojar, le digo que tuvo suerte con Matilde, porque otras mujeres —yo, entre ellas— en su lugar no le hubieran aguantado ni una solita o, por lo menos, se hubiera ligado un par de botellazos en la cabeza o algo peor. Sábato ríe y llora al mismo tiempo y continúa lamentándose por los años desvanecidos y las ausencias. Durante la larga conversación que mantuvimos, varias veces se secó las lágrimas que corrían por sus mejillas. Los que conocieron bien a Matilde me dicen que antes de quedar postrada, lucía bella y tenía su carácter. Vivió para Ernesto y lo amó con locura. Conoció las in-

315

tensas escapadas amorosas de su marido, sufrió y muchas veces le reprochó lo que los chismosos venían a contarle. Pero no lo abandonó y permanecieron tumultuosamente juntos, hasta que una enfermedad incurable y devastadora la encadenó a la cama hasta su muerte; en la casona familiar se diluyó la alegría. Las malas lenguas dicen también que, a pesar del infortunio matrimonial, Sábato no pudo acabar con sus impulsos: por la casa desfilaron varias mujeres famosas (algunas felizmente casadas), a quienes el autor de *Sobre héroes y tumbas* amaba sin prejuicio alguno, en la habitación ubicada al lado de la que reposaba su mujer.

La verdad, cuando pienso de nuevo en sus lágrimas y en estas anécdotas, no sé si reír o llorar con él. La vida es un laberinto imposible y sus quejas y arrepentimientos tienen el valor de una despedida. Reconocer las miserias personales es una señal de dignidad, de grandeza. Pero dicen que la venganza se sirve en plato frío y estoy segura de que Matilde, esté donde esté, preparó cuidadosamente esta entrega. Y El Maestro seguro que se merece una pequeña penitencia.

No es Ernesto Sábato mi escritor predilecto, aunque algunos libros suyos me gustaron mucho. Por ejemplo, *Abbadon el exterminador* y *Sobre héroes y tumbas*, pero su prosa magistral no alumbró mi alma y en sus personajes o relatos no encuentro reminiscencias de mis gozos o mis sombras. Siempre lo sentí demasiado urbano y apesadumbrado, y parte de mi vida transcurrió en una provincia de exuberante salvajismo. Y además, con mis propios túneles tenía suficiente. No tuvo en mí la gravitación de Horacio Quiroga, Manuel Puig o Jorge Luis Borges y ni hablar de la camada de escritores latinoamericanos de los setenta o los clásicos. Aunque no fue prolífico en su producción literaria, Ernesto Sábato vivió intensamente la vida, transgredió todo lo que pudo y más: participó políticamente, vivió de lo que le gustaba cuando estaba destinado a otra cosa y protagonizó unas cuantas y ardientes polémicas.

A esta altura casi todos nos volvemos más comprensivos con ciertas actitudes, pero Sábato fue ambivalente y confuso en los tiempos de la dictadura militar. Y durante años fue difícil de aceptar para algunos intelectuales teniendo en cuenta su procedencia política de izquierda, o sea, no una persona común que podía argumentar ignorancia sobre lo que pasaba y quienes gobernaban Argentina en esos años. Hay fotografías y testimonios que lo prueban. Con la llegada de la democracia y su antológica participación en el histórico Juicio a las Juntas Militares, se recolocó frente a sus críticos implacables y, también, frente a sí mismo. Cómo olvidar aquel relato conmovedor de la infamia. "Tengo mucho cariño por Raúl Alfonsín (presidente argentino desde 1983 a 1989), es muy buena persona y un buen amigo. Fue el mejor presidente que tuvimos en la Argentina, es un gran demócrata y muy culto." Eso sí, Ernesto Sábato odia sin reservas a Carlos Menem y dice que si algún día regresa al poder, él "prefiere estar muerto".

Feo, áspero y huraño, carismático y seductor compulsivo, este último atributo va incluido de acuerdo con las anécdotas relatadas por las mujeres que lo conocieron cuando la vida parecía no acabar nunca; un macho cabrío con varias amantes repartidas en varios sitios, el escritor es la sombra de lo que fue. En el ocaso, tembloroso y con la lucidez lastimada por la impiedad de las enfermedades y las tragedias, cuando las horas que transcurren son un regalo generoso de Dios o de quien sea, o simplemente —en su historia— producto de los genes albaneses centenarios, pasa las horas pintando y me dice que esta actividad es lo único que le importa, además de la llegada de la muerte.

Ernesto Sábato pertenece a otro siglo y aunque físicamente no se ve decrépito (es delgado y de andar animoso), describe anécdotas de la Segunda Guerra Mundial, como si la contienda hubiera ocurrido hace un año. "Ay, los franceses, tan hipócritas, tan estúpidos… Yo los viví, ¡qué horror!, ¡qué cómplices que fueron de los nazis…!", repite a cada rato. Va y viene de lo mismo como un *tic* o tal vez sea que la máquina de sus recuerdos, por alguna razón que desconozco, se estacionó en una calle de la París ocupada o en un rinconcito del departamento del matrimonio Curie, con los que compartía largas jornadas.

Sábato odia la vejez y sus resabios, las fotos, los extraños en la casa, las entrevistas, los periodistas y sus grabadoras, el olvido, los autógrafos y los tumultos de los lugares públicos. Es un tipo malhumorado con una fuerte tendencia al escepticismo. Al mismo tiempo, su figura y sus palabras están impregnadas de una ternura casi familiar.

Dicen que no era así cuando era joven, que era insoportablemente vanidoso, soberbio y pagado de sí mismo, peleador y brillante. Hoy transmite la vulnerabilidad de un niño indefenso. Será que cuando envejecemos casi todos nos ponemos como niños. Se ríe de sus exabruptos y las ironías malévolas que lanza al descuido. Ama su casona de Santos Lugares, en los suburbios de Buenos Aires; la juventud; su perro Roque; los árboles dorados del otoño; el silencio del amanecer; la sutil belleza femenina; la presencia de Elvira; los sueños (o las pesadillas); hablar de su niñez, de su madre y de sus muertos queridos; los problemas metafísicos; los clásicos rusos; la pintura y los viajes. Jura que hoy, en el tramo final, le apasiona más pintar que escribir y hay que creerle, ya que su producción pictórica cubre todos los rincones de la casa. Recuerda con amor y culpa a Matilde, su mujer y madre de sus hijos, pero habla apasionadamente, casi con obsesión, de Elvira, su compañera desde hace muchos años. Vuelvo a pensar y decir lo mismo: debe haber sido fatal ser Matilde, pero tampoco Elvira tuvo el camino sencillo. Ella es la mujer que aguantó, por amor, gran parte de los descalabros amorosos de Sábato y la que mejor lo conoce. Hace más de veinte años que están juntos.

Elvira González Fraga, elegante, talentosa y paciente, lo escucha, oye sus lamentos y atiende sus extravagancias. Mantienen largas conversaciones mientras caminan por las calles de Santos Lugares y viajan juntos cada vez que la salud de Sábato lo permite. Elvira tiene adoración por él y habla de su vida con ternura y con la profundidad serena de un amor maduro, ése que sobrevivió a las tempestades y las locuras. "Ernesto se quiere casar conmigo, me pide por favor que lo hagamos, me habla todo el tiempo del casamiento y yo le digo que no sé, que a lo mejor un día...", dice ella y los amigos le piden que acepte, aunque los prejuicios de la sociedad y del ambiente literario y familiar parecieran influir bastante. Por ahora, claro.

La casa de Ernesto Sábato es bella y enigmática. Los pisos marrones carcomidos por el tiempo nos hablan de pasos amados y odiados, mientras las paredes color sepia están cubiertas de miles de libros. Hay libros suyos en varios idiomas que el viejo escritor muestra a los visitantes, como una novedad, como si no le pertenecieran. Hay traducciones al griego, ruso, árabe y chino. Allí están antiguas ediciones de *El túnel, Sobre héroes y tumbas* y *Abbadón, el extermina-dor*, su última novela. También hay libros de otros y fotografías en color sepia que nos recuerdan los tiempos perdidos, felices y añorados. En todas partes hay retratos familiares, cuadros y recuerdos de viajes a países lejanos.

El Maestro protesta por todo. Por la humedad del otoño de Buenos Aires y el dolor de sus huesos, por las arrugas y las eternas desilusiones políticas argentinas, por la tardanza de Elvira que se fue a hacer trámites y no regresó ("¿Dónde está Elvira?", repite a cada rato), por mi presencia en la casa y la grabadora en la mesa: "¿Qué es ese aparato?" Por momentos, hace silencios largos y sus ojos se pierden en el paisaje del jardín; al rato, su mente regresa: "¿No sé qué hace usted aquí, quién la autorizó a entrar? ¿Por qué entra gente a esta casa, si saben que no quiero ver a nadie, para qué me hacen fotos si estoy feo y viejo?", dice enojado. Al minuto, cambia de tema y vuelve a reír como un niño frente a un cuento de la infancia o a sus picardías de juventud. Y las mujeres, siempre las mujeres en sus recuerdos. "Es que era un mujeriego perdido."

Aún hoy la élite literaria argentina revive sus *affaires* con gracia y afecto. Nada grave frente a la terrible hermosura de sus novelas, que quedarán en la historia de la literatura latinoamericana. La orfandad, la desdicha y la perversidad que logró transmitir a varias generaciones. Mi hija adolescente adora a Ernesto Sábato y sus libros están en su mesa de luz. *El túnel* lo leyó tres veces, fascinada; se sentía un poco Alejandra, la protagonista de esa historia de amor sin salida.

Le menciono a Sábato su fama de infiel y le pregunto qué hay de cierto y cuánto es parte de la fantasía, de la necesidad masculina de alimentar la virilidad. Me da curiosidad después de escuchar tantas cosas. El Maestro me miró y soltó una carcajada.

—¡Ay!, ustedes las mujeres, siempre las mismas... Al final, uno tenía que mentirles. Preguntan y preguntan y preguntan todo. Quieren saber todo, nos quieren dominar, tenernos bajo el látigo. Entonces a uno no le queda más remedio que mentir. Por eso yo mentía. Los hombres somos infieles por naturaleza, la monogamia es una falsedad, no existe, y ustedes no entienden... Qué le voy a hacer, no me quedaba más remedio que decir otra cosa... No me mire

319

así... Por favor, ustedes son insoportables a veces. Pero sé también que algunos hombres somos tremendos, malos, incorregibles. Pobre Matilde, lo que me aguantó, lo que me amó, ¡qué pena!... Después me arrepentí mucho de mis traiciones, pero era tarde, ¡es que uno hace cada cosa cuando es joven!

—¿Por qué pinta don Ernesto? ¿Qué busca en este género, usted que llegó a la cúspide con la escritura?

—¿Y por qué no? Mire, la pintura me apasiona desde niño, fue mi primer amor, cuando todavía no sabía leer y escribir. Cuando era adolescente comencé a describir mis alucinaciones y pesadillas en un papel. Eran años de desdicha, de mucha tristeza y dolor. Lo que pasa es que ahora recupero lo que en aquel tiempo, por vergüenza, destruí. Es que mis crisis espirituales, políticas y psicológicas exigían la palabra, y entonces apareció la literatura. Pero cada vez que entraba a un taller y sentía el olor a trementina, me moría de nostalgia. Y eso se acentuó cuando estaba en París y trabajaba en el laboratorio de los Curie, antes de la segunda guerra. Ahí conocí a los surrealistas y me reunía con ellos. Así conocí a Wilfredo Lam, Matta, Tristán, Domínguez y Bretón. No sé qué le pasa a la gente hoy, que todos quieren mis pinturas, los museos de Europa quieren mis cuadros, en fin... No me parecen muy buenas, pinto porque quiero y me da la gana. Y punto.

—Un tema recurrente en sus libros es el de las pesadillas. ¿Cómo juegan ellas en su vida de pintor? Dalí, por ejemplo, utilizaba el sueño diurno para invocar a sus creaciones. ¿Tiene alguna técnica relacionada con sus sueños para pintarlos?

—No tengo ninguna técnica, no soy un hombre de técnicas; me sale lo que me sale, y trato de ser fiel a esa expresión que me surge de adentro. El sueño y el arte expresan cierto tipo de realidad que no se puede expresar de ninguna otra manera. Es como si alguien que nunca ha asistido a un concierto le pide a uno que le explique la Cuarta Sinfonía de Brahms. Y no se puede, hay que oírla...

—¿Cómo define su pintura?

—Creo que es expresionista con elementos surrealistas, con las limitaciones que tienen las definiciones. Es difícil hablar de ellas, es algo de nunca acabar, ellas tienen que hablar por sí mismas. Le doy un ejemplo: cuando era muy joven leí *Crimen y castigo* como si fuera una novela. Más viejo, me di cuenta de que era una novela metafísica, donde el Bien y el Mal están muy bien delineados.

—Entonces, la pintura es algo que lo lleva atrás, a su infancia...

—Puede ser y tengo mucha suerte de que así sea. Volver a ser chico de nuevo es cosa del inconsciente, del destino. Pero yo trato de reflejar en mis pinturas el horror del mundo, el espanto de los seres humanos. Y esto me ha salvado la vida. Mire cómo está el mundo, mire la guerra en Irak, mírelo a Bush lo que hace con los pobres iraquíes, lo que hacen con los palestinos... ¿De qué voy a escribir? Y pensar que a mí me decían que era un amargado y un escéptico...

—¿Por qué Kafka, Tolstoi, Sartre o Dostoievsky en sus cuadros?

—Porque me gustan... ¿Por qué otra cosa va a ser? No se puede explicar en una entrevista lo que ellos significaron para mí a través de su obra, lo que me iluminaron, los dolores a los que sobreviví leyéndolos, cómo me hicieron entender algo más de este podrido mundo. Léalos profundamente y verá usted también lo que significan...

—¿Cómo interviene la física en sus pinturas, en su vida, en su obra artística en general?

—La creación es una fantasía en la que intervienen elementos inconscientes y misteriosos, ignorados aun por el artista. Pero indudablemente la disciplina que me dieron las ciencias fisicomatemáticas cumplieron un papel, creo que muy relacionados con el rigor. Por suerte, entre Elvira y unos amigos me arrastraron a mostrarlas, yo no quería, mi espíritu autodestructivo me lleva siempre a destrozar mi obra. Así me pasó también con la literatura...

—¿Alguna vez pintó a sus muertos, a Matilde, a su hijo Jorge?

—No, a mis muertos los recuerdo de otra manera, los lloro siempre, los extraño... (al decir esto se le quiebra la voz). A mi hijo Jorge lo recuerdo tanto... Como (Carlos) Fuentes, yo recordé a mi hijo en mi libro *Antes del fin*. Allí escribí sobre él, necesitaba hacerlo, pero no, nunca lo pinté. Fue un hombre excepcional, generoso, su muerte me partió en dos. Tocaba el piano, ¿sabe? ¡Cómo tocaba el piano, pobrecito! Siempre me pregunto dónde estará mi hijo... (se seca las lágrimas). Perdóneme, pero no tengo consuelo, nunca hay consuelo para esto... Usted... tiene hijos, ¿no?

—En su libro *Antes del fin*, usted cita al poeta César Vallejo: "Hay golpes en la vida, tan fuertes... como el odio de Dios". ¿Sintió alguna vez el odio de Dios? ¿Es creyente?

—Ése es el gran problema que tenemos, ¿no? Cuando murió Jorge tuve sentimientos muy amargos, muy terribles, apocalípticos... en fin. En mi casa nunca se habló de religión, mis padres eran anticlericales, jamás fuimos a misa, por suerte. Eran lo que se dice "librepensadores" y sobre religión nunca se hablaba. Crecí así. Siempre he estado cerca del socialismo, del anarquismo, pero nunca me identifiqué con esos ateos de barrio en el sentido peyorativo de la frase. No creo en el ateísmo, la vida es más profunda que una frase, más compleja.

—En sus momentos de depresión, ¿pensó alguna vez en el suicidio?

—No, nunca y no sé por qué, porque pasé momentos muy desdichados, vi cosas feas... Ahora me acuerdo de un pintor español, Óscar Domínguez, que siempre me pedía que nos suicidáramos juntos y yo me negaba. Y un día se suicidó él... ¿Qué cosa, no?

—¿Algunos decían que usted estaba loco y estaba un poco loco, no?

—(Sonríe y piensa un segundo.) Sí, todos estamos un poco locos, usted también, no viene nada mal en el mundo que vivimos, ¿no?

—¿Le gusta viajar? ¿A qué lugares le gustaría ir?

—Siempre me interesó el vínculo que hay entre el hombre y la tierra en la que habita; en la que nació, en la que es feliz y en la que se exilia. Al fin de cuentas es la tierra donde vamos cuando morimos. Quisiera ir a Rusia con Elvirita, visitar juntos la tumba de Dostoievsky, conocer su casa, caminar por las calles de San Petersburgo... Jorge nos había recomendado que fuéramos hace muchos años. Nos dijo que cruzáramos en barco desde Helsinski y como en una peregrinación veríamos las cúpulas de la fortaleza de Pedro y Pablo... Ojalá lo pueda hacer algún día, por ejemplo, un 29 de junio cuando se festejan las noches blancas...

—¿Qué significa Elvira en su vida?

—La compañera, una mujer maravillosa que me entiende. Podemos pasar horas conversando de infinidad de cosas, de literatura, de cine, de pintura, de la vida. La quiero muchísimo, no sé qué sería mi vida sin ella.

—¿Cómo ve hoy el mundo? Su amigo José Saramago y otros intelectuales prestigiosos tuvieron palabras muy duras con el régimen de Fidel Castro. ¿Usted piensa igual?

—¡Qué pregunta! José Saramago es más que un amigo, fue tan generoso conmigo cuando viajé a España… Claro que pienso igual que él, siempre estuve contra todas las dictaduras, sean de derecha o de izquierda. Pero no quiero hablar sobre lo que pasa en el mundo, todo está muy mal, es tan injusto… Mire lo que pasa con los palestinos, mire Irak… No, mejor no…Yo me jugué la vida, ¿sabe? Y me quisieron matar muchas veces, estoy vivo de milagro. Primero me persiguieron porque era comunista; después, porque defendía los derechos humanos en la época de los militares que asesinaron a tantos chicos inocentes. Toda mi vida luché contra los dictadores. Ahora me acuerdo de Matilde, de todo lo que se aguantó conmigo. Vivíamos en un rancho miserable, sin luz y sin nada para comer… Y ella aguantando todo en silencio. En ésa época conocí a la familia Guevara Lynch. El mismísimo *Che* venía a comer en casa, era un muchacho tan noble, de buenos sentimientos, un idealista. Pero dejemos esto ahora, me pone triste, el mundo es muy trágico…

—¿Por qué está de acuerdo con la pena de muerte?

—Porque creo que para algunos casos aberrantes está bien. Claro, aplicándola con cuidado, los violadores de niños, los torturadores no se merecen otra cosa y ponerlos de ejemplo frente a la sociedad.

—¿Cómo es un día suyo?

—Tranquilo. Vivo de recuerdos, pintando. Me levanto muy temprano, como siempre. Salvo en una época que sufría mucho de insomnio, ahora se me pasó. Hablo mucho con mis nietos, con algún amigo que viene a verme, con mi perro, con Elvirita… Y recuerdo, recuerdo mucho, no sé por qué cuando llegamos a viejo recordamos cosas de antes… Tengo una memoria de elefante, recuerdo todo con lujo de detalles y pinto. Me acuerdo mucho de mi madre, era albanesa, crió a 11 hijos. Yo era el último y ella me adoraba, era el consentido. Murió a la edad que tengo yo ahora y mi abuelo ¡a los 104 años! Todos longevos…

—¿Cuál es su mejor libro?

—Todos y ninguno. Durante muchos años viví con los personajes de *Sobre héroes y tumbas* conmigo, adentro mío... Pero no quiero juzgar mi obra, que decidan otros...

—¿Qué cosas son las más importantes? ¿Se arrepiente de algo?

—Las cosas simples y nada más. Mirar el amanecer desde la ventana de la casa, pintar las calles de mi pueblo, el rostro de mis padres, de Matilde, de Jorge, de Elvira... Me río mucho con ella, ¿sabe? Afuera el mundo es un espanto, no me quiero enterar, por eso no salgo, no quiero que me cuenten nada. Siempre digo que he tratado de ser una buena persona, los seres humanos estamos hechos de bondad, maldad, generosidad y egoísmos. ¿Quién puede ser tan soberbio como para no pedir perdón? Siempre hay cosas de qué arrepentirse.

—¿Cómo le gustaría morirse?

—He leído mucho a los filósofos existencialistas: a Jaspers, Heiddegger y a los franceses Sartre y Camus. Para ellos el tema de la muerte es esencial, dicen que el hombre es un "ser para la muerte". ¿Sabe? Quiero morirme como he vivido, intensamente y en paz.

Es hora de irme, el fotógrafo recoge los "instrumentos de tortura", aunque al final el Maestro Sábato se afloja, se hace amigo y disfruta del ruido de la cámara cuando dispara y se mira a sí mismo por el visor, asombrado por la tecnología digital. Me pasa el brazo por los hombros y se ayuda elegantemente a subir las escaleras del *living*. Aquí sí, más que en sus libros, sentí que volvía a mi niñez por un segundo, al reencuentro de algún gesto de mi abuelo Martín, quizás el calor de las manos de mi padre, cierta sensación de inocencia perdida no sé dónde, un pedacito de mi alma.

Afuera hace mucho frío y viene el perro al encuentro de su amo, mueve la cola y Sábato le acaricia la cabeza. "¿Sabe una cosa? No sé por qué, pero ahora mismo recuerdo otra vez a mi madre... Cómo me quería, era tan estoica, tan extraordinaria... ¡Qué misteriosa es la memoria, qué fascinante..."

La doña y el general

Cada uno entra en la muerte de un modo que se le parece.

EDUARDO GALEANO, *Días y noches de amor y de guerra*

Despertaron odios y amores, nada en ellos fue a medias. Polémicos, ególatras, narcisistas líderes de masas, hoy lejos de la vida y abrazados en la beatitud de la muerte, la historia de ambos está inundada de enigmas irresueltos y locuras que agigantan el mito. María Félix, "La Doña", y Juan Domingo Perón, "El General", son dos personajes clave de la historia latinoamericana del siglo pasado. Ella en México y él en Argentina, hay un antes y un después de sus existencias terrenales, una pared que se levanta.

El tema es raro, porque los dos —que, además, fueron muy amigos— cargan sobre la sombra una coincidencia maldita. Son protagonistas de esa obsesión necrofílica que, como en una novela negra con surcos de esoterismo, hace que los hombres giren alrededor de los cadáveres como en una danza. Ávidos y desaforados. Y si los despojos son célebres, muchísimo mejor. Con el morbo y la perversión que, más o menos, habita en cualquiera. Y aclaro que me incluyo: me fascina recorrer viejos cementerios, espiar panteones abandonados y leer los epitafios de las tumbas, que años atrás, solía anotar prolijamente en un cuaderno.

A unos meses de muerta, María Félix fue desenterrada —para vanagloria y placer de la prensa amarillista— por pedido de su hermano menor, Benjamín Félix Guereña —acompañado por José Alcocer, conocido y experimentado abogado—, que sospechaba que la diva había sido envenenada o que la habían asfixiado. La desconfian-

325

za se potenció porque el hombre dijo no haber visto el cadáver de su hermana, velada a cajón cerrado en una espectacular ceremonia pública celebrada en el Palacio de Bellas Artes de la ciudad de México, con la presencia de la élite artística y política azteca. No faltó nadie a la despedida de la diva máxima del cine mexicano, ni Vicente Fox y Marta Sahagún, ni Andrés Manuel López Obrador, ni Emilio Azcárraga Jean, presidente de Televisa. Sin embargo, la autopsia, realizada con autorización oficial, decía que "La Doña", de gastados 88 años, había muerto de un infarto y no existía rastro alguno de veneno.

A pesar de la nitidez de los estudios mortuorios, los rumores no terminaron y personas muy allegadas a la Félix me revelaron que detrás de este escándalo hubo otras cuestiones relacionadas con prácticas de magia negra y brujería. No era para menos. El cadáver de la diva fue hallado en una postura inverosímil. Estaba en posición fetal, con un taparrabos color naranja que cubría su pubis y una blusa calada de un tejido precario en su pecho, había extraños signos grabados en su vientre y entre sus piernas la fotografía de una misteriosa madonna de rodillas, debajo de un triángulo invertido y monedas de oro que caían del cielo. ¿Qué significaba todo esto, sino un ritual relacionado con alguna secta, de las muchas que pululan por el mundo y en un México inverosímil y pagano, que ama estas prácticas?

Dicen que fue impactante verla sin sus joyas y vestida con harapos. Los rostros de los peritos estaban desencajados. A partir de esta revelación impensada, Benjamín Félix le dijo a su abogado que no quería saber nada más. Que le quedaba claro qué había pasado con su hermana y que quería vivir en paz. Abrumado por lo que había presenciado, se retractó y pidió disculpas. Durante los cinco días que duró la investigación mortuoria, el hombre no pudo pegar un ojo. Insomnios, pesadillas espantosas y extraños ruidos quebraban sus noches. En sueños se le aparecía "La Doña", rodeada de figuras diablescas. Indagando aún más, la muerte de Enrique, el hijo de María, también tiene varios claroscuros. La nana Ángela, la mujer que cuidó amorosamente de la actriz y de su vástago, aseguró que éste no murió de un ataque cardiaco. "¿Cómo alguien que sufre de un ataque al corazón sale caminando a pedir ayuda? Yo estuve allí cuando pasó. Vi todo. Enrique murió en mis brazos y despedía espuma verde de su boca..." Alex Berger, el magnate francés con inversiones en México, marido de la

Félix y al que ella llamaba "Pumita", habría sido el que la inició en este círculo de locura y espejismos, donde reinan las míticas figuras de dioses africanos que consiguen poder y dinero a cambio de todo.

Luego de un acuerdo entre la familia, los abogados y el procurador de Justicia del Distrito Federal, Bernardo Batiz, se tomó la decisión de no decir lo que habían visto y destruir las filmaciones. Pero siempre algún resquicio queda y también alguien dispuesto a contar detalles desconocidos que rodearon la muerte de la mujer más bella y mala de México.

Benjamín Félix huyó despavorido, olvidó a su hermana y clausuró en su mente la escena de la autopsia, pero no pudo evitar que en los puestos callejeros de México y en la portada de los diarios sensacionalistas se exhibiera la fotografía o el montaje del cadáver despanzurrado de la actriz. Justamente ella, que había sido alguna vez la "mujer más bella del mundo", diosa pagana, transgresora y malvada, adorada por hombres y mujeres; icono dorado de escándalos y desplantes. Agustín Lara, Jorge Negrete, Rafael Corcuera, Carlos Thompson, Diego Rivera, Frida Kahlo, Leonora Carrington y Tina Modotti fueron algunos de los que transitaron por su cama y su corazón. Y muchos más, los que a escondidas supieron del lujo barroco y espeso de su piso de Polanco o su casona de Cuernavaca, con cientos de angelitos de porcelana, colecciones de encajes y el baño de la suite pintado de oro como el altar de una iglesia colonial.

María apareció muerta en su cama, la mañana del 8 de abril de 2002 y, según el médico que la revisó, fue un infarto del miocardio el causante de su final. En ese momento yo estaba en México y recuerdo que apenas se conoció la noticia, surgieron los chismes y peleas sobre los motivos. Que si tenía marcas en el cuello o señales de golpes en el cuerpo; que si habían escuchado ruidos extraños en el dormitorio o gritos. La verdad es que si la diosa azteca se levantara de su tumba, se volvería a morir mil veces con sólo observar el patético espectáculo de pugilismo que se armó sobre su cadáver, tan alejado del glamour, el lujo y el esnobismo que rodeó su vida.

Cuando terminó la autopsia, un tabloide mostró a toda página el rostro de la diva, desfigurado por la impiedad de la muerte, manchado por restos de maquillaje viejo alrededor de los ojos. Una fotografía macabra que la gente miraba con cierto encanto.

Atrás quedaba una cuenta bancaria millonaria, cuyo monto real se desconoce; un testamento hecho en trescientos segundos (en su vida hizo seis testamentos); un sirviente que la acompañó durante 29 años, convertido en heredero de todos sus bienes, y una familia enlodada de rencor por el desplante económico de la actriz, que en realidad los había apartado de su vida muchos años antes. A las arcas del fiel criado pasaban también las fastuosas y gélidas mansiones en París, México, Cuernavaca y Acapulco; un diamante de un millón de dólares, una serpiente de brillantes de Cartier, cocodrilos de esmeraldas y brillantes de Harry Winston, la colección de pulseras y brazaletes de oro puro, pinturas, esculturas y muebles antiguos de colección.

Hacía varios años que la Félix, la "María Bonita" de Agustín Lara, vivía acompañada sólo por su sirviente y asistente personal, Luis Martínez de Anda. El hombre había llegado recomendado por el productor de telenovelas de Televisa, Ernesto Alonso, amigo personalísimo de la actriz.

Dueño y señor de la herencia, Martínez de Anda vive cómodamente en México, alejado del periodismo y la familia, según me confesó su abogado. No hay datos, ni información, ni nada que nos diga algo de la vida de este hombre, que conoció las intimidades y aguantó los desplantes y la decadencia de la doña. Por otra parte, tan mal no le fue, ya que se llevó su fortuna. Para él o para entregar a los que sean. Fuera de los motivos que impulsaron a Félix a modificar su testamento a favor de Martínez de Anda, los poquísimos que accedieron a su privacidad aseguran que el sirviente ocupó en su corazón el lugar de Enrique, el único hijo de la actriz, muerto en 1996.

Algunos dicen que embargada por la ausencia, el dolor y el agradecimiento, ella le dejó sus millones. Otros cuentan una historia más ligada a la irracionalidad y a extraños pactos con el diablo que, como consecuencia, mostraba una relación psicológicamente enferma entre María y Martínez de Anda y en la que no faltarían los maltratos físicos y emocionales de parte del asistente. Quién sabe. Igual, la familia la desenterró sin piedad, fagocitada por el resentimiento, la codicia y los fantasmas.

Una coincidencia curiosa para tomar en cuenta, según mis fuentes: "La Doña" nació un día ocho, a las ocho de la mañana y murió un día ocho a las ocho de la mañana y tenía 88 años.

Historia extraña la de María Félix y Juan Perón. Vida y muerte enredadas como ramas de un árbol viejo.

El cadáver de Juan Domingo Perón, momificado en un féretro del cementerio de la Chacarita, en Buenos Aires, aguarda una orden judicial para ser desenterrado: los peronistas quieren reconstruir las manos del jefe, que le fueron robadas, en 1987. Argentina —como México— está plagada de cuentos parecidos, en los que la muerte y sus verdugos se cristalizan para siempre. En un operativo secreto, realizado por miembros de un servicio de inteligencia, con clara protección política y fantásticamente relatado en *La profanación, el robo de las manos de Perón*, de los periodistas Juan Carlos Iglesias y Claudio Negrete, una helada noche de junio de 1987 varios desconocidos entraron al panteón que guardaba los restos del mítico general y "prolijamente seccionaron sus extremidades superiores". Tan bien lo hicieron que sus brazos quedaron mutilados al nivel de las mangas de su uniforme militar.

Las manos más famosas de la historia política argentina, a pesar de las investigaciones judiciales, nunca aparecieron. Uno de los jueces sufrió un atentado y varios testigos murieron de manera sospechosa. Se difundieron hipótesis varias, algunas descabelladas. Unos cuantos pensaron que por fin se iba a hacer pública la legendaria herencia de Perón: las famosas cuentas secretas de los bancos suizos. Se repitieron hasta el cansancio cosas inverosímiles. Se dijo, por ejemplo, que los profanadores lograron abrir el féretro y seccionaron las manos para llevarlas a un banco en Suiza. Una vez allí, si se apoyaban las yemas de los dedos sobre un papel, se podría extraer la supuesta y fantástica fortuna, escondida por más de veinte años.

Este tema es uno de los mayores enigmas de la historia argentina. Y cada tanto vuelve, como la noche o las almas en pena de los cementerios. Se discute, por ejemplo, si las manos que le van a colocar al fundador del peronismo —en el caso que logren abrir el féretro— serán de cera o de verdad. Y como si faltara algo, los herederos se arriman como moscas: la rolliza mujer morena que dice ser su hija y que vive en Los Ángeles; Isabelita, su tercera mujer; las hermanas de Eva y los exaltados militantes peronistas, que cada aniversario se encadenan a la puerta del cementerio donde están sus restos, para que nadie se lleve al "líder de los descamisados". En el juzgado me dicen que el cuerpo será desenterrado cuando el juez lo autorice. Y por ahora atrasa la decisión porque teme ingresar al pantano de las controversias políticas. Como en el caso de María Félix, Perón no es un muerto cualquiera, es el "padre de la patria y de los desamparados", el hombre de la Evita, el que partió en dos —y para siempre— la historia de los argentinos.

Como consuelo para los fanáticos de los camposantos, viene bien recordar que el cuerpo embalsamado de Eva Perón se desgarró como ningún otro bajo el peso de la necromanía: cuarenta años vagó por el mundo y terminó —con amparo del Vaticano— enterrado con un nombre supuesto en un cementerio de Italia. Vejado y manipulado por los militares que derrocaron a Perón, que entablaban con los bellísimos despojos, perfectamente embalsamados, relaciones de amor y odio. Uno de ellos, enloquecido, confesaría años más tarde que se había "enamorado del cadáver de Eva", al extremo de mantener relaciones con el mismo. Cuando por fin apareció en Italia y llegó a manos de su Perón, en Madrid, tampoco logró descanso.

Isabel Martínez, desesperada por alcanzar el carisma y captar el alma de la "reina de los descamisados", trepaba cada noche sobre el cuerpo que reposaba en la capilla privada de la mansión de Puerta de Hierro en Madrid, y permanecía acostada, varios minutos en actitud de trance. Mientras a su lado, "El Brujo" López Rega, secretario privado de Perón, realizaba extraños símbolos con las manos y recitaba inexplicables oraciones. Según me contó Jorge Antonio, amigo personal de Perón y testigo fiel de estos episodios, la ex presidenta argentina decía que los efluvios de la muerta se le metían en el cuerpo.

Gabriel García Márquez escribió alguna vez sobre la atracción de los muertos que los vivos experimentan. Y muchas veces —más de lo que imaginamos— la realidad supera la ficción. Como con "La Doña" y Juan Perón. Con excusas varias, por intermedio de brujos o rituales, los cadáveres famosos permanecen expuestos a la fascinación popular o a la locura de fascinerosos que se adueñan de los cuerpos y los despedazan en la plaza pública.

Y ellos,ególatras y caprichosos, que manejaron la historia y el poder a su antojo, dejan de ser un algo para pasar a ser nada, apenas un cadáver en la portada de un periódico.

El último guerrero

En el Señor encuentro refugio.
¿Por qué me dicen: escapa
como un pájaro del monte,
pues ya los malvados estiran su arco
y ajustan su flecha, para disparar
contra los honrados?

Salmo 14

Después de haber reconocido a algunos
miré fijamente y vi la sombra de aquel que
por cobardía hizo la gran renuncia.

Infierno III, 58-60

IN MEMORIAM
(Bay Harbor Islands, Florida, primavera de 2005)

Tambaleándose y con la espalda arqueada, el anciano jefe de la Iglesia católica era la metáfora del jorobado de Notre Dame. Los pies, que se perdían debajo de la túnica blanca, arrastraban literalmente el peso de su cuerpo y las manos deformadas aferraban la magnífica capa roja de seda que cubría su espalda. Se acurrucó en el sillón principal del escenario y sus labios murmuraron palabras incomprensibles; plegarias en diferentes idiomas.

El viento gélido de la estepa rusa azotaba en ráfagas cruzadas y persistentes remolinos de polvo lastimaban las retinas y se pegaban en la piel y en la garganta. Era difícil trabajar bajo la impiedad de ese clima, caminar erguida y estar atenta.

Recuerdo los detalles ahora y no entiendo cómo ese anciano exánime caminó —o se arrastró— sin trastabillar bajo el látigo de la ventisca. ¿Qué misteriosa fuerza lo impulsó a llegar a esa tierra hostil y encabezar el rito sagrado a pesar del monstruo que crecía y clavaba las garras en sus entrañas?

Sucedió el 8 de noviembre de 1999, era el octogésimo noveno viaje apostólico a Tiflis, capital de la ex república soviética de Georgia. Sentado y frente a las cámaras de la televisión del mundo, Karol Josef Wojtyla comenzó a temblar. Interminable, como un pájaro herido. Desde el lugar destinado a los periodistas, miré el escenario extasiada y perturbada.

Durante largos años viví enojada con este papa, con sus postulados esquemáticos y cerrados, y una línea política ultraconservadora que esgrimió con espíritu de acero en sus 26 años de mandato. Se había propuesto como meta casi absoluta destruir el comunismo que había padecido en Polonia y lo logró, pero en Latinoamérica. Esa cerrazón ideológica lo empujó —equivocadamente— a sentarse con crueles dictadores —tan inhumanos e impiadosos como aquellos jerarcas comunistas—, que ensoberbecidos con su bendición, asesinaron a miles de hombres, mujeres y niños en nombre del evangelio.

Mi enojo tenía fuertes y sólidos argumentos y permanecía escondido en un rincón del alma. Había pasado demasiado tiempo desde que la trágica e interminable noche del sur se tragó a mis hermanos, y en ese helado desierto comprobé que los años curan las heridas, aun las más profundas. A golpes y cachetadas supe un día que las cosas no son blancas ni negras, sino desconsiderablemente grises.

Mi relación con Dios era —y es— tormentosa y fascinante. Mi vida espiritual estaba llena de interrogantes, estertores y luces, dioses o diositos, partidas y regresos. Mi Iglesia nunca fue la de los fastos y los poderosos. No creo en esos jerarcas, más preocupados por la gloria y los oropeles del imperio que por los pobres de Cristo. No pocas veces me pregunté y quise saber en qué instantes o pompas terrenales extraviaron algunos la conciencia y el amor al prójimo, la generosidad, la austeridad y la compasión. Cómo fue ese tránsito del conocimiento divino al embrujo por el poder. La insensibilidad por el dolor ajeno y las mezquindades. Cómo se convirtieron en cómplices de los asesinatos de sus hermanos, cómo y cuándo mutaron en Judas Iscariote de sus familias. Qué impulso los arrastró a sentarse en la mesa de los genocidas para aplaudir, darles la comunión y bendecir los campos de la tortura. Devenidos verdugos de la Santa Inquisición del siglo xx. Desde el sur más austral hasta la extremidad del norte. Desde Argentina, Chile, Perú o Centroamérica y hasta México.

Miré al anciano polaco perturbada y, al mismo tiempo, un sentimiento de compasión sombreó mi mente. El viento que descargaba su furia sobre la tierra y los mares del Norte arrasaba también las pasiones incendiarias de los hombres, esa ética de las verdades absolutas. Sentí que los resabios de la cólera que por años perturbó mis sueños se esfumaban entre la polvareda áspera de Georgia.

La vida me había enseñado que grandes héroes cometen grandes canalladas y grandes canallas consuman increíbles actos de heroicidad. Pensé mil cosas mientras contemplaba los gestos lacerantes del indómito patriarca, transformado en la apología del sufrimiento y el sacrificio. Pequeños episodios personales que narro aquí y que obviamente no merecerán ni una línea fugaz en la historia, pero que ayudan a comprender una crónica embriagada por emociones ambiguas.

El diosito de mi infancia, por ejemplo, ¿dónde estaba? El que convocaba en mis noches de desdicha, con la almohada apretada sobre la cabeza, mientras los gritos de mis padres taladraban mi cerebro. Siempre, siempre se peleaban y por eso la memoria de mi niñez está empañada de tristezas. No sé qué hubiera dado para que papá no la golpeara y mamá dejara de llorar. Y rezaba el avemaría y el padrenuestro acurrucada bajo las sábanas, mientras el susurro de mis oraciones ocultaba los latidos de mi corazón y el llanto de mamá en la habitación de al lado. Y repetía esta oración improvisada, que guardaba en mi memoria y que escribí en un diario precario de infancia:

Padre nuestro que estás en los cielos, santificado sea tu nombre, diosito mío por favor, por favor que mis papás no se peleen más, que se abuenen que yo seré buena, te prometo que me voy a portar bien, que no voy a mentir ni voy a decir malas palabras, ni voy a hacer nada sin permiso, ni me voy a escapar en bicicleta a la hora de la siesta, santificado sea tu nombre, diosito mío por favor que no se peleen más, que se abuenen que yo también seré buena y no voy a mirar más al hijo del almacenero, el que me dio un beso en la boca, ni me voy a tocar más ahí abajo, ahí donde sabés, y no entiendo por qué mamá se enojó tanto si es lindo y me siento feliz cuando me acaricio, pero está bien diosito mío, nunca más te prometo, nunca más, santificado sea tu nombre y hágase tu voluntad así en la tierra como en el cielo, amén.

O aquel dios de mi primera comunión. La vitalidad del padre José y sus relatos sobre la vida de los campesinos en las clases de catecismo. Hablaba de un Cristo terrenal y pobre, de los pobres y los desahuciados, de su desprecio por la ostentación y la riqueza de la élite de provincia. El padre José que hablaba de la revolución que venía de la mano de Juan El Bueno y los sacerdotes del Tercer Mundo, de Carlos Múgica y Camilo Torres, del *Che* y de Evita. Me acuerdo que José hablaba de un mundo sin pobres y del regreso de Perón. Decía que Perón era como un rey mago que llegaría desde España para solucionar nuestros males. El padre José Czerepack, a quien ni Dios lo libró de caer en las garras de los militares que lo torturaron salvajemente, fue víctima de varios simulacros de fusilamiento que le provocaron paros cardiacos en cadena, una sordera permanente y pesadillas que acechan sus noches. Hoy, a los 74 años y después de un largo exilio en Alemania, ni un milímetro de ese infierno le impide seguir trabajando con los campesinos, más miserables y explotados que entonces, cuando José era un sacerdote idealista que enseñaba el catecismo con canciones rebeldes.

O el dios de mis éxodos, cuando escapaba alucinada por las catacumbas de una Argentina sanguinaria y ominosa. Una guerrillera asceta y voluntarista convencida de sus actos y creencias y con la única certeza de la muerte como futuro. Osada, idealista e ingenua, inmersa hasta las vísceras en una cruzada apocalíptica que arrastró a la muerte a una generación maravillosa, extraviada en delirios y heroicidades suicidas y de la que soy una sobreviviente por azar o milagro de Dios. Regresar a la patria de una después de tambalearme en las cornisas y reconstruir los vínculos nuevos y extraños, para comprobar que somos personas de carne y hueso, fue una odisea extenuante. Recuperar a cada uno de los diositos que me acompañaron en mis agitados laberintos fue una de mis premisas. Rompí cualquier clausura mental impuesta y me aferré a Dios a pesar de todo. De las barbaridades de su Iglesia y de sus hombres. Después de todo, ¿qué somos si no creemos en nada? Un buen día entendí que ningún humano es dueño de las llaves del reino divino y, a partir de esta comprensión, la libertad es mi mayor conquista y saber que la verdad no es pura.

* * *

Aquel 8 de noviembre fue imposible quitar mis ojos de ese cuerpo doliente, gastado y frágil. Imposible aquietar el escalofrío que me recorría y contener las lágrimas. Imposible no conmoverse frente al ocaso del máximo guerrero del cristianismo, que batallaba a puño limpio contra la muerte. Dos purpurados de su entorno se acercaron y masajearon sus hombros y su espalda. Miles de fieles fascinados y consternados agitaban banderas amarillas, lanzaban flores y coreaban su nombre. El anciano jefe continuó temblando con los ojos cerrados y los esfuerzos por reanimarlo se desvanecían en el cielo gris plomo.

Sus hombres lograron una calma fugaz, pero la escena se repitió minutos más tarde, cuando el pontífice llegó al palacio del patriarca Illia II, donde lo aguardaba el Santo Sínodo de Georgia. Arrastró los pies hacia el sitial y comenzó otra vez: manos, brazos y piernas se sacudían, mientras su rostro se torcía en una mueca rígida, gesto característico del mal de Parkinson. Su secretario privadísimo —y amigo de toda la vida—, monseñor Stanislaw Dziwicsz, se arrodilló a sus pies, tomó sus manos y comenzó a frotarlas, mientras le hablaba despacio, como si fuera un niño abandonado.

Frente a la cruel evidencia del deterioro físico de Juan Pablo II, las polémicas arreciaron como el viento glacial de Tiflis. No era ésta la primera vez que se hablaba del papa —que en ese momento tenía 80 años— y la conveniencia o no de su dimisión. Pero el polaco, finalmente, nunca renunció, como algunos de sus antecesores que en su momento fueron acusados de cobardes. El sufrimiento silencioso del pontífice fue su máxima entrega a Dios y al cristianismo y dejó el sillón de Pedro, de acuerdo con la curia romana, sólo cuando Dios decidió que así fuera. Fue el dogma que signó su existencia. "El papa debe sufrir para que todas las familias y el mundo entero puedan ver que hay un evangelio mayor: el evangelio del sufrimiento con el cual debemos preparar el futuro", había dicho en 1994.

El deterioro en estos cinco años fue inevitable y pavoroso.

Ahora mismo, cuando la primavera de 2005 ilumina el mundo al norte del Ecuador y una bugambillia rebelde florece por fin en mi balcón y en el de mi vecina, Wojtyla se mantuvo vivo con una cánula incrustada en su tráquea y prisionero de una armadura corporal que casi no respondía: no podía hablar, vestirse, caminar, comer, vaciar la vejiga o los intestinos, sin ayuda médica. Sus bajísimas defensas lo colocaron permanentemente al borde de cualquier infección y la muerte por asfixia era una posibilidad cierta. Nadie sabía qué pensaba o cuáles eran sus deseos más íntimos. Si tenía hambre o sentía dolor, cuestiones tan elementales. En mi casa de Miami y mientras actualizaba y corregía una crónica escrita hace mucho, Juan Pablo II no había muerto, pero era como si lo estuviera.

La silueta agónica y decrépita que sus adláteres sostuvieron en la ventana que da a la Plaza de San Pedro o la aposentaron frente al televisor y de espaldas, en plena celebración de Semana Santa y frente a una muchedumbre llorosa, era la caricatura del hombre en el cenit de su poder: el polaco duro, intransigente y esquemático, sin medias tintas. El inhumano ejercicio de respirar por medio de un tubo de plástico incrustado en el cuello podía durar una semana, un mes o seis meses, quizás un año, pero ya no importa.

Hacía tiempo que Juan Pablo II no mandaba en su reino.

Lejos quedó el atlético cardenal polaco que llegó a la cumbre del catolicismo casi sin querer y sin imaginarlo. Apenas asumió, se transformó en un cruzado que a capa y espada enfrentó a los ateos, paganos y pecadores del mundo de la guerra fría que mutó globalizado. Hace tiempo que otros asaltaron el timón. Permanecía su cuerpo tembloroso, un espíritu terco e indomable y el larguísimo reinado, que como ningún otro, dejará surcos en la historia del mundo. Es el final de una era tumultuosa para una Iglesia que percibe día a día la progresiva —y peligrosa— fuga de poder e influencias sobre el rebaño.

Una transición embargada por borrascas y batallas impiadosas entre los jerarcas y en las que las distintas corrientes pujan para imponer al heredero, modificar o endurecer la línea política de una estructura omnímoda y retrógrada, que a duras penas contiene los vaivenes espirituales y materiales de mil millones de fieles.

* * *

Lunes 4 de abril de 2005, Bay Harbor Islands, Florida. Murió Karol Wojtyla.

Menos mal, sentí alivio. Se me hizo insoportable la escena de su agonía pública. No fue necesario, ya estaba bien. Incapacitado por la edad y la crueldad del mal de Parkinson, Karol Wojtyla sobrevivió preso de un oscuro entorno de purpurados, más preocupados por sus conspiraciones y por imponer el heredero, que por el anciano polaco. No mostraron compasión, ni piedad, ni respeto y exhibieron al público sus últimos estertores, como en un *reality show* de alto *rating*.

Ángelo Sodano, el controvertido e influyente secretario de Estado y su mano derecha, Giovanni Battista Re, concentran en su despacho el poder político del reino y el acceso exclusivo a la abultada Caja del Estado, o sea, al preciado dinero del Vaticano, siempre envuelto en sospechas de todo tipo. A pesar de su fuerte combate público al capitalismo, es sabido que desde tiempos lejanos los hombres de la Iglesia se han visto metidos en vericuetos financieros de dudoso final. No fueron pocos los escándalos que sacudieron a Roma en los últimos años. Nada más hay que recordar el dudoso "suicidio" del financista laico Roberto Calvi cuando, después de la caída del Banco Ambrosiano, apareció colgado del Puente de los Frailes Negros, en Londres, con seis kilos de ladrillos en sus bolsillos. Y la implicancia en el tema del entonces titular del poderoso Instituto de Órdenes Religiosas (IOR), el cardenal Paul Casimiro Marcinkus, quien por este *affaire* fue prófugo de la justicia y hoy vive en un pueblo de Estados Unidos, muy tranquilo, amparado por la Iglesia.

Esto explica la virulencia de la lucha por la sucesión: los intereses en juego son milenarios y millonarios, es decir, terrenales. Vale un dato más para clarificar esta historia. Los expertos dicen que el patrimonio del Vaticano asciende a 25 000 millones de dólares y en capital productivo hay 5 000 millones. Esto sin contar los palacios, las acciones y los títulos, las empresas y los bancos, y los depósitos en paraísos fiscales. Las finanzas son manejadas por banqueros laicos —pertenecientes al Opus Dei y la masonería de la P2— y son monitoreadas todo el tiempo por cinco cardenales, entre los que se encuentra Ángelo Sodano.

Muchas veces se hizo difícil conciliar la imagen del papa como representante de Cristo en la tierra con la de uno de los grandes financieros del mundo, es decir, hacer compatible la Iglesia católica de los pobres con la de los negocios. Sodano, amado y odiado entre la jerarquía mundial —más lo segundo que lo primero—, es un importantísimo miembro del Opus Dei y conoce bien Latinoamérica, donde estableció estrechísimas relaciones con políticos, hombres de finanzas y empresarios; le dio, además, impulso a los sectores ultraconservadores, sobre todo al Opus Dei. Ocupó el cargo de nuncio en Chile en plena dictadura y amarró aceitadas relaciones con Augusto Pinochet, por el que pidió clemencia y libertad cuando el dictador se encontraba detenido en Londres. En México es conocida su amistad con el cardenal Norberto Rivera Carrera —al que promovió como papable sin que Carrera tuviera la estatura intelectual para integrar el listado— y del obispo Onésimo Cepeda.

El "shadow cabinet" papal se completaba con el alemán Joseph Ratzinger y el argentino Leonardo Sandri, adjunto a la Secretaría de Estado. Sandri es todo un personaje. Adiposo y de maneras algo exageradas al hablar, es amante de la buena mesa, las antigüedades caras y colecciona pinturas de autores reconocidos. No es cardenal, es arzobispo y ejerció de nuncio en Venezuela y México. Tuve la ocasión de conversar con él cuando estaba a las puertas del avión que lo regresaba a Roma. Fue poco inteligente políticamente: apostó por Labastida en plena campaña y nunca recibió a Vicente Fox. Cuando éste ganó la elección, Sandri pidió verlo con insistencia, pero Fox nunca respondió.

Stanislaw Dziwicsz, el enigmático y fidelísimo secretario privado, no integra el exclusivo cuadrilátero, pero es el hombre que tuvo acceso a la recámara de Wojtyla y el único al que escuchó en sus últimos días. Durante 26 años tuvo poder por sí mismo y sus fuertes enfrentamientos con Sodano son *vox populi* en la intimidad de Roma.

* * *

¿Debe dimitir el papa? Fue una pregunta constante en los últimos cinco años.

La apertura del testamento de Wojtyla, donde de alguna manera él se planteó la posibilidad de una renuncia, agita el tema de aquí en adelante.

Son varias las razones que inclinan a dar una contestación positiva a esta cuestión —aseguró el prestigioso teólogo español Miret Magdalena, en el diario *El País* del 9 de junio de 2004. Y la primera que debe hacerse un católico es la dificultad para dirigir en estas condiciones la nave de la Iglesia, en un momento tan difícil y lleno de problemas. Es la crisis religiosa cristiana, son las graves cuestiones que está experimentando el clero, son los nuevos planteamientos que en moral han surgido con la revolución genética, es el clamor creciente de los que querrían el cumplimiento de los avances previstos en el *Concilio Vaticano II* y que están paralizados o se han dado marcha atrás (…) Contemplamos la barca vacilante de la nave de Roma, que en realidad ahora es dirigida por la curia vaticana, porque al papa lo manejan a su aire, dándole el gusto teatral que tiene de viajar y presentarse ante masas ficticiamente enfervorizadas ante el dramático espectáculo de un anciano que quiere hacer un imposible, movido por los que le rodean, pero que apenas puede cumplir con su cometido (…)

¿Por qué no dimite este papa y vive tranquilo los años que le quedan de vida?, se preguntó Magdalena.

(…) ¿Qué pensar o hacer cuando una situación de salud física o psíquica deteriora al sujeto hasta el límite? ¿No es realmente éste el caso de Juan Pablo II? ¿Quién tiene la responsabilidad si él, de hecho, no la puede ejercer o incluso si su enfermedad no le permite percatarse de su real deterioro irremediable? Para evitar situaciones tales, ¿no debería fijarse de antemano la edad de retiro del papa, como se ha fijado la de obispos y cardenales? Desde el punto de vista teológico, la decisión de renunciar implica un juicio moral, que se hace sumando afirmaciones de fe por un lado y hechos de historia actual por el otro. El resultado, en mi opinión, puede contener las siguientes afirmaciones: un papa puede renunciar; un papa que a la luz de los informes médicos contrastados estuviera de hecho incapacitado para cumplir su misión debe ser invitado a renunciar; un papa puede ser diagnosticado en una situación tal que obligue a impedirle el ejercicio de su autoridad; un papa debe proveer por sí mismo en tiempo de lucidez a las situaciones en que él ya no pueda discernir y decidir sobre sí mismo. La Iglesia no es menos divina por ser tan radicalmente realista y obligadamente humilde...

Escribió Olegario González de Cardedal, catedrático de la Facultad de Teología de Salamanca, en marzo de 2002.

* * *

Rebobinando la historia, los médicos del Vaticano revelaron hace tres meses que el mal de Parkinson de Juan Pablo II era de larga data y que estaba declarado en 1986, cuando el pontífice comenzó a encorvar su espalda. En 1994, la enfermedad no era un secreto para sus íntimos, pero se tenía mucho cuidado en divulgarla, por lo que esta noticia podía generar en la feligresía católica, que ya experimentaba algunas crisis fuertes. En 1996 recuerdo que entrevisté a monseñor Justo Laguna, un polémico obispo argentino. "El pobre papa está muy enfermo y vive rodeado de personajes oscuros, como Ángelo Sodano, que son los que en realidad manejan el Vaticano."

Las palabras del purpurado argentino escandalizaron a la Iglesia y Laguna recibió una fuerte reprimenda pública desde Roma, que lo obligó a guardar silencio largo tiempo. Hablar de la enfermedad del papa era entonces un tema tabú, hasta que ésta se hizo obvia. En la era de la tecnología es imposible ocultar que el papa —como cualquier jefe de Estado— padece una enfermedad y sobre todo si ésta se manifiesta en su físico o en su mente. El mal de Parkinson es un mal incurable que provoca gravísimos trastornos en quienes lo sufren y que, según los científicos, puede desencadenar pérdida de memoria o locura, ya que ataca directamente las neuronas.

En la ceremonia pública con motivo de la celebración de Semana Santa del año 1998, el papa no pudo articular palabra y sus manos no fueron capaces de sostener el papel con el discurso, que terminó en manos de un sacerdote. Durante el último viaje a Europa oriental, los temblores regresaron ante la mirada de todos, con una agravante: no pudo descender solo del avión y fue bajado en una especie de ascensor vidriado con ruedas, en el que permaneció encerrado, con la cabeza gacha y las manos temblando.

A partir de aquí se trasladó siempre en ese carro de vidrio. El 1 de febrero de 2005 fue una fecha clave en la salud del papa: los tonos de su calvario mutaron al negro noche. La revista *Inside the Vatican* revela que el papa se estaba asfixiando. Una gripe leve —que en su estado puede ser fatal— había atacado su frágil organismo hacía varios días. Su secretario privado y su médico Renato Buzzonetti le suplicaron que se hospitalizara, pero Wojtyla se negó. Cuando finalmente lo internaron en terapia intensiva en el Hospital Gemelli, el pontífice estaba muy grave. "Si llegaba 10 minutos más tarde, se moría."

Más allá de las críticas a las innumerables contradicciones de la política de su pontificado y el evidente autoritarismo e intolerancia de su personalidad, era admirable y conmocionaba la convicción religiosa de Juan Pablo II, la pasión y la entrega absoluta que impregnó su vida desde el principio al fin.

¿Qué hubo detrás de este cuerpo encorvado, del temblor intenso de sus manos y piernas, de los susurros que brotaban de sus labios, de un rostro hinchado por los medicamentos y desfigurado por el mal de Parkinson? ¿Qué profundo empeño lo hizo seguir entregado a la convicción de que sólo Dios detendría su marcha? ¿Cuál fue la historia privada del jefe mayor de mil millones de católicos?

Juan Pablo II fue el primer papa no italiano elegido en 500 años y desde su trono libró una lucha sin piedad contra el comunismo y por el "rescate moral" de la Iglesia católica, sacudida por años de crisis y cambios. Desde los inicios fue un cruzado contra el aborto —al que define como el "nuevo Holocausto"— y el divorcio; disolvió lo que quedaba de la Teología de la Liberación, a la que considera marxista y anticristiana; se propuso acortar al máximo las distancias entre los judíos y los católicos, al pedir histórico perdón por las complicidades de la Iglesia durante el nazismo, nada más y nada menos que parado frente al Muro de las Lamentaciones; y se entrevistó con Fidel Castro en Cuba, para espanto de los ultraconservadores.

Actor, poeta, dramaturgo y filósofo, Karol —*Lolek*— Wojtyla (el apodo se lo puso su madre) nació el 18 de mayo de 1920, en el seno de una modestísima familia católica de Wadovice, un pueblo de

7 000 habitantes, a 50 kilómetros de Cracovia, Polonia. Según el relato de sus biógrafos, Carl Bernstein y Marco Politi, en el libro *Su Santidad*, su madre Emilia, frágil física y emocionalmente y muerta cuando *Lolek* tenía apenas ocho años, es la figura que dejó señales imborrables en su vida y fue una antorcha que alumbró el camino de su entrega a Dios. Ella le enseñó a hacer la señal de la cruz y a estudiar la Biblia cuando apenas sabía leer y escribir. Hay quienes aseguran que la relación tormentosa que el pontífice mantuvo con las mujeres tiene su origen en la difícil relación con su madre, a la que adoraba y a la que nunca le perdonó que lo abandonara. "Mi madre era una mujer enferma, trabajaba duro, pero tenía poco tiempo para dedicarme", le confesó con tono de reproche cuando era un joven seminarista al padre carmelita de su pueblo, al mismo tiempo que hablaba de la nostalgia nunca superada por la muerte de su progenitora:

> En tu blanca tumba
> florecen las flores blancas de la vida.
> ¡Oh!, ¿cuántos años se han ido ya
> sin estar contigo? ¿Cuántos años?
> En tu blanca tumba cerrada desde hace tanto
> algo parece surgir:
> inexplicable como la muerte.
> En tu blanca tumba,
> Madre, mi fallecido amor...

Este poema lo escribió Karol Wojtyla cuando tenía 19 años y se había quedado solo, con su hermano Edmund (muerto al poco tiempo por una epidemia de escarlatina) y su padre Karol. "Allí expresaría reservadamente el dolor por los años de infancia, el peso de la pérdida que nunca confesaba ni siquiera a sus amigos. Incluso en la edad adulta, como sacerdote, como obispo y como papa, Karol Wojtyla sería un hombre reservado y casi nunca confiaría a otros mortales los traumas de su vida", escriben Bernstein y Politi. Al parecer, por los testimonios recogidos, éstos habrían sido muchos.

De joven era reservado e introvertido, volcado totalmente a los libros y a la escritura. Se escapaba de los juegos infantiles con sus amigos, para ir a rezar en su cuarto, y algunas veces caía en depresiones de las que le costaba salir. Sin embargo, era dueño de una inteligencia y una lucidez fuera de serie, según revelan sus ex profesores de colegio.

En 1941 se muda con su padre a un departamento pequeño en Cracovia y *Lolek* ingresa al departamento teológico de la Universidad Jaguelloniana. Por esos años, el mundo vivía sumergido en una guerra atroz, de la que Wojtyla fue testigo fiel: las batallas antisemitas eran cosa de todos los días en Polonia y luego llegaría la gran tragedia de los campos de concentración, donde murieron muchos de sus amigos de infancia. Fue miembro de "Rosario Vivo", una organización católica ultraclandestina, ya que los nazis habían comenzado a perseguir las actividades de las iglesias. Cuando se encontraban, los jóvenes integrantes rezaban apasionadamente, leían a los místicos san Juan de la Cruz y santa Teresa de Ávila y hablaban largamente sobre la mejor manera de "servir a Cristo".

Cada uno llevaba deberes para hacer a la casa y nadie podía estar sin trabajar y sin meditar. Esta costumbre prendió fuertemente en la personalidad de Wojtyla, quien conservó hasta sus últimos días la pasión por el trabajo y una férrea disciplina en la oración. Por esta época se hizo fuerte el ardor por la escritura de poemas y obras de teatro, en las que defendía a su Polonia de la arremetida nazi. Trabajó en la cantera de la fábrica de Zakrzówek durante algunos meses, lo que alimentaría luego el mito del "papa obrero" en el Vaticano. Pero fueron nada más que unos pocos meses. Sin embargo, esos años de privaciones y trabajo duro marcaron tempranas arrugas en su rostro y una gran experiencia intelectual y física, que luego utilizaría en su lucha contra el comunismo.

—*Lolek*, ¿te gusta? —le preguntó su amigo en una habitación, cercana al salón de fiestas. Se refería a Irka, la hija de uno de los dueños de la fábrica donde trabajaban, la que estaba locamente enamorada de Wojtyla.

Irka era alta, atractiva y elegante y, en combinación con el amigo, estaba escondida en el clóset escuchando todo.

"Es agradable pero tiene sólo un defecto", dijo el futuro papa.

"Sería muy bueno que se le pudieran acortar las piernas: es demasiado alta; además, sería mejor si fuera más redondita." Nada se conoce de su relación con las mujeres, todo lo contrario: se mantuvo "siempre casto", según confiesan sus amigos. Y siempre estuvo totalmente en contra de las relaciones prematrimoniales. Éste fue uno de los temas que estudió con profundidad, cuando era ya cardenal de Cracovia y que luego lo llevaría al trono de San Pedro.

Después de la muerte de su padre, con el que se sentía muy unido en lo emocional y lo religioso, ya que ambos se habían quedado solos después de la muerte de su madre y de su hermano, decidió ser sacerdote. En 1944 tuvo su primera experiencia personal con la muerte: cuando regresaba a su casa de la fábrica, un camión conducido por soldados alemanes lo atropelló violentamente. Su cabeza golpeó contra el asfalto y quedó inconsciente en el piso. Un soldado alemán que pasaba caminando lo tocó y descubrió que estaba vivo, a pesar de que había perdido mucha sangre, y lo llevó al hospital. Años más tarde, el 13 de mayo de 1981 y ya en el palacio de San Pedro, el terrorista turco Alí Agca dispararía con una pistola sobre su cuerpo, provocándole graves heridas de las que se salvó por milagro.

El 1 de noviembre de 1946, en la Fiesta de Todos los Santos, Karol Josef Wojtyla fue ordenado sacerdote por el arzobispo de Cracovia. Al otro día, el de los Fieles Difuntos, celebra su primera misa en la catedral de Wavel.

Comenzó así una carrera que no pararía hasta llegar a Roma. En noviembre de 1958 es consagrado obispo auxiliar de Cracovia y en mayo de 1967 es nombrado cardenal y se convirtió, junto a monseñor Wyszynski, en el jefe espiritual de Polonia, un país con el 95 por ciento de población católica. Muerto Pablo VI, es elegido Albino Luciani, Juan Pablo I, quien gobernó 33 días. Una mañana apareció muerto en su cama y hasta hoy subsiste en el Vaticano la sospecha de que había sido asesinado.

El 16 de octubre de 1978, Karol Josef Wojtyla es nombrado sucesor de Pedro, luego de 448 años de papas italianos. Su primerísima tarea fue mediar en el conflicto de frontera, que por un milagro no llevó a una guerra, entre argentinos y chilenos. Su primer viaje fue a México, un país que le preocupaba especialmente por los millones de católicos que alberga y porque las relaciones con el Vaticano estaban rotas desde hacía muchos años. Juan Pablo II las restableció en 1978, en un viaje frío de emociones políticas y en el que los sacerdotes tenían prohibido asistir al recibimiento oficial con sus sotanas. Marco Politi, que venía con Wojtyla en el avión, recuerda este viaje en una conversación que mantuvimos:

"¿Vio, santo padre, qué calurosa y cariñosa es la gente en un país laico?, le dije cuando regresábamos. Me miró y muy serio me respondió: Sí, pero no se confunda, no es por eso, no es por eso… Al papa no le había gustado nada lo del laicismo mexicano."

Desde los inicios fue considerado alguien difícil de manejar o influir. Apenas llegó a San Pedro se desprendió del entorno de secretarios y mucamas que atendía a los anteriores pontífices, e hizo traer a tres monjas carmelitas polacas, a las que conocía desde su juventud en Polonia. Lo mismo hizo con su secretario privado, Stanislaw Dziwicsz, el único que entraba a su dormitorio sin llamar y conocía sus secretos.

Carismático, caminaba por la plaza de San Pedro con la prestancia de un deportista —había sido montañista en su juventud— y se acercaba a las multitudes, sobre todo a los niños, los jóvenes y los minusválidos, con la ferocidad emocional de un padre de familia: abrazaba a todos los que se le ponían enfrente. Políglota, se comunicaba con la gente de acuerdo con sus idiomas: francés, español, italiano, alemán, polaco o ruso. Los periodistas vaticanistas que lo acompañaban en los viajes recuerdan su calidez, el buen humor y la animosidad para conversar de todos los temas.

Para el mundo comunista, al contrario de sus antecesores, Wojtyla fue una presencia incómoda, un enemigo. Y no era para menos. Lo primero que se propuso fue hacer lo imposible para liberar a los cristianos de la Europa Oriental del "yugo marxista". Y para ello se alió con sus enemigos: los Estados Unidos. Por medio del nuncio vaticano en Washington, monseñor Pío Laghi, estableció alianzas con Ronald Reagan y su director de la CIA, William Casey, quien viajaba seguido a Roma y mantenía extensas pláticas con el papa. Juan Pablo II diseñó con Reagan una "Santa Alianza" contra el comunismo, que mantuvo encubierta en Polonia al famoso sindicato Solidaridad después que Moscú creyó haberlo destruido. Esta historia es desechada por Darcy O Brian, en su libro *El papa oculto*:

Esto es en una gran medida improbable. Él no necesitaba que un servicio de inteligencia le informara acerca de la amenaza soviética. En todo caso su verdadera intervención en el derrocamiento del régimen comunista no consistió en acciones o declaraciones específicas, ni fue producto de ninguna colaboración con la administración de Reagan. Él influyó en los cambios con su mera presencia, en el Vaticano o en su patria. Él representa un poder más grande que Estados Unidos o cualquier otra autoridad secular.

Lamentablemente para los críticos, la BBC de Londres emitió no hace mucho un documental, *Rivales en el Paraíso*, donde se revelan mayores datos sobre la intimidad que hubo entre el Vaticano y la CIA. Y es confirmada por Vernon Walters, director de la Agencia en época de Reagan y Richard Allen, presidente del Consejo Nacional de Seguridad del actor devenido presidente. "El papa nunca criticó nuestros programas de defensa a cambio de combatir juntos al comunismo, y esto era todo lo que queríamos de él", dice Walters.

Más allá de las diferencias entre los biógrafos en otros aspectos, Wojtyla era un hombre de químicas personales. Ronald Regan fue el único presidente de Estados Unidos con el que tenía buena relación. Se llevaban bien y el papa estaba convencido de que realmente quería la libertad. Con Clinton no hubo nada. Le producía rechazo visceral su postura frente a la libertad sexual, la píldora y el aborto. Y con George W. Bush no existió un mínimo sentimiento. La guerra en Irak fue la cereza del pastel de su animadversión hacia el ranchero de Texas. Wojtyla nunca aceptó que se pasara por encima de los tratados y organismos internacionales, no le caía bien el fundamentalismo del presidente norteamericano y estaba totalmente en desacuerdo con demonizar al islamismo.

Esta personalidad proclive a manifestar cariño hacia personajes que intuitivamente le resultaban simpáticos provocó que Fidel Castro se robara el corazón de Wojtyla.

Marco Politi lo acompañó en su viaje a la isla.

Estaba feliz. Me dijo que la revolución que hizo Castro era una verdadera revolución social, que los niños comían todos los días, que no era como en la Unión Soviética. Era consciente de la falta de democracia y libertades públicas, pero Fidel Castro lo sedujo instantáneamente. Lo tomó del brazo, lo abrazó y le dijo palabras muy cariñosas que lo conmovieron, ante la frialdad que experimentó con los funcionarios de Europa del Este.

Otra anécdota curiosa: el papa nunca habló mal del *Che* Guevara. Todo lo contrario. Cuando regresaban en avión de Mérida a Estados Unidos, un periodista le preguntó qué pensaba del guerrillero argentino. "Ahora está en el tribunal de Dios. Yo estoy seguro de que lo único que quería era servir a los pobres."

Criado en un régimen comunista, hastiado de las persecuciones y los autoritarismos, esta postura rígida, sumada a una personalidad compleja y difícil, lo llevó a cometer uno de sus peores errores. Su política hacia las dictaduras latinoamericanas, nacidas en su mayoría en la era Reagan, fue de complicidad, de mirar hacia el costado frente a las violaciones de derechos humanos. El rechazo visceral al comunismo lo llevó a mostrarse condescendiente con genocidas y torturadores y a destruir de la faz de la Tierra a la Teología de la Liberación, expresión natural en los países pobres de la presencia de la Iglesia en zonas marginales, que hoy están ocupadas por sectas u otras religiones.

Fue duro verlo junto a Pinochet en el balcón de la Casa de la Moneda. Nunca recibió a las madres e hijos de muertos y desaparecidos que buscaban en él una palabra de alivio. Tampoco a las Abuelas de Plaza de Mayo. Una palabra suya, un gesto, en aquellos años oscuros e incomprensibles, hubiera ayudado a salvar miles de vidas. Esto influyó negativamente en millones de fieles católicos, que desamparados o decepcionados decidieron buscar otras religiones o alejarse. "Las dictaduras latinoamericanas son transitorias y la soviética es permanente", era su latiguillo cuando alguien le preguntaba las razones.

Nunca comprendió a la mujer moderna y su inserción en el mundo. No entendió la lucha del feminismo y por dónde pasaban los reclamos. No comprendió que el papel de la mujer iba más allá de la tarea noble de parir hijos. Fue extremadamente duro con las mujeres que se rebelan, con las que destacan por mérito propio y tienen un papel activo en la sociedad, con las que se transforman en líderes. En el fondo, no pudo o no quiso escapar de la imagen de su devota y sufriente madre y el dolor que le dejó su muerte. A tal punto que Karol Wojtyla cree que la mujer es culpable de los abusos cometidos por los hombres contra ellas. "Algo habrán hecho", dijo una vez frente a la titular de una congregación norteamericana que intentó explicarle las cifras de mujeres que en las zonas pobres y marginales quedaban embarazadas por violación.

Sin embargo, la mujer no comenzó a ser discriminada en la Iglesia a partir de la Inquisición, sino mucho antes. Sobre todo a partir del reinado del emperador Constantino. A comienzos del siglo IV fue aboliéndose paulatinamente la presencia de diaconizas y paralelamente los escritos bíblicos fueron interpretándose a gusto y paladar de los hombres. Y eso a pesar de que Jesús predicó la igualdad entre sexos. Santo Tomás de Aquino sentenció en el siglo XIII: "Como el sexo femenino no puede significar ninguna eminencia de grado porque la mujer tiene un estado de sujeción, por eso no puede recibir el sacramento del orden." Peor aún: otros se lanzaron a discutir si en realidad teníamos alma. En el 2000 y en vísperas del Jubileo, el papa hizo una autocrítica pública de la discriminación femenina dentro de la Iglesia, pero el último documento del ultraconservador y misógino cardenal alemán Joseph Ratzinger sobre las mujeres y sus derechos demuestra lo que estos señores del Medievo piensan de nosotras. No es difícil imaginar entonces cuál es la vida de las monjas en esta Iglesia. A la discriminación se suman execrables atropellos y hasta violaciones sexuales.

A pesar de la dureza de Juan Pablo II respecto al castigo que deberían recibir los abusadores sexuales en la nueva Iglesia y que acarreó una catarata de juicios millonarios en Estados Unidos, la verdad es que el derecho canónico protege y obliga a encubrir todos y cada uno de los delitos sexuales cometidos por los hombres de sotana. Y me refiero no únicamente a la pederastia, sino también a los realizados contra mujeres, sean monjas o laicas.

En México, como en cualquier país latinoamericano, las monjas sufrimos atropellos de todo tipo. Nos discriminan en lo sexual y en lo intelectual. No podemos defendernos porque no hay una legislación que nos proteja. Muchos obispos nos usan como sirvientas y otros nos obligan a tener relaciones. Sé de hermanas que las manosearon, les tocaron el culo y los pechos y las empujaron a la cama. Otras quedaron embarazadas y fueron obligadas a abortar o regalar el hijo. Pasa todo el tiempo y los obispos mexicanos lo saben, también el gobierno. Es difícil denunciar porque todo queda en la nada y es peor

me confesó en México una religiosa perteneciente a una importante congregación de la zona del Bajío. En algunos estados del país azteca, hay concubinatos *vox populi* que involucran a obispos. No los ignora la gente y tampoco las élites de los feudos provinciales. De la misma manera que no se desconocen sus corruptelas.

A mediados de los años 90, el nuncio Girolamo Prigione vivía en amasiato con la hermana Alma Zamora, de las Hijas de la Pureza de la Virgen María. Mientras duró su estadía en México y a pesar de la resistencia de las monjas por continuar sirviendo al prelado —limpiar, cocinar, lavar, planchar y hasta cuidar de las mascotas del nuncio—, desde el Vaticano les llegó la orden de quedarse. Cuando Prigione abandonó México rumbo a Italia para disfrutar de la *dolce vita*, Alma Zamora renunció y pasó a trabajar en el Hospital Ángeles, de Olegario Vázquez Raña, gran amigo y benefactor de la jerarquía mexicana. Prigione llega cada año a México y se queda seis meses. Recibe a los incontables amigos de la política, relaciones que supo construir cuando era nuncio, entre ellos el ex mandatario Carlos Salinas; juega al tenis y descansa en una espléndida hacienda ubicada en el Valle de México que dicen le pertenece.

Marcial Maciel, padre fundador de los Legionarios de Cristo, es un caso extraño. Con graves y probadas denuncias de abusos sexuales a seminaristas, el michoacano permaneció al frente de la orden 50 años. Recién hoy y cuando Maciel, que tiene la misma edad del papa, se encuentra enfermo, en el Vaticano avanza la investigación de aquellos seminaristas abusados, hoy hombres maduros. La explicación se encuentra en que la orden creada por Maciel es la que mayores sacerdotes aportó a la Iglesia en este pontificado y, también, la que más dinero entrega. Y en estos años de crisis de vocaciones sacerdotales, los trastornos que Maciel ocasionó a un grupo de niños hace muchísimo tiempo tienen poca importancia.

Con su afán de peregrino, Karol Wojtyla supo acercarse a las comunidades más lejanas e inhóspitas del mundo. Y, por primera vez en la historia, un jefe de la Iglesia católica se arrodilló frente al Muro de las Lamentaciones, en Jerusalén, y pidió perdón por los pecados cometidos durante el Holocausto.

Desde aquel luminoso día de octubre de 1978, en que 117 purpurados lo ungieron como jefe máximo del catolicismo, han pasado veintiséis años. Pronunció 180 millones de palabras y recorrió millones de kilómetros en los 105 viajes internacionales. "Los viajes son para el papa como las guerras para Napoleón", dicen en Roma.

El mundo es otro y la Iglesia católica debería estar a tono con estos cambios y conflictos. La intransigencia del pensamiento absolutista frente a temas de la vida cotidiana que afectan a millones de hombres y mujeres del planeta la atrasan minuto a minuto. El celibato es una cuestión que tarde o temprano tendrá que ser debatida, por la gravedad de sus consecuencias: la mentira y la hipocresía. Por encima de cualquier especulación, se le mantiene por razones puramente económicas: el patrimonio de la Iglesia, los títulos de propiedad y las codiciadas jubilaciones. Si los sacerdotes obtienen un día la libertad de casarse, nadie podrá predecir la dimensión de la batalla por el dinero.

Pero no fue Karol Wojtyla —ni sus entornos— el que protagonizó una renovación o impulsó los cambios.

"Es un luchador polaco terco, con una tenacidad a prueba de contratiempos y dificultades. Está lúcido y atento a sus sufrimientos, sabe lo que ocurre a su alrededor aunque algunos digan lo contrario. Casi como el martirio de Cristo, así de esta manera: 'Yo estoy sufriendo y me quedo aquí hasta el último momento de mi vida'", me dijo Politti.

En estos momentos son varios los candidatos a suceder a Wojtyla y poderosas fuerzas políticas los impulsan en medio de una Iglesia sumida en una fuerte crisis de legitimidad y evidente disminución de poder en el campo social. Es muy grande la influencia del Opus Dei gracias al impulso que le dio el papa. Lo mismo pasó con los Legionarios de Cristo, y Comunión y Liberación. Las tres órdenes son conservadoras y ortodoxas. "No decidirán pero influirán bastante", dice un conocedor de las entrañas de Roma.

Entre los papables latinoamericanos más mencionados figuran el cardenal hondureño Óscar Rodríguez Madariaga, el colombiano Darío Castrillón Hoyos, el argentino Jorge Bergoglio y el brasileño Claudio Hummes. No se descartan los italianos, que después de 25 años de ausencia ansían regresar al sillón de San Pedro: el cardenal de Bolonia, Giacomo Biffi, y el de Génova, Dionigi Tetamanzi. Hay un candidato negro, el cardenal de Nigeria, Francis Amize, que en todo caso sería el primer papa negro, algo poco probable pero no imposible.

Es bueno recordar un viejo y popular refrán muy utilizado en estos tiempos: "Se entra como papa y se sale cardenal", repetido frente a las beligerancias que preceden la llegada de un nuevo gobierno en uno de los estados más ricos del mundo.

El nuevo monarca de la Iglesia católica es un enigma.

El derecho canónico dice que un papa deja de serlo por tres causas: por herejía, por ser cismático o por padecer debilidad mental a causa de una enfermedad. En el nuevo derecho canónico promulgado por Juan Pablo II en 1983, la renuncia está prevista. Es por decisión personal y no se requiere que ésta sea aceptada. Paulo VI, muy enfermo, meditó sobre su renuncia y se llegó a preparar su retiro en la Abadía de Montecassino. Pero finalmente no lo hizo, aconsejado por los que sostenían —y sostienen— que una dimisión puede provocar un cisma en el catolicismo y que para el nuevo pontífice sería muy complicado gobernar con otro papa vivo. Ni hablemos si el que renuncia es un hombre con una personalidad tan fuerte y carismática como Karol Wojtyla.

Según la tradición, los papas son enterrados en la basílica vaticana, cerca de la tumba de San Pedro. Karol Wojtyla pidió ser enterrado en la tierra y no en un sarcófago. No dejó nada material y solicitó que quemaran sus apuntes. No sé qué hubiera pensado o qué diría de estas exequias, las suyas. La magnificencia casi obscena del reino. Las imágenes de su rostro deformado por el rictus de la muerte y el sufrimiento, en fotografías de primera plana en los diarios y televisoras del mundo. El cortejo fúnebre en cámara lenta por la Plaza de San Pedro, la mismísima que recorrió tantas veces. Los vendedores de artículos religiosos que sacan tajada de su muerte, con la oferta de estampas y camisetas. Los jerarcas que preparan videos de sus viajes por el mundo para hacer uso de ellos entre sus fieles. Poderosos políticos que hacen política frente a su cadáver, frívolos que sacan fotografías, obispos y arzobispos que lloran por televisión, papamóviles que desfilan por las calles de las ciudades que visitó, peleas e intrigas palaciegas. No fue su estilo, más allá de los reproches políticos y religiosos. Su ética no fue terrenal y siempre se manifestó contra la riqueza y las guerras. Estoy segura de que habría sentido vergüenza por los fastos, las indiscreciones e indecencias.

Karol Wojtyla partió y ahora está junto a su adorada madre, la mujer más importante de su vida.

Aquí se inicia otro tiempo.

Índice onomástico

353

Crónicas Malditas, de Olga Wornat
se terminó de imprimir en mayo del 2005 en
Gráficas Monte Albán, S.A. de C.V.
Frac. Agro Industrial La Cruz
El Marqués, Querétaro
México